国家出版基金项目
NATIONAL PUBLICATION FOUNDATION

徐旭生文集

第 十 册

中華書局

一九四〇年

元 月

一日，天氣仍如前多日之半陰半晴。上午看掛國旗及到門前稍站。學兵隊開軍民聯歡大會。廣告上時間爲十一點，然真出演時，已及下午一點。余未往觀。中午臨照請余及九峰午餐。後即聞城內有警報，並已鳴緊急報。來避人頗多，兼郵差在東院聚餐。因廟中聚人如是之多，故頗有戒心，然亦未出避。獅醒與其同事蔡君遵義人來避。然不久警報即解除。後讀《近東古代史》若干頁。

二日，晴。騎自行車進城。至十一點。在辦事處稍休息，十二點同惟一到雲大，赴陳部長請筵。至時，部長尚未到，外有預備警報，部長久久未來，勉仲代主人張羅，即請各位入席，因恐有緊急警[1]

報，大家空腹躲避，太不成話說也。將上飯時，部長始到。因晨游邛竹寺，遇警報，汽車禁行，解除後，始行趕來也。餐後部長發言不多，特別請大家發言。各首領均發言，大約對於會計制度、請求外匯各事頗有意見。次張奚若發言，對於教育部近來年所施行之統制，特別批評。後又有一人發言，對於每保設小學事，以爲不易成功，不如將此些小經費，易爲識字運動，則收效較大。時已將五點，余因鄉居，乃先辭出。至寓，將六點。余因多年未騎車，故頗疲乏。晚稍翻閱《近東古代史》，早寢。今日見許多友人。内胡小石先生相別已十八九年，而彼尚能記憶，足徵記憶力之強。彼言四川軍人仍封建性重，隱憂尚伏云云。接夢麟謝函一。

三日，晨，大霜，晴。同鴻庵到鵬九植牧場及花峪溝一帶一游，與之痛談去留之利害，彼仍執迷不悟，呆頭呆腦，至可憐傷，下午及晚，仍翻閱《近東古代史》。接子臧信一封，係請求英款補助，請余爲保證人者。

四日，氣候如昨日。爲子臧寫一保證信，由航空發出。檢閱《新論》及《易林》中之古史材料，後書未完。今日城內又有警報。趙信之及廖局新名奕因避空襲，來談片時。翻閱《近東古代史》。接通俗讀物編刊社信一封。敵人對於韶關之攻擊，已告失敗。損失萬餘人。

五日，晴。畢《易林》之檢閱。讀《近東古代史》。午後又有警報。敵機或已抵昆明。有數聲，有人謂爲轟炸之音。兩點許，希淵及達三來，且餽送食物。

六日，晴。上午讀《問字堂集》之《三禘釋》。下午及晚再翻閱《近東古代史》。接長兄信一封，再接中日戰事史料徵集會邀請片一,但日期爲本日,已不及往參觀矣!

七日,晴。早餐後,騎自行車往龍頭村。過魯索坡橋時,在中間異常兢業,幸未失足。及將過完,心中一寬,立時墜下!幸水淺,僅濕衣之一部分。出後,自思我國今日之抗戰,已達到此後期之階段,希望不致大意,如吾之墜水。因此墜對吾雖無大傷,終需若干時間之曬太陽始可復原也。到彥堂家問,則已搬家。往尋,過歷語所門前,遇一位,彼認識我而我未能認識彼。又遇實君及思永,遂將車留所中,與思永同往。見彥堂、天木。彥堂言子衡即住彼舊寓,然因新寓院中太陽光佳,乃折一簡招之來談。未幾子衡同其夫人小孩同來。談。在彥堂寓午餐。餐時,又見孟真、希若。後到子衡寓談。同談者有璋如、實君及一趙君。後思永亦來。談至五點許,始出。歸途中遇克強夫婦及贊勳、洪波,前三人乃來訪余未遇而歸者。晚,仍閱《近東古代史》,畢之。然此書仍當細讀。接柱子信一封。今日迪之、小石因避警報來,未遇。

八日,晴。上午翻閱《演蕃露》。下午寫盧季韶信一封,又寫中孚信,未完。晚翻閱《夷氛紀聞》。

九日,晴。畢寫中孚信,又復文青一長信。看報。近日南寧附近戰事,似轉有利。接樂夫信一封。

十日,陰。但不甚冷,晚轉晴。子衡來談。在寓午餐。下午及晚看報(多日之《大公報》)。

十一日,晴,有風。上午繼續看《大公報》。下午寫玄伯信一封。晚翻閱《夷氛記聞》。所中接農民銀行結賬信一封。

十二日,晴。寫《我個人對於搜集抗戰史料者進一步的希望》,未完。接建功信一封,言南鄉所定房,房東催交錢,問將如何辦理。

十三日，晴。下午畢寫《對於搜集抗戰史料者進一步的希望》一文，托秉琦帶進城送去，又寫建功一信，並請秉琦將錢摺及圖章帶與，請其取錢交付房主。子倫往瓷垻工場內試監查之任。

十四日，晴。上午再開始讀《儀禮》。下午到廟後大山上一游。歸，王伏卿及蔡無忌來談。晚再讀《儀禮》。

十五日，晴。讀《儀禮》。接尚文九日信一封，十一日信一封，桂岐信一封，惟一信一封。壽彝遣其侄送信一封，答之。

十六日，睡不佳。晴。上午讀《儀禮》。下午翻閱一美新聞記者所著之《亞洲內幕》。實當如著者原名之"外貌"爲是，因其所著太不深刻也。

十七日，睡較愈。陰。上午檢《鹽鐵論》中之古史材料。下午檢《水經注》中之古史材料。讀《儀禮》，盡《士昏禮》。接平家信一封，建功信一封，關斌信一封，法岐、康農請帖一件。

十八日，睡不甚佳。晴。因書爲子倫所置亂，乃整理之。前日惟一問自杞、毗那兩國之所在，檢查宋元明史外國傳，未見踪迹。晚檢《水經注》史料。將晚，秉琦之兄秉璋來。彼新自成都至滇，問成都附近軍閥之現象，據云，彼等不至鬧大亂子，一切人民全傾向中央；——政治漸上軌道矣。寫建功信一封。

十九日，睡仍如昨。晴。檢《水經注》史料。得一誼：《孟子》所謂"水逆行謂之洚水"，即《禹貢》"北過降水，至於大陸"之降水。"洚"（本讀ㄎㄤ）與"洪"爲古今字。《孟子》以今釋古。至"洪"本當爲共，係一專名，即共工及共伯和之共，在今輝縣境。此地近河近出黃土谷北轉處，故水勢特盛。共水或即今出百泉之水,不遠即入於河。因此地水患最劇,故河患亦蒙共患名。共加水旁爲洪,較後起。至大誼乃由引申。禹治洪水,主要在東方平原;其政策則與風偃集團之皋陶、伯益合作。其妻塗山氏,或亦此集團之女。晚看報。接商務印書館一封,《戰事知識》一本。

二十日,睡較愈。晴,有風。仍檢《水經注》史料。晚考金文中夆、共二字之關係,得一奇異現象,即夆金文從二足,爲,象足之下降,改爲共,則爲,象手有所執持而上共。以手易足,亦殊足哂。復惟一信一封。

二十一日,睡尚佳。晴。上午,同九峰到松花壩。二村相連,壩在東村。地當山口。村邊有一三孔橋。再上不遠,即壩。正河有閘,水自東來,故閘略爲南北。現水小,閘木提置閘上以流木材。水大時可由閘南過。閘東數步,有大滾水壩,以石爲之,自東向西,約七八丈。現無水。如夏日洪泛,水滾壩上,當稱巨觀。壩後再向東,有支河,當即金汁河上游。河與盤龍江正身,平行若干時。中有橋孔,可相通。河水過大,又可由橋孔下流入江。其構造可減山洪之衝擊力,頗具巧思。滾水壩東即閘神廟。內有光緒七年碑及四年扁額。據碑文,言自三年,亂事稍定,乃開始修閘。廟有神像二。中置咸陽王木主。歸,午餐後稍眠。今日天氣頗暖,游人甚多。學蘭全家來游,到樓下稍坐。寫柱子信一封。晚再檢《水經注》史料,畢之。

二十二日,晴。晚有風。讀《儀禮》。接全椵信一封。今日報載高宗武、陶希聖逃至香港,將汪精衞於去年十二月卅日與日人所訂之賣國條約,送至《大公報》公布。又電勸汪、褚、周、梅及其他諸人懸崖勒馬。接建功信一封。

二十三日，陰。下午轉晴。然較寒。讀《儀禮》。

二十四日，晴。夜霜特厚。讀《儀禮》。下午曾翻閱鴉片戰役前史料之《達衷集》。接歷史語言研究所續聘余爲通信研究員之聘書一封。閱報見汪賊所簽賣國條約之全文。以如此萬分毒辣，一網打盡之敵謀，而汪逆竟忍簽字於其上！真狗彘之不若矣！

二十五日，晴，晚有風。讀《儀禮》。此數日再讀《士冠禮》，今日畢之。

廿六日，晴。較暖。讀《儀禮·士相見禮》，畢之。晚翻閱《巫術、科學、宗教與神話》。

廿七日，晴。下午風，頗大，然溫度不低。續閱《巫術、科學、宗教與神話》，畢之。此書對於巫術、宗教、神話，有很透澈的見解。著者主張研究初民的巫術、宗教、神話，必須生活於他們的中間，了澈於他們的環境，薰染於他們的氣氛，注意於此三者在他們中實際的活動，才可以得到此三者真正的含誼。絕不是取材於"由着不甚情願的報告人而擠一滴一點的談話"所能成功。其意極爲精當。讀過此書，對於我國古代及現在鄉間所行的迷信，可以增加不少的瞭解。晚翻閱《經義述聞》若干頁。精神不佳，置之。早寢。今日大便又稍帶血。

二十八日，晴。僅隨便爲《說文》中字，記數字號（一兩卷）以便檢查，始發現黎永椿《說文通檢》之多錯誤。守和來，在寓午餐。今日大便血止，但痔更重。因包裹從平寄來，上書"勗生"，而余無此名章，乃令德昌進城，刻章，並囑其今日必刻成以便明日余自往取。歸言明早八時後可取。

二十九日，晴。早餐間騎車進城。匆促間，忘帶尚文住址。到城內，見潤章，談鴻庵事，潤章擬再寫頡剛一信再看。並晤法岐、慕光諸人。去取圖章，則尚未刻！須俟一點後始得。然取包裹，今日始知須在十一點前。然則今日又不能取矣（此時已十一點半許）。出到小有天午餐。到才盛巷，訪建功不遇。出往取名章。出門頗遠，始看出彼將"勛"字誤刻爲"勖"，乃又返，命其再刻。途中遇秉琦，請其代辦。乃到辦事處將包裹單子及取名章條交與孟順，以便轉交秉琦。再訪建功，仍不遇。出到華山南路。購《外交季刊》《時與潮》《世界知識》《文摘》各一本。訪從吾，亦不遇。寅恪、錫予則正睡午覺，未便擾之。又到辦事處，見潤章，略談重慶其所聞消息。又晤雨樓，談及未能取包裹及寄款情形，彼言可留彼處，彼即可代辦。乃將三百元交彼。騎車出，三訪建功，仍不遇。遂歸。至寓，五點許。晚看《大公報》。

卅日，晴。上午，閱《時與潮》。下午檢點衣物。晚寫雨樓信一封，復桂岐信一封。閱《世界知識》一兩篇。寫叔陶信一封，請轉交玄伯信。今日頗暖，棉袍已離體。

卅一日，晴。閱前日所購各種雜誌。今日不冷，但仍可穿棉袍。由平寄來包裹已經取到。接中華圖書館協會信一封，爲售賣天一閣書目事。

二　月

一日，晴。上午寫大哥二哥信一封，下午寫尚文信一封。晚讀《儀禮》。今日城內有警報。晚風頗大。接雨樓信一封，言匯費一元二，補郵票二毛，還剩款六毛。

二日，早晨室內溫度降至兩三度！且天陰，止好再生炭火。下午暫晴，室內溫度才又升至十度上。上午閱《王肅傳》。并閱王朗、鍾繇、華歆諸人傳。下午翻閱關於《泰誓》問題的材料。晚看《大公報》。今日大便又稍帶血。

三日，晴。時有風。上午讀《洛誥》。參考《正義》《今古文注疏》及《觀堂集林》各說。下午①及晚讀《儀禮》。今日又有警報。大便仍帶血。

四日，晴。時有風。上午讀《儀禮》。中午守和來。下午翻閱林泰輔所著《朝鮮通史》之譯本。因昨日服銀翹解毒丸，今日大便血止。楊森回家，言過年後不一定來。化學所頗言其煽惑各勤務同盟罷工，然余頗不信之。

五日，晴。全日翻《朝鮮通史》。閱報，知敵近日攻五原及陝北甚力，或有竄寧夏之企圖。

六日，晴。騎車到龍頭村，晤濟之、孟真、彥堂、子衡諸人。在孟真家午餐。借得《續經解》中之《郊社禘祫問》《儀禮釋宮增注》《禘說》《儀禮圖》《讀儀禮記》《群經宮室圖》共七本。今晚棉衣全去身。

七日，晴。潤章、慕光來訪求可供建築之地，陪之物色。臨照請二人午餐，余亦作陪。余意廟西坡下果園地勢尚高，或可。同往訪玄彭及發瓚，玄彭言，此果園地處兩山坡間，夏日出水，建

①編者注："午"，原誤作"文"。

築殊不適宜云云。潤章欲購可供建築地十畝八畝，但遍觀，均無滿意者。因今日爲廢曆歲除，大家全進城，晚餐時僅余與德昌而已。今日又有警報。

八日，晴。下午鍾澤珠來，言此學期將在玉溪中學擔任國文教課。今日仍止余與德昌二人。

九日，晴。上午看《大公報》。下午睡時，元胎來，未遇。後獨到花峪溝，欲購梨，不得。道旁人兩簇，似賭錢者。正瞻望時，忽見路東茅屋上失火，立時人聲鼎沸。但水頗遠，取時殊不便。時火尚不大，余告以應用土灑壓，其效愈于水，但無人采用。余亦遂返。至陳鵬九園高處反顧，烟已小，或此兩三間屋已燒完而火息矣！今日德昌進城，僅餘余一人吃飯。晚九峰歸，閱其所帶昨今二日報，則賓陽戰事正緊。此方戰事關係甚大，敵人增兵不少，希望不久有好消息也。昨晚及今日溫度較低，早晨霜尚重，室内不過七八度。

十日，晴。上午看報，元胎來談。下午翻閲《群經宫室圖》及《儀禮圖》。因前書載有春秋各國所見於三《傳》中之城門名，並注有年，遂檢出一對。乃悟清儒治樸學者，固言之有物，不致若明儒之蹈空，但多憑記憶，寫文時，不常檢書，即檢書，亦不仔細。如此門名不過廿五則，而誤一年者三，另有兩三條，余未能查出，亦必誤記年數。故今日讀古書，一切當尋其來源，絶不能隨便盲從也。接通俗讀物編刊社信一封；接玉瓌信片一。彼前擬到綏遠服務，乃到蘭州後，似爲人所阻，又復改業！黨派間日作無謂之磨擦，以致青年無所適從，殊可憂慮也。

十一日，晴。上午讀《群經宫室圖》。子衡、彦堂等携家眷來

游,余毫無所預備,僅供茶水而已。下午僅閱報。晚寫郭伯恭信
一封。今日大便又稍帶血,且痔瘡亦劇。初以蛤蟆草熏洗。

　　十二日,晴。今日僅閱報,稍注《説文》號數而已。有某處工
程隊來看大殿房子。派德昌騎車進城一次,送勞軍獻金二十元。
接潤章信一封。今日大便帶血較多。桂南戰事已轉勝利,但賓陽
尚未克復。

　　十三日,晴。全日不敢事事,間翻閱《苕溪漁隱叢話》以遣日
而已。痔瘤幸得不下。當休息十許日,加緊熏洗以去此患也。今
日報載賓陽已克復,斃敵五千人。接尚文信一封。工程隊搬來,
將對面樓之外間亦占去,彼等人甚多,門洞下亦住人,故無他法
也。今日有警報。大便無血。

　　十四日,晴。仍不事事。間翻《越縵堂日記補》。此《補》雖
後印,而實其早年所作,有關係之材料不多。至九峰所言"毫無
用處"則又太過。今日大便又帶血。痔瘤雖未大下,而大體不
如昨日。昨日我空軍擊下敵重轟炸機一,聞明日即將運昆明展
覽。報載此次我軍在桂南,自九日夜起,經兩晝夜之大血戰,已將
敵此次攻賓陽、武鳴之企圖,完全擊破。敵損失二萬餘人。現在
克復邕寧基石業已奠定,希望邕欽綫交通之斷截,不久完全成功,
邕寧真正克復戰事又入一新階段矣。工程隊來借攝影室住幾日,
允之。

　　十五日,晴。生活如昨日。大便不帶血,較昨爲愈。據報載,
敵犯綏西一股,入寧夏境内,我軍乃于九日斷其後路,殲滅頗多。
其增援兵,又被我軍阻于五原東之達子店,敵兵被逼後退,我軍已
克復臨河云云。似此敵之西北攻勢,大約又將粉碎矣。接潤章致

余與洪波信一封，係爲工作報告事。接師大校友會信一封，言將於禮拜日開會。然余已與子衡等約往彼處吃餃子，不能往矣。

十六日，晴。生活略如昨日。今日有警報。晚與鴻庵談編輯史籍考之可能計畫，遂至頗晚。後又與秉琦談工作，時燈中油盡，遂次第息滅。幸外有月光，又談若干時，寢時或十一點已過。晚遂未能熏洗。報載克復合肥，自是好消息，然未知戰果能保持否。芬蘭恐將不支。午間，燧初來。接辦事處轉來陳教育部長至行都來函一，宗濩來函一。又接守和函一，仍爲郭伯恭事，遂再函伯恭，告以詳情。

十七日，騎車進城，與潤章工作報告事，途中遇慕光、臨照、景盛，帶來潤章一信，正爲此報告事。遂往，談頗久。出時，已過十二點。到西域樓，酒保逆言無物！出到街口，始聞已有預行警報。又問數家，均無物可食，遂返辦公處。途中已發空襲報。至，叫一份蛋炒飯。食畢，警報亦解除。但此解除報，中間頗有斷續，致疑係緊急。後始知其錯誤。騎車出，到南門，購布鞋一對。時天尚早，將過訪芝生，路遇其厨役，問知其往路南，遂歸。途中迎面來汽車甚多，皆避警報歸者。過白龍潭，遇海帆，與其眷屬步行歸寓。又遇慕光、臨照。將至，遇秉琦。至四點餘。大洗濯。晚熏洗後，早寢。接國立編譯館信一封。今日晚餐後散步，痔瘤仍稍稍下。

十八日，晴。上午騎車到龍頭村，因子衡約今日往吃餃子也。所約者有思永、彥堂、璋如。乃菜頗多，後僅有炸餃子而已。除彥堂外，諸公飲頗豪。余因痔患，僅敢沾唇。飯後與子衡下象棋三盤，幾全軍覆沒。四點半歸。報載我軍進攻邕寧，敵軍鬥志全失，情勢似頗混亂。希望不久克復，則視聽一轉矣。接樂夫信一封。彼因西北大學聘衛聚賢爲文學院長，頗不願爲其屬，而又不願他去，且手中全無積蓄，離大學即生計無着，擬向余借家鄉農産物之餘款，而余此款已用去，尚有何法？

十九日，夜眠不佳。晴。早起，往陳鵬九園觀桃花，數百株濃淡爭艷，蔚成大觀。晝睡兩次。上午未能睡着。全日僅翻閲從前日記而已。

二十日，晴。眠尚佳，但早醒。早起，再往就近看桃花。上午僅作燈謎數條。下午答樂夫信，但因彼言彼屢次陳請而余不一答，實無此事，遂查去年日記。寫信僅開一頭。

二十一日，晴。眠佳。全日寫樂夫信，大致已完。晚餐後散步時，痔瘤又下！

二十二日，晴。下午漢良來兩次，均值余睡，留一字，言今日上元，約往彼家手談，並晚間便酌。余頗疑其非手談而爲竹城，頗不願早往。然終早往，果爲竹城！不得已乃敷衍四圈，將九點鐘，即歸。月色佳。

二十三日，晴。上午僅翻閲《荷屬東印度概況》若干葉而已。下午因彥堂約往看燈謎，遂乘自行車往。晤人甚多。謎有二百餘條，余亦送二十餘條。然全體佳者殊不多。亦與孟真賭象棋數盤。因聞彼棋不高，頗爲輕敵，實在彼棋絶不比吾棋次，且比吾較熟，故仍負多勝少。在彥堂寓晚餐後，本欲乘月歸，乃大家堅留，而余亦有若干問題欲與克强一談，遂往止宿。

二十四日，昨晚與克强談頗久。彼言據古生物化石研究，知黄河原爲不相通之三截。最早當有水出大青山麓，南行，至閿鄉、靈寶之北匯爲一湖。其三門地峽，則尚未開，故與東方之河不通。稍晚青海、甘肅諸河，東北流，至今臨河、五原附近，亦匯爲一湖，與出大青山之河亦不相通。再晚，後套之湖，東入出大青山河，但仍止于三門上。最晚，閿、寶北之湖因水勢太盛，遂將三門山攻破，與東方各水會同，遂成今河。河勢多曲，亦因此故。大江最早亦止于雲夢，後始東出與東方各水合。云云。其所言至有趣味也。因被蓋不裕，睡不佳。早起，食楊夫人自作之硬麵冷饅頭一，甚佳。往彥堂寓，吃稀飯。又返克強辦公處，購《中華民國地形掛圖》，四張一套，價二十元，款尚未付。出到桃源村，訪子衡，談至十一點許，返彥堂寓，取車，遂歸。今日院中購建築地基，潤章、慕光、雨樓皆來。量地後，余甚倦，遂眠片時。事全畢後，約五點鐘矣。看前日報，知近數日內將有五星聯珠。晚再翻閱《荷屬東印度狀況》若干頁。近數日將晚，痔瘤仍下。今日晚餐後散步，未下，方私心幸慰，然將寢時仍下！接總辦事處信一封，楊向奎信一封。

　　廿五日，晴。早起，往看桃花，正盛開，並不因昨日上午之大風而凋落。早餐後正補作前三日日記，思永及其夫人、女公子，及一顏（？）大夫、曉梅來。稍坐，又同往看桃花，並到陳鵬九家，觀其附宅之小園。歸則孟真及其公子、元胎、吳□□①亦來游。梁自帶燒餅，傅自帶饅頭，余僅能以掛麵及炒鷄蛋敬客而已。彼等去後，余眠頗酣。璋如來，持子衡一信，借寶鷄車圖，因秉琦進城，未知在何處，允俟回後問之。璋如將汧河報告之圖片借去。接南陽女中信一封，建功信一封，報告碧書於二十一日上午四點半生

---

① 編者注：原於“吳”後空闕二字。

一女。晚餐後聞魯索坡今晚有小戲，因頗關民俗，遂與劍秋、德昌同往一觀。僅有二人，略唱若干句，即互相談戲。大約係夫婦二人，夫係賭鬼，夫婦鬥口。夫爲主角。劍秋滇語程度比余好，可懂一半，故尚感興趣，余則僅懂十分之一二。遂先歸。據劍秋言，後又出一人，共三人。歸後，看《大公報》，寢時過十一點。痔瘤未大下。

二十六日，時有雲。並曾落雨幾點。上午看《大公報》。接平家信一封，下午作復。約至晚十點，畢之。痔瘤仍下。

二十七日，陰。時微雨。本欲進城，但雇不上車，遂止。天氣頗寒。隨便翻閱《十年的中國》而已。接芝生信一封。

二十八日，陰。時微雨。下午三點許，風雨一陣，又換棉衣。晚晴。仍翻閱《十年的中國》。此二日因未多散步，故痔瘤未下，然不見好。全日室內溫度均在十度下。

二十九日，陰。命羅四福將行李背進城，自己騎車進城。到辦事處休息，又同慕光稍談。出到美的小食堂午餐。到才盛巷，伯蒼言建功剛走五分鐘！稍談，在其坐間晤一黃坡王君。出到芝生寓，談。並規定對縣志辦法，先請兩個學生到圖書館搜集材料。談次，希淵亦來。後同彼二人同到靛花巷，訪寅恪、錫予、從吾。寅恪、錫予均患心臟病，寅較重。出，獨到希淵寓。談至九點許，始歸登華街。今日走路不少，痔瘤却不下。

三　月

一日，陰，時微雨。到日月新早餐。到辦事處與潤章作短談。

訪達三不遇。到民教館觀擊落敵機。到近①日樓附近購鞋。歸寓，稍休息。出到小有天，則尚無吃的。再到民教館食堂午餐。歸寓，雇車到車站。將出門時，潤章來一函，問西北考察團在西北所得者爲竹簡，抑爲木簡，匆匆答之。車上遇立庵。彼在呈貢，與穎孫同住。至馬村後，有大風一陣。建功言小孩近二日夜間患發燒，今日較愈云云。然晚八九點許，呼余看視，則面無血色，唇亦現青。且鼻窒塞，徵象非佳。後招村婦"挑風"者一挑，亦一無聊之極思耳！然哭聲尚正常，哭後面色恢復。又以水蒸氣熏，頗見效。但不能食乳，食乳即不能呼吸，匆忙竟夜。余至將十二點稍寢，彼夫婦則終夜守之。碧書頗意其不能活至天明，俟入城得醫生之診視也。今日痔瘤不下。但因昨晚飲冷茶過多，患瀉。

　　二日，夜中驟雨一陣。四點鐘即起。因數點鐘已過，又生希望。乃吃點東西，即與建功同出，輪流抱嬰孩，趕早車。碧書同他兒，則俟天明，趕二次車。至車站，天已明。六點半登車。沿途兒熟睡，經過良好。至昆明，到慈群醫院。醫生未至。僅范夫人在。視後，亦言劇甚，恐希望不大云云。然與以牛奶，兒頗能食。食後，開口四視，希望頓增。八點半後，來一崔大夫，與之診治。俟崔大夫，不至，乃先到才盛巷。建功往車站，迎碧書。碧書至，則兒一切用物，均未帶！彼蓋以兒爲不活矣！歸寓睡一小時，又到才盛巷，同建功到再春園午餐，建功爲東。又到慈群，與范大夫談。此時余等頗憂碧書之數夕未得睡眠，急欲得一病房，使之住院以資休息。乃院中人極擁擠，病房絕不可得！止好決定，先令

①編者注："近"，原誤作"今"。

碧書來，檢查一次，乃歸，余又同碧書到院檢查。畢，余乃別進城。今日余瀉已止，但大便下血，頗多，乃往購銀翹解毒丸。到明和春晚餐。歸寓，九點前即寢。

三日，氣候如昨日。晨問燧初以兒病狀，答未必如是嚴重。到日月新早餐後，到才盛巷，兒大有轉機。又同彼夫婦到醫院，范大夫亦言大有轉機也。歸才盛巷，同建及乃、至到小有天午餐，建爲東。到兒童書局，爲彥堂及臨照小孩購書數事。余歸寓稍睡，即到靛華巷問寅恪、錫予病。談至晚，即在彼寓晚餐。餐時，從吾歸，後覺明亦來。余談及鴻庵所擬修史籍考事，從吾不甚贊成。將九時，歸寓。今日大便仍有血，然已不多。

四日，氣候仍如昨。仍到日月新早餐。到辦事處，取上月薪水。預備還黑龍潭事。見慕光談，又見慕光岳丈張老先生談。歸寓，則從吾前來，未遇，留一字，言午後或再來，此時到海心亭云云。此時天晴後又陰。余將行李捆好，備下午羅四福①。遂往海心亭，然彼已去。乃到才盛巷，晤談後，獨到小有天午餐。到馬市口郵局，往北京匯款。因現在每次只能匯二十元，乃用糜岐、秔岐、桂惀三名匯六十元，匯費六元三毛。然郵局因住址相同，言不敢保其不退回也！往購宣紙，不得。再到才盛巷，始發現匯票尚未寄出。且何號屬于何人，亦未知，乃再往，將糜岐一份，雙掛號寄出。秔岐一份，托辦事處代發。桂惀一份，帶回，俟後發。時已五點。即騎車歸。車行頗快。然騎車者遇小上下路，更覺省力。此因余近日已騎若干次，恢復習慣，且今日途中未遇一汽車，故更

①編者注：此句句末原未加標點，疑未説完。

可大膽快走也。大約四十分鐘即到。晚餐後休息，九點即寢。接
澤珠信一封。

五日，陰。時有風。終日檢點什物，看報，補作前數日日記而
已。所中接周炅信一封，係代太戈爾大學請本所贈美術考古拓
本者。

六日，陰，時有風，時微雨。寫平家信一封，石頭信一封，桂璋
信一封。歷史語言所圖書館來信一封，爲鴻庵將所借之拉斯丁書
照片遺失一頁故。立復一封，言即函去問。並請秉琦即與鴻庵一
函，催其清理。今日痔瘤仍小下。報載蔡孑民先生昨日晨去世。

七日，晴。下午又稍轉陰。開始寫《洪水解》。接長兄，文
青、通俗社、漢口中國銀行信各一封。今日痔瘤仍小下。

八日，半陰。繼續寫《洪水解》。下午趙香山來，送還車圖。
今日學兵隊仍占廟中大殿，工程隊讓出。今日痔瘤仍下。

九日，晴。仍寫《洪水解》。接楊向奎信一封。今日小瀉。
然痔瘤可云未下，亦未熏洗。

十日，晴。仍寫《洪水解》一段。午間，潤章、慕光同泰山建
築公司一王君來，斟酌建築事宜。天氣頗暖。

十一日，夜中大風。晨止。早餐後，騎車進城，因聞中法今日
下午四點半公祭蔡先生，前日龍頭村各文化團體公祭，昨日北大
公祭，余均因知晚，未得參加，故今日特往。騎車到北門外，上坡，
頗欲長驅直上，將及目的地，終未能上。進城，到中法，見法岐一
談，亦晤建功。其小孩尚未全愈。將車留中法，出到辦事處一坐。
到西城樓午餐。因法岐請余作挽聯，余辭未嫻，不如建功，如請彼
作，余可往參酌。餐後，遂到建功新寓。共作一聯，文爲:黌舍播

遷嘆飄零，最難忘初時開先，積年推進；精神慈任兼儒墨，孰料得國喪元老，人失大師。三時半，同到中法，晤法岐、康農、潤章、海帆諸人。行禮畢，潤章致詞，由中法與先生之關係着眼。大家又强余説話，余只好從慈任二字及先生反對作官教育一點，説了一刻鐘左右。此後無別人説話。時五點半許。出城下坡後，始發現車出毛病，但未知毛病在何處，惟知鏈不能動輪。只好再進城，中法一勤務，引余至車鋪修理。據言爲輪内彈簧斷，配鋼絲一小段，修理半小時。索國幣三元！只好與之！疑車留中法時，爲學生輩亂騎致斷，但未敢確定。時六點半已過，遂急騎車歸。至大麥西，時已黃昏，乃車又出毛病！只得推歸！至時八點半許。初以爲彈簧再斷，乃德昌照視，發見飛輪失去！殊令人詫異。輪爲鋼製，頗韌。余騎車二十餘年，未聞其能斷。他騎車者亦未曾聞。彼非斷不能失，而余並未將彼碰觸何物！乃竟兩折，真一怪事。

十二日至十五日，均寫《洪水解》，畢之。是數日中，時微雨，時晴。痔瘤仍如常下。接張瀅華信一封。此人余不記爲誰。乃係受五洲郵票社之托，打聽西北科學考查團郵票者。子臧已來昆明。到辦事處訪余，未遇，留一片。

十六日，昨晚及今日全日僅閲報，《大公》《新蜀》等。接 China institute in America 印刷物一封，荆三林信一封，《戰時青年》一本，達三信一封。壽彝來談。今日痔瘤下，較重。晚再熏洗。改《洪水解》誤字。畢已十一點，寢。

十七日，眠不佳。晴。午間彦堂、曉梅、天木及一龐君來。龐常熟人，在中央博物院工作，近購買貴陽附近諸縣苗民美術品頗多，擬定期展覽云云。彦堂交來中孚信一，丁山文四篇。彼等去時，余送至蒜村，過魯索坡而還。歸稍眠，壽彝來，交來劉寶民《秦郡考》一本，請余審查是否可在《集刊》登載。翻閱一過，大致尚好，但寫作尚不夠顯豁。接荊三林寄來其所著《世界地理大綱表》一冊，盧季韶寄來其兄伯屏紀念獎學徵集基金啟五張。晚早寢。痔瘤仍劇。

十八日，眠佳。晴。較暖，室內至二十度以上。下午有一曹未風君來談。曹爲師大舊學生。前在英國，辦一中世通訊出版社。現擬辦注冊手續。翻閱《清儒學術》第一集，始知洪北江、趙雲菘之思想，均在思想界有地位。今日痔瘤仍下，但較前兩日爲愈。

十九日，晴。更暖。今早始看見昨日所接到之子臧信一封，石頭信一封。因石頭言包裹尚未接到，全日心感不悅。改《徐偃王及徐楚在淮南勢力的消長》，未畢。看丁山文，尚有見解。但其《班段銘跋》以“痟戎”爲即徐偃王，又以偃王爲南燕之君，均嫌輕易。報載歐洲和議空氣頗濃。

二十日，晴。畢改《徐偃王及徐楚在淮楚勢力的消長》。下午再開始讀《儀禮》之《鄉飲酒禮》。接桂璋信一封。報載德國所提議和條件。《紐約時報》所載與別通信社消息略同，惟多反對蘇俄一條，未知確否。今日在臺上之政治家胥不以信義爲重。德之聯蘇反蘇，恐希特萊腦筋中，亦未必有成見耳！近二日痔瘤雖仍下，然較愈。

二十一日，夜間甚暖，幾如此地之夏令。早醒。聞有雷聲頗遠。晨尚微見太陽，後即陰。晚七點許，風雨一陣，後時止時雨。稍讀《儀禮》，因醒早精神不好，遂止。後翻閱日人足立喜六所著

《法顯傳考證》之譯本,未完。報紙載德國及美威爾斯均闢謠,前者言未提條件,後者言未參加和議,蓋議和機緣未到,謠雖闢而各方不願拼命之心,仍昭然未可掩也。晚餐後僅走二里許,故痔瘤亦未下。

二十二日,昨晚寢後,雨頗大。晨,似將轉晴,然至晚仍殷殷雷聲,亦落雨數點。直至將寢時,始月光如晝。終日翻閱《法顯傳考證》,畢之。書頗精洽,有不少可貴的考據。亦稍翻閱岑仲勉所著《佛游天竺記考釋》。晚因吸烟不合適,覺暈,且思嘔,乃躺下片時,勤務送來熏洗水,起稍熏,仍覺暈,遂又躺下,良久,始覺稍愈,遂就寢。

二十三日,晴。早晨頗寒。開始看秉琦所寫之《瓦鬲的研究》。下午因新作之書架送來,忙於將書上架而已。晚月光如晝。獨坐廊前觀月多時。看報。接建功信一封,言其小女竟於十五日殤亡,並言碧書頗願與余一談。然余接申恩榮信,言明日將與盛淵來寓談搜集縣志材料事,則余明日未能進城,或後日可往也。又接郭伯恭信一封,言決定來此地北平圖書館服務,至晚下月半一定起身。

二十四日,晴,間有雲。早晨寒,有霜。翻閱《新印度》。申恩榮及盛淵來。盛,湖陽人,恩榮爲應臺之孫,持有競吾之一介紹信。二人在寓午餐。彼等去後,覺明來寓一談。

二十五日,晴。早餐後騎車進城。臨照同行。至到總辦事處稍息。晤雨樓、韻幽、慕光諸人。聞所定之《叢書集成》已到。出到建功寓,彼上課未返。碧書在家。在彼寓午餐。同碧書及乃、至到才盛巷訪伯蒼,建功亦至。議定下月八日往游石林。後又同到平安街,余取車,遂騎上,至丁字坡,車鏈斷。送車鋪修理,價一元。歸到寓,尚未黃昏。接子倫信一封,將借所中書送來。聞在天水一帶,國共又有磨擦,頗劇烈,且有攻擊共產黨之電報。余在報上竟未留神及此條,心頗不懌。

二十六日,晴。早餐後,騎車到龍頭村。晤彥堂、貞一、思永等。在彥堂寓午餐。畢,與彥堂同到圖書館,查竺藕舫、蒙文通所著關於古代氣象各文,僅得竺所著之《中國歷史上氣候之變遷》一篇,摘録數段。又至貞一工作室,見到在西北所得之漢簡照片。並晤陳槃等。又與彥堂同至麥地村訪士能、思成。以照片問吾縣大寺塔之年月,據言仍屬宋塔,最早亦不得超過唐末及五代。歸。接教育部公文一封,係聘余爲部中史地教育委員會委員。

二十七日,陰,雨。氣候頗寒。僅看報及閱《瓦鬲的研究》而已。今日始尋出所謂攻擊共產黨之電文一看。乃係一共黨委員攻擊其分委不遵中共命令,造謠蒙蔽,且妄行活動者,心爲釋然,蓋如此乃毫無嚴重性也。

廿八日,晴。終日改《洪水解》,並增加數條。再看丁山各文,擬作一書後,尚未開始。復教育部信一封。接習儒信一封,糜及柱子信共一封。柱子在協和受檢查畢,言無病,心中甚慰。寫守和信一封,告以郭伯恭不久可來。

廿九日,晴。天氣甚佳。今日院中爲係黃花岡起義紀念日放假。乃與秉琦、德昌携帶食物登山。自花峪溝東北上,山中杜鵑花開遍山,蔚爲大觀。將至最高處找一平處午餐。後稍休息,再前進,山最高處,樵夫采蕨菜人尚不少。再前,遇一蘇君,係小哨村人。據言山上地僅能"蕎子"（即蕎麥），如玉蜀黍、高粱，均未能長。問此山有主否？答言前屬蒜村，民國初年，賣與曾駙馬。曾駙馬者，唐繼堯之婿，鄉人乃以駙馬稱之。再前，從小哨村下。此地前防盜賊，在山中放哨，故有大哨、小哨各名。村居山半，爲越山大道所出。背夫騾馬不絕於道。遂在野茶館前稍息，飲茶。名曰茶，實屬一種草根，葉，絕對非茶。路用石鋪，但頗"崎嶇不易行"也。地在花峪溝西北七八里。遂歸。至寓，已過五點。今早接守和復信一封，言道泉下月可至香港，彼亦將至港，即可相見。接中孚信一封。

卅日，晴。寫一《班殷銘跋書後》，駁丁山説，未完。接樂夫信一封。

卅一日，晴。早餐後，騎車到龍頭村，到子衡寓談。同子衡到桃源村，觀博物院所購苗人民家服飾。其圖案花紋，有與漢人極似者，有漢人中絕無者。即與吾人極似者，亦不敢謂其完全由於漢化，因恐有一小部分，漢受夷化，亦殊可能耳。回龍頭村，在彥堂寓午餐。畢，到圖書館查周穆王卅七年用兵事。又到彥堂及子衡寓小坐。歸四點。今日天氣甚暖。接師大校友會信一封。晚續寫《班殷銘跋書後》，仍未完。

四　月

一日，晴，有雲。寫完《班殷銘跋書後》。又將《徐偃王及徐楚在淮南勢力的消長》加入一段。寫貞一信一封，彥堂信一封。遲習儒信一封。

二日，夜中頗暖。今日陰，多風，溫度遂降下。至晚則棉衣又復上身！命德昌將彥堂及貞一送往，接到彥堂回信。寫中孚信一封，扶萬信一封，五洲郵票社信一封。晚因寒早寢。

三日，夜中風止，今日漸晴。氣候又返暖。開始寫《論信古》。

四日，晴。氣候更暖。下午繼續寫《論信古》。所中接到總辦事處轉教育部催製報告公函及請於二星期內編製報告函一封，內並附有編製報告要點一紙。

五日，因昨晚學兵隊又來一批，故擾攘到今晨三四點鐘。然余睡尚佳。今日晴。全日翻閱《中國殖民史》及《中國地理學史》。所中預約的《叢書集成》運來，共七箱。接平家信一封。下午喬無斁及其小孩並一女友來。

六日晴。今日因《叢書集成》上架事，忙碌終日，尚未畢。痔瘤大下。

七日，晴。將各書均上架畢。本意雇車或馬進城，均未成功，只好俟明日。午餐後到門前，遇法人邵可侶。余已忘其名，彼先與余招呼，自贊其名，余乃憶之！余記性之壞，真大苦事。翻閱《繹志》數篇。接桂璋信一封，石頭信一封。又接春藻信一封。

此數日係往游路南。大約八日進城，九日同建功一家坐火車至狗街子，宿於同濟附中。十日似未出發，曾與學生談話一次。十一日，騎馬，建功夫婦共坐一花竿，伯蒼坐一花竿。然建中途與余等相失，遂步行到路南。宿于教育局中。十二日游天生橋及紫雲洞(？)。十三日往游石林。十四日，余與伯蒼游大跌水。建一家未往。十五日，仍由狗街子返昆明。三十年十二月二十九日補記。

十六日，晴。早起，到日月新早餐。到平安街，晤建功、碧書，談。建功往上課，余與碧書及小孩到正義路上海銀行打聽往城固寄款事，答言未能，可到中中交問。余遂獨到護國路中中行內問，均不通，乃到郵政管理局寄出。並購節約儲蓄之種券百二十元。進城，到小有天午餐，適建功亦來，遂同餐，余爲東。出，余到華山南路，購《世界知識》《上海周報》各一本。歸稍眠。又出，到華山南路購兒童玩具，僅得木製、單片、長二寸許之小狗、小兔各一具，乃價竟每具一元！遂往羊市口，訪喬無忝，後無遏及伯喬亦歸。無遏以其在飛機上所照之黑龍潭像片見贈。在彼寓晚餐。出，又到平安街談。歸，將十點。

十七日，晴。到日月新早餐後，到武成路上海雜誌公司，訂《中學生英文雜誌》一年，與石頭寄去。又購《宇宙風》一本。到總辦事處，與慕光略談，遂乘車歸。今日天氣頗熱。一件夾衣已足。下午僅校改《集刊》稿子而已。接樂夫、桂岐、貞一信各一封。

十八日，晴。接春藻電報一封，仍係勸往西北者，作函復之。接立庵信一封。

十九日，晴。寫《讀山海經札記》若干條。接荆三林信一封。

二十日，晴。上午讀《山海經》，下午看報。今日聞劍秋言惟一於昨日去世，大爲詫異。惟一因腿疾入醫院，余固知之，然彼方盛年，絕不料其喪命也！彼工作甚力，此時失一工作健將，真社會之一損失也。寫樂夫信一封，將寄石頭之匯票寄與。晚又接彼信一封；朱汝華信一封，言子倫仍與她歪纏，請余設法，然余能有何法乎？晚溫度頗低。

廿一日，晴。下午溫度驟增，爲此間之最熱氣候矣！室內二十七八度。終日看報。

廿二日，晴。寫《讀山海經札記》。慕光、韻幽來。

廿三日，晴。終日寫《札記》。

廿四日，晴。終日寫《札記》。報載我軍攻入開封，主要街道，皆入我軍手，隱僻處尚有巷戰，我軍正掃蕩中。然開封易攻難守，此仍當爲應援南昌、南寧之戰略耳。

廿五日，晴。寫兩條短《札記》。後即寫前日未寫完之《論信古》。聞昨日及今日，城内均有空襲警報。

廿六日，晴。繼續寫《論信古》。接希淵信一封，内附丁仲良信一封。今日仍有預行警報。

廿七日，晴。下午有東北風，溫度驟低，微轉陰。上午繼續寫《信古》，未完。下午及晚，翻閱《輟耕録》。

廿八日，風漸止，下午晴。溫度隨升。全日翻閱《續西行漫記》。接潤章請明晚六點晚餐帖一，潤章同夢麟、月涵下午四點半茶會請帖一。今日上午臨照已來説潤章等茶會，乃爲招待詠霓而請吾輩作陪者。又言功叙、鴻吉在安寧工作，發現此地鐵礦含量有四百萬噸之譜，成分可至百分之八十。

二十九日，晴。因子英前日將車騎進城，未歸，遂步行進城。至崗頭村雇一車。至城内，十二點。見潤章。到穆士林食堂午餐。到建功寓。歸登華街寓所稍息。見爾玉，並見惟一夫人，及其子大成。聞爾玉言惟一毫無遺産；然則其善後事，真頗棘手矣。同爾玉至西倉坡。赴茶會人大約有三四十。散後，詠霓到辦事處工場參觀。後與大家談工作事宜，頗久。去後晚餐。後商議惟一善後事宜。歸寓，將所商談大略與爾玉、漢良報告陸夫人。

三十日，晴。至日月新早餐。與潤章談。到建功寓。在彼寓午餐。建功言森玉來昆明，一兩點許，將到立庵處，乃往立庵寓坐待。除唐、徐外，尚晤孟真及陳夢家。同森玉至辦事處，與潤章談。別後，步行歸。至，六點半已過。今日岡人派羅四福將脚踏車推進城，彼曾見余，竟未一言，以致車仍留在城内！晚陰，落雨數點。

五　月

一日，晴。上午略校《集刊》稿件。下午森玉來。克强夫婦來。翻閱《輟耕録》而已。接樂夫信一封，石頭信一封，玉瓌信一封。石頭信言西北師範學院奉教部令將於暑假期間移蘭州，附中亦同行。寫子臧信一封。

二日，晴。仍檢閱稿件。找出子臧前來信件，以便編輯其調查邠州報告。晚寫一《本所大事紀略》。

三日，晴，下午漸陰。昨日因檢閱玄伯文，内引其他作，余依稀憶其有此作，然苦思，不能憶曾在何處見。與秉琦談及，秉琦言亦曾見及，且言似在此地見。因疑前接到，但余健忘，遂被忘却。今日檢出玄伯舊信，讀之，知在此並未接此文。疑在平時接到，未敢帶出。但仍未敢定。午間，潤章、申伯、慕光、雨樓、韻幽來。蓋因新房正開始建築，請申伯來，視其合法否。翻閱《兩山墨談》。接到寄款回條二，尚差一，未知何故，接通俗讀物編刊社信一封。

四日，陰雨，温度降。室内僅十四五度。仍檢點稿件。下午壽彝來，請彼幫助整理，大致就緒。接辦事處信一封，通知惟一追悼會事。翻閱《夢溪筆談》。近日敵人又有攻桐柏、泌陽企圖。同盟軍在挪威中部敗退。

五日，陰，時微雨。室內溫度終日不過十度上下。未能工作。不過翻閱《讀書鏡》《賢奕編》而已。因寒早寢。

六日，陰，偶霏霧絲。氣候較暖，室內可十五度左右。上午寫給春藻、劭西二函，下午寫陸詠霓一函，均係爲樂夫說項。與樂夫函，僅開一頭。接平家信一封，郭伯恭信一封，沅君信一封。

七日，半陰。寫樂夫信一封，未發。寫石頭信，未完，閱報。接北京大學史學會信一封，請余於五月內爲之作一講演。

八日，晴。完石頭信。又寫平家信一封，內致小孩各數行。接教育部來電一封，言史地教育委員會於本月十四日開會。

九日，晴。騎車進城。見潤章，請他設法購飛機票，他寫一信與歐亞總經理李景崇，請他設法。余持信往訪李君，彼已往重慶，見一查君，甚客氣，訴許多困難，但允問問，期今晚給回信。進城，到建功寓，建不在家，見碧書等，遂留午餐。未半，十二點一刻警報鳴，遂急出。到城外腳大西門、小西門中間一防空洞避。此地近聯大，遇人頗多，皆識余，余僅記識面者一人，且忘其姓。後問知識面者姓吳，又有一姓毛。吳君且殷勤招待。兩點後，敵機不至，大家以爲不來。然三點餘，同避者言音有異，遂急入洞。見者言敵機廿七架。未聞炸彈聲，然有人見東南方烟起，疑又轟炸航校。五點許始解除。又入城到總辦事處，潤章已出，遂歸。到寓六點。今日報載敵竄唐河西北境，然非大股，正截擊中。

十日，晴。再騎車進城。至中法與康農一談。接歐亞一信，但意義不明。與潤章稍談，遂往歐亞，彼言俟有退票者，始有坐位，希望甚小，可往問中航云云。然仍填表以俟臨時機會。因康農聞謠言航校有校官學生人員上之損失，遂往伯喬寓探問，遇無悉，彼尚未聞信。出到建功寓，無人在家。到商務印書館，爲所中購《書經中的神話》一本，自購《日本內幕》一本。將到才盛巷，然遇希淵，遂同到小有天午餐。希淵爲東。同到北平圖書館辦事處，晤斯年、守和。守和言郭伯恭既不能速來，此間已另找人，請即通知郭君，又道泉七月始能回國云云。守和又言：飛機票，如中央銀行有熟人，可設法。出，獨到才盛巷。晤建功。因昨日將帽忘在平安街，遂又同小乃往取。再到總辦事處，見潤章，與談守和所言，潤答彼無熟人，海帆有一熟人，未知在否，當囑其詢問云。歸寓，仍六點。晚翻閱《書經中的神話》。書爲 Maspero 所著，沅君所譯，本所出版書之一。馬氏學派與顧剛相近，與余頗遠。神話舉三：一羲和，二洪水，三絕地天通。報載我軍克復唐河。

十一日，晴。上午翻閱《太平天國史綱》，步曾來談。下午翻閱《日本內幕》。寢時十一點。報載荷、比、盧已受德攻。德已占①領盧全境及海牙。敵人西竄新野，被截擊。

十二日，晴。有雲。騎車進城。訪從吾，未遇。見寅恪。寅恪下月半將再到英國去。到總辦事處，見潤章。出到平安街，與碧書、小乃同到才盛巷，見建功。遂同到光美飯館，爲建功全家餞行。余等三人，共飲白乾二兩，因建功不大能飲，多讓於碧書，碧書飲②約過兩。飯後，碧忽眼昏思嘔吐，後稍愈。彼等二人遂雇車找杜芬大夫求診，小孩回才盛巷。余到華山南路，購《文摘》《世界知識》

①編者注："占"，原誤作"点"。
②編者注："飲"，原誤作"飯"。

《刀與筆》各一本。遇國瑜,告以彼所作之《論干支》在《集刊》上不能登,彼頗不快。往海棠春,赴惟一之追悼會,送賻儀四十元。致詞者有潤章、康農、爾玉,外二人,余未識,其一係一醫生,惟一之學生。余未等會畢,即出。到平安街,彼等皆不在家,遂歸。至,六點餘。晚,稍閱《文摘》,早寢。今日海帆言飛機票無法可找到。接陳佩芳信一封。

十三日,早有雲,後散。寫一信與教育部,報告未能到會之故。翻閱昨日所購雜誌而已。敵人在豫南、鄂北、鄂中已大敗,喪師三萬五千。德人入海牙之消息似不確。德人雖入比荷境內,然似仍在其國防綫外。

十四日,晴。寫郭伯恭信一封。寫《晉寧訪古記》,未完。接子臧信一封,平家信一封,天增信一封。

十五日,晴,寫萬稼軒信一封。完《晉寧訪古記》。

十六日,晴。欲爲矔仙寫一《滇賢碑傳集序》,尚未着筆。接歷史語言研究所信一封,仍因鴻庵遺失拉斯丁書一頁事。秉琦寫一信催鴻庵,余亦附數言。閱報知荷蘭又已不能支持,退出戰場!法退出塞當。然德如迅定比荷,定渡海攻英。英國三百餘年之伯權,今日蓋已岌岌。細閱地圖,知我與敵之鄂北戰事,尚在進行中。我軍側攻敵後,截敵甚多。敵竭力增援,圖挽頹勢。大戰於襄陽、棗陽、鍾祥各縣。此次若能成功,殲敵可甚多。但今日即覺已勝,尚未免過早。

十七日,晴,有雲。完《滇賢碑傳集序》。接壽彝信一封。據報載:敵人此次攻襄樊、南陽者共分五路。現二路殲滅,一路潰逃,尚有二路被我包圍於棗陽一帶。敵人損失達四萬八千餘云云。

十八日，有雲。終日檢查文青去年來信，以便復信。復信，開一頭。接稼軒信一封，天增信一封，五洲郵票社信一封。教育部寄來通俗讀物一包。棗陽已克復，鄂北戰當已結束矣。

十九日，中夜大雨。上午尚繼續淋漓。下午雨止，似放晴，然終未晴。寫文青信，尚未完。因上午閱《大公報》。棗陽敵東竄被阻，復折返戰於城中。湖陽亦尚有敵人據守。然此似爲困守待援之敵，希望其不日殲滅也。

二十日，漸晴。黃昏時尚多雲，至夜十一點餘，則月光如畫。完文青信。又寫潤章、建功、沅君、臞仙信各一封。寫新吾夫人信一封，附入文青信，以便其派鳳山往信陽探視。我軍克復信陽。學兵隊又來一大批，殊爲擾攘。又與秉琦談，寢時已十二點。接芝生信一封，《圖書季刊》一本。

二十一日，晴。昨夜熟眠時，蓋已一點許，午後亦因擾攘未能睡，故全日精神未佳。工作亦無效率可言。僅翻閱《圖書季刊》而已。爲秉琦寫給淮西信數行。余季川來談。接荆三林寫給吾及芝生信一封，石頭信一封。石頭信又言教育部允其學校緩搬。近數日同盟軍戰不利，德軍入法。總帥易魏剛將軍。

二十二日，陰，時微雨。寫完《論信古》。接師大校友會信一封。敵人正與我爭奪信陽，又在棗陽，竭力圖挽頹勢，戰局又西移唐、白二河之間。此次戰局之擴大，似爲攻奪武漢後之第一次。戰事方正在進行，離完結尚遠。開始雖勝利，然尚未可大意。此次關係極大。如獲得全勝，敵人損失，當在十萬以上，或爲最後一次之進攻。如結局不利於我，襄樊恐有危險，人心將大震動矣。結局如何，大約一星期或十日，當可明白。

二十三日，余早晨及午餐後散步時，皆遇雨。然日中多晴時。檢閱《國語》中關於姓氏之材料，並抄錄。接陳佩芳收條。

二十四日，陰，雨。檢閱並抄錄《左傳》中關於氏族之材料。聞農人言，三二日內即栽秧，但今年秧被ㄏㄢㄉㄜ所咬，不佳。下午風向轉東北，溫度驟低。

二十五日，陰，雨。繼續檢閱並抄錄《左傳》中關於氏族之材料。又檢閱並抄錄《山海經》中是項材料。接劭西信一封。建功一片，言定三十日坐位。

二十六日，陰，雨。僅翻閱《涑水記聞》而已。寫平家信一封，王雲五信一封，將《集刊》稿明日寄出，不及待子臧稿矣。

二十七日，終日陰雨不住。翻閱《續通志》《漢書》關於諡法部分。接春藻信一封。

二十八日，有放晴意。寫一信與建功，將所借之《兩周金文辭大系》送還。將開始寫《我國古代民族三集團考》，乃翻閱各書，卒未動筆。晚閱《大公報》。與秉琦談陶器與集團之關係，意見未全合。寢時頗晚。接建功一片，潤章一信。又從秉琦處轉來鴻庵一信。

廿九日，仍未晴，時見日光。復潤章一信，然羅四福病，未能送去。翻閱《尚書大傳》《帝王世紀輯本》。開始寫《三集團考》。晚餐後散步，見秧已栽上不少。

卅日，晴。有雲。繼續寫《三集團考》。接伯蒼信一封，通俗社信一封，義詮信一封，玉瓖信一封，《歷史語言研究所集刊》一本。比國國王宣布停戰，全軍解甲。英法聯軍陷於極困難的境地。晚與秉琦談石器時代問題，眠時將十二點。

卅一日，夜中大雨，終日少住，至晚始停。繼續寫《三集團考》。

六　月

一日，晴。騎車進城。將至城根，遇韻幽，交來潤章信一封，壽彝信一封。進城，到平安街，見碧書。出到總辦事處，見潤章。到會計課，請其寄文青三百元。出到達三寓，並遇春舫，在彼寓午餐。到登華街宿舍，見洪波，還錢三百五十九元餘。餘二百元，俟下月還。出訪寅恪，未遇。購物。到才盛巷，見建功。出，訪芝生，不遇。見馮太太。還，再到達三寓，達三患脚腿瘇，忽重。疑或爲軟脚病之開始，勸其早詢問醫生。到辦事處再與潤章一談，即乘車歸。過白龍潭時，遇濟之在路旁，顏色黯淡。詢知其女公子割盲腸炎，經過不佳，恐今晚即難過。竭力慰之。歸，六點已過。

二日，晴。騎車到龍頭村，訪彦堂，不遇。晤子衡，在彼寓午餐。子衡大病初愈，元氣尚未全復。聞濟之女公子，今晨殤亡！頗欲到白龍潭一慰問，但天氣過熱，未克往。

三日，晴。再分人抄錄《山海經》中關於帝、帝俊、黄帝、炎帝、帝顓頊、大皥、少昊、帝堯、帝嚳、帝丹朱、帝舜各條，畢之。余對帝俊問題，疑之頗久，近二日，又頗思俊、嚳、舜三人是否有關係之問題。今日抄出一比較，始得解決。蓋俊爲炎黄集團中最富神色彩之一 Heros，是否有真人的存在，頗成問題。因彼與姬姓、姜姓皆有關，知其屬於炎黄集團。《大荒經》記他的事頂多，可是大部分幾乎全是。説他所出。十日、十二月全是他的孩子！即此一點,已可定明其性質。近人總想把堯、舜、禹説成 Isiris、Zeus 一類的人物,實屬荒謬。帝俊才是這樣的人物,他們熟視無睹,真可怪詫。多日疑竇,一旦豁然,甚快。晚看《大公報》,接朧仙信一封,潤章轉來孟真信一封,内附葉玉甫信,言願恢復西北科學考察團之意,孟真來詢意見。

四日,陰晴不定。復孟真信一封,信與潤章,請其轉交。復玉瓖信一封。敵人又在宜城北,竄渡漢水,可慮也。

五日,夜中雨。終日陰晴不定。下午四點許,大雨淋漓。後聞人言曾鳴響雷,余則因正在寫文,未聞。繼續寫《三集團考》。報未來。聞九峰言報載襄陽克復,然則襄陽一度失陷矣。

六日,時雨時晴。繼續寫《三集團考》。將午,彥堂、思成同一孔君來訪。孔名令燦,字瀞庵,曲阜人。彥堂自帶饅頭鹹菜,余僅款每人一碗青菜湯而已。彥堂又饋余捲烟數包,茶葉二簏。孔君自重慶來,言張自忠將軍確於上月十七日殉國。柩已抵重慶。蔣先生親迎至江邊,大哭,現葬於北碚。張於抗戰初起時,行動頗不爲人所諒解。後南歸,在沂州、大洪山各處,叠建大功。聞此次往前敵前,即有函致馮治安,言敵人如不退,即將長別,請馮對部下,負責收拾,已具必死之志。戰時,最前綫爲韓復渠舊部一師。後即張自率之二團。韓部師長甚怯,一戰而潰,張部被圍。有人勸其易衣逃出,張不可。遂受重傷殉國。戰事正殷,良將早亡!根觸百感,不禁涕零!報載敵曾竄南漳,被擊退。敵似用大兵力圖渡漢,我軍正在力拒。我軍有從禮山一帶襲漢口消息。收詠沂信一封,子文信一封,潤章信一封,建功告別一片,玉瓖一片。

七日,陰,時雨。繼續寫《三集團考》。敵人渡漢水者已有二萬,我正包圍聚殲中。復伯蒼一信。

八日,氣候如昨。繼續《三集團考》。近數日精神不佳,痔瘡又發,工作效率不嘉。自昨日起,已開始熏洗。敵人渡漢者已二萬餘人。

九日,氣候如昨。續寫《三集團考》。

十日,時出日,時雨,亦有同時者。雨僅陣陣而已。今日爲廢曆端陽,伙中各人出國幣二元,購粽子、肉、酒,過節。臨照早晨又送來若干粽子,遂食之。午餐時,食伙中所買。酒余僅沾唇而已。續寫《三集團考》。敵人已逼荆、沙。敵人似分兵二支:一支攻荆、沙,一支攻宜昌。後者達南漳河。北路襄陽一帶,似已緩和。

十一日,陰雨淋漓。續寫《三集團考》。荆、沙情勢不明。西攻者,已過南漳,至沮河谷。接桂璋信一封。

十二日,陰雨。然午間晴。後又雨,晚又轉晴。續寫《三集團考》。下午步曾來談。

十三日,晴。步行到龍頭村。見彥堂、濟之、思永、曉梅、璋如。在彥堂家午餐。見孟真。餐後同彥堂及其家屬到克強寓。吸烟,不小心,致暈。少休息愈。訪孟真,不遇。到歷史語言所,見子衡。歸。接平家信一封,乃作復。〔義國已宣布加入德國作戰。巴黎危險。敵人已越荆、沙。〕我與敵在鴉鵲嶺,激戰。此地離宜昌不遠。今日,潤章來,未遇。

十四日,晴,然下午四五點滂沛大下,後又晴。上午續寫《三集團考》。下午寫石頭信三紙。接中孚信一封。宜昌戰於東關。我軍克復遠安。

十五日,半陰晴,有風,不雨。寫桂璋信一紙,同石頭信發出。

後翻閱《巫術、科學、宗教與神話》。我軍克復當陽。德軍入巴黎。

十六日，陰，不雨。續寫《三集團考》。我軍攻漢陽。法方有不支之勢。

十七日，氣候如昨。續寫《三集團考》。上午步曾來，以其新作南征二百均見示。接伯蒼一信。

十八日，半陰晴。寫寄達三、燧初各一片。續寫《三集團考》。法人下令停戰。世界從此將換一局面矣！乃完全強權，即假面具亦不須再帶也。英尚宣布繼續作戰。

十九日，昨晚因燈下寫點東西，故睡不佳。半陰晴。時大雨。續寫《三集團考》。法因德條件過苛，戰事未停。接雪亞一代電，代西北大學勸駕。

二十日，氣候如昨。僅翻閱各史志，尋找關於蚩尤旗及蚩尤祀典的材料。我軍仍與敵人戰於宜昌附近，並反攻荆、沙。

二十一日，仍翻閱各史志。

二十二日，氣候如昨。翻閱《劍橋古代歷史》。下午九峰聞人言：敵人在海防登陸，我軍在彼方抵抗。但今日報未載，似尚不確。臨照來言：昨日市內謠傳極盛，今日稍息。但敵人要求滇越路停止中國貨運，法人已完全讓步云云。此事大約近真。要之，此事對我國極不便，但亦不能制我國死命，不過可增加吾國困難不少。我軍克復荆、沙。（此係二十一日消息。）宜昌市大致尚在敵人手。敵主力在當陽，被我包圍。

二十三日，半陰晴，時微雨。昨夜睡着時頗晚。仍翻閱《古代史》。下午慕光來，稍談即去。聞法國安南當局請敵人陸戰隊登陸,證明彼並未給中國運輸,故敵陸戰隊登陸一次,爲謠言所自起。我江防炮兵一日擊沉敵人三艘,開前此未有之記録。(此係二十二日消息。)接丫頭畫一封,玉瓖片一,商務館信一封,路春舫、周康之信一封。〔此四日日記係二十四日補記,故多錯誤。①〕

二十四日,晴。學兵隊留守人深夜擾嚷不休,起干涉之,彼等頗蠻橫,與之辯頗久,韻幽亦起打圓場,始止。睡着仍晚。仍稍翻《古代史》。下午天木來,談。今日報載我外長發言,略謂法停運違犯條約,我國將采取必要行動云云。傳蔣委員長昨日莅昆明,指示機宜,未知確否。

二十五日,晴。早餐後,騎車進城,先到中法,晤康農。出遇潤章,談。又遇康之。談次,知滇越界上有中央兵,正築工事。前數日,我方曾將鐵路炸毁一段,或以阻法人之調回車皮,故鐵路不通。餘均未確。過靛花巷,問從吾、錫予皆不在。又問寅恪,已往港。出到總辦事處,再與潤章略談下年度聘書各事。與申伯、海帆同到金碧路經濟食堂午餐,余爲東。出到近日樓旁,買鞋兩雙。到達三寓談,又同出,余理髮。時四點許,遂別達三歸。

二十六日,漸陰。下午四五點許,雨。翻閱《三皇考》。始悟五帝有東西二説;東方齊魯儒者本《國語》展禽所述四代祀典而定黃帝、帝顓頊、帝嚳、帝堯、帝舜爲五帝。然秦人因本東方嬴姓,故帝太皞、少皞。且其所處,爲炎帝舊疆,故又帝炎帝。又配以東方極烜赫之黃帝、顓頊而爲秦人之五帝。其他皆調和此二説。又悟《堯典》十二州之説,乃以配天之十二月,當日非必有定名。舜

①編者注:此爲天頭文字。

所命有十人。除四岳、伯夷本一人,誤分爲二外,餘僅九人。禹、皋陶、益、伯夷似係同時。稷、契爲周、殷之祖,非必同時,而因後世人均以與於治水之役爲大榮,遂逐漸傳成同時。殷周之際,此種傳說,蓋已成功。故著書者亦搜而書之。巧倕在古代極烜赫,夔亦有相當聲名,故均被搜入。惟龍,吾人已無法考證,然既蒙搜入,蓋亦有相當聲名,而證據已亡逸矣!接營造學社信一封,約下星期日往觀滇、川、康三省古建築照片。

二十七日,半陰晴。時雨。對讀《封禪書》及《郊祀志》,未完。觀秦人之先作西畤、鄜畤,祠白帝,繼作密畤,祠青帝,而黃帝、炎帝之祠則又晚二百餘年,則余秦人因屬風偃集團。故帝太皥、少皥之說,實信而有徵。思永派人將 China at Work 送還。接中央圖書館籌備處信一封。近數日,宜昌方面戰事沉寂,頗非佳兆。蓋如我方包圍不成功,宜昌即又失去矣!

二十八日,晴。讀完《封禪書》及《郊祀志》。又隨便翻閱《史記》數篇。閱《匈奴傳》,頗訝匈奴之漢化已深:如號"撐黎孤塗"之爲天子意譯,又圍平城時之四方馬色,均屬證據。

二十九日,晴。標點《管子》之古史材料。閱《管子探源》,未完。下午壽彝同馬堅及白、常二君來。白係良臣之弟。接吳超遠信一封,異常高興,因余掛念彼家多時,托人打聽,終未得音信。乃即答復一信。

三十日,晴。步行到絡索坡,訪元胎,適彼亦來訪余,遂不遇。往龍頭村,先到彥堂及子衡寓,皆往麥地村看展覽會,余亦隨往。照片不少。四川保存漢闕,尚有較完整者,可貴也。麗江民居雕刻頗佳,詢知此地商業頗發達,故民間相當殷實,且保存中原已廢棄之古式,故極有可觀。晤孟真、濟之、思永、思成、士能等多人。返途中,與孟真談搜集抗戰史料事,始知各庚款委員會財政均甚困難。然則當設法想出"苦幹,硬幹"的辦法矣。到子衡寓小坐,到彥堂寓午餐。克強夫婦來,談。又往觀克強與孟真下象棋。彼夫婦去後,余同彥堂到山上圖書館,檢查 Maspero 文中所引《初學記》中《歸藏》文,匆匆檢查,未得。又到彥堂寓,借到《人類學集刊》,歸。途中讀中所載之苗族《洪水故事與伏羲女媧的傳説》,乃亦引及此《歸藏》原文,始知余之太忽略。晚,翻閱《集刊》。觀田中稻苗知天已旱。接到本年聘書及秉琦、樂夫、鴻庵、子臧聘書。

七　月

一日,晴。晚餐後散步時,尚未有雨意,頗為農夫焦急,乃將睡前即雨。終日翻閱《人類學集刊》,並檢古史中伏羲、女媧事。

二日,時雨時止。續寫《三集團考》。我軍又入開封。日人已有乘機南進掠奪之決心。

三日,晴。晚又大雨一陣。續寫《三集團考》。元胎來談。寫給齊仲和片一。接到教育部史地教育委員會記録一本。

四日,昨晚睡着頗晚。今日時晴時雨,時日出而雨。繼寫《三集團考》。

五日,昨晚睡頗早,但眠更不佳。近二日晚皆換新茶,或與睡不佳有關係,明日當試之。今日陰雨。然亦時止。續寫《三集團考》。敵人攻至龍州、鎮南關一帶。

六日，昨晚眠較愈然仍不甚佳。日中又睡兩次，始大快也。續寫《三集團考》。接文卿信一封，靖華信一封。終夜雨，上午不止，下午漸晴，略見日光。然並不涼爽，恐仍將雨。

七日，時雨時晴。繼續寫《三集團考》。下午壽彝來。

八日，晴。續寫《三集團考》。子言、慕光等來。接仲昂、超遠信各一封。

九日，晴。早餐後騎車進城。到總辦事處，潤章不在。同海帆談。同慕光談。約洪波來，商議三所事宜。出到西域樓午餐。到達三寓談。將四點，又到辦事處，則劉、嚴與潤章正在商談。遂同商酌一切。亦遇真甫、康之。是時，大雨一陣。五點半，雨止，遂歸。鄉間比城內雨較小。接玉瓌片一。

十日，時雨時止。精神不甚佳，未大工作。隨便檢閱關於五帝之材料而已。

十一日，晴。續寫《三集團考》，畢之。但內尚多未愜意處，須不少修正也。

十二日，晴。寫尚文信一封。仍隨便翻書而已。宜昌東北殲敵九千。

十三日，晴。寫長兄二兄信一封，隨便翻書。接商務印書館一封。

十四日，晴。騎車到龍頭村，訪彥堂，不遇。見子衡、璋如、思永談。在子衡寓午餐。見禹銘。同往桃源村，觀其在大理發掘所得。大石斧與北方者相似，彎石刀亦相似，亦有孔，惟刃不在內而在背為異。陶器極樸陋。五點歸。

十五日，晴。近數日甚熱。隨便翻書而已。

十六日，晴，有微風。寫潤章信一封。因近日精神不振，未能工作，乃仍騎車到龍頭村，見彥堂、孟真等多人。借得 Frazer 之 *Folk-lore in the Old Testament*、孟真之《性命古訓辯證》、郭沫若之《先秦天道觀之進展》諸書。兩點歸。翻閱《性命古訓辯證》，畢之。孟真人極聰明，此書大致甚好。惟工力多欠缺處。

十七日，晴。隨便翻閱《舊約》《民俗材料》。接潤章信一封。洪波來談，言因時局緊張，中央在滇各機關又有遷移之議，但尚未決定。

十八日，晴。到絡索坡，訪元胎，已進城，因到橋上找着吳琀，到其寓中，談至十一點，歸，已出門，遇元胎歸，彼等又拉余回寓，在彼間午餐。後歸。天氣甚熱。到寓，稍洗濯後，衣服脫光，倒在帳中，不覺睡着。醒時，一點不覺寒。翻閱《荀子》中之古史材料。近日英人又向敵人屈服，將滇緬公路停運三月以便講和。敵閣米內倒，近衛文麿重上臺。彼將取大規模之攻勢。然則中國抗戰，真到最緊急關頭矣！但抗戰至今日，敵人絕無能力能制吾死命。但仍延至相當長的時間，亦屬可能。由所中復商務印書館信一封，復歷史語言研究所圖書館信一封。

十九日，夜中雨。上午雨，不大。全日陰。開始寫《五帝起源考》。

二十日，夜睡不佳。天氣如昨，上午亦雨。續寫《五帝起源考》。上午元胎來談，並送桃多枚。接荊三林信一封，中法大學校友會來函一，約於二十八日正午聚餐。

二十一日，睡較佳。終日雨，將晚始住。終日不過看《大公報》而已。

二十二日，睡佳。然因鼠擾，早醒。上午微雨，下午有晴意。然將寢時，又雨。續寫《五帝起源考》。

二十三日，時雨時止。續寫《五帝起源考》。接尚文信一封。

二十四日，氣候如昨。續寫《五帝起源考》。

二十五日，氣候如昨。續寫《五帝起源考》，畢之。

二十六日，陰，但未雨。騎車進城，到芝生寓稍坐。出到總辦事處，見潤章，小談。出到明和春，午餐。到辦事處門口，遇臨照，同到翠湖海心亭飲茶。到上海銀行，給仲昂、超遠寄錢。返總辦事處。燧初、爾玉、洪波皆到。談遷移事，決定先派人到大理、叙永各地找找房子再説。大理擬派爾玉或余先去。歸。晚翻閲今日所購之《世界知識》及《人世間》。

二十七日，下午晴。然將晚時又微雨一小陣。隨便翻閲《人世間》及《古史辨》。觀顧頡剛《五德終始説下的政治和歷史》，其後半截真同囈語。因有劉歆曾大規模作僞的成見在胸，遂致無處不謬。其上半篇雖有小毛病，大致尚佳。這樣的努力，而竟被成見所蔽塞，致成巨謬，殊屬可惜。上午燧初同一張君來。張君，安徽太和人。下午元胎來。寫靖華信一封。

二十八日，晴。同秉琦一道騎車進城。先到芝生寓稍坐。後獨到西南大旅社聚餐會，到會者約三十餘人。出到達三寓，未遇。到總辦事處少休息，即歸。下午頗熱，以爲將有雨，而並未遇上。但過麥溪後壞路上則大雨初止，泥濘塞途，頗不便行走也。

二十九日，陰雨。翻閲《僞經考》。寫鴻庵信一封。接商務印書館來信一封。

三十日，夜中大雨傾盆。天明時稍止，後又大雨。下午漸止，晚有晴意。將《五帝起源考》之附注寫出。

　　卅一日，晴。寫潤章信一封。因前日將寫給靖華信遺失，再復之。又寫伯蒼、中孚、三林信各一封，平家信一封。又寫義詮信，未完。

八　月

　　一日，因天氣甚佳，同秉琦、韻幽、德昌到松花埧一游。雨後水勢汹涌，頗稱偉觀。又從埧口入山，循盤龍江北行。山口甚狹，僅兩岸有微徑。後漸寬，亦有稻田。約三四里有一村，名蔡各村。房屋尚整齊。有五六十户，三十幾頭牛，五六十匹馬。入學兒童二三十人，亦有上中學者。即在樹陰下用午餐。再上，江有二源，循左源行，不久，左右岸各有一村，時天甚熱，頗疲乏，故亦未問村名。右岸村不小。<small>實江左岸，因余等逆行，故云右。</small>欲購梨解渴，而皆未熟，亦强食其一。時源已盡。反左，過一小山坡，無意中，見咸陽王墳。後即循余去年游路歸。過瓦窰附近，在山溝中脱衣洗浴。但時日被雲遮，溫度不足，未敢大洗。到寓，六點。晚未九點即眠。

　　二日，晴。將晚，大雨一陣。上午隨便翻書，下午完與義詮信。下午覺明來小談。

　　三日，上午晴，有雲。下午大雷雨，後時雨時止。寫張子文、吳太太及淑玉信各一封。接潤章及仲和信各一封，皆爲給商務館寄錢事。又接建功、超遠信各一封。玉瓖片一。

　　四日，氣候與昨日相似。寫劭西信，談國語羅馬字事，未完。

下午王巽義同其同學劉、信陽人。趙、滎①陽人。李湖南澧縣人。來談。收中國哲學會信一封。

五日，氣候仍如昨。畢寫劭西信。又與樂夫及石頭信各一封。接壽彝信一封，石頭信一封。

六日，氣候仍如昨。因接石頭信，又將彼信及樂夫信，加長若干。下午隨便翻書而已。接柱子信一封。

七日，氣候仍如昨。寫清甫信一封。接碧書信一封。

八日，漸晴。下午及晚，溫度頗高，只能單衣。翻閱《文獻通考》中古代學校制度，及《西洋教育通史》中之古代部分。接總辦事處信一封，爲替廣播電臺演講事。

九日，將明時雨。終日陰晴無定。慕光來，因與洪波及余商量三所事務。接玉瓌片一。

十日，晴雨無定。沅君介紹中山大學史學系教授陳嘯江來談。陳，閩侯人。治中國社會經濟史，著作不少。

十一日，氣候如昨。上午與吳半農談。午間同事共釀資作餃子吃，余特別出國幣伍元。

十二日，晴。然亦聞雨數點。寫建功夫人信一封，大壯信一封。

十三日，氣候如昨。下午，翻閱《定庵文集》。

十四日，晴。仍閱《定庵文集》。九峰借給《瀋故》一本，內係遼寧省內之小掌故。畢之。

十五日，陰晴不定。九峰借給《思痛記》一本，係記太平天國

---

① 編者注："滎"，原誤作"榮"。

之黑暗方面。著者名李圭,字小池,江寧人,曾陷於太平軍中,後逃出,仕至"刺史",蓋知州也。彼追記其被虜的經過,耳目親見,當非虛謬。但彼始終係士大夫階級中人,對於太平之師全無好感。其所述之黑暗方面固非妄言,但有光明方面,彼亦不能見。如讀者依此即輕斷太平軍之全體,仍不免陷於錯誤也。寫一信與哲學社,通知余所擬讀的論文題目爲"世界文化的再估價問題"。

十六日,夜半傾盆大雨。約半點後漸小。日間晴。將《世界文化的再估價問題》簡單寫出,尚未完。接孟真信一封,係對與商務館訂約印漢簡辦法徵求意見。接慕光信一封,報告接教部密電,命將本院物資從速遷運昆明以東地區事。

十七日,晴雨不定。繼續寫一段。發凡已完。原欲寫一小段舉例,但尚未決定寫否。後即翻閱並改正前所寫稿。下午彦堂介紹張子倬的世兄張洲來見。彼去年在河大的醫學院畢業,現在昆華醫院服務。復孟真信一封。與秉琦談至十一點過,始寢。

十八日,夜睡不佳。晴。同秉琦往桃源村看天木所作的漢各種車模型。返龍頭村,在彦堂家午餐。秉琦先去。余稍休息,同彦堂到圖書館,借得《通鑑外紀》二本,《黃氏逸書考》一本。近數日德機大轟炸英國。前日出動一千五六百架,昨日出動兩千架。

十九至二十二日,睡覺總不大好。天氣晴雨無定。重慶受敵人轟炸,損失頗大。余對《春秋命歷叙》內所載之古史材料,加以研究,始知對於古史的創造,唐宋尚有繼續。因爲時代較近,我們頗可因此窺知古人創造的方法及程叙。二十二日開始寫《中國古史構成漫論並舉數例》。接壽彝信一封。廿二日接聯亞信一封,汝鏞信一封,膺中信一封。《中日戰事史料徵輯會集刊》一本,《新民主主義的政治,新民主主義的文化》一本。後一種爲共產黨宣傳品,不知誰寄來。寄地爲白沙,不知是否建功或汝鏞所寄。

二十三日,睡仍不佳,醒太早,終日精神不佳。閱《新民主主義的政治,新民主主義的文化》。今日晴。

二十四日,睡較好。晴。上午,潤章來函,言昨日回,約今日下午四點到總辦事處談遷移事宜。午間彥堂來信,言森玉在龍頭村,約往一談,止好辭之。午餐後,騎車進城。初談時,因與上海醫學院及朱恒璧①院長的關係,擬將一部分物資先移曲靖。談次,與朱院長接洽人回,言該院前數分鐘接教部電,令其勿庸遷曲靖,速往黔境。本院昨日所接育密電亦經譯出,爲速遷川境,及再匯來遷移費一萬元。似此則已無猶疑之餘地,乃決定先請洪波到川尋房,並擬二十六日午間再談,作最後之決定。出到中華飯店晚餐。往芝生寓談。十點半,返登華街宿舍。

二十五日,晴。早餐後,往圖書館,訪森玉。又同森玉訪守和及喬無忝。聞楊伯喬言,維水政府已對敵人屈服。返,約九峰及一爨君到松鶴樓午餐。森玉强爲東,余與争不得。後同森玉往訪希淵,遇達三。同出,訪迪之。因圖書館亦接一育密電,往借號碼簿也。迪之亦言法政府屈服,允許敵人通過攻滇事。出,森玉去。余到達三家晚餐。談至九點餘,歸寢。

二十六日,看《朝報》,内載合衆電,稱法塔布衣夫人發表一

①編者注:"璧",原誤作"壁"。

文，稱前日德與敵人有諒解，約德攻英，日即攻英、法、美屬地以牽掣其力。但德攻英，日本竟食其言，但對安南，則又重重壓迫。法求救於德，德乃變計。現安南實已入德手，日本失敗云云。如果此消息不虛，安南局面近數日或可稍緩。早餐後，往訪弼剛。數年闊別，傾談甚快。午間，再談遷移事。潤章已決定請洪波及子延早日入川尋房。並決定先雇馱馬百，先走一批。至地點，余勸洪波直往宜賓，從此循岷江上趨，北至雅安，於其中各縣尋找。人員及不能起運之機器，則雇汽車前往。余個人則不願以汽車往，因對於風俗人民，山水風景，無從觀察也。四點餘騎車歸。出北門，見黑龍潭方向，雨腳接地。過崗頭村，雨已過，而間有行潦。過麥溪，頗欲從磁埧歸，東北望，似無多泥，乃仍從原路歸。直騎車，幾抵蒜村，以爲較上次大愈，實大不然。村與潭中間路較高，上次過時無泥，仍可騎車以歸，此次則完全爛泥，推車，輪不能轉，困轉萬分。至寓，六點少過。

二十七日，今日精神不佳，未工作。子臧同其甥徐君來。派子英往尋壽彝來，與之商量是否能將 Frazer 書中之關於大洪水故事譯出，彼允從事。

二十八日，陰。改《世界文化重新估價問題》稿。接玉瓖片一，即復一信。

二十九日，今日中國哲學社開會，提前早餐後，即騎車進城。因蒜村前後，尚有泥未能騎，故至時已較晚，然尚未開會。開會時約十點。由芝生報告後，迪之致詞後，即由余宣讀《世界文化重新估價問題》論文。午間在家庭食堂聚餐。女主人吳文嘉，弼剛之妹，女師院舊生，予皆忘之，她告予，始憶起。到達三寓，晤達三及春舫。下午繼續開會。由沈有鼎、王憲鈞諸人讀論文。散會後，到靛花巷，見莘田等。予與三輔同到西域樓晚餐，予爲東。餐後到總辦事處，與潤章談甚久。接孟真信一封，文青信一封。

三十日，繼續開會。上午由予主席，龍蓀、敬軒、子昭宣讀論文。仍在家庭食堂聚餐。又到靛花巷，見從吾。下午李吳禎、侯曙蒼及芝生讀論文。李、侯二君思想知識均未達到水平綫。散後，到芝生家晚餐。

卅一日，陰雨。繼續開會。早從吾來訪，同出，到翠湖酒家早餐。上午三輔、錫予、石峻諸人宣讀論文。中午由二研究院、聯大、雲大公宴會中同人。三點再開會。由鄭秉璧①及馬□②宣讀論文。畢後，討論會務。決定職員延長一屆、後年在峨眉開會、溫壽鏈除名等事。即閉會。晚由聯大同人公宴非聯大同人。

九 月

一日，天氣較涼，陰，但未雨。到日月新早餐後，到雲大，訪小石。談論甚暢。見一番文經幢，年號漢文，爲宣光五年，此爲元已北歸後而雲南梁王仍用元正朔，可貴也。出到芝生寓，取到予前兩日所放之《漢魏叢書》，送還膺中。出，到求實中學，訪沅君夫婦。未至，遇彼夫婦出，約到□□□③午餐。又遇一多。餐後，再到求實一坐。歸寓稍眠。起後，往訪叔雅，在彼寓晚餐。叔雅近

---

①編者注："璧"，原誤作"壁"。
②編者注：原於"馬"後空闕一二字。
③編者注：原於"到"後空闕約三字。

數日，將二新著作—爲《莊子校勘》脱稿付印，甚爲高興，約晴後來黑龍潭游以舒積鬱。

二日，陰，不雨。到日月新早餐。到總辦事處，取上月薪水。見潤章小談。到達三寓小談。出本擬到金城銀行存錢及到中國銀行問國債票事，乃存錢後，發現未帶漢口中行來信。回寓尋找，始知已失之。乃到翠湖酒家午餐。後又到達三寓，將問國債票事托達三辦。遂騎車歸。到約兩點半。接平家信一封。

三日，陰。寫超遠信一封，文青信一封。下午潤章來。報載敵人暫緩南進。

四日，夜雨。終日淅瀝不止。醒早，終日精神不佳。接吳太太及傑臣信共一封，通俗社信一封。露透電言敵人有最後通牒致法人，請假道安南攻我，已被拒絶。

五日，夜大雨。日中仍雨，後漸止。翻閲《甘青寧史略正編》。報載敵西原少將照會安南總督，言日兵定於六日登陸。接總辦事處信一封。

六日，漸晴。但不定。仍翻閲《甘青寧史略》。敵之最後通牒又撤還！蓋此又其二重外交之結果。其外部發言人言外傳日發最後通牒，此事"殊成問題"云云，足以證明，且甚可笑也。

七日，仍陰晴不定。仍翻閲《甘青寧史略》。接戰時青年社來信一封。

八日，天氣仍如昨。仍翻閲《甘青寧史略》。此書著者慕壽祺，字少堂。甘肅鎮原人。書爲編年體。著者對於著書體例，不甚清晰，故傷蕪雜，且頭緒不清楚。時時爲本文所用典作自注，即已非例，而間厠於正文中，尤亂耳目。著者尤好掉弄筆頭，而文筆殊欠簡潔。上有頂批，贊其筆法之妙，酸腐逼人。但著者爲老民黨，清末及民初事，多所親歷，言之自易確切。對於董福祥光緒甲午平河湟之功，備極稱揚，當亦屬實録。對於同治兵事，所采擇者，多屬父老之傳聞，不限官書，其價值亦高。故雖有可笑地方，而自屬有用之書。

　　九日，早用午餐。七點半，即同劍秋、友苞騎車進城赴本院第十一周年紀念會。天陰。過白龍潭天雨。劍秋轉回，余與友苞稍避後，又前進而雨又大下！乃馳至崗頭村，再避。後雨稍停，乃進城。本院同人因雨多未到。通信研究員到者，有吳正之、謝家榮、朱恒璧、饒貽泰諸人。開會除潤章報告外，恒璧、慕光及余均説一段。聚餐時，談戰局。大約言中央軍隊將開滇四師，已過者二師餘，爲關將軍麟徵部下。其指定駐扎地爲路南、彌勒諸縣。官長對所指定地點不甚滿意。滇省軍隊開邊境者六旅。三旅甚佳，餘三旅頗糟。敵人對地方當局似尚有類似對宋哲元、劉汝明之蠱惑，地方當局亦似未能完全擺脱，頗滋憂慮。又聞敵人將由三路進攻重慶：一[①]循江而上，一由恩施，一由酉陽。又有言五路者。下午客人散後，又稍談遷移事。到上海銀行，給尚文寄二百元。遂騎車歸。至麥溪將車寄於壽彝寓，因恐蒜村附近泥濘難行也。報載德機四千架轟炸倫敦。接糜岐、杭岐信共一封，並小孩像片四張。

　　十日，三點餘，即醒，未能再睡着。近日眠多不佳，且痔瘤常下！丁仲良來。彼在余處所寄存之衣物三箱，竟有一箱内物被人

---

①編者注："一"，原誤作"三"。

盜去！接桂璋信一封。陰晴不定。

十一日，氣候如昨。睡眠尚佳。寫平家信一封，並給小孩信各數行。

十二日，氣候如昨。仍太早醒。翻閱《西洋中古史》。盡一卷，已感覺其非十九世紀或上次歐戰前之書。因對羅馬帝國之滅亡，歷舉各家所指之原因以後，而結之曰：“無論就那一點講，我們都惑於同一事實之可以解釋紛歧，難於分辨原因和結果。但是我們却思維到：在人類社會中，没有一個政府對於人類社會有機的成長和有機的衰亡，能够成功地駕御過。文化常在變化與代謝中，我們往往不能覺察它的過去。非基督教徒稱之爲‘定數’，稱之爲‘命運’；基督徒稱之爲‘天道’，稱之爲‘上帝的意旨’。歷史家却坦白地説：他不明白。他有時候能够確定事實，至於事物之‘怎樣’和‘爲什麼’兩問題，他却是無從捉摸，無從剖晰的。”這種懷疑的態度是歐戰以後近二十年來尤其是近十年來所特具的。歐洲當十九世紀，尤其是在下半紀，一切的思想家或科學家全很樂觀。他們相信在歷史人事方面，和在自然界方面一樣，我們可以把原因和結果分辨清楚，從此對於人類社會的成功和衰亡可以“成功地駕御”。近十年來，世界變化的很快，思想界也全惶惑了，才曉得這些全是幻想。這種幻想的消失，驟然看來，似乎是悲觀的，衰老的，不過向遠處看，對於歐美人，或者可以説，對於人類全體，這仍是進步的。人類失望一次，才可以進步一次。雖説當中要經過許多的曲折和痛苦，但是歸結還是要向着一定的方向向前走，那有什麼可悲的？接劭西長信一封。天木來。

十三日，漸晴。睡眠較好。潤章同慕光來，又細談遷事。終日翻閱《大公報》。接清華同學會請帖一。

十四日，晴。睡眠尚好。仍翻閱《西洋中古史》。頗感於歐洲的分裂成各國即由於羅馬帝國無復興的能力。中國如鮮卑帝國綿延或接續下去，無隋唐的復興，將來成歐洲支離破碎的局面亦未可知。寫尚文信一封。

十五日，晴。上午登在廟前所望見廟後最高之山峰一望。仍稍翻閱《西洋中古史》。晚月明如畫。在新房院中玩月，至九點始歸。

十六日，晴。今日爲廢曆中秋。仍稍翻閱《西洋中古史》。晚與同人購月餅等物謀在新房院中賞月，而晚餐後，天上黑雲平鋪，僅南方見青天，東南方電光霍霍。後電光漸止，上層幾無風可言，雲不走向何方而漸稀薄。至將十一點，雖非萬里無雲，而已皓月當空矣。遂歸寢。今日大便頗乾，故痔瘤更劇。近數日牙根有點發炎，多日未愈，今日亦增劇。接蕭迪忱一封。蕭名家霖，與余不識。係玄同及劬西弟子。在山東平原對推行國語羅馬字有經驗。現爲國語推行委員會委員。來信與余討論國羅問題。彼主張用字母表四聲，與余主張用撇點不同。

十七日，微陰，旋晴。復蕭迪忱信一封。接潤章信，言明日六學術團體來黑龍潭參觀，請余及洪波招待參觀各處。

十八日，晴。仍少翻閱《西洋近世史》。彥堂來，同往叔永寓談。六學術團體午間來參觀。慕光先來。院中與農林所在潭上亭中招待。接長兄信一封，淮西信一封。

十九日，陰。仍少翻《西洋近世史》。近數日，睡眠頗佳。惟痔瘤時下，牙床作微痛，多日不愈，致足惱人，工作效率幾等於零矣！

二十日，陰雨。生活如昨日。

廿一日，陰。生活如前。報載敵又提最後通牒，限他於七十二小時内答復，盡於明日下午十二時。

廿二日，陰晴不定。下午登山一游。接大壯信一封，仲昂信一封。超遠信退回，内有陳枏（？）復函，言超遠因傷寒重犯，已病故！心中甚悽惋。新吾一子，又復不壽，天道之報施竟如是！幸一女尚存，希望其康強成學耳！寫潤章信一封，爲鍾、盧二君加薪事。敵外部仍不承認提通牒事！

廿三日，陰晴不定。看前多日《大公報》。接潤章信一封，張炳熺信一封，荆三林信一封。又接陳槃及歷史語言研究所圖書館信各一紙，係取借書。因正令秉琦譯 *Folk-lore in the Old Testament* 中之一段，故尚未還。擬明日往一商議。圖書館正在裝箱，不知能再商借一禮拜否。

二十四日，晴。早餐後步行到龍頭村。田埂似不難過，然有兩處流水，止好赤足踏過。晤彦堂、思永、濟之、子衡及他人。與圖書館傅君商議將《舊約中之故事》再借一禮拜，得其允可。在思永寓午餐。見本日報，言二十二日下午法人屈服，然日人攻同登，激戰兩三小時，始停止。云云。早返寓。翻閲《韃靼千年史》。

二十五日，晴。翻閲 Osborn 的 *Men of Old Stone Age*。上午九點在案上始見希淵昨日來信，_{前日所寫}。約余於昨日及今日到城内與仲良及宗器等會餐。但余於前廿分鐘已將車借與友苞，遂復希淵信，約明日進城，午間由余約諸人吃小館。今日報載敵華南司令安藤不滿意西原與法所結協定，廿三日，又攻同登。全日激戰，昨日始停。敵人政與軍之無政府蓋如是矣！英、美對敵人之在安南登陸，亦頗皇皇。接玉瓖來片一。

二十六日，早起，七點半騎車進城。至到日月新早餐。見潤章一談。訪達三，約之同往訪牙醫蕭夫人。蕭原屬德籍，與國人蕭大夫結婚。余因不諳德語，遂約達三同行。至則彼亦略能法語及國語。診視後，彼言係因老而空，應拔去。余答異日來拔。遂出。然余尚冀能有他法，可不拔。十一點到希淵寓，見守和之岳丈袁君。又春舫同一何君杭縣人。訪希淵。何君係研究液體然料者。仲良、達三皆至，惟宗器有事未能到。遂亦約袁、何二君同往松鶴樓午餐。余與希淵二人爲東。費三十三元。出，又同達三尋一中醫王君，診視牙患，彼言不必拔，可服些許中藥，可愈。問中藥中是否有漱藥，彼答無之。余本疑中藥中或有漱藥，可去牙孔中惡物，故訪中醫。今知未有，已無多希望，因余並不信中醫之理論。然觀其方，知服之亦無大害，心中又復搖搖。又到希淵寓，同仲良、達三出訪宗器，不遇。又同訪芝生、淮西，未遇淮西。爲秉琦訪問淮西夫人以其平中房屋事。時已五點，即歸。今日諒山一帶戰事仍繼續。取本月薪水，捐寒衣費五十元，借給德昌五十元。接侃如信一封。

二十七日，閱秉琦《鬲的研究》的全稿。服中藥。諒山一帶法兵受命後退，日兵已開進。

二十八日，叔永來借書。牙痛無轉好現象。敵人與德、義簽定同盟條約，期限十年。主要敵人承認德、義之建設“歐洲新秩序”，德、義承認敵人之建設大亞洲新秩序。美對敵人禁運鋼鐵。

二十九日，上午子衡來談。下午無忌及其夫人、公子，尚有一馬君、中研院工程研究所。羅（或盧）君同來。今天牙痛增劇，臥下尤甚。寢時覺有小熱。

三十日，夜中重被，不汗。早晨體溫三十八度二。午餐後入城。不敢騎車，同韻幽步行。至崗頭村，雇得一車。尚未行，忽見汽車絡繹，向黑龍潭奔馳，知有空襲。遂各購餌塊兩碗，食之。畢，到堤間稍待。過十二點，敵機入市空。余遂往伏田埂上。聞擲彈聲，高射炮聲，機關槍聲，皆甚悉。甚多人見敵機爲二十七架，余則未見。敵機去後，韻幽步行向城，余則乘人力車行。然時警報尚未解除，途中又被止數次。後見汽車多向南行，遂又上車。至北門外時，仍未解除，遂下車休息。未幾，忽驚傳敵機再來，衆皆奔向田中，余亦在離道旁不遠處，得一防空小溝，遂入內。車夫急以其油布給余一塊請掩蔽。餘一以自掩。車夫楊姓，通海人，年二十許，熱腸如此，可感也。然敵機未再來。未幾警報解除，遂入城。在中法大學對面，見弼剛，遂下，與談。聞敵機轟炸者有五處之多。後聞又有警報，余二人不甚信，出則見人皆擁擠出城，遂又入。蓋此院爲康之寓所，頗曠闊。弼剛意如有急，即伏地面，可無大危險也。又少頃，始完全解除。余往登華街，至希淵門，彼全家人皆在門首，遂入。希淵言，緊急報太快，不及出，全家皆伏棹下。吃下點東西，遂同達三出，尋蕭夫人。過朝報館門口，見貼出緊急號外，知金碧路中彈頗多，覆壓二百餘人！過大東門，知甕圈內落一彈，炸死數人，尸尚未收！至蕭夫人處，則門嚴鎖，彼及家人尚避出未歸。乃到泰和酒店內飲茶。再往，彼等已歸，遂拔牙。因上麻藥不少，故不覺痛。手術及藥費二十一元。大致經過良好。但驗知牙床與鼻孔已通，恐膿串入鼻部，囑明日早六點半再來看。此後尚須隔兩日來看一次。如鼻部有膿，尚須行手術云云。聞芝生、淮西家附近落炸彈，遂往視之。彼寓南北皆落彈，玻璃震破，門上鐵葉亦均震斷。尚無他損失。遼避城外田中，身旁一兩丈遠，即落一彈，幸未爆烈，亦云險矣。返到達三寓晚餐。路遇仲良，遂同到達三寓談。途中達三購滷肉，聞人言，黑龍潭附近，亦落一彈。後始知爲高射炮彈。是晚遇達三房東白小松君。白曾任唐繼堯秘書長。據彼言，彼在平時，曾在侃如席上忠信堂與余會面，余已不憶矣。白甚健談。十點餘，歸寢。接碧書信一封。

十　月

一日，起，到達三寓，早餐後，將同往蕭夫人處，未往，已鳴警報。余力勸達三、希淵携眷屬出城避，然達三不果往。希淵剛起，家中尚未早餐，然終出城，至下午始歸。避於北門外雲大第二農林場之豆架下。然今日敵機未至，聞至開遠、蒙自轟炸，未知確否。下午一點餘始解除。入城，余本欲獨到翠湖酒家午餐，然門尚嚴鎖，主人未歸。遂於隔壁購四燒餅，重到希淵家。希淵六兒皆飢甚，乃分其三！余食其一！餅中空，四餅已盈握，故余未能多購。二兒分一，每人兩口耳！奇窘可笑至於如是！到達三寓，因彼家人未出，故午餐已備。達三獻糕，余請其送於希淵諸兒。余遂在達三寓午餐。同出，到雲南服務社理髮。往蕭夫人寓換藥，亦晤其夫蕭大夫。本意看牙後，即歸鄉，然天已不早，車不易雇，且余痔瘤又下，遂不歸。過金碧路，見轟炸各處。路北各屋似受炸彈，路南各屋似因屋不堅震倒。往視無忝、伯喬夫婦，則已

於前一二十日疏散到海口矣。遂歸，稍休息，又到希淵寓吃炸
醬麵。後仲良及一王君聯大教員，河北深澤人。來同談。十點許辭
歸，寢。

二日，天陰，上午時霏霧絲。因全院將搬移至黑龍潭，昨夜十
二點前今早四點後搶攘殊甚，兼有蚊鳴嗡嗡，故睡不佳。起將所
借行李送還達三，遂至日月新早餐。後慕光、臨照等亦至，余遂爲
東。餐畢，同慕光行至小東門，雇不得車！慕光獨往找車，余步行
歸。後十里，痔瘤復下，頗疲憊也。在城外東北角道中間，見一死
尸，未收，殊屬可慘。後慕光言當係一挑夫被汽車撞斃，汽車夫逃
去，理或然也。至，十一點餘。接侃如夫婦信一封，言其徒趙君再
爲衛主席托彼向余勸駕。趙君爲衛主席秘書，前數月已請沅君向余勸擔任河
大校長職。余答以本年寫作未成段落，未遑也。

三日，再騎車進城看牙。先到芝生寓，亦晤淮西。聞芝生言
沅君夫婦已啟行往南雄。與芝生商議復函事。余意河大現無一
懂教育人主持，余等應往，但近日黨方多將非學術方面人硬往學
校塞，則教育即無法辦理，只好不往爲妙。芝生言君既有意前往，
余可函仲魯問之。遂即擬一信稿。在芝寓午餐。出到達三寓，達
三亦將搬家，遂同往其鐵局巷新賃屋一觀。同往蕭夫人寓，夫人
移家未反，見其夫，並遇春舫。蕭大夫給余換藥，手術殊未熟。出
時四點。春舫尚欲一談，因同到昌生園。初入門，開門童子言有
預行警報，園已不賣坐，遂出。然途中人或言無之，觀街中情形亦
不似有，遂騎車歸。途中遇疏散者，多聞有警報否，余亦未能徑答
也。至五點餘。今日向達三借得《同溫層之探險》。晚略翻閱。
接春舫送來《外交史料》殘本兩本及從吾之論文一篇。

四日，仍翻閱《同温層之探險》。今日略感輕微傷風。

五日，上午到中央機器廠參觀。訪吳學藺，不在場，遂訪王守競廠長。王命一周君導命參觀。余對於機械，知識幾等於零，故無大所得。廠中正仿製印度之家庭紡紗機器。周君告余，每十五架可成一套，王君則言二十一架。每套價自五萬元至八萬元，平時約萬元。似此僅能名之曰中小型機器，名曰家庭，殊屬非宜。本年年底，可出二十套，爲農本局定購，局將設法推行於民間。此種小型工業機器，頗可注意。又廠毫無掩護，敵人空襲時，殊屬可慮。下午騎車進城，再往看牙。所拔者已可不必換藥。外余有二牙，有損處須補，今日補其一。三次換藥，索國幣十五元，補牙十五元，亦可謂敲竹杠者矣。到城內，見達三。欲購單車此地名脚踏車如此。鞍下義子，肆門廣告言自五點營業至十點，然時已五點而肆內仍無人，乃返。晚與秉琦談小型紡紗廠事，秉琦慮此種廠，消費較多，平時恐未能與大廠競爭。余因感今日我國之經濟學者仍多襲西洋資本主義學者之唾餘，未能就社會全體作整個計畫，殊屬堪慮。接樂夫信一封。英正式通知我國開放滇緬路運輸。

六日，上午仍翻閱《同温層之探險》。下午登後山一游。晚月色已佳。接淑玉信一封。

七日，上午張西林、繆雲臺等來，余在樓上看見西林，遂下樓招呼，然亦未大談。午間有警報，敵機兩批，一批八架，或九架。聞係戰鬥機；二批廿七架，則係戰鬥機。紡紗廠被轟炸，起火，山頭見烟，但不久即被撲滅。聞敵人昨晚廣播，言今明後三日轟炸昆明云云。接君衡信一封。又潤章信一封，言明日將與士林及任泰來潭。

八日,潤章、士林及任泰來。芝生及鍾遼來。午間又有警報,敵機未至。方仲及半農來。方仲新自外調查歸,送來《中國社會經濟史集刊》一本。

九日,陰,時雨,下午士林來談。

十日,陰。雨下午頗大。上午與士林談。又同登廟後山巔。潤章來,大約要住數日。復侃如、沅君信一封。

十一日,漸晴。中午有警報,敵機未至。下午三點,潤章約各職員,商議對警報時宜注意事項,和爲石曾先生六十歲紀念出論文集事項。寫春書信一封,石頭信一封。

十二日,中午又有警報,敵機未至。接淑玉信一封。

十三日,上午同潤章步行往龍頭村。先訪孟真,後訪濟之,聞有警報。又訪克強。返孟真寓午餐。又訪端升。一點半後,回。出村時,聞鐘聲頗急,因前已聞有緊急警報,故疑此鐘爲解除者,然因其急,又頗有疑。過絡索坡,聞東南方機聲甚繁,且沉重,已疑敵機之至。極目探察,毫無所見。一兩分間,巨聲發於城方,烏烟瀰空!觀其方向在城西偏。依聲與烟判斷,損失當較前數次爲大。余等此時遂登坡上,一便眺望,二便掩蔽。從坡上迆邐歸。晚聞城內文林街一帶被炸。

十四日,聞昨日雲南大學被炸一部分。師範學院房屋震倒。清華辦公處亦被炸,月涵死一僕人云。上午先後同士林、潤章談。下午寫桂璋一信。潤章、士林歸城內。晚月光甚佳,散步直至盤龍江上。

十五日,午間無警報,而城內汽車却開來不少。四點許,電燈熄,又疑爲有警報,但不久又明,恐亦非是。然亦可徵人心之驚慌矣！復碧書信一封。

十六日，上午復樂夫信一封，奚若來談。下午寫平家信一封，以中來談。

十七日，今日十點半，聞有警報，遂出至後山。下午兩點許，敵機至，轟炸逾前次。轟炸後，又有烟起，或投有燒夷彈矣。終日電燈不明，當係發電廠受損失也。康之、齊亞堂、萬稼軒來談。未能工作。接玉瓌片一。

十八日，今日天朗氣清，愈患警報。九點許，即有警報，乃出。遇潤章，遂與之同游松花埧。同行者子延、秉琦。後同事崔君亦隨往。觀閘畢，到市集附近飲茶，並每人食月餅一。後同訪咸陽王墓，瞻謁畢，聞飛機聲，以爲敵機將至，乃止觀之，而停一句鐘許，敵機不至，遂歸。至寓，已四點餘，以爲不久即將開飯，故未另開，而今日因趕街子，飯至七點餘始開。今日決定明日午餐改爲上午九點，晚餐改下午四點，以使不至因警報而誤飯時。聞昨日馬街子工場受轟炸甚重。城内光華街、文明街一帶受損失頗大。

十九日，天氣如昨。幸無警報，然上午仍有一度誤傳。復尚文一信。聞昨日敵轟炸蒙自、個舊。借閲李儀祉所譯之《宇冰本論》。

二十日，今日早餐九點開，中午開稀飯，晚餐仍舊。上午又有警報，然敵機未至。再閲《宇冰本論》。宇冰學説爲奧人 Hörbiger 所新創。德文爲 Welteislehre。大意謂宇宙中間，充滿以太，實即氫。小星體施轉大星體，因以太之阻力，不能成圓，乃依螺綫進行，愈行愈近。太近即併入大星體。星有二種：有火成，有水成。如恒星，如太陽，皆曰火成，即由熾熱之金屬液汁所成。水、金、地球、火星，亦由火成。至火星外各行星，則爲水成，或可云冰成。天漢亦由冰質成。太古之時，有一大星，爲吾人所見之衆星母。因吸收冰質小星，致成炸烈，積久以後，此各部分遂成恒星，太陽爲恒星之一。與太陽同逃出之碎冰質，久之又逃出太陽之引力範圍，故不成行星。而仍與太陽同進行，遂爲天漢。此冰質時被太陽吸取。大者即在日中成黑斑。此冰質亦時入地球之大氣圈内，散爲冰雹。無論恒星行星，時擒走至附近較小之星爲其衛星。因衛星依螺綫進行，故時併入。地質學之所謂一紀者，每紀有一月。月離地太近，吸力將水及空氣皆引至赤道附近，兩極裸露寒冷，遂成冰期。歸結，合併以後，地球暫時無月，又成正圓，却一切甚好。又經若干年，復擒得一月，又有潮汐，地又成橢圓。宇宙中間，如此分合聚散，殊無已時。宇宙不至地老天荒者，亦即由於此類之分合。地上之水滲入岩石，分離爲氫氧，遂有巨大消耗。氫又由火山口，大量噴入高空，逃至地外。而地球時時由宇空中，引來雹雨。而月球自身外層皆冰，合併時，地球獲得大量之水，所以不致缺乏。此説與舊天文學説大異之處，即按舊説，宇宙間，平時之變化頗少，相當安定。各星球間，素常幾無大關係，而按宇冰論，則各星球時時有小變化，大變化亦不斷發生，且各星球間，相互關係頗爲頻繁。此學説離發明時，僅二十餘年，固難知其將來能成立與否。然吾疑自 Copernic、Laplace 以後，此説爲最包孕豐富。因有許多未能解説之現象可被解明也。接季谷信一封，及《讀書通訊》一本。

　　二十一日，未起時，驟雨一陣，六點半起後已晴。因近日警報之頻煩，常逼人咒罵晴美之天氣！然今日終日無警報。聞昨日敵機轟炸祥雲，但《朝報》則言炸蒙自。上午，叔永來談。借去《容齋隨筆》一部。復淑玉信一封。

二十二日，半陰。早晨，慕光告余言寓西溝中草屋上，昨日功叙見插有天綫，疑爲漢奸所爲。余擬出恭後往察之，乃此時功叙來，言現竹竿尚在而綫已撤去。歸洗臉後與慕光、臨照往訪學兵隊李主任，請其設法檢查，乃彼已檢查歸，未獲何種證據，蓋昨晚慕光告於其下級官長，官長已向彼報告也。據言，現有作小生意人疏散住此屋中，説昨日憲兵來檢查過，取去一匣。匣爲自稱航空學校羅主任之物，彼常來，且認室中醜婦爲乾娘。現憲兵已將此屋主人傳進城詳問云云。終日翻閱《十駕齋養新録》而已。近日英、美正努力於拉蘇俄。

二十三日，陰，時霏霧絲。城內有預行警報，磁埧即鳴緊急警報，蓋磁埧近數日異常警備，惟恐不及事也。然敵機未能來。繼續寫《中國古史構成漫論並舉數例》。接長兄信一封，因鎮中小學校長率衆拆數村公産之三官廟，村中乃請余設法挽救，余有何法哉？

二十四日，陰，風從東來，天驟寒，早晨室中尚十六七度，下午五點許，室內僅十一二度，廊下九度而已。八點後雨，風止。繼續寫《漫論》。聞《雲南日報》載敵人又提講和條件，爲長江一帶不駐兵，北五省獨立自主，經濟權握於敵人，承認滿洲國，沿海多開通商埠等類。大約敵人已爲最後可能之讓步，但吾人仍萬不能接受。國際形勢已轉，勝利已在望，敵人雖詭，提條件於此時，對於我國已可毫無影響。如提此條件於前一兩月，則或引起吾內部意見之紛歧，亦殊難説。此敵人政治上無首領之結果，亦吾人之大幸也。前多日克强言今日爲七强争雄，意指德、英、美、日、蘇、義與我國。又言蘇似秦，英似楚，餘不盡似。余今早思之，德似魏，美似齊。再强比附之，義與韓，日與燕皆有相似之點。然則吾人比趙，或亦有近似之點乎？吾國今日局面，不弱於戰國之趙。將來建國精神，仍當取法於魯。秦人對於文化無大貢獻，驟起而蹶，不足法也。接通俗社印刷品一包。

二十五日，晴。早七點許室內九度。午間有警報，敵機未至。繼續寫《漫論》。接清甫、桂馨信各一封。

二十六日，晴。早晨室內仍九度，下午三點則將二十度。七點過後，在大馬山出野恭，未畢，即聞警報，繼之以緊急。出恭畢，即趨歸，方將盥沐，或早餐後再出避，乃未至陳氏園門，而高射炮及機關槍聲已雜然並作！急趨左側溝中，逶迤登廟後山，至李家墳，望見東南黑烟上升，似距潭不能過三公里。後機聲、炮聲、槍聲皆息，乃歸早餐。後警報尚未解除，乃又同秉琦、德昌到唐小排長墳一避。閲近日重慶《大公報》。將一點，歸午餐，後即未出。聞三點半警報始解除，有歐亞機一，被敵擊落於金殿路上。轟炸情形未詳。亦繼續寫《漫論》一段。士能來，未晤，留一片。

二十七日，夜眠不甚佳。今早室內尚有十三四度。天陰，以爲可無警報矣，然出恭後，約七點半，仍有警報！八點餘，亦聞ㄅㄥㄅㄥ數聲，或疑爲機關槍聲，後遂無聞。故早餐後亦遂未出，然警報直至下午三點始解除。終日覆檢《呂氏春秋》中之古史材料，補其脫漏者。下午守和來談。晚仍繼續寫《漫論》一小段。

二十八日，晴。警報更早。然後因無他遂歸。早餐後亦未出。繼續寫《漫論》。芝生來取衣物，正談間，突聞敵機聲，遂急出，到廟後，炸彈、機關槍、高射炮雜然並作。未幾止，乃歸午餐。後亦未出，仍寫《漫論》。報載昨日敵機八架到市空，曾開機關槍掃射，我無損失。又聞今日敵機到省政府，俯衝投彈，高射炮將彼擊落一架。接驪先信一封。

二十九日，晴。仍有警報，仍寫《漫論》，與昨日不異。上午叔永來談。接芝生信一封，然昨日已談到矣。今日敵機似未至。昨日小東門外環城馬路之高橋中彈，避難者因驚慌溺若干人。敵機過西山時，亦曾掃射，但無傷者。今日報載我克復龍州、明江、綏淥各處。巴爾幹戰事似未可免。晚餐後，到蒜村同事寓中聽趙、崔二君歌皮簧數節。

三十日，夜眠不佳，僅睡三四點鐘，或因昨晚飲茶過多。晴。終日無警報，在近日已屬難得。續寫《漫論》。午後亦未能睡。

三十一日，晴。續寫《漫論》。報載敵人放棄南寧。但我軍尚未入城。接羅東峰信一封，《洛陽青年》一本。義、希戰事已開始。

十一月

一日，晴。續寫《漫論》。下午孟和來談。我軍已入南寧。

二日，晴。三點即醒，不復能睡。續寫《漫論》，畢之。爲之一快。接玉瓌長信一封，筆下近二年來很有進步。

三日，晴。本意到龍頭村訪芝生、子衡，乃潤章約登山，遂同登，至三等三角立石。歸二點。聞潤章談來庭已去世，不勝嘆悼。晚餐劍秋約吃餅。

四日，晴。早餐後，到絡索坡，訪吳春涵及王以中，春涵出釣魚，以中進城。與吳夫人立談少時，即出。訪孟和，談至十二點，歸。子衡來，未遇。留下文二篇：一爲《薛識齊侯鐘銘讀法考》，一爲《鐘磬堵肆考》。接到《學術評論月報》一本。此報在洛陽出版，編輯者爲王海涵、李逸生、荆三林，由三林寄來。我軍克復憑祥，進至鎮南關。又克復小董，進逼欽州。

五日，晴。早餐後騎車進城。到達三寓，則已全家疏散出去。到街中，則鋪户均閉門，人極寥落。到蕭氏醫寓，則榜言下午三點始應診。乃到經濟食堂吃炸醬麵兩碗，價一元四角。在城外尚有飯館開門，在城内則除乾食外，無賣食品者。又到古幢公園觀出土石幢，但由鐵欄圍起，未能摩挲其年月。園門刻記則言係宋時物。下有蟠龍坐。再上坐刻有中文銘文。再上佛像七層。下層像間有梵文。此層特高。離幢不遠，有吳雲、王禕墳。碑爲乾隆五十四年立。撰文者對於墓之真僞，亦頗滋疑竇。因王公之子當日來尋父骨，即遍訪未得也。小園林木深深，頗多幽趣。稍休息，即出，到園對門茶館内坐一點許。到蕭醫寓，彼仍未至。騎車到穿心鼓樓左之石橋上一觀，因前聞此橋炸毁，實則無之。將剛購得之洗衣胰子遺失。再到醫寓，彼仍未至，乃入稍待。彼即至，將左牙補好。入城晤達三。歸六點。希臘敗意軍。敵自瀾洲島撤退。

六日，晴。上午看《大公報》，下午翻閲《西洋教育通史》。聞諒山敵向海防撤退。廣州有大火多處，敵禁救火。

七日，晴。有雲。下午騎車進城。到達三寓，彼往上課。稍坐，喝開水數杯。出，到蕭氏醫寓，作最後之收拾牙。歸，五點半。昨日，我軍與敵軍在鎮南關惡戰。次日知已克復。羅斯福當選第三任總統。

八日，有雲，晚落雨數點。早餐後，騎車到龍頭村，訪芝生，不遇。步行到桃源村，見子衡，談。在彼寓午餐。與陳夢家談。歸，將五點。借來廷黻著的《中國近代史大綱》一閱。余素聞彼對雅片戰爭，抑林而伸琦，故急欲一覷。實在所傳亦頗過甚。但彼極力伸低調而排高調，對於左文襄克復新疆大功，多有微詞，仍是帶帶色眼鏡人的說法。接石頭信一封。

九日，陰。晚有雷，雨一陣。終日翻閱《廣陽雜記》。

十日，陰。時微雨。早晨室內僅十度，室外九度。溫度低，故未能工作。亦稍翻閱《廣陽雜記》。午餐前，曾同潤章至蒜村法庚款委員會辦事處。晚子延、仲和、範九請吃餃子。

十一日，陰，時雨。今日開始作紀念周，時爲上午七點半。余起時忘之，出恭後，又走一些路，歸時已八點。盥洗後往，則潤章正在談雲南近日交通的建設。未及畢，定下次由余談雲南的沿革。早餐後，叫子倫，勸其早回頭，而彼極執拗，毫無轉機！對於各次用兵雲南時所由之路綫略爲翻閱。義軍被希軍殲滅者數千人。晚有月光。

十二日，晨雨一陣，後漸晴。仍翻閱關於雲南歷史。晚翻閱《大公報》。

十三日，晴。晨室內五度，外三度。大霜。有警報。上午出游，下午未出，敵機未至。仍翻閱關於雲南史料。接康農所作之《惟一事略》，略易一部分。晚與潤章再斟酌。潤章言聞孟和言，政府近對於日、德拉蘇俄事，絕對禁止登載，違者以軍事從事，云云。又日、德拉蘇俄頗緊，其所計議當爲在中國劃分勢力範圍，未知蘇俄能不落陷阱否。此事對我國關係甚大，頗滋憂慮。

十四日，晴。有霜。上午未工作。下午寫長兄、二兄、十弟信一封。翻閱《桑榆漫志》，中有一條，辨螟蛉化螺蠃之誤，甚確。晚翻閱《崔鳴吾紀事》。

十五日，夜較暖，今日陰，下午雨。七點三刻許，即有警報。八點一刻許，敵機至市上空，投彈，有空戰。閱今日報，知昨日亦有敵機至市上空，然無警報，未知何故。全日不過翻閱明人小書，如《讀書鏡》之流而已。我軍開復欽縣。

十六日，陰雨。翻閱《林則徐年譜》。英人炸義大蘭多海軍根據地，義軍艦受損失頗鉅。

十七日，陰雨。全日室內最高溫度，不過八度。翻閱呂留良及梁份之《年譜》。呂《譜》比較幼稚。中午潤章約一王君、兵工署一處長。一游君、農林所之鄭所長、法庚款會之陳君午餐，余爲陪。所約者有孟和夫婦，因雨未來。接平家信一封，桂璋信一封。

十八日，陰雨。今日紀念周，余講雲南之大概歷史，僅談至李毅、王遜，已説了一點一刻，遂止。全日陰寒，工作效率等於零。翻閱《曆法通志》及《後漢書·律曆志》而已。

十九日，陰，時霏霧絲。上午翻閱《群衆》。下午翻閱《曆法通志》及《漢書·律曆志》。較暖，室內常有十一二度。

二十日，早晨仍陰，後漸晴。仍翻閱曆法書。將《漫論》添一段以講明二百七十六萬之數目。並將題目改爲《所謂黃帝以前的古史系統考》。欽州一帶已無敵踪。接壽彝信一封，並文一篇。教育部大學用書編輯委員會信一封。

廿一日，夜睡不佳。時雨時晴。仍翻閱曆書。接玉瓊片一。

晚九點，室內尚有十四五度。

廿二日，晴，然多雲。終日改正《中國古代民族三集團說》稿子，至晚始強畢之。潤章送來洪波尋房子的信及爾玉補足《惟一事略》稿。

廿三日，晴。然下午曾雨一陣。上午補《三集團說》注數條。下午改《所謂黃帝以前的古史系統考》稿，未完。接吳太太信一封，桂岐信一封。所中接建國節約儲金勸告書，由潤章轉來。

廿四日，陰雨。托秉琦代余寄春書六百元，五百元還春書，百元與石頭用。僅閱《大公報》，修正及抄寫《惟一事略》而已。接荊三林信一封。

廿五日，晴。昨日潤章命余今日於紀念周繼續講上次未完部分，而余竟忘之！續改《所謂黃帝以前古史系統考》稿，畢之。翻閱《抗日的蒙古》小冊子。子倫又來，希望余能幫助彼得女人，斥之。與以二十元，逐之去。

廿六日，陰，時微雨。上午看《大公報》。下午翻閱《黃仲則年譜》及《先秦經籍考》。後書乃翻譯日本各漢學家的著作。晚寫春書信一紙。再翻閱《先秦經籍考》。接伯恭信一封。

廿七日，陰。上午寫石頭信三紙，桂璋信二紙，皆附春書信中寄去。下午看日人小川琢治所著之《穆天子傳考》。精神不佳，置之。接歷史語言研究所圖書室寄來《方志目》一本。

廿八日，陰。有警報，然因天陰，敵機不能至，遂未出游。翻閱《日本國見①在書目錄考》《七經孟子考文補遺考》《山海經考》

---

①編者注："見"，原誤作"現"。

等篇。下午遲習儒來談。寫王雲五信一封。

廿九日，夜東北風頗大，幸板壁上空處已釘上，室中得不甚冷。早晨將九點頃，微雪。終日陰，時霏霧絲。隨便翻閱《先秦經籍考》。接玉瓖信一封。

三十日，晴。午後有預行警報。翻閱《史記》《漢書》關於九江、衡山之部分。據《地理志》，九江在尋陽縣境，而漢尋陽在大江北，則九江亦在大江北可知。吳芮爲衡山王而都邾，邾在大江北岸，則衡山不能在江南。及其徙於長沙，今南嶽在境内，然國不名衡山也。《禹貢》"至於衡山"下，即緊接"過九江"，九江在江北，則衡山亦在江北矣。否則準"逾於河"之例，中當有"逾於江"之文。蓋江河大川，越過不能不叙明也。漢衡山國，後改六安國，所屬縣亦均在江北。據此種種，《禹貢》上之衡山，不在江南，當已不成問題。接壽彝信一封，及文一篇。又接辦事處抄來任錫光信，催查中華文化基金會賬目事。

十二月

一日，醒甚早。今日半陰晴。有警報。上午及晚看《大公報》。下午同雨樓、韻幽、劍秋同登後山，至廟前人所能見之高峰。下到花峪溝，到一小館，吃包子、麵，余爲東。費七元。出到海帆家稍坐。歸天已定黑。

二日，晴。今日紀念周，余繼談雲南之大概歷史。上午有警報，余騎車到龍頭村。見芝生談。後同訪思永，彼正午睡，未驚動之。至響應寺門口，遇璋如。入，遇濟之。談至三四點鐘，歸。至盤龍江橋後,在車上,鞋脫跟,未下車,欲提上,一大意,遂墜車,幸無大傷。晚餐後,到新房辦事處諸同人住室中談。聞室內因向西北,不見陽光,故甚潮濕也。報載我國從美借得美金一萬萬元。

三日,晴。前多日手上皮膚稍受微傷,頗不注意,然仍不愈,今日乃騎車到白龍潭郊外醫院請療治。費錢二元,然吾疑其未必有大效也。今日仍有警報。下午稍翻閱《漢書》而已。

四日,晴。上午在廟門,遇光焜,立談數分鐘。下午壽彝來談。翻閱《洪北江全集》。晚七點許,校役張家駿在廟門西石牌坊前鬧鬼!彼言初見兩火光,後覺有人拉其衣領,後顧不見人,旋有人拉其足,彼遂狂喊,鬼(?)遂向西北奔,云云。鬧鬼固可笑,但余等頗疑真有匪人作惡劇,殊應小心耳。美議院中宣布對華借款爲一萬六千萬元。

五日,晴。僅翻閱《斐律賓史》及《越南》兩小書。接春書信一封。

六日,晴。未八點即有警報。後數分鐘即聞緊急警報,避至廟外。然九點過後,敵機未至,遂歸早餐。後未出。李曉宇同一徐君_{聯大學生}。來談。上午閱報,下午翻閱《占婆史》。今日大便出血,頗多。

七日,晴。夜十二點後下邊嚴太太有客人説話,余遂醒。後客去後,嚴太太太又喀嗽,甚久,余因之不眠。直至四點後始眠,未六點即醒。終日精神不佳。僅讀報而已。接達三信一封,將仲良在樂山所換之百元救國公債票交來。

八日,上午多霧,下午有雲。早晨聞有預行警報。早餐後,同韻幽登後山。在最遠高處,余輩前已見山後谷中有一人家,頗欲下訪,但終未果。今日乃下。但徑路不明,時失道。草時能隱人!且內間小灌木,或有乾枝觸面,或又柔條牽衣。然終渡過。近人家,犬吠汪汪。然愈近,則犬入藏室中不出。數道清流,離室不遠,潺湲可聞。翠竹叢茂,蜜蜂五六,窩居於牆間。門前平地亦尚不少。室中有一少婦地坐,不與余儕言,余儕亦未便嬲之,遂去。回原路,將至山頂,遇數樵夫,一中年人,一婦人,四五十五六歲的孩子。彼等皆負柴登山。孩子雖亦嚷腰幹疼,脚幹疼,而仍嘻嘻哈哈,天趣盎然。孩子可愛,至於如此。中年人言此谷名三坵田。共有七八家人。余等所訪之家係東川宣威人,移居此處已十餘年矣。云云。遂下山。至花峪溝小館中,吃包子及麵,余爲東。歸至寓,約五點。

九日,晴。今日余又忘作紀念周!命德昌於星期日上錶時,將鬧鐘撥至次日上午六點半,庶不至再忘耳。因北平圖書館書已運去,書架空出,遂命將從前太擁擠之書架,重行排列,余亦助之。下午翻閱《日本戰時外交內幕》。晚七點半,臨照請潤章、秉琦及余飲茶,並有蒸餃、包子、饅頭等物。歸後,與秉琦談,寢時十一點矣。時月光甚佳。

十日,夜中覺寒,早起有大霜。上午看《大公報》,叔永來談。下午繼續翻閱《日本戰時外交內幕》,畢之。此書敘述尚詳贍,有一閱之價值。接淑玉信一封。報載守和因喪子及他故,致得瘋疾,未知確否。

十一日,有霜,日中多雲。隨便翻閱《漢書》。將午,有飛機聲過屋上,聲頗沉重,因未聞警報,尚以爲我機,後始知有警報,却爲敵機。午餐後,到廟外一走,聞人言敵機已投彈矣。後聞巫家埧附近,受轟炸。

十二日,起時有雲無霜。後漸晴。有警報,將四點許,有機聲,頗沉重,遂出到廟外。潤章亦出,然決言據聲判斷,只一二機,絕非機群。恐係歐亞或中航機歸,必非敵機也。又言,據叔永接信,守和所患,爲惡性瘧疾。此疾有時,亦能有發狂現象,並不要緊。且報載其"有喪明之戚",亦非事實,云云。隨便翻閱《漢書》。早晨出恭時,稍帶一點血。晚餐後,散步時,遂大下,褲襠皆爲血污!

十三日,晴。有警報。終日閱報以外,稍翻閱《近東古代史》而已。上午訪叔永,則已進城,與衡哲談多半點鐘。接侃如信一封,並轉趙君信一封。

十四日,有霜。上午皆有霧。有警報。十一點許,敵機到昆明附近,轟炸頗烈。但以今日之霧,敵人想不易達到目的耳。翻閱劍橋出版之《古代史》。又看彥堂所著之《仲康日食》。此文前匆匆一閱,以爲有成立之希望,可以發表,但今日細看,似不够精密。因仲康元年及季秋月朔二點,實無根據。若發表,則尚待斟酌也。近日國共磨擦頗甚,殊埧憂慮。

十五日,晴。有警報,敵機未至昆明。稍翻閱《劍橋古代史》。晚餐,韻幽請吃炸醬麵。接宗器信一封,石頭信一封。下午甚暖。

十六日,有雲。夜眠不佳。有警報。再改《三集團考》稿,未完。亦翻閱《劍橋古代史》。大便又帶血。報載拉瓦爾受捕,佛蘭亭代之。佛雖亦爲親德派,然拉氏之捕,爲彼擅許德人之假道,此蓋數月以來,法軍人對於前之屈服頗萌悔意,故有此將改方向之朕兆也。

十七日，有雲，無霜。聞城内有預行警報。仍閲《劍橋古代史》及改《三集團考》稿子，畢之。復騶先信一封。

十八日，有雲，無霜。有警報。上午到叔永寓談。下午覺明來談。仍閲《劍橋古代史》。爲播音寫《精神建國》一段，未完。接王雲五復函一封，文青信一封。

十九日，早晨微雨，後多雲。下午萬稼軒來談。仍閲讀《劍橋古代史》。

二十日，有霜，天朗氣清。日中温度亦高。上午看前多日之《大公報》。下午仍寫《精神建國》，畢之。

二十一日，睡大惡。有大霜。氣候如昨。今日多陰雨，現或爲變佳之始也。上午叔永來談，芝生來談。芝生爲請趙明德爲其女公子治病，故陪趙來游。余亦下，同潤章陪馮、趙在廟中及外作一轉。接商務印書館回信一封，言印《瓦甒的研究》，須津貼製版費千元。下午接桂璋信一封，衛聚賢寄來《説文》兩期四本，《新蜀報》數張。後看《新蜀報》而已。

二十二日，三點後即醒，未能再睡。晴，有霜。早餐後，步行到龍頭村，訪芝生，又同訪龍蓀，欲借其所著之《論道》稿子一閲，但彼已借給學生作講義，故不可得。談次聞有警報。兩點時歸，過蒜村。至廟門，則陳夢家夫婦來，遂入談，並以彼所著之《五行之起源》及《商王名號考》之抽印本見贈。又聞慕光言叔雅夫婦及數友人來，未遇。今日天氣頗暖。

二十三日，上午三四點聞雨聲，終日淅瀝。余亦未大工作，僅作筆記三條。外與潤章討論其所作之《中國科學之進展》。接到伯恭信一封，子翼信一封。

二十四日，晴。下午趁潤章汽車進城。到郵政管理局，想給吳太太寄錢，因未帶筆，遂到蕭大夫寓，借筆填寫，並還醫牙費十五元。又到管理局，人頗擁擠，而局員已宣布匯票快用完，請匯大宗款項者明日再來。乃出，到黃公東街。又往訪達三不遇。出到服務社理髮。價二元。到書店，購得《戰時日本》《抗戰文藝》各一本。再訪達三，仍不遇。乃到西域樓晚餐，遇雨樓，彼強為東。後到電臺廣播。歸黃公東街，達三來談。將匯款事托彼辦理。潤章、明哲亦來談。去後，寢。

二十五日，中夜醒，不能再眠。晴。大霜。七點再趁潤章汽車歸。趁車者有一中法教員陸君，將到緬甸，托彼打聽緬甸所用曆法。同來者尚有杜芬大夫。早餐後，同劍秋、秉琦、韻幽、德昌及法庚款會中之趙、陳二君登山，至廟前所見之最高峰，即止。下到花峪溝，吃麵飯。彼等昨夜拿大頭為東。餘頗覺過飽，行至寓，即已不覺。午睡片時，九峰來談。晚翻閱《戰時日本》而已。下午頗暖。

二十六日，晴，大霜。早餐後，潤章約海帆、慕光及余討論職員米貼節約儲蓄各事。下午接到共產黨之一小冊子，乃縷述國共磨擦經過者。略為翻閱。晚余季川來談。

二十七日，睡大惡。晴，霜。寫吳柏遠信一封，清甫信一封。接到參政會秘書處信一封，子倫信一封。

二十八日，霜。後有雲，有風。溫度頗低。寫溥泉信一封。接達三信一封，言往河南僅能寄二十元。接石頭信一封。

二十九日，終夜風。上午陰，有雪意，下午漸晴。因為荊三林保薦請楊銓獎金事，早餐後，步行到龍頭村。芝生言，觀其章程，似不需要保薦，然恐其或需要，乃籠統給孟真信一封，言如需要者，吾等願爲推轂。在芝生寓，遇岫齋侄孫一。芝生以其所著新印出之《新世訓》相贈。下午返。晚翻閱《近東古代史》。

三十日，上午大霧隱山，後漸晴，温度較昨日高。稍翻閱《劍橋古代史》而已。

三十一日，眠不甚佳。霜、晴。隨便翻閱關於晋國古地理之史料。下午幫助功叙組織明日聚餐後之餘興。晚，臨照請潤章、慕光、秉琦及余晚餐。收尚文信一封，建功信一封。申恩榮信一封，並寄回《河南第六區疆域沿革稿》。報載美國將售給吾國新式轟炸機四百餘架，空中堡壘四架。

一九四一年

元　月

　　一日，晨起有風，晴。中午聚餐，後有餘興，頗活潑歡樂。晚餐係學兵團請本院同人參加其團拜。歸甚困乏，八點即寢。今日兩餐均稍飲一點酒，遂致大便帶一點血。

　　二日，晴，霜，冰。今日始悟《春秋》所記禘祭不言禘某公、禘太廟，而曰禘於某公、禘於太廟，於爲表處所之介詞，則曰禘於某公者，某公並非禘祭之對象，僅行禘祭於其廟①而已。禘有犆有祫，所云禘於某公，並非禘於某公之犆禘，實爲合祭群祖之祫禘。禘祭雖尚有難明之處，而此點似無疑義。午眠起，子明言今日下午有敵機來轟炸。

---

①編者注：原於"於其廟"後衍"於其廟"三字。

三日，晴，霜，冰。翻閱《明堂大道録》。午餐時，聞有警報，吃一碗稀飯，□□①至李家墳後，敵機已至頂上，余乃伏地上。未幾去。遠望□□□②受轟炸，想又在巫家壩一帶投彈矣。功叙請潤章□□□□□③懷及余晚餐，菜太丰富，可餘一半。右手指刀傷，似已將□□④，乃今日忽又匯膿。晚用針穿破，流出黄水甚多。　接達三信一封，言往鄧縣僅能寄二十元。

四日，晴，霜，冰。秉琦自城内返，言昨日敵轟炸聚奎樓外街道，東至金馬山，頗有死傷。今日又傳有警報，實係誤傳。精神不佳，未大工作。寫達三信一封，請其將原致吴柏遠信交回。接闞斌信一封。晚農林所劉君來談。

五日，晴，霜，冰。有風。有警報，出時，見敵機一架在頭上旋轉，白色。有人看見四架，余則僅見此一架。轟炸似在城内東偏。余今晚請本飯團人，潤章、海帆、慕光、臨照、功叙、迪生，及法庚款會中趙、陳二君吃餃子。下午王繼義來談。或係昨日。十日補。

六日，晴。略有霜冰。仍有警報。因昨日在此一帶盤旋，似偵察磁壩之機器廠，則本廟中人亦當警備，故聞報即同秉琦出。然今日敵機未至。今日精神甚差，雖曾翻閱《雲南省米穀運銷及價格之研究》，而精神未能集中，頗無所得。晚稍翻閱《新世訓》。近日保加利亞恐向軸心國屈服。昨日請客，結賬共費七十元零幾毛。此如在北平平時，到館子請客，或需超過七元，如家中買菜自己做，

①編者注：原稿此處有一二字殘闕，無法辨識。
②編者注：原稿此處有三四字殘闕，無法辨識。
③編者注：原稿此處無法辨識。
④編者注：原稿此二字無法辨識。

一定在七元之下也！

七日，晴。霜，冰。早餐時即有警報。餐後出。直至午餐時，敵機未至，遂歸。餐後未出。寫吳柏遠及清甫信各一封。接平家信一封，稼軒信一封。

八日，晴。霜，冰。後起風頗不小，但從海洋來，不寒。寫尚文信一封。寫達三數行，因德昌進城訂雜誌，請其將達三處款取來給尚文寄二百元。晚寫丫頭及斧子信各一張。接參政會秘書處信一封。

九日，晨，稍有雲。無霜，有冰。寫平家信一封。下午翻閱陸咏沂所編中國上古史講義。

十日，無霜，無冰；有雲，有風。再看《三集團說》稿。

十一日，晴。仍改《五帝起源考》及所謂《黃帝之歷史系統考》稿。據近日報紙所載，保加利亞對德，似尚不甘心屈服，然今日報載，德軍已於無抵抗狀態下進入保境。此後土耳其是否將加入戰事？蘇聯將取何種態度？皆極惹人注意之問題。

十二日，學兵隊於夜十二點過後始歸，後知爲入城觀軍事電影。因喧嚷醒一點餘。晴。早餐後騎車到龍頭村芝生寓，則彼正在搬家。因訪端升談。亦晤龍蓀。出到芝生新寓，仍未晤芝生。出到桃源村，晤九峰、稼軒、夢家談。兩點餘，將歸，已出，夢家強邀入食餅乾、藕粉、橘子等。與九峰同到龍頭村，訪芝生，仍未晤。余遂歸。

十三日，稍有冰霜。寫春書與石頭信，尚未發。寫孟真與慰堂信各一封，均爲開會時借寓事，希望兩處可借到一處耳。又將參政會秘書處寄來之表填好寄回。下午九峰來稍坐即去。晚覺頸左側出一筋疙瘩。以熱水盪洗後，即寢。

十四日，仍有冰霜。昨晚睡下後覺左耳上亦稍痠痛。今日用熱水盪洗三次。溫度稍高半度。未工作。僅將春書及石頭信寄出。接平家信一封。又接《史董》一册，似爲丁山所主辦，翻閱各篇。

十五日，有霜，有冰，有雲，有風。頸耳各部分腫痛，經盪洗漸愈。僅翻閱《山海經》關於昆侖、渤澤各部分。

十六日，夜僅睡二鐘餘，一點後醒，即不能眠！今日有霜無冰。終日未大工作。下午燕進協來談。彼於去年六七月間奉母自平來此，安心教書，殊屬難能可貴。觀近數日報，德軍入保事，似仍在醞釀中，尚未實現也。

十七日，有霜有冰。上午錫予來談。下午九峰陪守和之岳丈袁來談。接長兄信一封，鍾澤珠信一封。

十八日，夜因鼠鬧，醒兩點餘。有霜有冰。接慰堂、尚文信各一封。下午翻閱《西園雜記》及《墅談》而已。二書皆明中葉人作。前書作者徐咸，正德嘉靖中人。頗表同情於張、桂。後書作者胡侍，同時人，以劾張、桂得罪。前書關於朝典、掌故、世風諸端多可取者。晚餐叙徵、倉亞請本飯團人吃飯。

十九日，起時稍有雲，無霜，有冰。早餐後，騎車到龍頭村，但中途氣癗，不能騎。晤芝生、錫予。在芝生寓午餐。有警報。後同芝生夫婦到絡索坡。彼等往看房子，余遂歸，洗濯後，少休息。壽彝同納忠來。納爲此間河西縣人，在埃及學歷史，初自埃及歸。其所寫之稿子及阿剌伯文書籍，均爲英海關人扣去，不知下落！至堪惋惜。現擬加緊譯述。今日痔瘤自早晨即下，頗苦。開始服地榆槐角丸及熏洗。院中接商務印書館信一封，余接玉瓖信一封。

二十日，有霜，有冰。寫玉瓖信一封。今日痔瘤仍復前數日狀態，晚餐後稍走一二里後始下。

二十一日，夜中風頗大，無霜，無冰。日中亦多風。有雲，並曾落雨數點。早晨見學兵隊打逃兵，有感，遂將軍民合作劇本送他們，如果能演出，或對於逃兵情緒稍有補救乎？復季谷信一封。

二十二日，夜中風頗大。晨起時風止，無霜，有冰。日中仍有風，天陰，並微雨數點。上午叔永來談。午餐後有警報，不久即聞敵機聲，出避。敵機旋轉片時，即投彈。火起，烟甚大。觀其方向，似仍在金碧、拓東兩路附近。稍翻閱《密勒氏評論報》。近日謠傳頗盛，有言敵人便衣隊七八百人潛入境，已被交械。有言敵結土匪，竄據江城。有言敵在東京軍隊達十五師團之多。還有其他謠傳。敵軍數目大致不可靠。餘亦可能。又有言胡宗南軍隊與陝北特區開火者，以理度之，或未必然。此或因前數日取消新四軍之消息而擴大之。接參政會秘書處信一封。

二十三日，少霜，有冰。早餐後，見潤章，同出，途中談渝中新聞。歸時，見慕光，知有警報，遂復同登東山坡。未幾，敵機至。見其三，此似巡邏機。同時聞轟炸聲，然未見烟。午餐時歸。三點，潤章約海帆、慕光及余同談。晚物理所請全院同人。外客有汪德耀及一陸君。陸在西南運輸處服務。

二十四日，有雲，無霜，無冰。早餐後，同秉琦到農林所小談。聞昨日中航機被擊毀一架。亦晤叔永。下午翻檢《左傳》中關於蠻之史料。接通俗社信一封。

二十五日，晴，有霜，有冰。上午叔永來談。下午翻閱《密勒氏評論報》。接參政會秘書處信一封。寫平家信，未完。

二十六日，晴，有霜，有冰。翻閱《密勒氏評論報》。完家信，內與糜岐三張。因今日舊曆除日，晚聚餐。

二十七日，無霜，無冰，有風，有雲。早餐時，吃餃子。畢，同潤章、韻幽、倉亞登山。潤章帶高度表，測量結果，廟後山頂不及百公尺；後長梁上約二百公尺；廟前所能見之最高峰約過三百公尺；（未到）三等三角石不及五百公尺；再後此附近最高頂約五百二十公尺。皆從廟起算。至此後，即下，過石棺村，到花峪溝，飲茶。到寓，三點餘。晚餐後，到後殿與雨樓、韻幽、倉亞等談。今日來往約在十五公里左右，而痔瘤未下，甚喜。或係近數日熏洗及服藥之益，然尚未必可靠也。接參政會秘書處信一封。

二十八日，有霜，有冰。今日將參政會寄薪收條掛號寄回，又將平家信發出。然信差帶走後，始發現僅將糜岐信裝入，至季芳信則忘裝入，遂再裝封，俟明日寄出。下午騎車到龍頭村，請芝生閤家來看花。馮太太因王了一夫人生產過勞，不能來，芝生及三小孩約明日來。亦晤了一。晚餐後與潤章談。今日痔瘤仍小下。早晨大便稍乾。

二十九日，有霜，有冰。芝生同鍾遼、鍾璞、鍾越來。看花。遂出到陳家花園。聞警報，乃東過小山後，繞東坡下，未及小唐墳，聞轟炸聲。稍避，再進，至李家墳，則潤章及同人皆在。見城附近烟不少。時不聞機聲，以爲已去，即回，乃登坡，機聲又響，即又伏下。見敵機三自頂上過，蓋巡邏機也。未幾又聞轟炸聲，又見烟起。第一次在城東，此在城西。又少時始歸進午餐，時已三鐘,大家皆餓,余食甚飽,想客人亦均能飽也。餐後,客即去。

三十日,陰。午餐後方將午睡,忽聞警報,乃出,然敵機不至。翻閱《夏伯陽》。此書前曾閱過,但現已一點不記!四點潤章約各研究員及各課長商議組織全院同人俱樂部事。

三十一日,夜中微雨數點。上午仍翻閱《夏伯陽》。日中陰。亦時微雨數點。下午兩點後,雨止,騎車進城。先到郵局給石頭寄二百元。後到近①日樓前購布鞋二對,價十七元!襪二雙,薄毛布二,手絹一,亦十七元!後將破襪送至鋪子收拾,乃時已五點,尚未開門!遂至黃公東街,托張鍾麟代辦。歸寓,天已黃昏矣。接胖子、柱子、丫頭、小斧信共一封。近日豫南敵人又竄至泌陽、確山一帶。

二　月

一日,陰。終日不快,右耳旁微瘇。或昨日抵寓洗濯後,吃飯時赤足,未着棉袍以致如斯也。仍翻閱《夏伯陽》,畢之。晚餐後,七點開俱樂部成立會,隨開坐談會。今日爲文藝坐談,所談爲《西游記》。接參政會秘書處信一封,余又蓀信一封。

二日,陰。晚餐時落雨一陣。寫春書及石頭信共一封。下午芝生夫婦來。

三日,睡不甚佳,惡夢重重。晴,大霜,未知有冰否。上午叔永來談。翻閱 *Moscow News*。下午與潤章談,又同潤章到叔永寓

①編者注:"近",原誤作"今"。

談。晚翻閱《史記天官書恒星圖考》。今日大便出血甚多。

四日，有霜，有冰。仍翻閱《天官書恒星圖考》。早晨即聞迪生言有彗星，且言昨晚叔永先知，來告，大家已經看到，云云。晚餐後，見臨照，問之，彼言昨晚已見，方向在西南，並言用遠鏡望始真。遂將其遠鏡惠借。余因數日閱《恒星圖考》，頗願乘機一觀天星，并見在北方不能看見之老人星。七點後，遂携電筒、遠鏡、《恒星圖考》、手杖，往問潤章是否知此事，答言昨日已見，遂出指示星之位置。人目望之，向東北似有尾，若有若無。以遠鏡窺之，則尾甚顯著，且見若干目所未能之小星。遠鏡僅擴大六倍，即見兩三倍目所不能見之星，大出余之意外。余察星圖，知彗在土司空東略南四五度。臨照又拿一長筒遠鏡，顧視甚久。彼二人去，余乃携各物到三清殿院中，因此地較高，觀察較易。立時見老人星，甚明。又辨南河、北河、玉井、厠、屏各宿，心頗暢悅。又取一椅，時坐下用電筒察視星圖，時用遠鏡窺察星坐。正當此時，雨樓取烟捲讓余吸。余起立接烟，倉卒間遂將衣上所置之遠鏡振落地上！急視，鏡本身幸無傷而接眼之電木圈已碎！心極亂，蓋覺太對不起人也。歸寢時，已十鐘。李鳴因出看燈戲，乃將余熏洗痔瘡水温就後，放在炭火上，即去。但此時炭火已將息。欲重生之，費半小時力，仍無效，乃就寢。今日大便仍有血。

五日，有霜，有冰。昨晚十二點後始得安眠。共睡四五點鐘。大便帶血甚多。乃騎車往龍頭村。同芝生往訪了一，問其尊人所給彼之便血經驗方，乃山查肉炒乾研末，每服約三錢，艾葉五分，煎湯送下。在了一處遇一廣東郭君，乃法國學生，歸國在歐亞航空公司服務者。在芝生家午餐。談及彗星，芝生問位置，余略告之，乃始知芝生家人並鄉人所全識之北斗參宿亦不識，致爲可異。歸，少休息。慕光來約開俱樂部之委員會，潤章已前進城。會議結果決定經費由院方補助一部分外，由大薪水之職員多捐錢給小職員娛樂。亦即余所極力主張者。晚仍到三清殿前觀星多時。彗星向東北行，已在土司空偏北綫上。余近日覺敵人在我國不見得能大舉進攻，故對於豫南戰事，亦未大留意，且報紙語焉弗詳，雖留意亦無用。乃今日報載豫南殲敵二萬餘人，大驚，細讀，乃知敵自上月廿四日以十餘萬人從信陽分四股北犯，企圖打通平漢綫。確山、遂平、西平、汝南、上蔡、正陽、項城、舞陽及方城，皆已失陷。至本月初，我軍包圍完成，一舉將敵擊破。敵狼狽南潰。項城、上蔡、舞陽各地均已克復。似此則此次敵攻勢頗大，似已失敗。但戰事當尚激烈，未完全完局也。

六日，有霜，有冰。早餐後，騎車進城，將到中航公司問飛機票，（前托人問，歐亞十八日有班，余嫌太早，故擬親問中航。）路中見汽車北來者甚多。至崗頭村，問知有警報，乃歸。敵機未至。下午兩點後，又騎車進城。到中航，問其處長則已出。余尚其他職員明言，答言參政員總可以有坐位，給兩張表，請填寫。進城，過文廟街、民生街，則轟炸受損失頗重。斷垣破壁，令人心驚。過黃公東街，晤潤章、倉亞、鍾麟諸人。歸，抵寓，六點許。晚仍至三清殿前觀星一點。彗星已向天倉方向去。今日報載我克復正陽。有敵三千餘竄逃南陽，經我伏擊，消滅七八百，餘竄向唐河。五日南陽附近孤蔓荔敵千餘，潰退，我斬獲甚衆。然則此次吾鄉又受擾亂矣！昨晚睡甚佳，大便無血。

七日，冰霜皆少。有警報。出避，翻閱《天文家名人傳》。敵機未至。填寫表，請雨樓代辦。今日報載平漢正面敵被擊斃二千餘，向遂平南潰竄。舞陽東南敵被殲滅殆盡。由方城南竄敵在趙河、上興集等地遭我痛殲。賒鎮敵被殲滅大半。六日晨三時南陽附近敵遺尸四千餘具，突圍潰竄，我繼續追擊中。夜眠甚佳，但今日大便仍帶血。下午壽彝來談。

八日，有霜。夜僅睡兩三點鐘！上午稍翻閱納忠所譯《黎明時期回教學術思想史》。接到《讀書生活》若干本。看今日報，似南陽縣城此次亦曾陷落。至現在似除碻山外，均已克復。吾鄉此次受蹂躪情形未知如何，頗爲懸念也。今日大便無血，痔瘤亦未大下。此類毛病似與失眠無何關係，可怪也。晚有風，頗暖，冬其將盡去乎？

九日，無風，無雲，無霜，無冰，足徵氣候之轉暖。今日俱樂部開第一次音樂會，約查阜西、彭祉卿彈古琴及叙徵清唱。早餐後，訪臨照與談。並因摔遠鏡致歉意。十一點餘有警報，然因覺明同一夏君來訪，遂止不出。夏名鼐，字作民，永嘉人，畢業清華，出往英學考古，曾在叙利亞、埃及參加實習。爲國人曾習古埃及文之第一人，前納忠來，亦曾談及。十二點許敵機至，聞聲，即速同出。至院中，已聞轟炸聲。至廟後，見敵機在頭上盤旋，遂往廟東北谷中避。大家紛紛言茨埧機器場受炸矣。聲息，登李家墳遠望，城附近，未見烟起。獨白龍潭上山腰見烟及火，未知何故。將歸，孟順叫敵機又來，遂又返林中，稍避。敵機去，乃歸。潤章約查、彭二君午餐，在坐者，有學兵隊李主任、吳辰伯、謝文通、趙□□①。

---

①編者注：原於"趙"後空闕二字。

任叔永未來。余及慕光、功叙爲陪。會本定兩點開始,然因警報,兩點始午餐,故開始時已三點。在三清殿開會,而西室中村人念經祈福,鑼鉢①喧天!無法,乃請叙徵先唱。又演西樂數唱片。村人念經止,始開始古琴。然婦孺互呼,殊不能静!後稍愈,而吾輩場中之小孩仍不能静!吾對於古琴,雖亦不免爲牛,而對於紛擾殊覺難耐也。查以戰前彼輩所刊行之《今虞》一本贈本所。查,修水人;彭,廬陵人。皆在歐亞航空公司服務。晚餐後,星月不甚明。觀彗星,則已不見。今日天氣頗暖。敵人在豫南,除確山外,似均已被逐出。

　　十日,又稍有霜冰。今日氣候亦較昨日爲寒。作紀念周,余講演骨甲文發現大略經過。聞臨照言,機器場僅炸毀不相干之閑房數間,可云無損失。惟花峪溝村人避竹林中,被炸死二人,傷一人。寫建功、樂夫信各一封。確山已克復。報載敵海軍大將大角岑生及其隨從乘飛機自廣州往海南,途中被我游擊隊用密集步槍擊落,一行全死。敵同盟社消息已承認此事,惟謂機碰山而落云。

　　十一日,睡不甚佳。微有霜與冰。寫受真、欣若、振興三人信,辭通俗社社長職務。下午九峰來談。接景盛寄來《教與學》一本。復伯恭信一封。晚起風,多雲。桐柏附近尚有餘敵,即將肅清。近日德在保,似已得特殊地位,不久或將假道。德法關係近日殊微妙,法人亦有彼之汪兆銘!令人長嘆!敵人乘機調停泰越戰事,對其南進計畫,甚有助益。美的準備近日似尚未完成。但據今日報,大角岑生之赴海南,即係主持南進事宜。彼及其隨

---

①編者注:原稿如此,只寫一偏旁"釒"。

從之死,總要使敵人南進計畫,稍受挫折。

十二日,夜中雨。後風不小。晨六點半起,則風止雲散,天朗氣清。翻閱《大公報》。十點餘有警報,出避。十二點許,敵機先至城南,後至市空轟炸。寫復桂岐信,未完。

十三日,睡不甚佳。仍有冰霜。今日精神甚不佳。疑有熱,然量後知無。僅稍翻閱《回教學術思想史》及其他關於波斯及阿剌伯材料而已。

十四日,仍微有冰霜。因近日睡覺成問題,上午騎車到崗頭村,訪杜棻大夫,請其作一普遍檢查。彼檢查肺臟、心臟、肝臟、血壓,言皆甚好。余告之以前若干年,睡眠不佳,打 sperme 針,頗有效,彼答不妨再打幾針試一試。但因余赴重慶在即,須歸後始能開始打。彼現在給藥一小瓶,每晚寢前服一大匙。今日接開明書局信一封,使余大爲詫異。余因樸社所出書現歸彼出賣,寫信請其速結版稅賬。彼復信言吾書未再版,無版稅,已令人詫異。乃又來兩賬單,上款爲顧頡剛及余名。下一單欠彼千零數十元! 一單欠彼三百餘元! 余與顧頡剛有何關係? 顧欠人錢,與余何干? 三百餘元者爲通俗社賬,余雖任該社副社長,而款項皆由顧氏經手,與余亦無干。顧氏爲人,急功利,喜誇詐;有善則拉歸己,有不便則推歸人。此又不知爲彼所掉之何種槍花着! 余將來或須與彼見於公堂,也很難説! 既比匪,自有傷! 奈何! 奈何! 今日痔瘤未下。

十五日,睡眠甚好。然今日大便①稍帶血,痔瘤仍照常下。

---

①編者注:"便",原誤作"血"。

又自禮拜一即感傷風,雖不發熱,而流鼻涕,喉頭癢,亦殊足厭。故近二日簡直未工作。僅下午俱樂部開委員會商量各組分配款項數目。又晚間開坐談會,仍由余主席。題目爲"歐戰試測"。所談頗散漫,毫無結論,是本意中事,且亦不得不爾。余開始時,即聲明不作預言,不希望得結論。僅希望談後大家對於觀念更爲明了而已。接壽彝信一封。近日,英美似正竭力將義拉出軸心,未知能成功否。德則竭力拉希臘,外交戰正在展開。南洋局勢甚緊張。晚天陰。

十六日,已無冰霜。晴,有雲。仍未工作。大便無血。接石頭信一封。

十七日,陰。仍未工作。下午同慕光談頗久,關於限定論及非限定論問題。接玉瓌信一封。英有降落傘隊,降落於義大利。英官方宣布,特別聲明其着制服,且言有些尚正執行其任務。事大約發生於前數日。宣布目的大約指明其係戰鬥員,如敵方捉獲按間諜法槍斃者,彼將對於俘虜,施行報復。其所執行之任務大約爲破壞交通也。

十八日,夜中雨。日中晴,有雲。仍未工作。英方宣布新加坡附近滿布水雷。敵人欲攻新加坡,困難更增加矣。

十九日,晴。早仍有霜。將桂岐信續完發出。子延將飛機票買回,時期爲二十一日。整理行李,先過一次稱,免臨時超過十五公斤數量麻煩。晚寫淑玉信一封。

二十日,晴,仍有霜。但日中温度頗高。夜眠甚佳,醒已天明,即起。出恭後,往看桃花。好花看半開,今正其時。已走近花峪溝,吃了兩油條,兩炸糕,喝豆漿一碗。每件一毛,共費五毛。

又買油條十二帶歸，因同人皆喜吃也。早餐後，騎車到崗頭村，交杜大夫五十元，請其購 operme 以便從重慶回後打針。並晤趙明德大夫。歸，收拾行李。在崗頭村，遇川島，言端升、梅蓀等今日啟行。下午兩點，同潤章、秉琦、倉亞、段喆人名雙吉，中法附中主任。乘汽車進城。先到黃公東街，小休息，即又乘車到崇仁街秉琦號中。潤章入一坐即去。余即留寓。飲茶後，出到寶善街中航公司問明日啟行鐘點，答言明日無機開；後日是否有，明晚始可有信。亦遇隆基、端升、梅蓀，正在候機，或言五點可啟行，或言須明早六點，未定。歸，在秉琦號中晚餐。後到才盛巷，訪伯蒼、立庵，均未遇。過華山南路各書店。又到黃公東街，實爲出恭。出到光華街正中書局，購《蒙古兩女傑》小冊子。又過世界、商務各書局，過文明街，穿夜市歸。翻閱《兩女傑》，係述奇俊峰、巴雲英二女傑事。

　　二十一日，昨晚就寢後，公司送信來，言二十二日上午四點四十五分，應到公司，或於五點十五分至飛機場云云。今早起後，同秉琦出，到西垻一游。歸早餐後，出到才盛巷，仍未見人。到靛華巷，問從吾及錫予，皆不在。到中法，則日間因防空襲不上課。乃到中法寄宿舍晤弼剛及康農。談次，聞有警報，遂同出。到北門外之英國花園，實英人墳地。樹木頗多，遂在此間避。一點餘，頗渴，乃前往一村飲茶。未至，聞飛機聲，遂避於田溝中。聞有炸彈聲，但頗遠。後往飲茶。又到英園息。解除警報入城時，已四點餘。途中遇華田及夏作民，遂與作民談，問埃及各事。又隨彼二人到靛華巷談。知作民晚有講演，余亦隨往聽。又晤毅生、從吾。作民今日講普通考古層次。講畢，始出，時八點餘。乃到小有天晚餐。遂歸。今日大便帶血，甚多。

二十二日，昨晚睡時已十一點餘，然聲響甚多，不能眠。一點餘始靜，睡一鐘餘，即醒。三點半，起，收拾行李。食熟雞子五枚。秉琦及楊君送余至中航公司。至則端升昨日尚未能去，今日同行。外同行者，尚有羅鈞任，雲南之隴體要、胡若華、字敬民，羅平人。韋卓民諸人。行李過磅後，即別蘇、楊，乘公司汽車到飛行場。至則隆基亦今日同行。機於六點一刻起飛。此爲余第一次乘機。感覺則爲下視覺機離地並不甚遠，且覺行頗慢，與余前所想像迥異。後由東北下望，有山似戴雪，則機當已在三千公尺海拔以上。合眼若干分，張後，知機不知於何時已爬至雲海以上。前日潤章言齊海帆誤認雲爲雪，余頗詫怪。今日實驗知彼亦有相當理由。蓋雪可肖其色，波濤可肖其形。以雪海二字形容此際之雲，或稱近似。未幾，機又俯入雲中，則四周茫茫，無物可見。又片時，則離地漸近，耳鼓受壓力，甚不適。幸不甚久。然下機後數點，聽覺始漸復元。今日機行實速，僅兩點半，即抵重慶①。會中派職員招待赴會諸君。余雇轎至聚興村中央圖書館，則慰堂往白沙，圖書館中人不接頭。出，到玉川別業，訪立武，問之，始知中研院有宿舍在圖書館對門。遂到一小館中午餐。歸聚興村，至中研院宿舍，晤孟真、濟之、孟和、廷黻及吳葆三諸人。濟之新自李莊來。後端升亦來談。四點許，余出訪尚文，問人言已搬去。余意至新華日報館或可得其新住址，雇車往，則亦不能知，僅抄得《戰時青年》郵政信箱號數。當作信告之。後到一小館晚餐，遂歸。即寓

----

①編者注："重慶"，原誤作"昆明"，據前後文改。

圖書館樓上，主權則屬中研院，孟真辦公之室也。寫尚文信一封。今日大便無血。

二十三日，夜中雨頗不小。近日此間頗患旱，喜雨也。起，早餐後，在街心與孟真説話，適逢曾從此門出，問之，知其亦寓此。宗怡亦在家，即入談。頗久。因知沉芷亦在此間工作。又知介眉、大壯、葆光諸人行踪。遂出到法國領事館訪仲子，至則窗壁破損，内無人居，僅有守者。大約此地亦受轟炸之驚而人已移去矣。出，雇車到大主堂街訪沉芷，不遇，留一片。天主堂亦被轟炸，門塞壁破。至街口，遇大壯之長公子無斁問知大壯家眷皆在華巌寺住（小地名爲板田灣），大致皆好。惟去時須乘公共汽車到新橋，換轎子到板田灣。如欲當日往返，須起一早始可。故今日未能去。別無斁，余獨進一小館午餐。到中蘇文化協會，訪聯亞，亦不遇，留一片。歸，午睡頗酣。起，稍翻閲《明史紀事本末》。出，遇毅侯，入談。又遇思成。毅侯遂約思成、孟真、濟之及余到北京真味晚餐。館主人爲同學楊景西之弟。出後，到小書鋪，隨便看看，余購得《嚴氏詩緝》一部，廿本，價廿五元。此書價固不低，然近日貨幣價低落，則亦尚不算高。歸寓，談，後許楚蓀來。談次，知故事不少。浴。接參政會秘書處信一封，言從明日起，開始辦理報到手續。大便帶血不少。

二十四日，早晨余又蓀來談。後孟廣厚持雪艇片來，言雪艇命彼來致意。孟號塈如，遼寧本溪人。十五年在北大哲學系畢業，曾從余受課。畢業後，又到英國留學。彼去後，已十一點。到對門，思成又要請余輩吃飯。另有一林君，在文化基金委員會服務，其夫人爲劉孝瑾，女師院舊生，故與余亦有淵源，亦强作東。

歸結二人作東,到魁順午餐。客人爲濟之,一唐君,一李君,思成之五弟思達,及余。孟眞後至,僅食麵一碗。畢,出坐公共汽車到參政會報到。遇通伯。又訪雪艇,在彼坐上,遇韋卓民及湖北之參政員兩位,姓余忘之。接到委任狀。出時有照像者二起。至天主堂街訪沆芷,遂作長談。後同出,至一天津小館,晚餐,沆芷爲東。又在此館中談多時,乃歸。接參政會秘書處信一封,報告會期。

二十五日,早餐後,往與逮曾談頗久。出,午餐後,即歸。稍眠。在寓,無聊,翻閱《今古奇觀》而已。至五點許,出。遇通伯,同訪驪先,不遇,留一片。又同訪尹默,仍未遇,亦留一片。遂同到松鶴樓晚餐,余爲東。八點歸。接雪艇請柬一,參政會秘書處信二。今日大便無血。

二十六日,五點即醒。六點起,盥洗後,即出雇人力車,往七星岡,趕往新橋車。至不晚,然前日無數雛將車站給余指明,而余仍記不清楚,以致錯誤。周旋間,車已人滿,遂不得不待第二次車。幸余用早餐後,第二次車不久即開。車行時多烟,不能睜眼。自七星岡至新橋,車價四元。下後,雇花竿至板田灣,價五元。途中與抬夫談,知鄉間鴉片仍可買到,每元吸一泡。此時抬夫尚有百分之三十未全戒。以比二十七年余過此時,百分之百有癮者,已屬大愈。又此間小春苗尚不差。從新橋至板田灣,約十許里。地有新房數楹,即爲經濟部職員宿舍。至後晤大壯及其夫人。聞仲逵及少涵亦在此間,乃同大壯到華巖寺訪之。與少涵別,約二三年,與仲逵別,已逾十年矣!談論頗暢。仲逵留午餐。後仲逵與余又到大壯處談。三點許,乘部中花竿到新橋,亦與以五元。

歸至兩路口下，價三元七角。下車即晚餐。歸，宗怡來問晚餐否，答以已用。今日沅芷到彼寓，囑以如余外無飯局，即約用飯彼寓，厚意可感。但余則覺不甚便也。接會中秘書處信一封，行政院聘書一封，係聘余為戰時公債勸募委員會委員。大便又有血。

二十七日，時霏霧絲。早餐後，逮曾來談，請為蔡先生逝世周年紀念寫文。到外邊一轉。歸開始寫關於教育平等權提案。出到一漢口館午餐。返再寫提案。三點雇人力車及轎子至嘉陵賓館應秘書處所約之茶會。晤一山、皓伯、海涵、演生及他位同鄉。歸再寫提案。到逮曾寓晚餐。歸完成提案。接立武請柬一，林主席請柬一，北大同學會公祭蔡先生通知一，會中寄來會期中行車時刻表一。接組織部約茶會柬一。

二十八日，以提案示孟真，孟真以為太長，且勸陳具體辦法，余亦有同感，乃又削正。午間赴立武所約聚餐，實係彼請客。在坐者皆文化界中人，並定開會時聚餐辦法。每人交五十元。歸草《蔡子民先生逝世周年紀念獻言》。聯亞來談。四點赴組織部，討論各事，因余名在黨籍，故當受黨之命令。接二函，一派余為參政會黨團幹事會幹事，二指定余為第十一組召集人。每組召集人二人。第十一組則為余及劉百閔。余對此事不了了，請驪先囑劉君多負責，出到天津小館晚餐。歸，完寫《獻言》。賓秋來，未遇。

三　月

一日，睡不甚佳。六點即起。早餐後出乘公共專車到會。九點開會。林主席致訓辭，蔣委員長亦致訓辭。共產黨員未出席。

預備會未開，蓋仍待共黨之轉圜也。歸，抄提案未完。到玉川別業聚餐。歸，抄完提案。組織部約四點開幹事會。余往參加，會後向驥先竭力辭幹事。又因黨員提案，須先以案示組織部長。驥先無暇，請立夫看。出到津蘇小館晚餐。到伯聰寓，彼臨時由委員長邀談，未遇。歸，逮曾來稍談。接會中秘書處信一封。

二日，上午先開預備會，選舉主席。共產黨仍未出席。主席團如蔣先生所定，將蔣先生、張伯苓、張君勱、左舜生、吳貽芳選出。繼開大會。外交、經濟兩部長報告。散會後到玉川別業聚餐。後到石青追悼會。余因知晚，既未及作挽聯，亦未及購花圈，僅於海涵諸人花圈中竄一名字，借花獻佛，亦殊可笑。趁詠霓汽車歸。時甚倦，稍眠。起，四點，到國民政府，應林主席茶會。歸後，賓秋來談。去後，草提高沿邊各縣行政人員待遇提案。接段錫朋請柬一，爲今日下午六時，後忘去。石青追悼會籌備處函一，戰時公債勸募委員會柬一，國民大會籌備委員會函一，會中秘書處函二，陳立夫函一，並送還提案。

三日，上午開大會，教育部、社會部報告工作。到玉川別業聚餐。下午交通、農林內政各部報告工作。晚甚疲乏。晚餐後將提案請大家簽名後，送秘書處。早寢。接會秘書處信一封，蔣先生請柬一。

四日，至重慶十餘日，今日始稍見日。然當行都尚受敵空軍威脅之際，見日非喜也。上午軍政、財政兩部報告工作。散會時已一點，到玉川別業聚餐。下午四點半，蔣、孔因勸募戰時公債事，招會員在嘉陵賓館茶會。余甚疲乏，未能往。歸大睡。組織部約於晚七點半茶會。晚餐後往。蔣先生親到指示，爲對於共產黨態度事。接會秘書處信二,教育部請柬一。今日孟真等對軍政部提遞放損失軍火案詢問,請余書第一名。明日上午審查會,孟真對於盧前等所提統一庚款機關案,有重要意見,而因公祭蔡先生事,不能出席,作函請審查會先保留此案。該函余亦簽名。

五日,上午公祭蔡先生,即在圖書館。未能出席第五組審查會。晤稚老及慰堂等。散後,同勉仲看圖書館之期刊善本展覽。期刊甚豐富,善本却不甚多。後到生生花園,參加北大同學聚餐。每同學交費十元,教職員則被請。彼等本以余爲被請者,余告以譯學館與大學堂本屬同堂,余爲譯館生,則亦係同學,因亦納費十元。下午開大會。後通過若干案。潤章今早至渝,來訪,未晤。

六日,上午開第五組審查會。余所提教育改革案之辦法前四條通過。後二條保留至明日再討論。到玉川別業聚餐。下午開大會。蔣先生報告處理新四軍經過。詠霓報告辦理平價經過。全國糧食管理局盧作孚局長報告糧食管理情形。鹽務管理總局繆局長秋杰報告鹽務管理情形。尚有農本局穆經理藕初、燃料管理處鄭處長達生、平價購銷處吳處長聞天之報告則移於晚晌特種委員會報告。又以全體一致通過一糾正並勸告共產黨案。蔣先生請同人在嘉陵賓館晚餐,又談共產黨事。後尚有教育部請在國泰大戲院聽音樂(中樂),余已疲乏,未能往。返,潤章來談。又蓀、毅侯來談。

七日,昨晚寢時,頗燥熱,後風雨交作,始涼爽。雨頗不小,仍稱喜雨。上午審查會,余將教育改革案辦法第五條説明,通過。第六條余自加修正,通過。午間程頌雲請在嘉陵賓館午餐,仍談共黨事。下午開大會。通過多案。有關係者爲孔庚等所提之調整衛生行政機構、中西醫學並重案。孟真等提修正案,將中醫會移屬於內政部以保衛生署之完整,研究中藥以緩和主張中醫者之空氣,遂得通過。未通過前,余對會場空氣頗懷戒心也。晚五院院長在嘉陵賓館公筵。接蛟信一封。

八日,夜中仍聞雨聲。上午開審查會,將各案聊草結束。中午蔣先生在官邸請客。所請者約二十人,大約爲教育界人,余亦在內。下午開大會休息時,孔庚因今日《中央日報》對於孟真等反對中醫者特別擁護,對於彼方有輕薄語,向陳博生當面質問,繼大罵其混蛋。會場最後因褒揚牛明恕案,空氣頗緊張。後因場中已不足法定人數,遂保留於明日再行討論。接季谷信一封,樂夫、建功信共一封。

九日,上午開大會,將各案可云聊草通過。中午在玉川別業聚餐。下午通過各審查意見。選舉駐會委員二十五人。通過閉會宣言。晚翼三請在暇娛樓晚餐。在坐者皆同鄉。

十日,早餐後,看孟真病。九點往街口等車到會,乃待至九點半已過,而車尚不來。是時腹中不適,乃歸。出恭,甚快,緣數日患乾恭,今日始得一傾倒之。再看孟真,遇驪先。與之談西北考查事,似有希望。時天頗熱。賓秋來。訪稚暉先生,不遇。思到教育部,問仲子住址,途中遇郭豫才,立談。遇顧次長,問之,知仲子住白沙。顧又交來一請柬。豫才拉往一天津小館,吃包子及麵。歸寓,稍眠。賡虞來談。去後,往與吉忱談。雇人力車,進城,因雪艇請吃飯也。去時有風,溫度降低。歸時大雨淋漓,幸有汽車送歸。前日及今日文濤來二次,均未遇。

十一日，昨夜雨頗不小，天氣驟寒。早餐後，往訪吉忱，見沅芷。吉忱約後日下午在彼家晚餐。又看孟真。歸寓，文濤來談。今日上午會中本約定將薪水送來，但至午終未來，遂出，到教育部午餐。出到會中取薪水，路費得八百元，頗出意外。初以爲僅三百元也。出到河南農工銀行，訪各參政員，不遇。見行辦事處主任胡元忠。字善樵，羅山人。寄吳柏遠六百元。歸，到牛角砣訪詠霓，未能找到寓所，乃到中研院辦事處，見又蓀，問之，彼遣一工友給余指示，始找到。時五點餘，而詠霓室中有客不去，待至六點餘，始見。談至七點餘。並托彼執事人代買白沙票。出到組織部晚餐。在坐者有何敬之部長，再報告近日軍事情形。出，訪潤章，不遇。遂歸，知余訪彼時，彼亦正來訪余也。

十二日，時霏霧絲。早餐後，訪潤章，在彼寓遇張其濬後同潤章出，訪尹默。見其近日所寫楷書，足稱筆圓力足。彼亦極爲得意。訪稚老，不遇。出同到曾家岩，訪溥泉，不得其寓所在。反上清寺到良友西餐館午餐，張亦在坐，潤章爲東。歸寓，稍眠。潤章來，同到曾家岩，將乘公共汽車到夫子池，聽千人合唱。在站待片時，有人告余等以六點以前，汽車不開。乃歸。五點許，再訪稚老，談半點。出，至梁園晚餐。訪伯聰，除彼夫婦二人外，尚見毅夫、宗瑚及其他諸人。歸時，有月，在此地可爲難矣。接慰堂及陳可忠之請柬一。尚文自萬縣來函一。

十三日，時見日光。午餐後，訪漱溟，談頗久。出到中一路購煮硾宣紙二張，價十四元。歸。又到中央圖書館午餐。歸寓，資源委員會送來代購明日往白沙船票。價十八元。參政會秘書處送來旅行證明書。出訪尹默，未遇，將宣紙留一張，請其居停何君代交。在何君處，遇一林競君，字烈敷，浙江人。曾到新疆二次，青甘若干次。又到圖書館，將宣紙一張，請其代交稚老。並向中研院評議會別位辭行。歸聚興村，吉忱約晚餐。湘芷在坐快談。返寓，收拾行李，向中研院各位辭行。吉忱派其僕人送余到碼頭以便明早登船。宿一旅館中。

　　十四日，睡眠中仿佛聞鳴四點，稍醒片時，遂起，登船。五點船開。過午至江津。時有警報。船上有一茶房之流，高聲言，可下船避警報；如警報解除早，則船下午即開往白沙，否則住此。余猶疑片時，然未再問負責人，即下船。但船不久即向白沙開去！余只能在此停一日矣！午餐後進城，住江津大旅社。房價七元，尚潔净。小睡片時，出到東門外公園中一游。園臨江，布置尚佳。入城，游東西大街。此地商務繁盛。有中央、中國兩銀行辦事處，尚有一農工銀行。有劇園；有浴堂；書店三四家；街道修整，爲吾鄉南陽之所不及。理髮。理髮館亦頗有大都會風味。晚餐後歸，早寢。

　　十五日，起，早餐畢，到南門一帶一游。南未必一門，此偏東。南門外無人家。內爲住宅區，街道亦整飭。居民無貧富，衣皆尚整潔，似人民生計尚寬裕也。將九點，出城到碼頭，俟從白沙船回，將昨日所留在船上之行李取下。時尚早，乃順江向東，又到公園。公園對面，有大操場，正舉行童子軍檢閱，余遂立觀，蓋二男校，一女校。彼等去後，余又向東邊野外，走里許，乃回碼頭，午餐。兩點許，重慶船至，乃登船。時霏霧絲。約五點許，至白沙。雇擔夫擔行李至膏沃居，離市約二三里許。至詢建功居，則言居二郎石，離此地尚七八里，遂又前往。未至，而天已黄昏，又雨盛路滑，極難行。幸有月光，尚不甚黑。至時約七點。建功與静農同居，均見到。又晤聚奎學校校長周光午。湖南人。

十六日，早起，出户一觀。二郎石在群山中，蒼翠宜人。且果樹花樹均多。建功本擬爲余借居聚奎，因留日不多，不願多擾人，辭之。早餐後，同建功、静農到聚奎學校參觀。晤周校長及教員何、葉、陳諸君。中午，聚奎請余等午餐。後同游高洞。地有瀑布，可比路南之小跌水。河名驢溪。上游約七八里，尚有一較大瀑布，但因地方不甚平靖，恐遇"老二"（川人以此名暴客），未敢往。在高洞盤桓多時始歸。何子玉來談。何在此教書，主要主的①爲侍陳仲甫先生。陳住江津城外。人甚健談。聚奎前爲一書院，現距成立已六十一年。爲邑巨紳鄧氏所創。鄧業商，富而好禮。又有新本女校，亦其所創。

十七日，同碧書步行至白沙，至中央銀行，給尚文寄國幣二百元。到一小茶館飲茶，又到一小飯館午餐，余爲東，連小費費五元。遂歸。

十八日，同建功到編譯館。晤一滕君。滕，通縣人，北大畢業，曾隨余中國哲學史課。與建功至小小店午餐，建功爲東，亦費五元。歸編譯館。時有警報，出室小避。敵機過後，乃同建功、静農至向陽莊，訪小石。先至滕君室内小坐。問小石，則言同女師學生出游至聚奎，仲子亦在。乃歸。以爲可遇二人於途，然未遇。時天甚熱。抵寓後，稍休息；有繆君偕多人來訪建功。問之，則言小石、仲子去未久，遣僕往追，終未及。乃請繆君與二君約，明日下午四

①編者注：原稿如此，疑有誤字。

點訪之於向陽莊。

十九日，上午與建功夫婦同至店子一轉。歸，補作前數日日記，未完。靜農請吃午飯。後稍眠。兩點餘，同建、靜先到編譯館，途中甚熱。四點過，到向陽莊，晤小石、仲子。快談。二人約明早來訪。將六點歸。至寓，天已定黑。

二十日，上午小石來談，仲子因未找到花竿，未能來。建留小石午餐。一點餘去，稍眠。三點半，爲聚奎學生作一講演。講題爲民族的自信心。畢，一教員陳君來談。建功遣僕人到白沙，問明日下水船開船鐘點，回言六點半開。余本將上往李莊，而白沙之上水船不靠岸，乃決定同建功、靜農下行至江津，待上行船。且聞陳仲甫在江津，擬往拜訪。因今日痔瘡破，頗痛，乃借聚奎花杆相送。

二十一日，四點餘起，起身時五點餘。余乘花杆，建、靜步行，碧書亦步行相送。至碼頭，則賣票人言七點半始開。然七點許已開，蓋有一軍官登船，故待之而開也。同行者有一聚奎生楊君。九點許，已至江津。建、靜亦同下，仍住江津旅社。稍息，小餐。同出到延年醫院訪鄧仲純。仲純，叔存兄，業醫。余尚未謀面，隨二人往訪。未遇，遇其夫人及一醫生李女士。遂訪仲甫于西門外延陵別墅。暢談。不覺已過下午二鐘。進城，午餐。建功爲東。後靜再訪鄧夫人，余與建歸旅社小睡。起再同到醫院，與靜再同到仲甫寓談，遂在彼寓晚餐。聞今日劉峙來江津。後遂歸寓。今日晴，頗熱。

二十二日，建、靜二人早起，上船到重慶。余出早餐。往浴。此間浴室大致還算乾净。浴費二元，擦背六毛。欲購書數本，然因價皆在定價四倍以上！遂止。今日天晴，極熱，儼然盛夏！余住樓上，更熱。伏處室中，單衣臥床上，而仍時有汗出！至晚七八點鐘，仍如是！故終日未出，僅五點許，至仲甫寓小談。因明日尚無上水船，又恐船至而因人擁擠，不賣票，乃請仲甫寫一字介紹與江津農工銀行鄧君，請其轉設法，仲甫毅然以余之起程自任，約明早余七點半後到彼寓，同訪鄧君。遂歸。今日街頭觀迎劉峙標語，竟有模範將帥之頌！幸民國將帥多不似彼！否則豈堪設想！晚餐後，不久即寢。

　　二十三日，夜十點後，始漸涼爽。亦微雨。今日陰，不甚熱。早餐後，往訪仲甫，至門，疑尚早，遂到西關外一游。到仲甫寓，同訪鄧君，因星期不遇。今日江津歡迎劉逃將，竟掛國旗！仲甫初不信，問人，知竟如此，爲之一嘆！同仲到醫院，仲遂打針，蓋彼患血壓高頗重也。別歸，過十字口，見長天明日走敘府，已掛牌。午餐後，一點餘，到碼頭，問可買票否，答言須五六點鐘船到後可買。歸，黃仲誠名近思。來談。未幾仲甫亦來。去後，余再往碼頭，則長天已到而人頗擁擠，不賣票。又聞民生公司雖不掛牌，而有二船開上水，問之，果然。但亦擁擠。司碼頭憲兵允爲設法，但管船者已登岸，約八九點再以行李往。進城，到仲甫寓，告之，彼即欲入城，將余介紹於稽查所楊主任，以便送余上船。余力辭不獲，遂又同入城，陳夫人亦隨侍。至稽查所，見楊，合肥人。又見一卜君。卜，桐寨鋪東三里之下畢營人，近同鄉也。楊親到戲園，見民楷船管事劉君，得其允許。今日仲甫以多病之身，爲余事，竟入城三次，致足感荷。楊君亦極出力，可感，惜其片已轉給船上頭腦，忘其名字矣。出後，晚餐。收拾行李，遂上船。

　　二十四日，船上仍極擁擠。余僅得房艙户外之地可容一睡。有一水手與人爭吵，頗久。斥其明日再談，同客者皆贊成，因得中止。天雨船漏，取出破油布，蓋於行李上，始得稍眠。天將明，船開。明後，余等遂捲行李，坐其上。蓋地當行道。不得不如此。日中仍時微雨。氣候頗寒。余着兩夾襖，一棉背心，一棉馬褂，上身不冷，而腿小覺寒。船上供三餐。米飯外，有青菜三品，菜湯一品。因昨日購得《日本評論》《現代農民》各一本，船中得破寂寞，下午五點餘，船至合江，止宿。余因船上不便，遂下船宿於同興旅館。每床二元。余室中二床，因不願其留他客，出四元。到城內一游。城範圍不大，尚頗整潔。但遠不能與江津比。蓋江津爲大都市之縮小，此地僅爲農村之擴大也。去年陰曆七月十三日此地曾被轟炸一次。城內落數彈，破壞尚不甚劇。碼頭上街道則幾全毀！死人至千餘！今日碼頭上一望皆屬草房，均屬後建。然已整齊，則吾國民恢復之力偉矣！街道爲大石條鋪，甚平。合江特産冬笋。

　　二十五日，四點餘，起，呼旅館中么師起，遂上船。未久，船即開。今日途中有一鄰水文君來談，得免寂寞。文君畢業金大，現在中央軍校服務。過瀘縣，至藍田埧止宿。埧在瀘縣對面江南岸。余仍登岸，宿於斯可矣旅館。去碼頭里許。每天房費四元四毛。室甚整潔。稍息，出游。埧爲川滇公路出發點，故頗發達。縱街頗長。再南，由山坡上登，街較窄，當屬未發達前狀態。余稍登即止，未能窮其端。橫街未往探。此地比合江較大。返補寫前數日日記，未完。聞汽車價有明價，有暗盤。暗盤可超明價三倍餘！

二十六日，昨晚睡着後，被對門鴇母虐待雛妓聲驚醒。輾轉不能平，乃起，時十點餘。往警察分所，見其負責人，請其派人查究。余無力脱此難女於苦海，亦不敢定此查究之真能改善其待遇，僅可使余個人之良心稍安而已。後睡非甚佳。醒。推窗一望，見心宿已到正南，遂喚幺師起，送余上船。至則人皆尚熟寐。然過半點，船員全起；未久，即開，時已黎明。今日船上遇同濟學生劉君，銅山人。曾在狗街子聽過余之講演，故識余。又因緣識其同學李君、楊君，及華北水利委員會張君等。余之話匣子遂爲打開，又復刺刺難休，殊屬可笑。瀘西兩岸地勢似較平。船役本言今日船可抵叙府，今日又言或宿南溪或李莊，然因修理鍋爐，至江安，即宿。余仍往宿岸上旅舍。然此地像樣旅舍在城内，而聞城門非黎明不開，且離碼頭頗遠，故不敢往宿。宿於北關之鴻順棧。因不願與人同室，棧主人引示一二床之室，頗窄狹，上有露天處，一端有人糞！余決定住後始發見之。然余仍命其打掃後住下。入城一游。此城不甚大，然因爲南六縣之吐口，故尚繁盛。余走其北西東三街。南街甚短，未往，然全望見之。西街有一鋪前木牌，大書佛教某某人，未知何用。東街禹王宫内設榮譽軍人第三教養院。院中容千餘人，故殘廢軍人遍市頭。皆屬冀魯豫人。聞與居民關係，尚欠美滿。曾釀成罷市一次。近日聞較好。我國歷年内亂，軍隊本爲人民所疾視。此次倉卒應戰雖因係國戰，人民看法稍有不同，而如歐美各國崇視和親視軍人之風氣全未造成。榮譽軍人驕傲本屬當然。不守軍紀者當然亦不能無有。人民不能體貼軍人之苦痛，兼之南北風氣亦有隔閡，釀成小小風潮，雖屬意中事，而亦頗堪憂慮，希望各方面繼續努力，始能水乳交融。專責政府,無益也。聞此地江北有匪。匪首被捉,而餘股未散。南鄉亦不甚靖。

二十七日,睡仍不甚佳。三點餘即起,往碼頭。今日無星,此地雞亦甚少,余等又無時計,故知時頗難。外甚黑,余執手電,但力已弱,不敢多開,而河灘又極崎嶇,不如昨早之馬路甚平,故行走頗艱難,然終能至。黎明將開船時,有一榮譽軍人登船,求見經理,經理避匿不見,軍人遂留船上。問之,知係杞縣人,段姓,在忻口失右臂。去年借錢數百元販木炭,又在江津縣某地船爲民楷觸沉。彼請求賠償損失,民楷不肯,故尚在糾纏中。段君人尚精幹,但對法律手續似不甚了了。勸以用合法手續解決,不要將有理事弄成無理,榮譽軍人總須保持最大之榮譽云云。將午,抵李莊,下船。尋至中研院辦事處則已無人。幸同濟相距不遠,尋至其教職員宿舍,有一人識余,余已不記其姓氏,後至其室中,觀其受課表,始知爲朱木美。談次,知其爲山西右玉人,師大舊生,畢業於余到校前。問知歷史語言研究所在板栗坳,去此地尚五六里,遂雇滑竿前往。途中知此地尚旱,小春亦欠佳。至晤彥堂及所中同事多人。晚與純昇及貞一談。

二十八日,陰。上午讀丁山之《陳侯因𦥑鎛銘黄帝論五帝》。訪逸夫及梧梓,談。下午補作前數日日記。聞此地治安頗成問題。

二十九日,夜中雨不小但尚不足用。寫潤章及碧書信各一封。翻閱《積微居小學金石論叢》。下午子衡來談。傍晚聞槍聲,村人傳呼附近有搶劫者。

三十日,陰。因彥堂請明日上午九點與同人談古史的傳說時代，遂到圖書館將古史所未能記之古史材料抄出。天木、作民來談。有本地之羅君、字伯希。張君來談。中午純昇請吃飯。

三十一日，晴。早起出游，西至大水窩。上午與同人談古史問題。同人來者二十餘人。中午逸夫同彥堂請午餐。

四　月

一日，晴。早起到住所後山上一游，可見大江，此地固與江緊鄰也。請曉梅檢出丁山所言 🦌 與項中間之諸衍變字一觀，知其説足信。但丁山又謂 🦌 即磬，其字有三義，則似不然。再閲孟真之《性命古訓辨證》。

二日，晴。讀《史語所集刊》所載孟真之著作數篇。孟真之長爲對於學術能見其大，然其讀書之鹵莽滅裂處，亦殊可驚。今午彥堂又請余、純昇、逸夫、貞一、仲勉、元丰、梧梓聚談午餐。昨日《金岷日報》載伯爾格拉德露透電，言意大利起革命，莫索利尼已被殺，但尚無官電證實云云。此事固屬可能，但在證實電到前，尚不能有何臆斷也。寫吳柏遠及潤章信各一封。

三日，晴。早餐後同彥堂到上壩，訪子衡，即宿於上壩。亦晤天木、松齡、香山、思永、士能各位。午餐爲博物館招待余，晚餐爲子衡招待余。將晚曾同子衡到南邊小山上一望。

四日，晴，天氣甚熱。早餐後同子衡到李莊鎮，訪思永。又到門官田，聞爲文官田之訛訪社會科學研究所諸同人。又到附近觀蠻洞。洞在大石脚。鑿一小門，内上圓。聞初發現時有骨殖，蓋蠻人墓也。又到石崖灣，訪方仲及香隆。返，方仲指一捷徑，離上埧僅隔一小山耳。午後，甚熱，單衣猶汗。晚思永請吃炸醬麵。因天悶熱覺不久將雨，乃飯未畢，又起冷風。大家皆甚爲失望。但從李莊歸時，單衣仍不覺寒。天木購酒花生小菜爲余餞行，酒余未敢沾唇。

　　五日，夜中頗涼爽。但有蚊蟲擾，睡不甚佳。天明即起，收拾行李，早餐後，子衡送余至碼頭，天木、香山亦來相送。天木因送余，欲早用餐，致與松齡衝突，余甚爲不安。後彥堂、璋如、梧梓亦下山來相送。同行者，思永及鄧嘉芝、莫二君。思永因嫂病請醫，鄧、莫皆管庶務，故因事來宜賓。今日順風，故船行頗快。途中時霏霧絲。至宜賓，住中國旅行社。四人同至魁順午餐，思永強爲東；畢即乘船回李莊。余與鄧、莫訪至大華公司，訪羅伯希。又晤一劉君（號師德）、張君。劉，李莊人，頗能談，知此地故事不少。張，本地人，羅稱之曰經理。歸稍息。伯希來，同出到西郊四五里許，以人力車往，價一元，觀漢墓。墓在公路北側。公路長四十里，西至柏樹鋪，爲疏散人口而築。山坡上，鑿石而成。前有墓道。門現無門扇，原似有之。寬六七尺，長丈餘。共五六墓，多相通，蓋相通者爲一家，或夫婦，以今日磚墓，夫婦各穴，中有孔道相通知之。二有石棺。一棺前和有人頭蛇身浮雕，右有一鳥。後和亦有，但悔未携手電筒，不可見。然所畫非人則可知之。棺蓋上亦有簡單浮雕，惜已斷爲兩截。他一棺蓋上浮雕較複雜；全體爲簡單幾何綫紋。左上角長方輪廓内有一鳥，口銜圓物，其金烏銜太陽乎？中部有簡單紋，惜亦斷，不能見。一穴中墻上鑿入，成竈案等物。又多有鑿若槽形者，伯希疑其爲倉，以置明器，理或然也。此等墓早已露出。但掘出，則因近日欲用之爲防空洞而起。棺蓋聞即由壯丁打破！又聞尚有不少陶片，已被棄去。又出有鐵刀，亦未知有人收藏否。墓門外頗有幾何紋磚塊。由此與棺前浮雕，皆可確指爲漢墓。下至公路旁，伯希言前有漢墓，現已毀去。磚則爲道旁人家取以砌臺。細視之，有單純幾何紋者；有兩端幾何紋、中段畫鳳形者。複雜花紋者多，頗不同於中原。然確屬漢製，無疑義。過一岳武聖宮，亦屬一佛寺。余等入内一觀。余因今早出乾恭，故痔瘤又稍下，即稍坐。僧因獻冷茶。余飲一口，伯希吐之而出。又轉至北門外公共體育場，内亦有二漢墓。現存之長尚丈餘，但伯希言全長不啻倍之。内皆以幾何紋磚券成。紋有四五種。有幾何間古泉紋者；外有蕉葉紋，則余從前所未見。入北門，見招牌上，上書人名，下書“應教”二大字。此種招牌頗有數處。問伯希，據言此爲巫家，以作法事爲職業者。其所唪經，蓋佛道雜湊。此間人死後欲作法事，即由此等人包辦。僧侶道士並無人請。歸寓，稍息。伯希稍去又來。同到正大飯店晚餐，余爲東。宜賓城在岷江西岸，城不小。街道寬闊平整，商務亦盛。中心有鼓樓，顏“大觀樓”三字，頗稱宏壯。今日郊外多上墳者，因爲清明節也。

　　六日，晴，但不甚熱。早起，同鄧、莫二君出早餐。余爲東。歸稍息，伯希、師德、張經理同師德之女公子十二歲。來。同出北門，過岷江東岸。過一村，名吊黃樓。黃爲山谷。聞廟本祀諸葛丞相，山谷附祀。此名則喧賓奪主。不遠爲先主廟。此爲本地之風景區，宋人題壁甚多，然余等今日無暇，不能往游。沿途雇往昭通滑竿，以二百五十元成交。再北不遠，至舊州城，蓋唐、宋戎州故城。土城遺址猶可見，形方。吾儕所進者，約爲當日南門。門外濠尚可見。城内皆耕地，零碎磚瓦不乏。亦尚有若干人家。伯希在路旁發現一石，八稜，高數寸，隱約有字，亦有佛像，師德言爲經幢帽，理或然也。再北，路轉東，數十步，又轉北，地名三倒拐，則爲當日城中心。再北，路旁有殘石像一段，形立，或爲翁仲之殘餘乎？再前至當日北門，隱約可見。順城垣東行，不久，至城角，土墳起，蓋角樓遺址。出城北行，不遠，有石墓數坐，西向，北一已鑿開。門上有華蓋花紋。其下，伯希據在李莊所發現之同類墓經驗，謂當有年月文字，但近日因防空關係，已將其鑿毀矣！俯身可入內。內石室甚整齊，柱栱皆完好，後尚有小室未開。上頂有菱形藻井，井中雕二鳥，身長，上有魚鱗，其身亦如魚形。此室當爲研究建築者之良好材料。有人言此爲宋墓，頗稱近似。蓋花紋精工整齊，絕非漢、晉遺物，然亦絕非明、清物。伯希言南當尚有二穴相連，然可見者僅一門之上段而已。觀畢，西行，至城外西北隅，有唐塔，外形如西安薦福寺塔，可登。余等遂登其巔。塔磚帶字者不少，乃施主題名，或記獻磚若干札，或記第幾層磚。劉、羅收藏者不少。塔北有一碑。陰爲紹熙四年修貢院碑，能讀者尚過半。陽爲明人重修白塔碑銘，亦大約可讀。但無年月。後半有多人名。師德謂明人取貢院碑，磨其碑陰，刻字其上。至後半人名，則又係磨明碑而刻之。貢院碑陰是否有文字，固不可知，然明人利用宋人碑，絕無疑問。至刻人名者之又磨前碑，則劉、羅二君已抄讀全碑，所言當不誤。仍入舊州城內，從原路歸，至吊黃樓，入一小館，與滑竿夫談判一切，兼午餐。然羅、張因有他約，先進城。留者僅余與師德及其女公子。余爲東。餐畢入城，到公園及民衆教育館。訪甯館長，不遇，請其館員崔君將一陳列室開鎖，因今日星期不開故也。參觀內所陳公共體育場漢墓中遺物。內有一盤，平底，中有橫欄，似堤。堤中部有缺口，可通。上有覆。兩旁各有二魚。一角旁有一船。師德謂係魚跳龍門，恐未必然。出在公園少轉，遂歸。稍眠，醒，羅、劉再來。劉以所藏白塔磚文拓本相示，並請爲題籤。又同到一飯館晚餐，羅爲東。飯畢，劉歸，羅來，請爲書一斗方。去後，余出購萬金油二合，鉛筆一支。

七日，早起，收拾行李，滑竿已來，伯希又來送。伯希邀早餐，辭之。遂別鄧、莫、伯希出城。至榮森棧，因其老闆爲滑竿夫何平山之兄，可作保人，余往對保也。又同滑竿夫到飯鋪內吃飯。出市，即乘船過金沙江右岸。少順江上溯，即離江上登。抬夫頗費力。至頂後，稍平。路近日修理一次，並展寬至四五尺。三十里至趙家鄉，少息。米飯大碗一元，小碗五毛；豆花三毛；茶二毛；被八毛；乾號一元。此係公議定之價。十五里至磨刀嶺，然一碑上則曰薄刀嶺。十七里至新橋，有鄧望和之百歲坊。過雙河場，已入慶符境，外有水可通舟。十八里至來復渡，過一河。三十里至黃沙漕，宿焉。至店中，欲作日記，尋墨合，不見，包袱有三尖口一，以爲抬夫不小心，掛破，遂失物也，然細觀，仍有一口，且外袱亦有一口。係重袱。均有刀割迹。始知被人割包。問抬夫，何平山言，渡金沙江時，有一人近滑竿，蹲在下面，當時未大注意，現在追思，彼即剪綹者矣。所失墨合外，尚有一手電筒，一手絹。抬夫三人：一周平山，瀘縣人，在軍中曾作連長，年四十許，人頗忠實。一吳德潤，富順人，有烟色，而氣力最佳。一即何平山，氣力最差。後知三人皆無癮，然後二人好吸。

八日，夜雨數陣，又被冷風吹止！氣候殊寒。天旱雨不易下，可慮也。晨起，前行數里，至觀音坡，步行登。頂距漕稱十五里。

又下十五里，過慶符，未入城。渡一河。後沿河走，路稍平。行十餘里，入高縣界。去慶符十五里，爲黃石口，稍息。村外一牌樓，上有道光中中州郭君題"劍南十三"四字，未知何意。再前五里，繞過高縣城。又十七里至三義鋪，午餐。又十五里落潤坎。又十五里羅家場。又十二里至陳村，宿焉。今日過慶符後，路大致皆平。稍爲修理，即可通汽車。在陳村飯店中，見團勇，爲捉匪過此。時天尚早，到村中一游。牆上告示頗多。有一告示言采買軍糧價，已領到八成，或七成，記憶不清。而因中有弊端尚未完全發出，故出示令人來領云云。至所餘各成則未見有明文。又一告示，則爲租稅完納的數目。略言高縣正稅，每石二元七角八分。連附加稅、保甲捐、保安捐、國難捐，每石共收三十七元五角。內以附加稅十九元六角六分爲最多。村一端有禹王宮，內有學塾，學童數十，所教課本有《論語》等書。今日晴。所住村店不帶飯。

九日，陰。二十六里至海營，早餐。飯鋪頗爲整潔。過此濱河之田多用筒車以戽水。車作大輪，徑二三丈。全體皆以竹爲之。下以大竹撑之。另數竹作輻。外有竹兩周爲轂。轂懸粗竹筒多枚，斜懸之。利用水力轉之，不再加人畜力。輪近地時，筒平，挹水入筒。上升時，筒斜向上。至最平處則筒平而水傾出，下以槽承之。另以半巨竹接連，引槽水入田中。聞抬夫言，每製一車，需國幣二百多元。後聞甘肅、蘭州附近多此物。但缺竹，因用木。如吾鄉仿製此物，則桐河水可灌田不少也。十二里至筠連縣城。織布小廠頗不少。稍息。過筠連，十五里至水落塘，又稍息。牆上粘有玄靈上帝關聖帝君勸善文，印於叙府之瓊仙觀。下列各種罪條，末有"食鴉片者倍罪"一條。出水落塘，馱馬路即從左行，入山過唐

埧。背擔抬人則由右，入山傍小溪行。余等隨後路，五里至黃果
樹，爲川滇交界處。僅有數家。川滇界最顯著的分別，即爲川境
中抬夫頗難得鴉片烟吸。即有亦在人不易見處吸。至黃果樹，已
屬滇，店中到處烟榻橫陳！且聞烟價亦較廉也！午餐。後即上榮
昌坡。十里至榮昌埧。後路頗平，聞爲一團總所修。又聞唐埧方
面，因背擔抬人皆走此間，奪其生意，遂與團總興訟。不於事業爭
勝而無理健訟，可慨也。最高處爲興隆坳，修路之團總即住此。
後路又漸下，至藍田，距榮昌埧二十里。天不過二三點，即宿。村
有一二十家，多業村店。房多新修，以木爲壁，上以棕皮代瓦。壁
上粘有古曆春式圖，一大張。注明奉教育局令。上注日期、干支、
值宿、黑黃道名，亦注羊公忌、黃沙等。略如成張之月份牌。

　　十日，昨日所宿之旅店以竹籬爲壁，外有泥塗之。然日久泥
落，且外即係厠所，臭不可言！換頭向內遠壁，始稍愈。隔壁有人
玩天九，喧擾竟夜！罵之稍止，稍久又喧。余罵之二次，因睡不
佳。晨起小餐後行。二十六里至兩虎崖。稍息。遇一七十餘老
婦人，談及要教育費者，切齒痛恨。告以小孫宜念書，答言：念書
何人種田？彼仍切望真龍之出現。其言雖愚，而今日時變實爲數
千年來所未有，亦難怪老婦人之未能理解矣。駄馬路從唐埧來
會。後即上坡。抬夫言四上四下，然余每上坡皆下滑竿，而余僅
下三次。或最後之較長坡分成兩段歟？路以最下坡爲最壞。上
坡頂，地名鄭家埧。後即驟下。見河，即至鹽津縣城。此地俗名
老鴉讀如ㄨㄚ。灘。民國初年，始設縣。至時，剛過午，即宿於久成
棧。所住房對門一間，即多榻橫陳，皆噴雲吐霧者也！時天氣甚
熱。然仍出一游。城無垣。僅在河右岸，有街一道（河向來方向

流）。然寬潔新整。石條路。下鄰河處交通部叙昆路第十三（？）段有辦事處。本處有一小報，七日一張。其外有壁報。言德已與南、希宣戰，進兵 Thrace，擊英軍，歐戰入一新階段。縣政府孤立山坡上。前有新房四排，未知何用。今日天氣極熱，在樓上不衣亦仍流汗。物價較四川低廉，犒抬夫。早寢。

　　十一日，昨晚寢時尚涼爽，頗出意外。已睡着矣，忽聞足聲喧騰。聽言，知屬軍人。寢床上，聞音若在三樓上，但此室並無三樓。又聞彼等叫人唱曲，恐其終夜鬧，不能眠，乃起視，欲換棧房。始知其在余隔壁，余抬夫所住之室內。日間在棧中所見頭裹白布，<small>川滇間男女多如此裝束。</small>被老鴇虐待之可憐蟲正在唱小曲，軍官數十坐聽。每曲終，女子即請點戲，而軍人即嬲其唱歡迎戲。蓋每點一曲，即須一元；開始時，女子即唱歡迎戲一曲，不取資，故軍人願其再唱不取資戲，而女子不願。幸共唱十餘曲，軍人花了十餘元，始各鳥獸散。唱時，聽者頗多。余房之板壁被擠脫釘數塊，老闆娘子來命人收拾板壁。問之，答言軍人係龍二公子衛隊，二公子之來乃因販賣鴉片！云云。彼等去後，睡尚不惡。早晨啟行，出市一二里，河右岸，即老鴉灘老街。聞因多鬧火災，疑風水不佳，故設縣時建築新街。但聞新街建築時，對於救火設備仍毫無計劃，恐火災將仍難免也。老街頭，有一鐵索橋，路從右岸轉左岸。下有鐵索，上用板鋪，又有鐵索爲欄。余下滑竿步行過，但走時足下搖動，不免悚懼。十五里至張家溝，用早餐。又前，上登過飛龍寺。再前，二瓶子，飲茶。再前至泥山頂，共約二千三百步，名爲十五里。再飲茶，吃一鷄卵，價一角半。下十五里，地名會同溪，有小溪，上有小鐵索橋。現水小，可不從上過。又十五里至豆沙關。順河街一道，頗不短。時已入大關縣境。鹽津大關在山頂分界。午餐。關門外河右岸（路左，時路在河左）懸崖削成，高數十丈。余在宜賓時，即聞劉師德言，崖中間有"僰人子"墓。土人則稱"白兒子"。白即僰。"兒""人"古音同。土人相傳諸葛亮看出僰人王氣甚高，知僰人之能飛也，乃潛告人曰："如僰人能將其祖先葬於崖間，則定出王者。"僰人聞之，乃飛上葬其祖先於崖間，而不知諸葛公乃故意騙之以破其王氣。師德亦不信此神話，囑余細觀以解決此問題。余駐滑竿細察，穴在崖下半，共十餘。有穴間尚露木片，所言墓穴蓋可信。崖雖下臨深溪，上隔絕崖，而石紋斜行，人攀緣可上。人容足地本需要無多。但吾人知農業後，多居平地，對山水已不習慣。一見懸崖，即心目眩暈；且足已少胝，不能踐尖石；目睹奇迹，即疑爲飛上，亦無足怪。至僰人尚以山水爲家，石斜紋上本可容足。石即遇尖刺，足亦能把持之，能鑿崖並將棺懸上置於內，似無足怪。尚見板片，則年似尚未多，亦不能上至三國時也。路右有唐袁滋磨崖題名，余當時忘留神，故未見。失古迹於交臂，殊自愧悒。三十里至馬蹄石，稍息。此數十里，山峻水深。常有石嶔崟，出人頂上。水聲汹涌，間有獨索橋。大索下有一繩，以若干竹環繫於大索上以備手攀。下懸一竹方筐，可坐。是日未見過者。又有於大索下懸一小舟以備渡者。又十八里至黃荆壩。有住戶十餘家。有四川楊子江水利委員會岷江段之辦事處，門口有紙條寫明。後又漸上。十二里至七里鋪。鋪面一二十家。新建築者在上。然新店室皆大，內有多床，須與人同居，不便，故余居於下。道右山上高處正在燒山。村人房皆蓋以草，今日且有風，殊覺危險。老闆娘子亦言某年曾因燒山致燒房七八十間！余初疑山林爲無意中然着，頗思尋得一滅火法。後聞人言，本地人因天旱，以燒林爲致雨術，愚譾可憫。然悟即得滅火法，亦無用處。希望當地行政及教育界人士努力破除人民迷信，始能有免災之可能耳。今日晴，但因有風，尚不甚熱。對面河右岸山頗高。腰有平地一大塊，已墾種，聞尚有人家。將至七里鋪，河右岸，山頭有形，酷若人立。但以高度測之，實高當得二三丈，且臨壑不動，當係一樹。然思歷史上所載之巨人見，當係此類。附近仙人鞭長成巨樹，則余生平之所初見。此後村店中皆不賣飯，飯須自煮，店家供給水火。余等則由抬夫煮，余與共食。

十二日，夜聞雷。雨一陣，林火熄矣。早起買草鞋。吃飯後始行。八里至大梨樹，稍息。沿路泥石相間，極難行。然水下即成瀑布，風物甚佳。如坐滑竿上，忘抬夫之艱辛，固賞心悅目之景也。至此，抬夫看出余所購之草鞋兩隻，皆屬左脚者！賣鞋婦甚幼，年不得過二十。賣鞋時，乳頭外露，乳兒在室內哭，其疏誤也亦宜。至余則對草鞋如見天書，固不能知其誤。幸周平山爲余翻轉，勉強可着。離此地未遠，見有過獨索橋者，停滑竿觀之。第一人猿攀大索，並帶細繩過彼岸，此細繩即以若干竹環套於大索上者。第二人第三人將所負繫於細繩上，實亦不細。第一人從彼岸緩拉，未幾即到。想第二人第三人亦將用此法過也。後微雨。二十二里至小官溪，休息，飲開水。又走數里至雲臺山，由石級盤登。中途遇馱馬五六十匹，止好暫避，任彼等先過。此時余將坐外邊石矮欄上，靜觀馱馬經過。抬夫急拉余至倚崖下，謂外邊異常危險，並強余不得立坐其間。事後思之，彼等殊有理，且意善可感也。約十盤，將至頂，路旁有長春觀。可飲茶。聞他日並有賣飯者,因今日微雨,未來。到後一巡,無碑刻。有編號房十數間,大約爲備旅客宿住者。亦有道士,余未與談。有賣雜物者,熟鷄蛋每枚一角;花生一角二兩;竈糖一角一塊,甚感價廉。再上一盤,路漸平,然仍上升。過一村,曰乾海子。路旁有平地一塊,種麥,當係海子舊址。再前,一大村,曰大灣子。午餐。此地有二河交流,後即循西支走。村已幾在山頂,然尚有田可種。對面山高處亦有田。日記中所用田字,係用南省人所給田字與地字之意義。出村,路漸下。十八里至四方石,人家三五而已。村外有大溝,中有小溪自河右岸流入。七里至黃果溪。宿焉。鋪面百餘家。

十三日,夜大雨,雖添旅悶,亦爲農喜。旅舍時漏,且跳蚤頗多,睡不甚佳。早起仍濛濛細雨。今日逢場,午間雨漸止,人漸集。肉每斤一元六角;鷄一元二角;魚一元;核桃每角十六枚;煤每百斤一元八角至二元。聞産煤區在近三五十里內。骰子三四攤!衣鶉結之衣而輸贏過十數元者相比也!抬夫買魚,余再買鷄一隻,加犒抬夫。下午雨止,然未行。問鄉人,知雨尚未透。此地鴉片價八十元,西鄉六十元。聞前止五十元,因有川販子,遂漲十元。鄉人言金塅河西夷人境內尚種鴉片。後知河即指金沙江。夷境即大涼山之玀玀境。昨晚即見有一人沿街唱善書者,今晚復見之。盤內置書多本,並一燈。余取視其書,有《救生船》等。彼爲富順人,過此南上,因雨未能前進。收得鈔不少。又有一講燈書者,聞亦講聖訓及其他雜要。每晚收得國幣十餘元,現亦四十餘日,收入漸少。以此測之,本地人衣雖藍褸,而屬其習慣,非因貧故也。

十四日,夜因蚤及母女絮語,不寐多時。晨起,晴。早餐後行。出村,由一鐵索橋,過河右岸。十里至小河,抬夫吸烟,余飲茶。今日泥濘甚大，路殊難行。晨未啟行時，何平山即約周、吴二人吸烟，二人不肯吸。至此太疲乏，始同吸，故余對抬夫之吸烟異常原諒也。住户一二十家。又十里至車柳埧。過後，路稍愈。十五里至烏鴉橋。又十里至大關縣城。街道不短，而市面蕭條，比途中所經過之縣，皆不及。從人之端稍愈。飯茶後行。沿途有田可種，然不足言埧子。十里至閘子橋，午餐。住户不及十家。前數里後，過一橋，由河左岸行。二十里至新街，約二十家。後路穿河右岸，又還左。十餘里至羅漢嶺。上登。十五里至出水洞。登嶺時水聲如濤如雷。如名之爲潮音嶺，或更與情景適合。河源即在村頭，分三四大股涌出。後聞資源委員會曾在此間考察之，吴君言將來如用以發電，可近一千馬力。此數日内，路皆傍此河谷，現在直窮其源。再前，路由右邊山谷中轉上。怪石嶄巖，石奇不亞太華。而瀑布時下注，則又太華所無。至嶺巔，有店。每人吃洋芋粉一碗或兩碗。此後路已漸平，可謂狹長之一埧子。老五寨去新街二十五里。按此數疑有誤。店鋪不少。余等宿於新五寨，去老寨又五里。新寨店鋪比老寨少。房屋頗乾净。但無單房間可住。餘事亦不甚方便。

　　十五日，夜微雨，晨起頗寒。早餐後行。十八里至頭寨。息於一小鋪中。小鋪主人陳玉章，四川資中人。面麻，得有"拾金不昧"扁二，可貴也。又十二里至崖屯，谷又漸束。二十里至五馬海。午餐。自五寨至此，有小溪散漫流，路時過溪左，時出溪右，俗所稱之"七十二道脚不乾"者也。又二十五里至閘上，亦名鬧心場。已出山入平埧矣。市鎮較繁盛，約百數家。稍息，復前行。十里至橙子寨。數家而已。又稍息。微雨一小陣。止後，前行，十餘里即入城。至城根，泥濘煩人。至西關，抬夫吳德潤即欲入一店，余因入城不便，欲住城内，到城内問，並無旅館。乃仍由吳德潤之引導，將行李下於華清旅社。入城，到昭通中學，訪鄉人金德璋，則已於二月間離此往貴陽。遂至大吉巷，訪謝允鑑。稍談，又同到昭中，訪張希魯。又晤該校訓練主任河北深澤王君。張、王均舊聞吾名，備極歡迎。又聞校長張孝機，亦師大舊生。遂在校中晚餐。未幾校長來。各位强余移住校内。時已微雨，允鑑又冒雨至旅社爲余搬行李，至可感紉。談至十一點，寢。時已大雨。

十六日，昨夜寢後，全身發癢，至一點鳴後，始得安眠。起後，孝機之尊人伯衡先生來談。衡公名本鈞，清末曾留學日本一年。一生努力桑梓教育。曾辦私立海宴小學，今日昭通著名人士，多出此校。亦長昭中多年。爲人誠懇熱腸，爲吾鄉中孚、鶴汀二先生一流人物。同觀孟孝琚碑，又同觀希魯所藏各器。又邀至其宅午餐。歸午睡。醒後，本地教員劉、吳、包諸先生來談。希魯約晚餐。晤外省各教員，雖經希魯介紹，而余並不能記憶。談頗暢。今日搬至後院住以避囂。陰，時微雨。因見《飲冰室文集》目錄中，有《洪水考》《三苗九黎蚩尤考》各文，遂借來觀之。發一電與潤章，報告行踪，並請匯二百五十元來。

十七日，夜中仍微雨；上午時霏霧絲，下午漸晴。晨起觀孟碑拓本及前人之考釋。希魯派人送早餐，允鑑送蛋糕。允鑑將彼所作《孟碑考釋》送來，請正。彼處各家考釋之後，又加之以個人之探討，工力甚勤，文筆亦清楚，未易才也。余擬在校中隨便用餐，照數開錢，然孝機將衡公命，强至其家午餐。衡公並言家常便飯，不敢盛設，希望先生之不客氣，然則余竟無計拒絕此老之盛意矣。餐後，同允鑑、孝機訪姜勉之。勉之名思敏，亦前清日本留學生，任昭中及昭通女中校長多年，爲此地教育界之老前輩。頗健談。因談及龍、盧兩家來源。余前聞龍雲與盧漢實同母兄弟，姜言非是，彼等實姑表兄弟。且言盧在玀夷中爲官家，龍則爲民家。且盧亦非一盧，龍亦非一龍。前有龍旅長，則亦係官家。民家見官家，儼然奴隸，禮節甚繁重。現因龍雲顯達，始被免除云云。玀夷有錢即買田，兼并甚多，立於不敗之地。多積鎳幣，_{昭通因彼等之喜積，故市面上鎳幣盛行，且價貴。鎳幣八元即可購國幣十元。}堆於屋中。即有盜入室，儘其所負，亦不過數十元。但族中多因謀產對兒童暗殺，則爲其致命傷。又因夷婦不便交際，多喜取漢婦，故同化亦速云云。姜爲此地望族，亮夫即勉之之侄。同勉公出，往參觀女中。地甚寬廠，爲清總兵之中軍署及箭道遺址。由勉公建築。已成者爲教室及禮堂，禮堂尚未完工。宿舍未建，暫以樓上教室爲宿舍。龍雲有一姊妹，曾捐巨款，現此人已去世矣。校長王女士，石屏人，肄業中大，習文學及哲學，錫予之高足。彼新至，且多病，故建築事仍由前校長勉公經理。學生百餘人。出到資源委員會西南探礦處訪季驊，則尚在重慶歸途中，今晚或可到。見一王君，清華畢業生，希淵之高足也。出別姜、謝，與孝機同到民衆教育館，觀其所陳列各器。館在文廟中。舊書尚不少，聞多爲龍主席所捐。此地別無圖書館，附於此。各物陳列於舊日兩廡內。有若干儀器、標本、神像、神衣、禮器、古物。今日謝、張、希魯未來，不能知古物之來源。到孝機家晚餐。歸後翻閱《飲冰室春秋載紀》《戰國載紀》各文。

十八日，晴。早餐後同孝機、允鑑往明誠中學參觀。校在城外東北角。爲循禮公會所辦。有初中部及小學部。小學部在城內。初中部百餘人，兼小學則五百餘人。校長何君，本地人，華西大學畢業。隔壁爲教堂，內辦神學一班，共十餘人，以訓練牧師。再前爲醫院，亦該教會所辦。病床百餘(？)。尚有一部分由龍主席捐金，現仍在建築中。院長英人，忘其名。前在湖南五六年，來此年餘。歸午餐後，稍休息，姜氏三昆仲同來談。長名思孝，字孺真，恩貢，亦曾留學日本；次爲思讓，字叔遜，拔貢，曾充省議會議員各職，即亮夫之父。季即勉之。彼昆仲四人，仲已夭亡。現長年七十二歲，叔季均過六十，而精神均佳，可喜也。去後，希魯、孝機來，同出。再到民教館，看古物。希魯約食穌餅麵等。出西北門，至清官亭。附近爲一小公園，有池。昭通全城食此池水。地方人正爲龍雲建築銅像。嗚呼！是亦不可以已乎？稍坐，又少北，循利濟河西行。河俗名荔枝河。然希魯言，據古書亦名荔枝河，非利濟河也。時有一着童子軍衣之學生伏伺荊根。問之，則日前曬衣，曾被竊二次，故伏伺之。亦有心人也。此地正計畫修環城馬路，已定樁矣。此爲新建設之一種，然未必爲人民所需要。河轉南。河內爲菜圃，足供城鄉用，不僅城內。轉至南門歸。近數日因大便不通利，歸時痔瘤下，頗爲狼狽。

十九日，晴。早餐後往訪季驊，觀其同事工作成績。出遇允鑑，被邀到南門內一小館吃牛肉。在坐者伯衡先生及其長公子星宇、希魯，尚有一周君。歸休息。起後，衡公來，同到女中。今日爲男女二中學學生講演。因男中無禮堂不便，故在女中。余今日講題爲《自由與紀律》。略謂自由、紀律二事，有時衝突，無一定之是非。合於其時國家民族之需要者爲是，否則爲非。自由問題本爲近世産物。同資本社會適合，至十九世紀下半紀而達於最高潮。其敝也，演成經濟界之無政府。紀律問題實爲社會主義者所提倡。蘇俄先之，意、德繼之而略變其形式。其精神實甚相近。且比之於古，十九世紀頗似春秋，今日情形實似戰國。其相類之點有三：一、戰事規模之擴大；二、僅存大國，小國殊難生存；三、國際間信用之不存在。自今日以後，不思立國則已。如思立國，必須使國内全體民衆，於無論任何受攻擊時，立時各人能站到自己的崗位上，勇猛奮鬥。似此，則將來紀律之重要一定超過自由。不過今日談紀律者，尚多有不合理處，亦須改正。云云。講約二小時。後半時痔瘤仍下，遂坐下續講。歸，休息。晚餐後，英文教員郝君來談。郝，淮安人，清華畢業。閲昨日在民教館所借來之《説文通訓定聲》，感孟碑上之“懲”字，仍當釋爲勞字，或勞誼。朱駿聲言爨爲“懲”之訛，其説甚確。允鑑用它漢碑文，證明心與火，漢人書時多互相通叚，固無疑誼。因此遂推“懲”爲焚之叚借，説亦可通。但此爲墓碑，似用勞誼較善。但是否讀勞，或從焚音，則有問題也。

　　二十日，在衡公家早餐時，有一夏老先生來訪。夏名文熙，廣西人，年已七十餘。民國初年，曾任昭通府知府。改縣後又曾任縣知事，現於此地落户。後與衡公、孝機、希魯、允鑑同出北門雇馬出游龍洞。所行路幾全爲來時路。數里後，路右有一梁堆，下馬一觀。昭通、魯甸、大關各縣均有梁堆，王獻唐謂爲狼堆之訛，蓋古烽火臺遺址。土人亦稱爲瑶堆，謂爲瑶人舊居。亦間有呼狼堆者。此一堆高不過丈，占基址不小。頑然一堆，頗難推其意義。

前有近日墳地，希魯謂爲堪輿家借梁堆爲地脉，理或然也。至螃蟹河，到蒲（？）、孫二家觀牡丹。蒲家有希魯學生一人，殷殷留客。蒲家花正開，孫家則少過時。至橙子寨，飲茶。衡公不喜川茶，謂性過凉。遂換一家，飲雲南茶。雲茶有一特別名字，余已忘之。至閘上，衡公因熱心水利，遂至鄉公所尋洪鎮長，未見，見夏鎮長。洪乃前任鎮長，衡公知其對於閘務頗熟悉，故願問之。夏乃今早所見夏老之子，新在昭中畢業，來此作鎮長。聞校中勤務隨彼來者數人，蓋校中清苦，不如此間之帶"油水"也！公所與小學在一大門中。校中現在無人。余等遂出鎮，在西南隅觀一儸儸墳。墳主名陸米勒，生於雍正四年丙午，死於乾隆三十九年甲午，壽四十九。嘉慶廿四年立碑。碑外石圍雲南碑多以石圍其上左右三面，位置當北方之碑樓。内相對處，右爲漢文銘辭，左爲儸儸文銘辭。右銘略如下："……發迹古滇。……六詔同班。大雄甸目，歷數十傳。雄甸改土，即今東川。且祖分派，移居貴黔。府屬大定，威寧稻田。稻田蓋稻田埧之省。昶注。地曰阿底，世系幾延。及清雍正，烏蒙招安。地僻民少，曾祖來遷。曾諱（不明），不辭辛艱。携祖計那，相宅閘邊。領報開墾，西居土田。生父四人……與叔格略，住小梁山。父行居二，布古四焉。……父諱米勒，配母龍媛。……"銘辭爲魯甸一庠生所作。至其對面儸儸銘辭，當亦係述其祖先世系。儸儸文刻碑，頗爲希見。當令人拓下以俟專家考證。返鄉公所，衡公得一吳君，可談閘務。遂同自村東北隅出。今日逢場人衆，路頗不易行。此東北隅店中，聞即趙君亞曾遇難之所。出村不遠，即閘。水自龍洞來，下爲利濟河。水量不大，然因有閘亦頗汹涌。閘内蓄水湖，多半淤積。每年種包穀，收入不少。時洪鎮長亦來，衡公與談。衡公意：必須將淤積"盤"控置別處也。或搬之訛。
出，然後可多蓄水及灌田。時天已微雨，衡公堅稱無妨，且言可保
證。同人亦均信其無妨。未遠，即入龍洞界，谷口有一木牌樓。
龍洞前形勢，甚似昆明之黑龍潭。現廟中神像已撤去。電報局在
此工作。水源即在大殿後。石洞中。聞秋月可射入洞水中，爲昭
通八景之一。水源不見冒泡現象。觀畢，到大殿上午餐。餐爲學
校派人在此備辦者。廟東院爲一小花園，有池，有亭。游罷，從西
坡上，轉至廟後山上。山半有亭，稍息，遂由東邊下。廟前亦有
數亭，皆爲軍人所建築，不甚堅牢。兼之我國人多昧公德，常無
意識地破壞，殊堪愴嘆！時雨愈大，遂歸。衡公本意從東路歸，
則對於水道更可明了。然東路距離雖較近，而較困難，因雨遂
不克往，仍由原路歸。途中雨頗淋漓。幸帶傘敷用，上身未濕。
至校，已將黃昏。換衣後，往衡公家晚餐。雖遇雨，大家興會仍
頗酣暢。

　　二十一日，晴。上午季驊來談。後有一杜副團長來談。杜自
言昆仲三人：長爲杜錫珪，前海軍總長。積財數百萬。姨太太二
十餘！現已死去，無子。仲入共產黨，於某年爲國民政府槍斃。
彼與二兄意見素不合。曾在中甸、維西一帶服務。現在此間辦兵
役，爲副團長。正團長由縣長兼任。認真作事，而舊區長李某代人行
賄，經彼扭送縣府，而縣長對行賄者頗爲袒護。彼將稟龍主席請
示辦法云云。杜亦在學校擔任軍事訓練。按此節乃次日事，誤寫於
此。① 午餐後，同希魯、孝機、包、吳、劉諸教員共騎四馬，出南門，

────────

①編者注："此節"指"後有一杜副團長來談"至"杜亦在學校擔任軍事訓練"，原稿以
　引號標示。

訪孟碑出土地。向東南行，過飛機場，至儸儸閘。發現孟碑之回回老人馬宗祥尚在。馬年八十餘。據言彼於光緒十五年以銀四十兩從儸儸陳姓手中購地一塊。耕了幾年，一天梁堆根前地下，有物阻礙犂頭。他把它翻出來一段，也知道是塊碑，也知道上面有字，但是不認得是什麼字。因爲同教的馬振衛識字，有一天問他，他也認不清楚。又遲幾年胡先生同謝翰林謝大人一同來看，謝大人喜歡的了不得，以後就運到城裏書院裏面去。這是我懂得的大約意思。老人語言不甚好懂，有好些話未能明白。余在宜賓時，劉師德向余言，他的一位老師當日亦在昭通，參與此碑之發現，聞碑初出土時，並不殘缺。但因鄉人截一節作碾，遂致殘缺上段。余並未將此問題直接問馬宗祥，因如果屬實，亦不易問出。但就其所言推測，似非如此。彼言謝翰林當日允許如果找出此一段，願出銀二百兩；大家在周圍尋找並未尋出。且言石匠欲購之爲碾，經彼拒絕。似劉君所言，即由此事傳訛。現孟碑出土處後人立有漢孟孝琚之墓碑以誌其處。此一帶回回皆從哈元生於雍正年中遷來附近。彼等對於哈之戰功謳歌弗衰。有“一馬踏過三江，一夜奪回八寨”之傳說。三江聞爲稻田壩附近小河。馬宗祥上輩從威寧移居水塘壩，後始遷居此地。余等又到白泥井，訪馬振衛一談，大致相同。振衛年亦八十，其弟六十九歲。兄弟二人又引余等至附近里許之族人家，觀其所得梁堆遺物。一梁堆前開一洞，余亦匍匐入內一觀。磚積成列，當係當日建築。振衛弟言下爲瑤人居地，人死即葬其上，因古時野獸甚多，置遠即恐爲所食，故即葬於居所上層，今日上層仍見有人骨也。其言理亦可能。

但非科學發掘，殊不能解決①此問題。梁堆中所出幾何紋磚甚多。此梁堆中更出大石數塊，方約二尺，厚數寸，現置於村人房前。村人又出示瓦罐一，皆梁堆中所出。馬振衛八十老人，引余等至此，步履輕健，絕無老態。今晚姜勉之請五點鐘吃飯，時五點已過，即速回城內。勉之請客兩桌，城內官場，大約全在坐。雖經介紹，余殊未能記憶。散後希魯引余看此間夜市。市在西關，賣東西者不多，有看相占課者多人而已。後到實業公司內稍坐。此公司地址原爲西岳廟，現改屬公司，經營各種商業。發電、汽車、絲業及其他種種。收到銀行匯款通知。

二十二日，叫工人拓孟碑。午餐後同希魯、允鑑步游元寶山。山在南門外東南四五里許，爲此地風景區之一。有公路可通且道旁道樹已成長，故步行頗痛快。山邊有袁嘉穀所書漢孟孝琚故里碑，可謂蛇足。山爲近城一土丘，其上前部爲道觀，神像已撤。後部觀音閣則佛像皆在，尚有一僧人。蓋此地前若干年曾經有破除之運動，對於神佛曾經審查一番，分別去留也。在觀音閣飲茶。從此到明誠中學，途中甚熱。爲之講演一小時，就"明誠中學"四字發揮。歸爲孝機等寫字。孝機今日命人將余之匯來款取出，又親到實業公司替余問汽車票，歸言後日有汽車開出可有坐，但車前司機側之坐位，則已不可得。季驊請在金碧餐堂晚餐，衡公、勉之、孝機皆在坐。外有資源委員會所派來西南考查可發電之水力人員四。餐後，衡公因實業公司近在對門，提議進去一問。遂與勉之、孝機同入。有衡公及勉之之二大老同來，且勉之係該公司

①編者注："決"，原誤作"掘"。

董事,故一切均順利,司機側之坐位亦不成問題矣。

二十三日,終日爲人寫字。余本不善書,但今日字字尚是寫的,非瞎畫的。寫畢自觀,雖多日不寫,而比從前究有進益。午餐余請希魯、允鑑吃牛肉。後訪夏老,觀其所藏各種蘭亭拓本及祝枝山畫,周天球所題之手卷。前者係陳蘭甫之舊藏。又有配天鳳璧,言從小德張購出,謂係皇后之符璽,即清德宗以賜瑾妃而慈禧奪之以與孝欽后者,余亦不能定其信否也。又有一黃玉瓶,亦佳。本意爲人寫字畢,到勉之、季驊處辭行,後觀古董攤,晚餐後爲昭中一部分講時事。乃寫字畢,則已晚,不能到各處辭行,僅同希魯看古董攤匆忙一周。時不少已收攤。希魯又請到一小館中吃晚飯。歸爲學生講時事,任人隨便發問,余爲講解。約一點半鐘,歸,已臥下,允鑑來送綠豆糕一匣爲路上用。今日晴。豆沙關學生陳正興等四人贈余以已裱好之袁滋題名拓本,並請回省城後爲其寫字。

二十四日,晴。早起,收拾行李。早餐已畢,允鑑、希魯、孝機皆來。孝機約往其家早餐,力辭,然當往伯衡先生處辭行,遂又吃點稀飯。力辭衡公之親送,不可得。衡公風誼至高,以望七十之年,而對桑梓服務之心仍極活躍,真足令人興奮。且友誼真摯,令人感激。同到南門外停車站則尚早。站設於兩湖會館內。衡公原老籍湖南,本屬主人,遂同入參觀及其他部分。出昭中學生舉代表來送,勖以努力研究學問,遂握別。開車時九點許。司機何姓,宜良人,爲交通隊長。副司機二人,一許華安,墨江人,一未問姓名。余坐於司機旁。初開時,路尚平,後漸上升。兼之路尚未鋪石面,未修涵洞,近城數十里中,正在積石擬鋪中,故多礙路。應修涵洞處,僅以積木填之,故過時振動頗甚。幸司機尚小心。

何對此路不熟,許則頗熟,人亦頗勤,故車開甚穩。午後,一人在車上被摔下,幸未大傷。彼在車上打磕睡,則亦係自取。彼摔下後,頗暈,希望有人將前面坐讓給他,余乃登車上,將己位讓與。沿途見人家甚少。至威寧百二十四公里,幾可云未見村落。至時天尚未晚,然此車本屬雲南綏署,本不應搭客,站上稽查,察旅客頗嚴,見一人帶鴉片器具,即碎之。一人嚴詞斥司機以不遵守法令,演辭頗長,亦均中肯。但負責任者似應係綏署,而非司機。演說者,似亦深知內幕,每次予以麻煩,使彼等稟上級,或可漸就範圍而已!下車時已七點許。途中遇西南探礦處三職員,一郭君,山西右玉人,一董君,江蘇武進人,一姓忘之。董君擬往迤西龍陵工作。餘二即在此地工作。余等遂同赴中國旅行社,社設於萬壽宮中,<small>在城外,因時晚,未能入城游。</small>人已滿,余等遂止於其飯廳內。三君或寢行軍床上,或寢地板上。余則並二桌,寢其上。廳中尚有數人止宿,非止余等。近威寧,草海在望。

二十五日,晴。車七點許開。今日仍屬山地,然此係川滇路,早已修成,比昨日路,已覺坦途。山中樹木尚多,但被火燒處不少,知林木警察之不可少也。午餐於哲覺,人家不多,房皆新建,蓋敘昆路當過此。杜鵑花方盛開,甚麗。途中仍無多人居。晚至宣威。與董君同往旅行社,已無屋,乃住於匯豐旅館。室內五床,每床每夜一元五毛,余全購之,令勿售他客。晚餐於一河北天津館中。亦曾至城內作一轉。城不大,商務亦零落。車站街道較愈。寢時天雨。今日行一百七十餘公里。

二十六日,晨起時未雨,後漸晴。大瀉。到旅行社吃稀飯。七點許開。路漸平。敘昆土路已成不少段。車行甚速。十一點許，已行百里至曲靖。飯館離停車處半里餘，步往，又欲瀉，遂急到野間瀉一次。甚憊。遂不午餐。還車，腹痛呻吟，董君以八卦丹與我，服之，不愈。司機以痧藥與我，置舌端令化。未久，舌端覺麻木，然腹痛遂止。此後路遂合於滇黔路，余二十七年來時所經歷也。曲靖叙昆路已賣票。六點餘至昆明郊，未入站，令多數乘客下，始入，可謂掩耳盜鈴。余乘過金碧坊始下。雇人力車入城。市面極蕭條，沿途見炸毀多處。黃公東街北頭炸毀，勸業場及大衆電影院已全燒掉矣！心中頗爲悽惶。安置後，命唐登雲購米熬粥食之。聞人言，近日敵連陷寧波、溫州、福州，巴爾幹則希臘及南斯拉夫已投降德國，乃急取昨日報，視之，則失陷者尚有台州。希臘一部軍隊降爲俘虜，政府遷於克來特島，繼續抗戰。南則降服。後晤慕光，始知彼亦往重慶，今日始飛回。又聞今日本市有警報，敵機轟炸紡紗廠附近，因此飛機飛回亦延緩云云。慕光並言浙江、福建米價皆高，且有餓死人事，事誠可慮。但彼因此甚抱悲觀，殊屬不必。凡事均依曲綫進行！稍聞不利即餒敗自傷，豈豪傑之士哉！

二十七日，早，將行李收拾好付信差帶歸，遂往近日樓乘公共汽車歸。車甚擁擠。一粗使婦拼命擁擠，致余坐立無所，余以拳痛擊其背，始獲再坐。然途中因"拋錨"，延時頗久，至時，信差已至多時矣。下午功叙、臨照皆來談。晚與潤章談。接淑玉信二，石頭信二；柏遠信一，三月七日函。尚止收到二百五十元。桂岐信一，已在前綫受傷。玉瓖信三，尚文信一，通俗社信二，伯恭信一，三林信一，爲其父壽徵文函一，季谷信一，賓秋信一，退回秉琦信一，轉來松亭信一，西南聯合大學同鄉學生會信一，二信皆失時效。史語所信一，_{通信研究員聘書}。清華大學信二，戰時公債勸募委員會信一，介眉信一，鄒韜奮信一，_{外署"章"，係其辭職電}。季芳信一。大哥信一，則言敵人至時，未避，眼"看着將東西拿完，及小皮襖脱去！""本莊臨大門南屋燒十餘間，衣服、糧食、器具盡成焦土！"達峰房燒百十間，文房燒三十餘間！英莊、茶庵、望城岡、龍泉尚無恙。吕灣想無事。郭莊無恙。可云浩劫。

二十八日，余在紀念周報告沿途考察經過。寫一信給清甫請其設法籌措二百三十元，交二兄以濟眉急。下午本意騎車入城參加清華大學紀念會中所開之哲學討論會，奈臨時自行車竟被汽車夫隨意騎往龍頭村，遂不獲往！下午閲多日所未閲之報紙。

二十九日，夜睡不佳。早餐後，因美金購書分配事與潤章爭論許久，尚未得結果。接到子倫之女兒蘊明尋父信一封。補寫前多日日記。聞有警報，後知因電流絶誤會。然下午余將午睡時，聞轟震聲，初以爲雷也。繼聞重機聲頗明，始悟敵機又已光臨。遂起，出到院中柏下小坐，聞聲遠，乃復入續寫。後繼續前日報。

三十日，晴。温度頗高。晚八點餘，室内尚二十五度。寫介眉信一封，長兄、二兄信共一封。餘時讀前日報，大略已畢。

五—六月

一日，晴。上午騎車到龍頭村，訪芝生，以千元房租交與其夫人。歸，再讀三月中報，完全閲畢。寫季芳信一封。下午遣德昌進城寄尚文二百元，再從銀行取二百五十元，以二百元寄與石頭。奈將尚文前信失去，只好寄植物油料廠，未知能收到否。因此心甚不快。

二日，陰，時微雨。寫給縻岐一紙，給他小孩共一紙。寫尚文信一封。匯款因係郵局匯票，暫壓兩三日。先發一航空信探交，囑其接信後先囑傳達，庶接掛號信後不致退回。

三日，陰。寫春書及石頭信共一封。子英願離所北歸，請其與德昌將書籍點查一番交出。晚有坐談會，余將余所知之共產黨情形爲各同事一談。

四月，早晨霏霧絲，全日陰。下午寫柏遠信一封，淑玉信一封，尚未完。今日報載伊拉克與英發生戰事，摩蘇爾油田已被伊軍占據。伊政府向德求救，土耳其將加入軸心，允許德假道云云。雖有些消息，爲海通所傳，未必完全可靠，而伊拉克情形異常嚴重，當係事實。當巴爾幹半島被各各擊破時，土耳其不出，今日獨立更無抵抗力矣！英、蘇今日尚同床異夢，不肯携手，將來恐有噬臍無及之時！晚同潤章談，知西南交通機關仍異常腐敗！爲世界，爲我國，皆不禁悚然。

五日，時雨時止。完淑玉信。復曲蘊明信，未完。晚臨照來談。

六日，晴。早餐後，騎車到浪口村，訪覺明，則于半月前搬進城內住。乃往龍頭村，訪芝生談。歸午餐後，完曲女士信。寫旅行中日記，未完。

七日，晴。有風有雲。然早晨即有預行警報，午間有空襲警報，出外一避。敵機終未至。續寫旅行中日記，仍未完。晚與臨照、秉琦斟酌倶樂部購書名單。接桂岐信一封，郵局信一封，言有掛號信，請帶圖章往取。

八日，早晴。下午陰，後雨一兩點鐘，晚止。上午寫伯恭信一封，尚文信一紙，並將匯票寄去。午餐後，聞鳴鑼（院中警報），未出。少時即聞飛機聲，遂出到東院竹園中避，時轟炸聲已繼續鳴，且似甚近。然今日空氣濕潤，故有此種感覺。實在擲彈仍聞在北校場也。續寫旅行中日記，仍未完。命信差帶圖章入城取信。

九日，晴。續寫旅行中日記，畢之。信差取回參政會案件三包。

十日，晴。上午寫清甫信一封，十弟，十四、十五、十七弟信共一封。下午翻閱《西風》。晚參加俱樂部之音樂會。

十一日，晴。上午翻閱《天文家名人傳》之上本。十一時許，有警報。提早午餐，後始出。至一點餘，敵機未至，避者均返。余又俟一二十分後，始返。時尚低首觀書。至李師長夫人墳前，驟聞一聲，尚未悟爲轟炸。仰首，始聞敵機聲，悟已投彈，而黑烟已於城東涌起！避者又出而敵機已去。歸，稍息，但未能眠。晚翻閱《荀子》，尋關於六藝材料，結果甚少。

十二日，晴。爲志卿寫芝生信一封。十一時許，又有警報，仍提早午餐，後始出。出廟後，已聞轟炸聲，黑烟起城北。候至將兩點，始歸。仍稍息未眠。寫建功信一封，彥堂信一封，伯希信一封。

十三日，晴。上午看《大公報》。下午寫平家信一封。接參政會匯來四月薪水。

十四日，晴。寫張伯衡信一封，謝允鑑、張希魯信共一封，姜勉之信一封，謝季驊信一封。下午稼軒來談。報傳德國社黨副首領赫斯奔英。用米式轟炸機飛往蘇格蘭，又用降落傘降下。十日晚十一點二十分。消息已由各方面證實。殊感兀突。

十五日，晴。下午有雷聲。寫陳仲甫信一封，樂夫信一封。寫蛟信一封，未完。

十六日，夜間雨。上午時雨時止。下午漸晴，但日僅偶見。翻閱舊稿及《山海經》。

十七日，完蛟信。又寫孟真信一封。接文青及耀廷信共一封，參政會信一封。翻閱《史記》《紀年》《御覽》之夏殷事。

十八日，時雨時晴。午間潤章請曉生、鈞任吃飯，請余及蒼亞作陪。翻閱《近代秘密社會史料》。

十九日，填參政會四月份收據，寄回。接尚文信一封。仍翻閱各書及舊稿而已。下午九峰來談，在此地晚餐。

二十日，晴。但五六點時，落雨一小陣。仍翻閱關於禘祭之各材料。悟周初大約曾整理殷代之祭典，如殷人祭典中有高祖夒、高祖王亥、高祖乙，無論何王均可稱祖，而周止祖祭文王；殷人有太宗（太甲）、中宗（祖乙）、高宗（武丁）三宗，而周人止宗祭武王；殷人禘各王而周人止禘帝嚳。此事大約與《殷本紀》所記之"周武王爲天子，其後世貶帝號號爲王"亦有關係。蓋殷王没而立廟後均可稱帝，其孫爲王後均可稱祖，有功德者均可稱宗，而周人則除帝嚳、文王、武王外，均受限制也。

二十一日，陰晴無定。下午五六點時有風有雷。但雨却甚小。想改《五帝起源考》，但僅起一頭。寫立庵信一封。近日余未甚注意，今日始知近數日中條山的戰事，規模相當地大。有一小部分我軍，似已退出中條山，繞出敵人外綫。大約敵人對於大洪山及中條山的我軍，感覺頭痛，特集大量的兵力，企圖掃蕩我軍。大洪山的戰事較穩定,至中條山則頗爲可慮也。德軍用降落傘降於克來特島,英、希軍在抵抗①中。勝負未分。此爲西方最重要戰事。其重要不亞於我中條山戰事。

二十二日,晴。終日未大工作,亂翻書籍而已。秉琦接信言蔣先生已到洛陽坐鎮。外匯、中匯皆漲,足證人心頗驚惶也。前數日,敵軍有過黃河企圖,現已穩定。

二十三日,晴。仍未大工作,與昨日同。敵人尚有向黃河南岸渡河企圖。克來特島之戰事仍緊。英之轟炸機似不敷用。美亦無作迅速決斷之意。

二十四日,有風有雲。仍翻閲《六書音韻表》諸書。接淑玉信一封。晚七點學兵隊請本院同人參加彼等之同樂會。彼因有一隊防毒軍官從重慶來。將往迤西作防毒工作,開會觀迎,故開同樂會。下午五點許九峰來談。言聞正之言,美有空軍六百人,自願來中國服務以保護滇緬路。報載克來特島英空軍自動撤退,但陸軍戰事仍激烈。

二十五日,晴,有風。時有雲,亦微雨數點。温度甚高,晚十點餘寢時,室内尚二十五度。上午到龍頭村,晤芝生,言正之之言甚信。閲報,言英克來特戰事有轉機。德軍占據三飛機場,英軍消滅其二。其一最重要者尚在激戰中。在芝生處午餐。後即歸。弼剛、康農、雅堂、其瀋、爾玉來在潤章處,余洗濯畢往見。弼剛對時局殊悲觀,聞余言,稍愈,約本星期六再往城内談。送弼剛等上車時,遇一黨部之張委員。歸,稍休息後,此張委員在東院請潤

---

①編者注:"抗",原誤作"抵"。

章、慕光、臨照、功叙及余吃飯。後臨照來談。秉琦進城,托彼給尚文電匯二百元,給春書郵匯二百元。

二十六日,夜中有風。將明雨。日中時雨時止。仍翻閱《六書音韻表》。接樂夫信一封。英德在大西洋有海戰,格林蘭附近。英最大軍艦胡特被德畢斯馬克艦擊沉。

二十七日,時雨時止。終日室內溫度不過十五,頗難工作。翻閱雜書而已。

二十八日,陰。時微雨,時見日。溫度較高。仍翻閱各雜書。《愛日齋叢鈔》《兼明書》《宋景文公日記》《東原録》等。潤章在城內聞人言據香港廣播,國共又已妥協,十八集團軍已加入攻擊敵軍。證以今日報所載“我在敵後各部隊,分於平漢、平綏、同蒲、正太、白晉各綫,均已出擊,截斷敵之交通生命綫……”則香港廣播之言蓋信。擊沉胡特之德艦畢斯馬克已被英艦隊加緊尾追,終被擊沉。伊拉克親德政府要員出奔。克來特德急增援,勝負未分。

二十九日,漸晴。中午有警報,午餐後出外一避,然敵機未來。翻閱《西藏奇異志》。寫建功信一封,進協信一封。此信未發。克來特戰事,英似有不支之勢。英政府非正式向美表示,倘美不能予以援助,則英國恐不能撐過一年。美正式宣布美已入非常時期狀態。

三十日,晴,有雲。今日爲舊曆端陽,拿出十元購買粽子、麵條等物與同所人食之。張仲連言今日爲彼生日,亦請之同食。洪波、劍秋逃警報返,登樓遇上,亦同食。慕光曾送來粽子若干,亦來食一點。今日有緊急警報,然余等未出,敵機亦未至。比較三皇及四方神之材料。

三十一日，晴。上午聞海帆言有預行警報，其實無之。接哲學會寄來會員錄。下午騎車進城，訪弼剛、康農談。晚餐時，有兩小館因昨日爲廢曆端陽，今日尚未開門，蓋此地習慣，一休息必須三天也。遂往家庭食堂，弼剛爲東。遇君亮。晚談，寝時已過六月一日一點矣。醒時七點餘，起，即聞有警報，乃同弼剛、康農出，到北郊小避。別二人，歸。在北郊時，聞飛機聲，甚遠。瞬時即止，疑敵機擾亂他處而過附近。敵機終未至。

二日，陰，時微雨。上午，改《五帝起源考》，然深苦禘誼之難明。頗早即有警報，亦未出避。下午騎車到龍頭村，爲樂夫教授資格審查事，訪問芝生。寫春書信一封。將《歐洲近代史》及《現代史》寄與尚文。晚看前多日之《大公報》。

三日，晴，有雲。早有警報，未出避。終日尋繹禘祭之意義。覺其問題之複雜乃因人類初期止有部落神而無超部落神。超部落神因人智之逐漸進步而逐漸進步。殷周之際，正屬此時。既有超部落神而部落神仍存在，故“配天”“配上帝”之説以起。鄭康成以緯解經，以周爲出於蒼帝靈威仰等類之説，固屬非是，而“配天”“配上帝”之説，則起源甚古。然因彼不知部落神之仍存在，故其説與《國語》“禘黃帝”“禘舜”“禘嚳”之説相刺謬。王肅雖未知黃帝、舜、嚳之爲部落神，而能指明彼等爲“祖之所自出”，則固不誤。然又因此而反對“配天”之説，則亦非是。又因部落神與超部落神之關係乃逐漸變化，故禘之意義亦有若干變化。問題之難董理均出於此。現在對此問題固離完全解決的時候還早，但希望從此觀點可漸獲解決耳。信差還，言書包以五百公分爲限，故昨寄尚文書未能寄出。

　　四日，夜中大雨。晨起時雨止，終日陰，溫度甚低。全日翻閱
《文子》，未完。下午有警報，仍未出。英軍已自克來特島退出。
英軍在伊拉克却完全勝利。接季驤信一封，石頭信一封。

　　五日，陰。翻閱《文子》，畢之。晚，翻閱《關尹子》，畢之。此
書固非先秦古書，然甚有名理，有閱讀之價值。彼在哲理方面，很
顯著地受佛書的影響，成了極端的意象派（即俗之所謂惟心派），
而筆墨亦頗佳，足以達其意。對於心物的關係，不少精細及確實
之觀察。爲吾國學術界中有數的著作。余頗悔從前以耳爲目，忽
視未一讀也。《文子》書，柳宗元謂："其渾而類者少，竊取他書以
合之者多。凡孟子輩數家，皆見剽竊，嶢然而出其類。其意緒文
辭叉牙相抵而不合。不知人之增益之歟？或者衆爲聚斂以成其
書歟？"《提要》仍用其意。沈欽韓則謂："書爲《淮南》襲取殆
盡。"孫星衍亦言："《淮南》襲取《文子》，而《文子》勝於《淮南》。"
對《藝文志》班氏自注所發周平王之疑問，則云："書稱平王，並無
周字。"而斷其爲楚平王。余對於《淮南子》不熟，僅將《文子》第
一篇與《淮南》對讀，尚未足以判斷各家之是非。惟柳氏所稱意
緒相抵不合，則爲各雜家之常態。今本《文子》"平王"上之無
"周"字，則疑爲後人因班説而去之。《淮南》或真剽竊《文子》，然
其爲書絕不能在戰國末期以前。所謂《文子》即計然之説絕無根
據。内厄言頗多，亦一應讀之書。寫道泉信一封。接教育部信一
封，爲史地教育委員會開會事。

　　六日，夜間雨，全日淅瀝，止時甚短，溫度頗低。改《洪水解》。
潤章言寄外國信，重不越五克者，航空郵費六元餘。而五克重，僅
極薄信紙一張，極薄信封一事，即已够重。然則致道泉信當重書

矣。接彥堂信一封，內附丁山致彼信一紙。丁言與教育部第三服務團之當局不合，頗願改隸本院。然此事頗屬彼之"一想情願"。實則各方多有牽掣，殊難實現也。

七日，上午再寫道泉信。接伯恭信一封。下午兩點半同潤章、海帆、洪波、慕光乘汽車進城。至時，爾玉已先到。燧初於四點後到，開會。士林則到晚。討論時，余與大家所爭執最多之問題，爲非大學畢業生是否能有研究能力問題。他們幾全信在自然科學區域中，不受大學教育者，對於高深學術之研究，全無辦法。主張最力者爲燧初。余不信此言，但僅能在歷史科學範圍內爲自己主張作辯護。結果，留一編輯員名義使史學方面稍有辦法而已。散會後，除潤章、慕光外，均往紅樓晚餐。樓爲松鶴樓舊址，不知有無他種關係。賬由院付。餐後，余往訪覺明，遇以中。談及往西北考察事，覺明言中央博物院亦有組織，未知是否同一，余則未能答此問題。擬函驪先一問。歸，則壽彝留一字，言來五次未遇，並問納忠的延聘問題。接玉瓚信一封，清甫信一封，戰時公債雲南省勸募總隊信一封。

八日，夜睡甚不佳。五點餘起。將七點，同坐汽車歸。上午及上午睡兩次，始蘇困乏。晚慕光及志卿來談。志卿交來撥匯國幣二百元。

九日，上下午與潤章談下半年人員延請問題兩次。十點餘騎車到龍頭村訪芝生，請其介紹一助理員。在彼處午餐。遇沈有鼎。歸後，稍休息，復壽彝信一封。晚臨照來談。九點寫日記時，有警報，出外稍避。寢時十一點。英始攻敘里亞。

十日，陰。今日始知昨晚係防空演習，並非警報。修改《徐偃王及徐楚在淮南勢力之消長》。

十一日，陰，時微雨。修改《五帝起源考》，未完。接桂璋信一封。

十二日，氣候如昨。將《五帝起源考》及《所謂黃帝以前的古史系統考》均修改完畢。接張鍾麟信一封，言飛機票已定於本月廿九日。接建功信一封。

十三日，終夜淅瀝。日中氣候仍如昨。上午將昨日所補《所謂黃帝以前的古史系統考》一表再行改抄。下午看前多日之《大公報》。接南陽女中信一封。報言德人已在敘利亞與法並肩作戰，然余疑爲小規模之志願軍，非大規模之派遣軍也。

十四日，陰，然有晴意。但晚仍時聞淅瀝。再修改《中國古代民族三集團考》。再接南陽女中信一封，然此信似先發。晚臨照來談，將其所著之《釋墨經中光學力學諸條》見示。

十五日，夜中因有二蚊入帳，致睡不甚佳。漸晴。八點許即有警報，然未出避。從吾來談，在寓午餐。後翻閱《漢書・郊祀志》。接吳柏遠信一封。

十六日，晴。今日余作紀念周，講禹治水的故事，但僅開一頭。有警報。未出避。終日翻閱《密勒氏評論報》。接希魯信一封。

十七日，晴。上午到花峪溝理髮。翻閱蔣百里所著之《國防論》。下午寫竺藕舫信一封。接到希魯寄來孟孝琚碑拓本九份。晚臨照來談。

十八日，陰，下午大雨。晚餐後止。接淑玉信一封。寫南陽女中復信，耀廷保證書及復耀廷函。晚與潤章談。美封閉德之各領事館。

十九日，時雨時止。寫建功信一封，希魯信一封，丁山信一封。寫尚文信，僅開一頭。接參政會信一封。

二十日，半陰晴。終日給尚文寫信，仍未完。近日蘇德關係頗緊張，但尚在鬧謠中。然愈鬧謠，愈足證關係非正常也。

二十一日，晴。寫史地教育委員會提案。並與士選一信。接季芳信一封，言數月未接到信，頗爲詫異。即復一信。

二十二日，夜中大雨。日中陰。上午臨照來談。下午完寫尚文信。晚寫石頭信一紙。下午芝生夫婦來小談。

二十三日，陰。今日報載德於昨日早晨，正式向蘇俄宣戰。希特萊真瘋狂矣！德蘇必戰，人人知之。但如是之早則大出吾意料外。蓋德對英戰事尚未能成一階段，而又橫挑一敵，殊屬不智。至蘇俄則絕無今日攻人之計畫。而戰爭宣布如是之早，豈非大異。余觀昨日所宣布之理由，開始就說蘇有百餘師軍隊壓德邊境，乃悟絕無信義之人雖可一時占小便宜而永無辦法。希氏所宣布，定屬事實。然蘇俄屯重兵，或少有牽掣德人之意，而主要原因則畏德人之攻己。以希氏之毫無信義，蘇俄安能毫無戒備？德人又因蘇屯重兵，亦不得不屯重兵。正與英人拼死生而有一部軍隊不能活動，異常忿恨，亦在情理中。此次蘇必先敗。止要其內部不生變化，則最後勝利，不成問題。下午開始寫《我國古史的傳說時代》的序言。接子怡信一封，黎東方信一封。

二十四日，夜中大雨。日中時晴時雨。今日上午因秉琦書成，拿與潤章看。潤有一文，請余一看。下午同彼談此文。看今日報，美蘇近日或有暗中勾結，德即先發制人。德外部言將宣布此點。俟見其所宣布，或不難判斷其真偽也。

二十五日，夜中有風，今日溫度下降。陰，時微雨。爲秉琦《瓦鬲的研究》寫一序，未完。

二十六日，夜中雨。日間陰，溫度仍低。晚漸晴。今早醒稍早，上午精神不佳。下午續完《瓦鬲的研究》序。

二十七日，夜中仍微雨。上午與潤章談及飛機票事，接黃仲良、黎東方電報一封。潤言仍以自去與中航處長一談爲愈。乃騎車進城。至公司時，十二點。問悉處長兩點辦公。遂出，到經濟食堂午餐。未完，有預行警報。出到西埧之西，稍避。將三點，天陰甚重。警報亦解除。又到公司，見其姚處長，與談，而管賣票者久未至。乃進城到黃公東街，遇梅蓀。取款及放行通知書。到公司，又因款中有富滇新票一，不能用，到富滇兌換。始能買票。因欲發一電報，又到黃公東街。遇子延。將電報稿托張鍾麟代發。遂歸。至時天將黃昏。晚餐後，與潤章談，與秉琦談。

二十八日，陰晴不定。與臨照談其所著文。教育部又命同人填家屬表，更繁！午餐後，收拾行李。與秉琦同坐公共汽車進城。至北郊，汽車油盡，乃下車。時無人力車或人可雇，乃自提行李進城，至中法，見康之。出往公司問鐘點，言明日上午十點來。到秉琦號中稍息，同到經濟食堂晚餐。再到秉琦號中。進城，寓黃公東街辦事處。子水來談。

二十九日，晴陰不定。訪達三，在彼寓早餐。因送余至公司。秉琦亦來。十一時許，機自臘戍開。此間聞報，乃乘公司汽車往機場。時微雨。在場，遇陳雪屏，及一徐明道君。徐，金溪人，前肄業師大附中，故識余。現在西南運輸處服務。機開時，兩點半已過。今日，無雲,可下見地,故無雪海之觀。機客僅半。下機後,史地會無人來接。到中研院宿舍,晤毅侯。到對門,晤吉忱、宗怡,留宿,遂止焉。

三十日,早餐後,訪立武。問驪先,則不在部中。出到教育部,訪士選及東方皆不遇。訪沅芷,有警報,遂同避。解除後一點。午餐,沅爲東。又到對門,飲橘水。四點許歸寓,則吉忱夫婦室被震見天日矣! 後聞教育部亦被炸。

七　月

一日,早餐後,吉忱派人送余至車站。買票,到青木關。晤士選、東方。午餐後,止寓於中央旅社,天氣甚熱。晚餐後遇穎蓀及東方,同到民衆園實名星月茶園。飲茶,遇一鄒君,乃一老北大學生,山東人,現亦在史地會服務。同到教育部浴室浴。

二日,早頗涼爽,日出又復炎炎。早餐後無事,到部中,欲借一小書看。遇鄒君及江應澄君,遂談。未幾,仲良及海平來。後與東方及海平,見余次長。午餐後,仍熱甚。晚餐來,仍至星月園飲茶。鄒君及任泰君,尚有多人,組織唱京戲。遇通俗社秦君,知社中諸君子行踪。

三日,上午,到仲良寓,給彼著作改訛字及詰屈語句。後見賓四、獻唐及他多位同來,遂談。晚與獻唐談,至頗晚。獻唐擬分中國古民族爲炎黃兩大支,語亦甚辯,但與余意不合。

四日,本定上午開會,因有警報,至下午始開。開會時,余未擬説話,然被迫説一段。本擬四五開會兩日,然至六日始閉會。

五日晚,有崑曲及各種樂器演奏。後有電影演放,未畢,電力有阻,遂止。此數日中,不過各種請,殊感煩擾。**六日**或係五日。晚見建功。**七日**進城,爲七七學術講演。車至金剛坡時[1],有警報。敵機來轟炸畢,進城。東方昨言已定山城別業作寓。至與海平同往,則全未定。海平大怒,將去,力勸之,始止。到中國飯店定房。往圖書館,遇陸君,師大舊同事也。今日因籌備甚匆促,故聽講者僅一二十人。余講題爲大禹治水之史迹真相。講畢後,晚餐未終,又有警報。遂往教部防空洞中避。敵機又來轟炸。解除時已十一點。今日雖聽衆不多,而在兩轟炸中間,竟能作純學術之講演,聽者亦甚注意。使敵人知之,必大失望。敵人之失望,即余之得意也!是晚爲蚊所擾,僅睡兩點鐘!**八日**早起,海平已將余房金開過。遂同至車站,購票返青木關。昨晚東方言今早派人至車站招拂,亦終未見人!至青木關,移寓十四中。**九日**爲暑期講習班講演,題目爲"怎麼才能使兒童對於國家民族起自信心?"今日不過開一頭。**十日**爲國語訓練班講,亦屬民族自信心問題。**十一日**續爲講習班講,仍未完。**十二日**乘公共汽車到天生橋,晤葆光。又坐人力車至北碚。晤海平,宿於其所辦之中國地理學研究所。**十三日**早大雨。本意今日往訪毅夫及介眉。然彼等皆住鄉間,雨大泥滑,遂止。乘車返青木關。此次余來渝開會,本意十日即返,故到後於本月**三日**即托東方購飛機票,**四日**,將帶來像片交與。回青木關後,史地會來人説允許事已辦妥,僅待購票,遂將票價四百八十元付與。又恐購票過遲,乃又寫信托詠霓,請其轉囑公司。

---

①編者注:"時",原誤作"事"。

十五日_{此日或誤}。雨後，晚同賓四、聖奘、應澄到舊關口，觀所謂巖間血書。關前有光緒二十六年碑，言文爲"甲申四月二十八日余帥師至此"。《志》稱相傳爲姚將軍，不知其名。土人則傳爲"楊洪"或"楊侯"，亦不能言其詳。但此地則名楊洪嶺云云。余觀後頗疑。因大家全認此甲申爲崇禎年之甲申，則作此血書者爲明室遺臣。然四月莊烈帝早已殉國，張獻忠勢力早已彌漫全川，何能尚有明遺臣帥師至此？問關前小販，知血書在關左下，小徑通焉。遂往諦觀。血書字尚不難辨。乃絶無甲申字樣！年月上字爲"萬"頗明，下字上爲"广"，中不明，下爲"日"可見，然則萬曆年也。雖上多一點，然無大關係。下似一"三"字，再下上撇、中橫、下直，皆可辨；下直甚長。然則非"十"字，當係"年"字也。"四月二十"不誤。下亦非"八"字。再下有"臣"字可識。餘不可辨。上年一行，餘又一行。第三行_{自左向右}"余"字不誤。下"帥"字右頗明，亦似不誤。前行既有"臣"字，則"余"字不得爲自稱。疑臣下爲名，"余"係帥臣姓。作血書者隨其帥余姓者過此。第四行尚有一字可辨，余已忘之，僅記其左爲水旁而已。余等所見，並不難辨識，而當地人竟沿誤至今，可怪也。然萬曆初年，張太岳秉政，天下方太平，不知是何孤臣孽子乃至題血書於此間？是晚，在小組討論席上，報告此事。後遂將前題講畢。**十八日**乘公共汽車到歌樂山，晤尹默，又晤士遠、稷如、遏先。至遏先寓，午餐。時有空襲轟炸，因在鄉間甚曠，故未避。出到國史館，訪獻唐。後又同到八(？)塊田，問孟真病。遇吉忱夫婦。本意即日回青木關，然談正暢，遂不返。吉忱送余等下山，到一小館晚餐，吉爲東。晚宿國史館。晤知本。**十九日**早知本送余至車站。

乘車返青木關。接詠霓回信，言已囑公司。以爲可安心待票矣，乃俟至二十六日，仍無消息！十九日返十四中時，陳部長等在校，爲講習班補行開學禮，並約余講演一段。後攝影。又同往國語訓練班，參加畢業聚餐。二十日，早十點訪士選不遇。遇希屏談，下午士選來談。二十三、廿四、廿五，翻閱賓四之《國史大綱》。賓四問余對彼書意見，余答君書精粹處極精粹，草率處亦甚草率也。二十六日將開會日講演辭草出。二十三日雨一陣，得減暑氣。廿四、廿五，兩夜大雨。雨入室中將鞋飄去！日中甚寒。賓四未帶夾衣，借着余之破毛衣，始可支持。

　　二十七日晨，乘汽車進城。至山洞附近，有警報。有轟炸。進城，仍住吉忱寓，建功先在。二十八、二十九、三十，每日均有警報八九小時。二十八日下午警報解除後到教育部見庶務鈕君，問購票事，據言：“允許證二十日已得到。先生之票價，早已收到，但被部中動用。現此款已取出。昨日本應往購票，因警報中止。今日上午亦同。現已派人往購。如先生多走一會兒，大約就可以得着票了。……”余乃留住址，遂返。次日警報解除後，又往問，據言：“公司現尚未得稽核處之通知書，現正派人到稽核處催送。……”是日晤仲子、夢麟。三十日未往問。〔卅日由川康銀行寄二百元與尚文。①〕卅一日無警報。上午同建功到教育部（圖書館），見王醒舟。鈕君不在，出，遇庶務邱君，言“允許手續似尚未開始辦，請另填表！……”彼等辦公者竟誤事至此，殊爲可驚！又遇迪忱，同見吳稚老。又同到北平真味吃炸醬麵，余爲東。下

---

①編者注：此爲天頭文字。

午將表填就,到教部,請段秘書作保。交鈕君,據言:"允許證五日後可得到,最多不過七日。……"是夜雨。

八　月

一日,下午同建功過江,到百子橋,訪叔平。是晚宿馬。**二日**,夜中有雨。上午季谷到叔平寓,因晤談。聞潤章到渝。下午返,則江水大漲。到碼頭路上水深二三尺,坐花竿始能過。同建功到新蜀報館一坐。**三日**雨。聞潤章寓社會服務處,上午同建功往訪,未遇。晚又同往訪,待至九點餘,仍不遇,留一字,遂歸。**四日**仍雨。建功到青木關,往送。行前,三訪潤章,仍未遇。余至英庚款會,問立武,言潤寓圖書館。時天大雨,後雨稍小,即冒雨到圖書館,先晤慰堂,後潤章始歸。談。出至上清寺一小館中午餐①,潤爲東。後同至中研院辦事處,晤毅侯。又同到資源委員會,晤詠霓。又到伯聰寓,晤廷瑚父子。廷瑚請到密香晚餐。其世兄並以其所譯之《世界三獨裁者》見贈。**五日**下午,立武請吃晚飯。**六日**往參政會,訪雪艇及雷震君皆不遇。遇一顧秘書及庶務黃君。據黃君言:本月往香港及昆明之飛機票,查核特別嚴厲。必須經過軍事委員會之詳細查明,始可得復。如原係部保或由部長出名保,比較容易得允許。如由私人保,則儘有麻煩,或可被駁。……亦可一方面辦手續,一方面到公司定票,不必等待。……"並允前往打聽。又往尋痔科醫生廖允文。**七日**,接黃君

---

①編者注:原於"中午餐"後衍"中午餐"三字。

信,言已往問。公事尚在稽核處,未送軍委會,已請其速送。至飛機票,則卅日始有坐位。……"乃往與潤章商議,決定一面請陳部長擔保,一面由潤請彭雪霈設法。**八日**,早晨掛一球,後即解除。至圖書館,擬見陳部長請其特別保證。彼晚至,乃請士選代達此意。下午敵來轟炸。晚潤章送來彭介紹購十八日前後票事。**九日**,因近數夜有月光,敵機夜來。是日共三次入防空洞。**十日**,夜敵機未來。日中敵來四批。**十一日**夜敵來。對門之中研院宿舍被炸。余寓所亦受震,室上見天。上午敵來兩次(?)。下午小雨,敵未至。五點餘,至參政會,未遇人。至航空公司,與之交涉。答言,如十八日能得允許,十九日可行。**十二日**,夜敵至。上午又來一次。解除後,到教部,見段秘書。據言軍委會已復部長函,允許。乃告以十九號可有坐位,段允再用部長名義往催。歸,敵又來。解除後,歸少睡,敵又來。是日共來四次。**十三日**,夜敵機來,聞有我機起驅逐。解除後,歸小睡。晨敵機又至,英庚款會大門被燒。消防隊勇敢、敏捷,令人興奮,解除後,尚未出洞,即又掛球! 又來轟炸三次! 一次望城內起火多處! 三點許始解除。**十四日**,上午到圖書館,訪慰堂,不遇。到教部,見段秘書,言已得軍委會復函,允許提早辦理。訪沅芷,未遇。欲往白象街,未至,又掛球,急歸。敵機來二批,聞共九十九架。晚子文來談,對於國內情事,頗多憂慮。**十五日**,晨有警報,未幾解除。微陰。到白象街,購《中華二千年史》,僅得三本,有一本缺書。江邊飲茶。雨。止後歸。**十六日**,寄昨購書與尚文。遇燧初,來談。晚教部送來飛機票,日期仍爲三十日! 欲訪潤章一商,至圖書館,則已過江。到航空公司,又訪廖允文。則時間已過,未見人。**十八日**,到教

部,見段秘書,請其向合川國立二中寫一介紹信,未幾送來。下午
孟公來談。其所見聞與子文所談者相符合,國內政治經濟情形,
真堪憂慮! 後請余吃晚飯。亦遇莘田。**十九日**,有緊急警報,但
敵機未至,聞炸合川。下午到千厮門問往合川船。**二十日**,掛球,
敵機未至。吉忱再托孟博問機票是否能提前。**二十一日**,上午到
英庚款會,問孟博,答言下午往問。下午真甫來談。孟博來,言已
托人,有空位即來知會。余已決往合川,可無庸換票矣! **二十二
日**,敵機又來轟炸。解除後,到朝天門,購①船票。至千厮門一旅
館中,止宿。**二十三日**,鄰室住一病人,因使余終夜幾全未睡。三
點許,起。至碼頭,食雞子、豆醬、糖圓等物。後提行李擬登船,時
天色未破曉,已登橋而余尚未知,遂落水中! 衣裝皆濕,落一帽。
登船後,立火倉傍,衣得漸乾。至蘇柳坪,遇警報,下船,到一茶館
中飲茶,時有人正插麻雀,興高彩烈。遇一修水黃君,略談,彼遂
強付茶賬。船復開時,警報尚未解除。後復聞敵機聲在頂上轟
鳴,船亦未止,心中頗競競。下午三時許,船到合川登岸時,敵所
燃火尚未全息。吃兩碗麵後,乃將行李下於四川旅行社。雇一人
力車,至二中,問校長,則此間僅屬初中,校長居於高中部,該部在
濮巖寺,離此間尚有二三里。因見其初中部主任孫君。時遇聶
君,_{名家裕,字厚夫,安徽太湖合水澗人}。曾在講習班聽余講演。遂請余
移住濮巖寺。乃乘車回城內,未幾聶君亦來。晚餐後,乃雇一小
孩負行李往寺。至,又晤一劉君,_{名景崇,字師姚,江蘇如皋人}。亦曾在
講習班聽余講演者。始知余行李全濕,乃由二君另尋被褥,未久

---

①編者注:原於"購"後衍"朝天門,購"四字。

即寢。

二十四日，陰。晨嚴校長來談。嚴，江蘇淮安人，前在青木關曾見一面。上午參觀濮巖寺，及寺後佛洞。寺名書時如此，口念則如ㄅㄛ　ㄙㄝ。現已全屬學校，僅後留一小殿，聞尚有佛像及和尚，亦未往觀。原正殿上有天花板，傳聞甚古，視之則尚佳，但遠不過清代。寺東北隅，倚岩鑿佛洞十餘。大佛兩龕，現皆住城內疏散內之居民。餘洞下普通有長方石室，疑爲墓穴。磨崖不少。內有開元廿三，長慶三，元祐五，及紹興各年號。惜石質不佳，像字均頗模胡。像亦有損失者。諸像雖後有增加（有萬曆年造像），然大致皆刻於唐時。唐名歸正寺，見於長慶三年刻石。此刻石字少，尚清楚，有拓者。元祐五年磨崖，爲知合州事劉象功所作《濮巖銘》及《序》。字徑五六寸，摻顏體。現學校亦倚崖作防空洞。下午與蟲君同往西巖寺。寺在校東北里餘。有一洞頗大，但內佛像已爲一縣長以破除迷信名義毀壞！僅餘高處三兩像，尚未毀完。現縣署正籌畫利用之爲防空洞。寺在小山上。吾儕正欲登時，聞有警報，乃復下入洞。未幾解除，始重上。寺建於嘉靖卅一年，有鐘銘可證。碑皆甚近，亦言建於嘉靖中。出遂歸。稍休息，即又往校前不遠，訪一昭通劉校官。名光振，字昌運。劉雖武人，然藏字畫及拓片甚多。拓片多精者。又訪合肥孫君。名易，字繼賢。孫民初服官甘肅，亦好收藏古物。見其所藏唐人寫經二事，佛像一事。出，即進城。嚴校長及蟲、劉諸君子請余晚餐。頗願尋得《合州志》及縣圖一翻。聞志書頗佳，但圖書館及縣政府均疏散到鄉下，故無從借。縣圖，問一書局，則已賣完。嚴言本地有一紳士，張姓，任中大經濟系教員，如能見到，或有辦法。同往訪，到彼於今晨過江，未遇。同到縣黨部，晤陳書記長及喬君等。喬言元憲宗圍釣魚城，不克，且在對岸炮臺山上受宋炮擊中，歿於北溫泉附近，現尚有碑紀事。元憲歿時，遺命舉全國力攻合州，並當屠城。後釣魚城復爲宋堅守卅餘年而宋亡。前守將王堅已卒，其弟王立繼之守城，是時惶亂無計。適有元俘熊耳夫人，自言爲元四川守將木華黎德輝之妹（按《續通鑑》，是時四川元將爲不花、李德輝，係二人。或喬誤記，或余誤聽也），如由彼與其兄通一信，即可免屠城之慘。但通信不易，彼又言可與彼兄寄鞋一對，兄一見其針工，即可識出於妹手；將書藏於鞋中，即可達到，云云。如言進行，合州乃免屠城。又言宋合州舊城即在今址。又言釣魚城中有深井。元兵圍數年，以爲城中缺水，即可渴斃，乃宋人在井中釣得一魚，舉以示元兵，元兵大驚，以爲神，遂退師。又言現釣魚城内尚有飛烏樓，即因寄鞋事出，云云。時微雨，稍停，即歸。本地人不用燈籠，以竹皮作火把，每支售國幣一毛，行則執之。余等亦買二支，執以照路，歸。

二十五日，上午雨。下午漸止，然時霏霧絲。今日學校招考，故聶、劉諸君不能相陪，乃命學生蔡麟筆、宿遷人。楊金沂南京人。導余游釣魚城。余因痔不能遠行，乃乘一花竿。二君步隨。至城邊時，傳有警報，人甚驚惶，幸係訛傳。東行，過嘉陵江。有市鎮，名東渡鎮。再前，四五里，過一小村，村中茶館内亦有插麻雀者！過即至城。城所據山比此附近之小山頭皆較高。從南岩漸上。岩頗斗絶，下臨嘉陵江。未幾，即過一牌坊。再進入城門。門外有近人磨崖題其幼年所作詩。城門西向。城尚清楚。蓋以大石建築，毁圮不易。城内聞尚散住人民百數十家，但余未見。臨城下觀,則懸江壁立。江內烟帆歷歷,風景殊勝。時有微雨,余不能向東窮城所至,乃轉西再稍登,即至一廟。廟南向,規模不小。所傳出魚之深井,即在院中。俯窺之,並臆度井上所放取水繩之長,亦不過深五六丈。水面高出江面當甚多也。繞至正殿後,從殿後門入瞻仰,佛像甚新。左右侍羅漢者非爲羅漢,而屬侍立之武裝群神。觀其形貌,當係取材於《封神演義》。前聞金靜庵言,廟有宋碑,問和尚,言在西院,遂往觀。北室三間,內正有木匠工作,材木縱橫,故參觀頗不便。飛烏樓碑靠東壁,即所謂宋碑。篆書三大字。前題"乾道辛卯冬邑令普慈杜定建"。後題"資川郡丞開封李如晦書"。中奉余玠、冉璞、冉璘、王堅、張珏神位。但位次凌亂。外有熊耳夫人主,較小,置於各神左。聞前在東首夫人祠中,現祠爲疏散人所據,故置於此。西間北壁亦有碑,未讀。西壁四五碑連書,係光緒年間所立。字甚大,尚易見。但限於木板,亦未詳讀。大致前據正史叙築城及守城之經過。據後半所言,大約前尚祀有王立。立碑人雖尚恕鄉人奉事者之忠厚,而終因其爲降將,遂去其主。此祠東首尚有兩間分開。中即夫人祠。因有居人,未入觀。返廟中。余等帶有食物,煮水已沸,遂食之。見一抄錄廟宇表之青年和尚,略與談。彼對時事尚清楚,對於國事亦頗關心。又與蔡、楊到廟西山嘴一望。西面山下有平地,離江尚遠。聞渠江從東北來,入嘉陵江處,亦北距城不遠。大致此城北臨渠江,西及南皆臨嘉陵,三面臨水。東面則與宋重兵所在之重慶相接,故獨易守。惜此間草深露重,不能再向北尋。真欲研究此城,必須留止三五日,而余固無暇。至喬君所述土人之傳說,亦未必盡子虛。元憲受傷,當係傳訛。歿於溫泉附近,可能性甚大。所稱元軍駐於南岸隔江之炮臺山，甚近情理。送鞋傳書，小說風味濃厚。然熊耳夫人或真有其人。真爲不花或李德輝之親屬，衡之事理，亦非不可能者。飛鳥樓建於乾道辛卯（七年，一一七一），遠在余、冉前八十餘年，自出王喬故事。然亦可證釣魚山在築城之前，已有廟宇。井中出魚，情理所無。冉氏兄弟獻策時，已稱釣魚山。且蒙古圍合州，僅五六月，並無數年之說。此說因地名附會，毫無疑義。王立是否王堅之弟，史無明文。事亦可能，可留傳疑。要之合州之守爲宋元間一大公案。《宋史》不爲王堅立傳，殊嫌忽略。今日搜之傳聞，考之方志，驗之實在之地勢，作一較詳細之研究，實屬必要。但需有充分之時間與書籍，否則殊難爲力。是時已過四點，遂入城。仍在昨日館子內晚餐，余爲東。餐後歸。給抬夫力國幣十二元。

二十六日，本意今日即東返，但昨晚始知必須前一日下午即購船票，時已無及，遂再留一日。天仍陰。上午再同蔡君往細觀磨崖刻石。開元刻石，當與造像同時，極欲得造像主或書人之姓名，但終不可得。此刻石文能讀者尚達十之七八。其造像主係一武人，多歷危險，感神護佑，遂建寺造像。姓在高處，下體甚似一"孫"字，但嫌太短。上加草頭即合，但又非姓，仍當存疑。末書"開元廿三年歲次乙亥十一月壬子朔十五日來（？）慶訖"，訖字不甚明了，但審視似非誤。又不似一人名，誠屬可疑。元祐五年銘序開始即曰："距州三里有僧舍。"三里正今寺去今城之距離，足證宋故城即今城址之說非誤。且濱水城堡，普通皆建於水次，以取交通便利。今城靠嘉陵、涪二江匯流處，交通殊便，則知建城非此地莫屬矣。序又言曾侍父游，銘中述皇帝命，又有"克繼前武"

之文,則其父亦曾知合州事也。後與英文教員陳倫字天爵,金壇人。談。下午又同聶君到劉校官寓,觀其所收藏。時孫君亦在坐。並爲其所藏石經等拓片題數字。聞離校不遠,有濮王墳,因同陳君往觀。冢不小,但他無所得。回校。晚餐後,同陳君往初中部,向嚴校長致謝,並辭行。嚴亦返高中部。與嚴、聶、劉諸君談頗久。慫恿聶、劉,對釣魚城作較詳之研究。聶君談及暑期講習班,因所聘講演員不少濫竽充數者,對於教部,極感不滿。寺前有刻石,題"濮湖"二大字,據言寺前本屬一湖。聶君並言嘉陵江水原西通湖水,始轉東流,不由今道。然余觀湖東江西,地勢起伏尚多,江西流,似無可能。此亦本地方地理應研究之一問題也。

　　二十七日,五點餘起,乘花竿到碼頭,上船時,問吾有通行證否,余答言無,即不放吾上船。吾與之争,時又有一中學學生,亦助吾與之争。彼言中學學生可以,惟此人乃一老百姓,非有通行證不可。余出門不喜帶證章,喜以老百姓資格到處游歷、觀察,未知老百姓亦吃虧。不得已,乃言余爲教育部派來,並非老百姓。彼乃要求證明文件,余知腰間並無此類文件,乃姑向皮包中一搜。幸余在武漢時,政治部已將胸間紅符號換成證章,符號廢置不用,余尚將其保存於皮包中,姑以示之,遂放余過! 余始悟符號之不可任便棄置,因不惟個人有時用着,且漢奸獲得,或可利用之以到處游行也。船上人不多。合川離北碚近,票價反貴,十元。北碚離重慶遠,反賤。九元。人言因此段人少,票價賤即賠錢,理或然也。至北碚下船,到飯篷中吃包子、麵。問地質調查所,拿行李小孩似知其處,然有猶疑。餘人則全不知。不得已乃雇人將行李拿至兼善公寓(舊),遂止焉。時微雨。問公寓人調查所所在,彼亦不知！聞過體育場，有一師範學校，欲往彼間問，乃冒雨出。過體育場時，遇一教育界人，問之，答言在江彼岸，離此地尚有十數里（村名忘之）。歸公寓，稍息，即將出發，仍覺有疑，乃再往問。過體育場，遇某醫學院教員某君，據言即在西部文化研究院，離此地不過里餘。乃循其所指路，前往，晤贊勳。與之談，始知在江彼岸者爲礦產調查所。幸未誤往。問廣虞，答言彼爲圖書館主任，圖書館在鄉間，離此地五六里；彼家離此地六七里云云。贊勳邀余到市內午餐，並遣人邀廣虞。餐後余即同廣虞至其家中。晤訓若及其三小孩。訓若已現老像。三小孩全好。談及生活，知頗困苦。訓若春間吐血數口，醫言需要靜養，而彼無力用一人，吃飯作衣，全須自己料理。月同十二三歲，已能助其母蒸饅頭，作麵！雖頗可敬，亦殊可憐。功課無時溫習，惟恐考升學不能及格。乃與士選寫一信請其招拂，能入國立中學。在彼家晚餐。後廣虞送余歸公寓，小談，乃去。

二十八日，上船時打一防疫針。船從此地下開，未午即至牛角砣，遂下。自提行李登岸。雇車到吉忱寓。午餐，乘公共汽車進城，購瓜片茶十兩贈吉忱。

二十九日，無事，到南區公園一游。聞有情報，乃歸。至兩路口，見警報牌上敵機在巴中江口附近。不久即解除。歸，少寐。午餐後，仍翻閱《俄國文學史》。進城，至中航公司問明日飛機是否有變化。來往皆以公共汽車。在東來順晚餐。歸，見鄧光明自李莊來談。早及晚，沅芷皆來談。因明早三點半前，即須至宴居航空公司辦事處，故未敢熟眠。十一點後，眠半點鐘而已。

三十日，一點餘起。兩點餘乘花竿至宴居，少待。遇王立夫，乃北大舊生，濟南人，前爲山東教廳秘書，現服務□□□校①，今日係往成都，辦理招生事宜。渡江至珊瑚壩，天已大明。飛機開時六點餘。成都機因天晴，未敢開。黃克强夫人同機到昆明，亦與談數語。下機，乘公司汽車進城。雇人力車返黑龍潭。午餐後，讀來信。季芳信一，胖子及柱子信一，石頭信二，大哥信一（内附明甫、清甫信一），清甫信一，蛟信一，玉璟信一，尚文信一及電一，樂夫信一。淑玉信一，堯庭信一，全碫信一，仲良信一，進協信一，豫才信一，希魯信一，允諫信一，伯衡信一，稼軒信一，璋如信一，子英信一，趙春谷信一，藕舫信一，北碚氣象測候所寄來藕舫論文一，丁山信二。南陽女中信二，子倬信一，戰時公債雲南勸募信二，教育部信一，軍事委員會信一。本院辦事處信二。〔接丁山《吳回考》一本。②〕睡。晚餐後早眠。

三十一日，清理書棹，曬衣物。復丁山信一封。

九　月

一日，陰，時雨。今日余作紀念周，仍繼續講大禹治水史迹。後補寫日記而已。還志卿之二百元。

二日，有雲。下午同潤章、海帆夫婦、仲和乘汽車入城，開第二次院務會議。畢後，到味根晚餐，宿於黃公東街。士林來談。潤章、慕光亦來小談。

三日，有雲。上午七點與潤章、慕光同車還潭。九點半潤章約同人談九日開本院十二周年紀念會事。下午覺明來談。寫石頭

---

①編者注：原於"校"前空闕約三字。
②編者注：此爲天頭文字。

信一封。取前三月薪水，整理賬目。接彥堂信一封(此係昨日事)。

四日，夜中雷電交作，大雨傾盆。晨則已晴。終日有雲。上午仍整理賬目。下午寫清甫信一封。翻閱《天下事》。報載三日上午八點半，我軍克復福州。

五日，時微雨。半陰晴。上午接稼軒信一封，吳承洛信一封。即復吳信，但未發。下午李埏、路南人。黃德全廣東龍川人。來。二生戰前肄業師大，戰後轉聯大，歷史系畢業。李現在聯大文科研究所研究宋史。黃持吳□伯①介紹函願來本所工作。允爲考慮。復尚文信一封。

六日，夜雨。日中間陰晴。上午補作日記。下午未工作。晚寫平家信一封。

七日，有雲，騎車往龍頭村，訪芝生，在彼家午餐。亦在街子上遇夢家，立談數語。歸後，因後日開本院十二周年紀念會，將以本所樓上爲會場，遂移置書架書桌各事。收石頭信一封。

八日，余繼續講大禹治水史迹。隨便翻閱《後漢書》光武功臣各傳。下午九峰來小談。

九日，將十點，與會者陸續來。外賓來者，有張、龔二廳長，鄭所長及本院通信研究員多人。迪之則後至。余今日本不擬講話，但最後亦講近五十年我國努力即可領導世界文化事。

十日，黃德全來，言有事將返家鄉，不能來所工作。下午僅寫筆記兩條。晚翻閱《漢書·地理志》所記人口，知當日人口之中心即在今日之河南。弘農、河內、河南、東郡、陳留、潁川、汝南、南

①編者注：原於"伯"前空闕一字。

陽、魏九郡，淮陽、梁兩國，人口共一千五百三十七萬餘。雖東郡大部不在河南境，餘郡屬縣亦有超出境外者，然今日之河南境內所容人口在一千二三百萬，蓋無疑義。當日（平帝時）我國之全人口尚不及六千萬，則河南一省蓋已超過五分之一。並附近各縣計之，已超過四分之一。且全國郡國人口超過二百萬者，僅有三郡。汝南第一，將及二百六十萬，大部在境內；潁川第二，二百二十餘萬，全在境內。餘惟沛郡，亦尚有數縣在境內。南陽亦有百九十餘萬，亦大部分在境內。故謂當日此方爲人口之中心，洵非虛語。接趙春谷、蔡麟筆信各一封。

十一日，陰。下午雷雨，至晚仍淅瀝不止。溫度降低，室內至十七八度。上午補作日記，下午欲補作，而光綫不足，僅翻閱《後漢書》列傳而已。接參政會信一封。

十二日，時雨時止。終日溫度甚低，室內不過十六七度。翻讀《後漢書·百官志》及《漢書·百官公卿表》之前序。將趙春谷之聘書附一信寄出。前讀史，嘗疑東漢初，光武、明、章、和皆明主，而未久即亂，遠不及西漢之久安。時問友朋，其所答均未足祛余疑。今日讀《百官志》，見“建武六年，省諸郡都尉，并職太守，無都試之役”一條，及劉昭所引應劭《漢官》“自郡國罷材官騎士之後，官無警備，實啟寇心”之文，始悟此乃一代之治亂所係，後世史家未能指明重要，實太忽略。蓋光武起家儒生，過信詩書感化之效，忽視“誰能去兵”之訓。既省并都尉武職，則臨時無可用之統率。又廢都試之役，則人民毫無訓練，一旦有急，驅之任戰，真有應氏所言使“鳩鵲捕鷹鸇，豚羊弋豺虎”之概，天下安得而不亂？惟都試之都，未必即爲京都之都。志中所言“凡州所監都爲京都,置尹一人",句固當有誤字,然亦未必如錢竹汀所改"凡州所監爲部"之說,亦不必如錢說爲注文。錢說上爲注,"置尹一人"爲正文。余疑"都爲"二字倒,當讀作"凡州所監爲都。京都置尹一人,二千石。……""凡州所監爲都",言州治所亦得稱都。下始專論京都制度。每年八月都試,蓋即在州治所。否則至時京都當不能容,且奔馳數千里,往返需時,其勞民實太甚。應氏所言"太守、都尉、令、長、相、丞、尉,會都試,課殿最",固有浮辭,然都尉、尉,武職,職責所在,如皆聚於京都,不將空天下之防乎?且每郡之尉稱都尉,足證不必京都始可稱都也。現在證據尚不充分,容當詳細考之。報稱蘇俄軍中路大勝。寢時室中僅十五度。〔接《師大卅八周年紀念專刊》一本。①〕

十三日,終日陰。晨六時,室中十四度,外十三度。終日溫度不高。隨便翻檢各書。余從前堅信商不禘嚳,然對《天問》"簡狄在臺嚳何宜"之文終有所疑。今日始悟《詩經》僅言"有娀方將,天立子生商",並未言及簡狄。繼檢《呂氏春秋·音初》,雖未言商祖妣,而言有娀,言燕遺卵,頗與玄鳥生商之說合,當指此事,亦未見簡狄之名。又檢先秦各書,皆無簡狄爲商祖妣之說。然則簡狄或真爲嚳妃,而商之祖妣自屬有娀氏,兩不相干。自《大戴禮·帝繫》綜合之說出,後世皆宗之。古書無根據殊不足信。接潤章信一紙,囑余星期一代作紀念周主席。

十四日,早晨室內十三度。後漸放晴,然終日不多見日。接文園信一封,中央銀行信一封,并《說文》合訂本一册。終日翻閱

①編者注:此爲天頭文字。

《説文》。聚賢膽氣絶大，敢爲奇論，稱爲妄人，洵無疑義。但因其膽氣大，亦有相當知識，如能慎擇，亦未必無可取處耳。中午同秉琦、德昌到花峪溝吃包子及麵，余爲東。

十五日，陰。晨，稍霏霧絲，即止。終日温度頗低。閲古史各稿，並改正錯誤。收平家信一封，參政會信一封。今日余主席作紀念周，但因人僅到九人，未講演。

十六日，仍陰。晨微雨，即止。未多工作，僅改古史稿，及翻閲《後漢書》而已。接淑玉信一封，豫章圖書館信一封。倫敦電言列寧格拉已大雪。接到《地理》一本。晚聽無綫電，欲聽報告新聞，將至九點終未得。

十七日，陰，時雨，然亦時見日光。補旅行時日記。晚閲《後漢書》。接糜岐信一封。

十八日，漸晴。補作旅行中日記，畢之。潤章又與余商中法文學院院長事，余力辭之。後決定速鴻庵來，後即用余名義代理。適宜，即亦請其擔任名義。因與建功信一封，請其向鴻庵勸駕。又致建功電一，請其與夏君早來昆明。萬黔麟貴陽人，與董育德同班畢業，現在聯大服務。來。將育德所托帶之奶粉送來。將參政會，教育部二收條寄回。下午志卿將所兑之淑玉款交來，共四百二十元。覺明來談。晚讀《後漢書》一卷，作筆記二則。

十九日，上午陰，下午晴。上午寫尚文信一封，已發出矣，下午接彼信一封，則言其經濟仍艱困，請增加幫助，乃再寫一信復之。彼信於上月卅一日寫成，本月二日付郵，乃於十六日始到昆明，今日始接到。一航空信，竟費時若此，可怪也。復淑玉信一封。晚讀《班超傳》。

二十日，又陰，晚雨。寫筆記一則。翻閱《密勒氏評論報》。晚開坐談會，到者甚少。接到參政會本月份薪金。接愚得信一封。晚讀梁懂、楊終、李法傳。

廿一日，陰。翻閱《密勒氏評論報》。因今日日蝕，此地雖蝕至七分許而天大陰不能見，乃往聽無綫電報告。正重要時，殊多雜響，不可聽，大約爲敵人故意擾亂！以此等純學術之報告，而敵人亦竟來相擾，可謂無賴已極！僅知臨洮萬里無雲，甚便觀測；重慶蝕至三分時日尚可見，過此則被雲遮而已。初以爲此地至蝕甚時亦當較暗，乃殊不然。今日痔瘤下比常日多，故未多工作。報載敵竄抵汨羅江，則過新墻河已遠。亦似有過汨羅南岸者。則長沙形勢殊爲可慮。希望戰事早有轉機。德方報告已占領基輔，蘇方尚未承認，大約仍在爭奪中。接丁山信一封。

二十二日，陰，時微雨。紀念周余仍繼續講大禹治水史迹。終日翻閱《後漢書》。接國民參政會信一封。終日溫度甚低。

二十三日，終夜淅瀝，白晝不止，至晚始漸止。晨七點餘，外邊溫度僅十二度。仍翻閱《後漢書》。敵果已有過汨羅南岸者，但汨羅北，我方尚有重兵，與敵激戰，似尚占優勢。又有一軍强襲岳陽。戰勢似不難有轉機。接建功寄來彼等所擬中法文學院課程標準。

二十四日，有晴意，終未能晴。晨七點室内十二度。後漸高。寫春舫信一紙，又寫達三一紙，請將信轉與春舫。下午寫玉瓖信一封。秉琦入城，請其將志卿交來淑玉款四百二十元存銀行中，並寄尚文二百元。

二十五日，仍陰雨！終日止時不多！對於太歲、歲陰問題稍爲檢查，尚未能全明了。接伯恭信一封，據言春間來信兩封，未接復書，頗異之。檢閱日記，則余收一復一，然則一往一來皆已失去矣！即復一書。

二十六日，仍陰雨！檢閱漢官制問題。

二十七日，晴，心中頓爽。檢閱漢兵制問題。觀《中國社會經濟史集刊》中所載論漢兵制的文章，解"都試"之都字，與余意同。然余近又疑此都試不惟不在京都，亦並不在州治，僅在郡治所肄習。證據未充，俟搜求後，當再據新材料作思考也。接樂夫信一封，彼堅決不肯在西大、川大教書，甚矣其迂也！長沙北之戰事，尚無轉機。秉琦自城內歸，言與尚文轉信之孫君已去，故款未寄。余答以少待亦佳。

二十八日，晴。早晨六點餘，外邊溫度尚不及九度！早餐後同秉琦上後山梁子上一游。痔瘤下，回時頗苦。接國民參政會信一封，石頭信一封。長沙戰事異常劇烈。敵軍前綫已距長沙十數里，但我軍已取得浯口、長樂街等地，斷敵後路，則戰事仍有轉機之希望也。今日精神不佳。

二十九日，夜中因對門賭者吵醒，後未能寐。午後眠亦未佳。晴。上午潤章請余談中法院長事。下午老舍同芝生、鍾越來。今日將大禹治水史迹講完。聞芝生言中孚先生已歸道山，不勝悲愴。

三十日，睡佳。下午轉陰。早餐後，騎車到龍頭村，先至芝生寓，同芝生到文科研究所晤老舍及莘田。返芝生寓，午餐。歸。亦未大工作。今日報載言敵人造謠已於廿八日陷長沙，但據薛司令長官電，不惟長沙仍在吾手，且敵人已陷包圍，有被我完全殲滅之可能云云。晚臨照來談。

十　月

一日,陰。未大工作。翻閱《明史》選舉、職官兩誌。托秉琦寄春書、石頭各二百元。

二日,時見日。仍未大工作。翻閱《晋書·職官誌》。接達三、春舫信各一封。報載攻長沙敵已被包圍,即擬竄逃。

三日,轉晴。仍未大工作。翻閱關於秦漢郡制各文。接商務印書館信一封,請爲《瓦鬲的研究》增加製版費五百元。接春谷信一封。攻長沙敵已敗退。昨商務館來函,言因滬館罷工,稿件凌亂,將《集刊》第四期中之圖版片寄來,請爲指定篇目。但所寄來者,並非《集刊》之圖版片。四期之圖版片,僅有一,亦並未寄來。請文書課照此意答復。

四日,晴。寫春書信一封,並將匯票寄去。亦將參政會上月收條寄出。接建功電一,信一。下午僅寫筆記三條。臨照請余及秉琦、友苞等吃點心。聞人言今日報載敵人有兩師團長陣亡。晚月明如晝。

五日,晴。今日爲廢曆中秋日。午餐後,同秉琦騎車進城。過崗頭村一段路,見很多卡車絡繹不斷從城中來。内不少具閩、贛兩省牌照,未知何故。過鐵路橋後,見有多人從城内出,内有不少婦孺,問人,知有預行警報,乃歸。秉琦未歸。下午無事,同潤章小談。又到新房子,見林友苞、鍾盛森,談晚間賞月事。晚餐後同德昌及林、鍾到廟前東邊小山坡上賞月。月光極佳。至九點半歸，時尚惓惓不願睡也。

六日，晴。寫樂夫信一封。下午再繼續寫《傳說時代》的書序。敵人陷鄭州。

七日，下午轉陰。繼續寫書序。

八日，有雲。繼續寫書序。接中法信一封，潤章信一封，言明日中法開會，約同去。晚同蒼亞談中法功課事。

九日，有雲。上午繼續寫書序。午餐騎車進城。乃出門至小橋上，車出毛病，幸德昌能修理。修理畢，進城至中法。開會，決定文學院下月三日開學。歸。頗疲倦，八點即寢。接尚文信一封。我軍攻至宜昌近郊。

十日，臨明時微雨一陣。終日有雲。上午復騎車進城。將至銀行，取款寄與尚文，乃臨行時，始悟今日國慶銀行放假，遂至秉琦寓，托彼代辦。到經濟食堂午餐，遇倉亞，同到中法。兩點餘行開學禮。潤章報告後，余有演說。後康之、倉亞、哲人等皆有演說。遇雲卿。又遇王玉川，始憶建功所托帶給彼之脚氣藥水，余竟因在渝空襲遷屋，回時忘帶！歸。今日尚好，不如昨日疲倦。德攻莫斯科，頗急。

十一日，夜中仍有微雨。氣候如前數日。惟昨夜及今日溫度頗高。晚七點許起風。繼續寫書序。我軍入宜昌，但城內敵人似尚未掃净。德攻莫斯科，兩翼進展頗速。提摩陳够大軍有被包圍之虞，殊堪憂慮。

十二日，終夜有風，溫度降低，終日陰，有時霏霧絲。午餐後，騎車到龍頭村訪芝生，請他介紹教哲學概論及論理學教員。亦晤一多。天頗寒，即歸。下午九峰來小談。我軍克復宜昌。

十三日,陰,下午雨。繼續寫書序。接文濤報喪函。

十四日,終日淅瀝不已!甚少停時!此時正當收穀,如多日不晴,恐將影響收穫矣!繼續寫書序。

十五日,終夜終日淅瀝無停時!繼續寫書序,畢之。下午隨便翻閱《姑溪題跋》《放翁題跋》《鶴山題跋》等書。宜昌敵人未掃蕩淨盡,我兵攻之,敵以飛機投毒氣彈,我軍民損傷頗重,遂復退出。接錫予信一封。

十六日,上午雨漸停,然終日陰。隨便翻閱放翁、鶴山二題跋。復錫予一信,未發。

十七日,時見日,然下午四點前後,當日出時微雨一陣。下午爲《傳説時代》寫一《編輯大意及例言》。接參政會信一封。敵近衛內閣倒。

十八日,陰。下午大雨一陣。未大工作,僅隨便翻《五代詩話》。

十九日,陰雨。仍隨便翻閱《詩話》。下午王□□①來談。接士選信一封,潤章信一封。

廿日,漸晴。上午仍翻閱《詩話》。下午改書序及加注。敵人由東條英機陸軍中將組閣,已成立。

廿一日,本意今日騎車進城,但因天陰不果。日間亦見太陽,亦下雨一小陣。後聞德昌言,自行車有壞處,不能騎,然則明日仍成問題矣。看稿子,閱過《論信古》《洪水解》《五帝起源考》三篇。將《洪水解》加注。接尚文信一封。

①編者注:原於"王"後空闕約二字。

廿二日，陰雨。閱《三集團考》稿，未完。接玉瓔信一封，*Daily Telegraph* 寄來世界地圖一張。又接玄伯所著《中國古代社會新研初稿》一本，甚喜。此稿余大致前已見過，均未細讀。頗願細讀，而書中前半《希臘羅馬古代社會研究序》，文化基金會版未能印出；後半余記憶不清，疑離平時失去。現見印出，甚慰。即全日翻閱，尚未能完。

廿三日，閱完《三集團考》稿。又閱《讀山海經札記》《國語左傳比較表》稿，畢之。石峻、王明以錫予信來。王君爲北大文科研究所研究生。其工作爲《合校太平經》，論文爲《合校太平經導言》。錫予頗希望余爲其畢業考試委員，故命其將論文送來。但余對此問題，素未研究，似未能勝任。下午翻閱其論文，大致尚好。寫信與子延，請其代購飛機票。

廿四日，將《傳説時代》書中餘篇大致閱畢。接潤章信一封。

廿五日，寫一信與潤章，請其爲購票事作保證人。未及發，而午間彼與石曾、雲卿、曉生等皆來。石公不見三年，鬚髮已皓然矣。同午餐。因談中國文字問題，石曾言我國文字歷史，有三四千年者，有言六千年者。但 Granet 言，不惟非四千年，亦並不只六千年，彼尚有證據云云。石公當日未與詳談，約後日至彼寓詳談，而法軍大敗，巴黎陷落，Granet 又遽歸道山！不知彼説已寫出否，否則至爲可惜。下午寫一信與建功，請其速來。托潤章帶進城。石公看化學所工作，到泉邊加非館飲茶，參觀農林所。五點餘，又進城。晚接建功信，言廿八日可來。又接進協信一封。

廿六日，上午微雨。下午騎車到龍頭村，訪芝生。其夫人及鍾遼均病。鍾璞往上學,僅餘彼及鍾越自擇菜作飯! 寫一信與康之,告以建功行期。晚起風,溫度驟降低。翻閱《漢書》。

廿七日,早外邊僅七度。上午進協同季川來。秉琦進城,托彼與尚文寄二百元。下午往訪海帆,與談爲潤章及進協作介紹事。終日陰,室內僅過十度,未能工作。僅翻閱《漢書》。晚甚倦,未九點,即寢。

廿八日,漸晴。接平家信一封;潤章信二,一催石曾先生六十歲論文集前信,一談爲丁山上教育部公事事。上午仍翻閱《漢書》。下午草論文集前信,頗窘,未能畢之。

廿九日,晴。上午將論文集前信寫畢,抄出。下午寫文濤信一封。晚寫子俌信一封。寫平家信,未畢。接樂夫信一封,康之信一封。

卅日,晴。早餐後,騎車進城。到中法,見康之等,又見建功及夏俌如。同出到經濟食堂午餐,余爲東。到近日樓附近,買鞋及毛巾。別俌如,到中法寄宿舍。後同到辦公處,開每星期四例會,商議一切。又同建功訪秉璧①,請其擔任哲學概論及論理學功課。歸寄宿舍,與弼剛談。晚餐,吃盪麵餃頗多。仍與弼剛談,與建功、俌如談。歸寢時,已過卅一日一點。然在床上,仍閱《罪人》數十頁。天明醒,未起床,繼續閱畢。同建功、俌如等早餐,未知是建爲東、俌爲東。歸到學校談。接芝生一信。又到寄宿舍,晤康農。又同建、俌到湖濱食堂午餐,建功爲東。騎車歸。閱所借得《法國的悲劇》,畢之。

①編者注:"璧",原誤作"壁"。

十一月

一日，下午雨，有雷。後又晴。上午寫建功信一封，尚文信一封。下午翻閱《太平經導言》。余前日進城時，本因余對此問題素無研究，擬將考試委員辭去，後因錫予言國內曾讀此經者，恐不過數人，遂又答應擔任。始以爲閱《導言》即可，後始感非將全書翻閱一遍，殊難有辦法，晚乃開始閱《經》。接海帆、弼剛、康農、康之、其濬、雅堂請柬一。敵人有攻雲南消息。

二日，夜中復落雨，早晨漸止。下午晴。晚月色甚佳。全日閱《太平經》。上午石峻、王明來取稿子，請其星期二再取。〔石、王二人言：昨日鳴雷，龍頭村竟震死三人！一爲安南人，二爲城内製點心人，在三間室之兩頭内坐，皆死。中間有人，無恙，室亦無恙，頗屬異事。①〕寫參政會信一封，並將上月薪金收條寄回。寫進協信一封。接淑玉信一封。晚餐前，潤章言西南運輸處有人來言敵人大兵在麻栗坡對面界外形勢緊張云云。晚餐時有一中法學生請求轉院，允爲商酌。

三日，夜中甚寒。早晨外面不及四度。仍閱《太平經》，後兩三本共六本。僅隨便掀一掀。寫康之、雅堂信一封。我軍於上月卅一日克復鄭縣，但南岸敵尚未肅清。

四日，陰。上午王明來將稿子取去。續完平家信，發出。下午寫淑玉信一封。接三十三集團軍駐陝辦事處印刷件一，係搜求

①編者注：此爲天頭文字。

張藎臣、宋明軒、佟麟閣、趙登禹各將軍軼事者。

五日，半陰晴。上午復允鑑信一封。下午復希魯信一封，樂夫信一封。晚僅與秉琦談時局。

六日，晴。午餐時，寫士林信一封。有警報。下午三點後，同潤章、子延、仲和等坐汽車進城。到中法，開校務會。畢，到厚德福，請客。主人名義爲潤章、海帆、康之、雅堂及余。雅因病未到。客人爲建功、卓如、于、陳、劉女士。後三人皆新自法國同船回國。于振鵬，北平人，習政治經濟，受文學院聘，教法文。陳亦北平人，習植物，受植物所聘，爲副研究員。劉，任邱人，習醫。至城內始知警報起於十點半，至十二點少三分，即已解除。

七日，昨晚睡不甚佳。今早出恭時多血。到湖濱食堂，早餐。遇馬益，乃馬豐之弟，幼漁之侄。彼強爲東。又言其兄在家鄉作游擊戰云云。又遇錫予、莘田。到學校，見海帆、康之，談院務。遇路春舫，談及緬甸曆法，每年分廿四月。過年在每年雨季之初，約當我國舊曆二月。遇陽曆年、陰曆年、印曆年，亦均放假云云。又言和尚甚多，火車上小偷，及各處強盜，幾全屬僧人云云。歸寓與建、卓小談。又到湖濱午餐。下午稍息後，即到靛華巷晤錫予、毅夫、立庵。考試委員另有一王先生未至。應考人王明爲一努力工作之人，但思想不夠清楚。以七十六分及格。散後，與立庵來寓，談。後同到味根晚餐，余爲東。亦遇子昭。餐後，立庵再來寓談。彼近寫一關於蘇秦文，甚得意。大致以蘇秦爲代、厲之弟起點。謂六國合從事爲真，但不在趙肅侯時。其時約當齊滅宋前後。又合從連橫，舊解亦誤云云。

八日，今日本擬歸鄉間，但因今晚舊學生歡迎新學生，康之堅留參加，遂止。同建、卓則……①早餐，彼二人未知孰東。到學校。又到黃公東街，將士林信交張鍾麟代交。歸寓。後同建到湖濱午餐，建爲東。未畢，玉川來約午餐，余强畢之。建被約去。歸與卓如談。稍休息，同建、卓出到商務館，見彼趙經理，廷璧，上虞人。商議將來購書事宜。又購一手提皮箱。到味根晚餐，仍建爲東。到校，開會。康之、余及建功均發言。余宣布文史系將擬造就研究埃及及巴庇倫學人材事。散會時，十點已過。

十九日，起後，到辦公處，待潤章同乘汽車返黑龍潭。過崗頭村，訪夢麐，不遇。遇饒□□②。時微雨，即止。到寓後，與臨照談。到海帆寓，爲潤章及進協作介紹。進協太夫人亦來。歸，休息而已。天氣頗燥。

十日，晴，補作日記，整理賬目。欲復稼軒信，但須與潤章商議，而潤章不在，遂止。晚翻閱顧實的《漢書藝文志講疏》。接參政會回電一封。

十一日，因昨日少受寒，五點時起瀉一次，後即未睡。早晨天僅有片雲，後遂陰。雨雖不大，而終日陰沉嚴寒。晨起時外面七度。日中上升不多。翻閱《天主教十六世紀在華傳教誌》。接張冲赴文。近日德軍在俄無大進展。

十二日，半陰晴，將晚雨一陣。整理行李。衣物請潤章帶進城。邱吉爾警告日本，言如美捲入對日戰争，則英將於一點鐘內送出宣戰書。泰國亦重申嚴守中立之決心。蓋近日敵人在安南集中軍隊，英人感不安，故有此警告也。

───────

①編者注：原於“則”後空闕數字。
②編者注：原於“饒”後空闕約二字。

十三日，上午騎車進城，過白龍潭，聞有警報，乃返。下午再進城，將至，乃憶忘帶參政會之徽章，至中法宿舍，派院中勤務唐登雲騎車往取。同建功、卓如到航空公司問鐘點，據答明日當八點半至公司待。十四日早起，至公司時，才過八點。後今甫、端升、奚若、公望諸人陸續至。機開時，已將十一點。至重慶，有會中人來接。在機場，遇石曾及志雲。宿於夫子池新運服務處第四宿舍，與趙公望、陳復光同室。二公皆雲南人。十七日，開會。至廿六日上午閉會。此次共產黨有一人出席。開會前，聞各黨各派有民主同盟大聯合，要求取消黨治等項。國民黨開會數次，謀應付之方。本因應付得宜，且各黨各派亦均明了全國人民不希望在此時有何種鼓動，故仍極和平渡過，則黨派間在最近，絕不至有大問題。惟物價問題仍甚嚴重。且影響及於軍紀士氣，殊堪憂慮。此期會中，雖討論多次，亦無圓滿辦法。希望不至影響抗戰全局，然殊未可必也。國際間形勢大致甚佳。美日談判中，美與我國意見有若干不同之處，似亦屬實。但吾友邦與吾敵人仍難找到公同承認之點，且參政會極嚴正之表示，對於友邦人士的觀點，當亦能使之受若干影響，故不致有對我不利之變化。二十八日晨，到廖允文處，擬開始療治痔瘡。但彼細察後，聲言此類痔瘡彼不願療治。因吾之痔據彼言爲蒲桃質，內多小結。大結容易認出，醫治亦易。小結無法辨識，即無法治。大結愈後，小結復大，三五月後又復原狀。彼原稱包治斷根，此類未能斷根之證，彼不願治。且言此類證患者殊少，重慶不過有三數人，且皆身體強壯，如運動員之類。余問其如不醫治，後果若何，答言絕無重要云云。後即決定不治。石曾先生發起往西昌考察事，潤章籌備。余亦願往，陶孟晉亦願往，但陶須待至十二月十日以後，且交通工具尚有問題，故待之。後潤章言路費每人需四五千元！余又遲疑。三十日師賢來談。

十二月

　　一日，早晨春谷來，囑以早日到滇，川資余爲代籌。今午王凌雲在新味腴請客。王字仙峰，伊陽人，舊屬張伯英部下，現爲師長。國慶日我軍衝入宜昌，彼師即參加此役，戰功頗蒙蔣委員長稱獎。在坐者有賀國光、胡伯翰、鄒競、松江人。軍事委員會委員長侍從室第一處副主任。聞言似王曾從上學。峻峰、演生、海涵、隱三等。散席後仙峰、峻峰來寓談。後余獨出坐人力車到上清寺。至資源委員會訪詠霓，尚未至，乃出，訪稚老病，稚老精神尚佳。亦遇溥泉。又到資源會，詠霓尚未到。晤其秘書吳兆洪君。江陰人。後晤詠霓，談次，彼言美日開火，對我國利未必如害多。其言固屬有見，然余未能完全同意。出到一小館，吃兩碗牛肉麵，已近飽，價僅二元四角，蓋近日飯價中之最廉者矣。到吉忱寓談，亦遇樂煥。乘公共汽車歸。車上有憫余老而讓坐者。

　　二日，早餐後，演生、海涵、隱三約往財政部，見賦稅司司長關君談河南改徵實物各問題。問題有三：一、希望漕糧不作附加稅勻入；二、希望每斗麥抵一斗五稻穀之率可增加；三、希望本年決定徵實前民間所已交之額不再退回改徵。余與演生途中談在後。遇潘勖南，將乘汽車來訪，遂下立談。余與演遂改乘潘車，至財部巷口下。潘前爲程頌雲之秘書長，余在開封時曾見之，現竟全忘！

後問演生始憶之！二王時未至，遂入道旁茶館小坐待之。多時仍未至，乃先入見關。二王繼至。談話結果，彼僅允第三條加以補救，前二條無結果。出到兩路口一北方小館中午餐。余今日身上帶錢，不敷作東道用，只好請他人作東，但究係三人中何人，余亦未能憶。出同到黨政委員會，晤勖南、芝亭及別位。略問芝亭在南陽參加戰鬥經過。出到教育部，部長不在，見彭秘書，談河大改國立事。遂返。晚餐後，往訪潤章，待久，不返，遂留字而歸。因又接仙峰請柬，頗怪之，往問同鄉諸公，遂談至十一點餘，始歸寢。

三日，因新運所已將房間租與內政會議，促移寓，乃與郭、二王往會中請其交涉同住。遇潤章，遂同之訪通伯、今甫。午餐後小眠，沅芷來。春谷來。後到會中及國庫局取來往路費千二百元。付春谷四百元。接百閔寄來青年文庫辦法一函。晚餐時，陳德榮來訪，未遇，留字而去。

四日，上午訪沅芷談。下午少眠後，出，遇操場中有防毒隊檢閱，遂立觀之。尚未能整齊。檢閱人痛責訓練人之未能盡職。晚因陳德榮言將來，故待之，然終未來。

五日，上午過江，到文化服務社編輯部訪紀彬，在彼處午餐。下午歸。途中遇潤章、志雲，以決定不往西昌告潤章。晚餐後，沅芷來，言碧書有一信，經彼送來交工友，未知接到否，遍找始得。德榮來，約定下星期一上午九點到組織部講演。仁輝來談。今日在船上購《柏林日記》一本，晚翻閱未完。

六日，到會中請代購飛機票。上午閱畢《柏林日記》。但此僅係上卷，自一九三四至歐戰之勃發。下卷尚未印出。作者係一美國通信記者。近七八年在歐洲各大都會工作，對於各種事變，皆所目睹。故其所記甚有一讀之價值。下午操場內有籃球比賽，觀衆不甚多，入場一觀。德榮約今晚來，待之，然終未來。下午洗澡。

　　七日，飛機票送來，日期十三。上午坐人力車，到吉忱寓談，將《三集團》文取回，以便明日講演。下午德榮來。言昨晚從鄉下回來，未能趕來。明早當再來接。余答以余可自往，不必來，彼堅持再來。仍有籃球賽。因今日爲禮拜，觀者甚擁擠。余亦偶於樓梯窗間下往①。丁□□②與周自□③、係二十二機器廠廠長。梁步雲、吕將平等訪公望，因與談。性一在海涵室內，往談。後同海涵赴胡伯翰請。因痔瘤下，走路頗狼狽。後雇得人力車。席間有秦德純氏，及餘人。後以汽車送余輩歸。

　　八日，昨晚海涵同方定中來，余已睡下，遂未起。今早叔平來談。德榮來，出時，言來時見街上貼《僑聲報》號外，言日美已開火，未知確否，遂往觀。消息由廣播電臺傳出，據英 B.B.C 電臺廣播，言日人於今早一點（重慶時）轟炸珍珠港等地，並攻馬來亞，於五六點鐘即宣戰。到組織部，未幾，馬超俊副部長來，問消息確否，答言確。余今日講顓頊"絕地天通"之意義。畢，同德榮、韶武往訪伯蒼，未遇。同到北平真味午餐，韶武爲東。同德榮乘人力車，到李子壩，訪溥泉未遇。獨到英庚款會，訪立武，亦未遇。見秘書徐君，問研究生辦法。到吉忱寓，聞消息頗多，有言美機群已自阿拉斯加轟炸東京者，未知確否。歸寓，潤章前來，未

<hr>

①編者注："往"，疑爲"望"之誤。
②編者注：原於"丁"後空闕約二字。
③編者注：原於"自"後空闕一字。

遇，留一字，言有水利委員會機師徐行健先生對於《易經》有特別研究，請於晚八點前後，到錫福里一談。往，談。徐君即主張《易經》爲春秋時人中行明所作。余前略聞人述其説，訝其怪誕，今日始聞其詳。彼謂此人似爲荀林父之子，於晋靈時使於狄（即易），任務爲救路子嬰兒夫人（靈公妹，景公姊）。然迷途被執，幽囚數年，受刑多次，作此書以當求救書。其言甚汗博，可謂撒瞞天大網，亦即謊也。歸過小什字建國銀行前，見其所揭示之《中央日報》十次號外，我國將對日、德、義宣戰。還有英、荷、巴拿馬、加拿大各處向日宣戰。德、義將向英、美宣戰。無轟炸東京事，想尚未實現。但《僑聲報》第三次號外及他報號外有之。機數爲五百架，並言東京大火云云，想不久當可實現也。

　　九日，此次日軍突襲，英無防備，故頗受損失。大約有兩主力艦受傷，或已沉没。下午號外言美已對日宣戰，議院中僅有一反對票。上午姚曉艇、名光虞，唐河人，河南建設廳科長，來此受訓。張雨生臨穎人，中央訓練團黨政班訓育幹事。來談。泰國對日又已屈服！德方宣布，因氣候關係，已停止對俄進攻。

　　十日，敵軍在吕宋島，已登陸千人。同燕生及其世兄到北味村午餐，燕爲東。下午伯蒼來談。後韶武、欣安亦來。接文化服務社請柬一。晚伯閔來，余已將睡，小談即去。

　　十一日，英主力艦威爾斯親王號（三萬五千噸）及利巴爾斯號（三萬二千噸）被擊沉。此次英美初期大意，致成不利，殊令人不歡。但希望早日發出威力，大形轉機也。上午鄭震宇來談。鄭，開封人，在甘肅服務。師賢來談。同之到北味村午餐，余爲東。去時，向余言，彼明日將結婚，家中無長輩在此，希望余爲之主婚。余允明日前往。坐公共汽車到吉忱寓。後到中央黨部,講五帝起源説。又返吉忱寓。見今甫、端升。在吉忱寓晚餐。又晤子祥。乘公共汽車歸。

十二日,早報日主力艦榛名號被擊沉。晚在黨政委員會,聞其金剛號亦被擊沉,但晚報僅言其受重傷。上午到會中打聽明日飛機,據言因到香港搶運人物,明日班次須延至十六日始能開。登樓與今甫小談。歸寓,敬齋來談。距上次別時已逾二十年矣!中午在文化服務社午餐。同席者,除同鄉各參政員外,有方定中、許孝炎、龔德柏諸人。龔對日本海軍情形甚熟。出到卡爾登飯店,爲師賢主婚。證婚人爲譚平山。出到吉忱寓,小談。即到黨政委員會,宴客。今日主人甚多,均屬同鄉。余亦列名主人之一。客人較少,有外省人。然菜爲柏林餐廳所送。餐廳主人爲山東單縣人,經人介紹名姓,余旋忘之!彼名列客中,實主人也。餐畢,燕生言有一陽武常生青年力學,考上西南聯大,因經濟不給,休學,服務一年。現將步行到昆明,缺路費二百元,希望能於同鄉會某款中挪借。大家公議,此款暫不便動用,但此生志學難得,應捐款成全,於是每人捐二十元,轉瞬得二百六十元,即宣告敷用。後送款者未被收,頗悵惘也。後又聽伯翰等談戰事,頗久。亦晤虜虞小談。後由會中車送余等歸。公望言潤章來未遇。據言正找車票,然則飛機票甚難找矣。會中來一信,言明日無機飛出,請勿往機場;但爲妥便起見,請於上午九時前勿出,因或有加班機開也。

十三日,晚報言敵之霧島號、比叡號被炸沉。敵金剛級主力艦共六艘,榛名及此二艦皆金剛級。然則三沉一重傷,僅餘二艘

矣。方定中得有第一戰區軍隊實數數字,據之計算,每年需軍麥
不過四十萬包。第五戰區所需糧數,糧食部已允由田賦徵實項下
撥給。然則河南每年所派二百八十萬包之數殊屬荒誕。昨日由
海涵再從寬計算,不過需五十萬包。即將各部隊補充完備,亦不
過需七十一萬包許。今日十點餘與燕生、海涵、隱三、午峰、秀升
同往糧食部(時微雨,路甚難行。余與杜、燕、郭坐人力車),見徐
部長與之交涉,彼允問軍政部軍隊數目。出後到小樂意清真館午
餐。秀升爲東。歸少眠。因午飯稍多,胃中不快,遂與燕、海及一
同鄉酒君燕之世兄。到下面飲茶及咖啡。用西法,每人一杯,殊未解
渴消滯,而價已十餘元! 乃復到對門一舊式茶館中痛飲,始解鬱
滯。又同燕、海、隱到北味村晚餐。不甚記憶,似余爲東也。返談
至十一點許,始返室。見熊庶務主任留字,言明日歐亞有加班機開
出,楊、錢換乘該機,如余願換該機,即可於九點前至會中同往。

　　十四日,昨晚十二點後剛入眠,公望始與其世兄返自戲園,略
談數句,公望言熊主任言歐亞係臨時決定加班,無客人,自來招
攬,非會中找彼也。眠意遂消失。將三點,始入眠。五點許已醒,
六點許起。盥洗後雇一車,訪潤章,將告以急速設法,或今日即可
得機位,否則找十六日余等所剩中航機位。但彼昨夜宿沙坪壩,
未返。只可令勤務以找十六日票位事告之。歸八點餘到會中,聞
今日因昆明天氣過佳,恐有警報,機擬較晚開。返宿舍。返前告
王君言如有事相尋,當於三百二十八號。返,晤師賢夫婦來,在操
場前立談多時。師賢言中政校擬設一研究部,請海內著名學者
擔任研究員。正薪六百元,連津貼可過千元。彼友人爲此研究
部總幹事,希望余能往擔任一席,托彼徵求余同意。余答言錢

雖較多,但余不願脫離北平院。且國家對此原來學術機關,留之不死不活之狀況,而多創設新機關,高薪拉人,以拆舊機關之臺,殊非善策。又余身體與昆明氣候較重慶爲相宜,故不願來。後又與燕、海諸人談。熊主任十點許匆匆來,言數次派人來找,未見,楊、錢已先往,請余速去。蓋王君已將余所囑之言忘却,故致此。遂急到會中,幸會中有汽車,專送余至江邊,幸機尚未開去。十一點半開出。初開時有雲。再前即無。三點餘至昆明。雇車,到青雲街宿舍。晤建功、倬如。同至家庭食社晚餐,建爲東。

十五日,早餐後,到中法,見康農、康之、雅堂諸人。因來時忘還紀彬書,即發一航快信,請其速往宿舍尋。如公望未去,或不致失却也。午餐後,又到校,晤明初。後遂雇人力車回黑龍潭。價二十二元。晚餐後早寢。

十六日,接淑玉、霖燦、士林、進協、中日戰事史料徵集會、希魯信各一封。終日未工作。上午與功叙談,下午與秉琦談而已。接到霖燦之工作計畫書。

十七日,仍未工作。下午補作前數日日記。晚臨照來談。晚餐後見封懷問之,彼近日亦尚未接寅恪消息。

十八日,晴。上午整理賬目。十點許,未聞警報,即聞敵機來轟炸。下午寫尚文信一封,慕光來談。晚寫樂夫信一封。接春舫一信,接建功轉來仲甫信一封並油印《我的根本意見》數紙。此老聞余對民主頗有懷疑,對余頗有諍言。然以告者過矣。敵人有在婆羅洲登陸消息。

十九日,夜中雨。日中間陰晴。上午寫石頭信二紙。接中孚圖書館籌備處信一封，樂夫信一封，石頭信一封。乃石頭信係一空函！彼遂慌遽至是！下午寫平家信一封，並複寫一封，備下星期寄出。因海上郵遞斷絕，陸地郵遞在途日多，多遺失，余決定每星期發信一封，三信相同，分星期發出庶三可至一。三星期後另寫信，仍照前辦法。聞昨日因警報發得過晚，大東關炸死人數十！今日亦有預行警報。

二十日，夜中仍微雨。日中亦如昨。上午有警報，出廟避之。下午寫淑玉信，未完。晚在物理所飯廳，開坐談會，余主會。談太平洋戰事。並聽廣播，知今日敵機至呈貢，我軍迎擊，敵逃。追至滇黔境上，擊落其三架，尚有一架搖搖欲墜。我軍安全返防。

二十一日，昨晚睡下後嗽頗甚。今日氣候大致如昨。余在渝時，讀報，即知德敗，以為攻勢受阻而已。看近日報，則德兵後退頗遠，且失選擇陣地之主動性，則其失敗相當嚴重矣。英軍在利比亞，亦勝利推進，德軍被截斷。香港敵已登陸。下午達三及春舫及其眷屬。及一張君來談。張名之珍，山東青城人，航校班長。早寢。

二十二日，夜仍嗽。晴，有霜。起則作紀念周鈴已搖！余起之晚，自來黑龍潭將三年今日為第一矣！紀念周中，中研院天文研究所李君講演其在臨洮對於日蝕之觀測。蘇俄已表示暫不願開第二戰場。下午翻閱《唐縣舊志》。

二十三日，夜仍嗽，故起仍晚。晴，有大霜。下午三四點，雲布滿天空。下午翻閱《西洋科學史》。今日有空襲警報。

二十四日，嗽仍不愈。無霜。午間有警報，飯後出避之。然毫無消息，遂又返。然晚間聞蓮塘言，下午又有第二次緊急警報。今日聞聽廣播者言，邱吉爾往美。接淑玉信一封。

二十五日，大霜。嗽仍未已。今日放假。早餐後，騎車到龍頭村，訪芝生。談次，芝生言前日報上所載損失之飛機四百二十架，乃美機，非日機，報載有誤。其言似近情理。蓋日以母艦載飛機。盡日母艦全力，亦僅只能載二三百架，四百二十架何來？釋爲美機，當不誤。在芝處午餐。後歸。

廿六日，霜。早餐後騎車進城。與康農、弼剛談。午餐後，稍眠。到仁民醫院，請杜大夫醫嗽。到中法取薪水。同海帆、仲和到美的小食堂，晚餐。仲和已吃過，來陪余等。余爲東。宿於中法宿舍。

廿七日，同建功、倬如往早餐，余爲東。同建功到學校，略看教室。遇康農、弼剛、海帆。康約往其家午餐，有酒。歸宿舍，小眠。遇立庵。常□□①來略談。常，樂亭人，建功約之來，爲文學院助教。彼尚有事未了，須至新年始來。出訪覺明。回在宿舍晚餐。建强代出餐費，余未能拒也。香港已停止抵抗。

廿八日，時雨時止。早餐後，欲乘院中汽車歸，但人已擁擠，遂止。報上有賣毛綫廣告，言明每磅六十元。據建、倬言，普通價已將二百元，乃同二公到寶善街恒益店中問之。據言下午三點始開始賣。到冠生園午餐，倬爲東。往古幢公園一游。雨。乃往茶鋪飲茶。二點許踏泥到恒益店，坐待。時建功疑爲騙局。將三點，見綫樣品，建疑其非毛，余本不一定購，遂出。余等三人爭議紛紜，至近日樓，倬又反買。余疑此不過爲土毛綫，品質欠佳，故

---

①編者注：原於“常”後空闕約二字。

廉價出售。建功之疑，殊不必然。然遂歸，騎車返潭。將至，又雨一小陣，罩袍濕透。晚整理近數日賬目，即眠。

廿九日，補作近數日日記。因欲爲《讀書通訊》寫筆記數條，擬對於蜾蠃寫一條，憶《叢書集成》中有一明人曾談及此，而忘爲何書。又憶日記中曾記此問題，遂尋本年日記，未見。下午尋去年日記，將至年終始得之。接文濤信一封，重慶北大同學會信一封。又接劉鵬蓀信一封，係爲嵇文甫求援者。接潤章給余及慕光、洪波信一封，係言歸來須待至本星期一二日。將本月薪水取出，托仲和存銀行千二百元，獻南征軍暑衣費三百元。

卅日，寫蜾蠃筆記。接清甫信一封，紀彬信一封。晚餐後，商量整理飯團事宜。近數日敵人又在湘北蠢動，已渡新墻河。今日寫關於蜾蠃日記。復紀彬信一封。

卅一日，上午抄平家信，發出。又寫吉忱信一封。接中法信一封，言下午四點開教務會議，遂於下午兩點餘騎車進城。商議期假及放寒假事宜。在宿舍晚餐。聞弼剛言子美來滇，住太和飯店，遂於九點後與弼剛、康之同往訪之。相別已過十年，一傾積愫，快可知也。返時天氣甚寒。余因有痔，往來均以車。二人不能得車，遂步行。將至，入一小館，各吃餌絲一碗。乃歸寢。

一九四二年

元　月

一日，早起，到翠湖作一轉。返與建、倬同到家庭食堂早餐。余爲東。遂騎車回鄉。至則潤章於今早乘飛機歸，遂談。士林亦來。秉琦請潤、林、洪辦事處諸君及余午餐。今日天陰，晨未明時雨，後止。然時落一小陣。下午九峰來談。問守和，言毫無消息。出城之先，已十點許，往購報，除《朝報》外，大報皆尚未出！可謂怪事。

二日，將明時，仍雨一陣。氣候如昨日。下午翻閱關於老子史料。晚餐後同士林訪鄭萬鈞，遇封懷，問寅恪，仍無消息！蘇俄從高加索渡海，在克里米登陸，取刻赤。敵人過汨羅江。

三日，漸晴。下午建功、卓如、曉鈴及一小姐來談。美兵退出馬尼剌。

四日，晴。翻閱《古地理學》。上午叔永、貽□①來游。問叔永香港是否有信，因其家眷在彼——答言仍無。下午君亮、梅蓀、連城等來游，上樓小談。下午有一十一集團軍副官胡一球，來看房，將本所及物理所之樓貼條號下！余與慕光未能阻止。晚與潤章談，彼決定明下午進城，設法交涉。接允諫信一封。

五日，晴。大霜。翻閱各古史書，如《舊石器時代》等書。我敵戰於長沙城外。本月一日，英、美、蘇、中等廿六國在華府簽同盟條約。

六日，夜中甚寒。晨七時室中五度。大霜。晴。仍翻閱《舊石器時代》及關於周口店各文。蔣委員長擔任中國戰區（包括泰國、越南）同盟軍總司令。魏菲爾任太平洋同盟軍總司令，美陸軍航空總司令勃勒特將軍任副司令。美亞洲艦隊總司令哈特將軍，在魏菲爾指揮之下，統率西太平洋全部海軍。犯長沙敵人敗退。

七日，夜與上午氣候如昨，但稍有風。下午轉陰，寒。翻閱《舊石器時代》及《歐洲考古學》。晚與秉琦閑談而已。

八日，天轉晴。上午仍閱《歐洲考古學》。聞昨日城內各大學學生作倒孔游行。接雪亞電報一，電碼多誤。大約希望余爲一刊物作文也。下午坐潤章汽車，與之同進城。外尚有子延。到中法，開會。事件甚多，且教職員增薪事，頗爲繁複，乃暫定一原則，請人計算總數，俟下次會時再決定。時已過七點，乃散會，往家庭食社晚餐。雅堂、哲人皆欲辭職！能負責人皆萌退志，足徵中法

---

①編者注：原於"貽"後空闕一字。

之前途多艱矣。潤章本約虞和瑞七點在青雲街宿舍見面，因時過晚，乃派人往青雲街，請彼來食堂談，返言未在，實則虞在樓上爾玉室內閑談！後彼二人尋來，而潤章已去，遂相左。余飯後本欲訪覺明及購止嗽藥品，然此時疲甚，遂止。與建功、康農、倬如談至十一點餘，始寢。

九日，晴。夜中較暖。潤章昨言今晨八點回歸，起即到總辦事處待。海帆請余吃油條。然潤章始與和瑞談，繼與爾玉談，海帆、路春舫談，至十點餘始行。同行者洪波、子延。下午携《近東古代史》登後山，觀書且曬太陽。接關斌信一封。

十日，晴，有風。今日中午潤章請史、化、物三所研究員及其夫人吃飯。未大工作。下午仍登山曬太陽。結果咯嗽較愈，而感極輕微之傷風。

十一日，晴，頗暖。騎自行車往龍頭村，訪芝生。在彼寓午餐。亦遇妙人之沈有鼎，但今日亦頗平凡，無何妙處。傷風未愈。

十二日，晴。未多工作。接參政會一封，史地教育委員會一封，霖三信一封。復參政會信一封。敵人尚在汨羅江南岸亂竄。一日夜被擊斃八千餘！彼此次之損失比上前次較重大矣！

十三日，晴。未多工作。發平家信一封，復史地教育委員會一封。

十四日，晴。仍未多工作。此二日中僅翻閱新舊《唐書》，亦只可云翻閱，未可云讀也。接河南大學文史經濟教育學會信一封，仍爲營救文甫事。但未言文甫現在何機關拘留，頗難辦理。

十五日，晴。早餐後，騎車進城。到味林午餐。下午開會決定教職員加薪數目。弼剛、建功等有信，請潤章對於上次彼等所請求三事，與以答復，潤章甚不快。後請彼等到會，當面一談，亦遂釋然。散會後，與凝之同到適園晚餐。凝之言出公賬，頗出余意外也。又到黃公東街，問鍾麟代余交捐款事，知尚未交。接紀彬信一封。

十六日，晴。早起，到翠湖一游，遇信差，接到尚文信一封。到味林早餐。過總辦公處。訪覺明，與之談來院工作事。彼亦意肯，但需與錫予一談。往黃土坡，晤喆人、玉川，並晤其庶務主任余君。余君中醫頗有聲名，余因病痔，頗欲與之一談。尚未談，已至午餐時，遂留午餐。後又聞預行警報，乃與段、王及一□君①同到梁家橋一帶避。余君後往，但竟相左未遇。後同到一茶館飲茶。又回中校內，與余君談。彼介紹數方及一醫生。時天已晚，遂又返城內。到文明街兩藥店中，問是否有敗醬草，皆答無有。返到適園晚餐。

十七日，晴。早起，未盥，即騎車返黑龍潭。將至崗頭村，太陽始出山。扶車手甚凉。上午有警報，出外避之。下午仍翻閱新舊《唐書》。晚與潤章談各事。

十八日，晴。早餐時，聞李文中言昨晚聽廣播，知昨日敵機三架，來至蒙自上空，均被我軍擊落。騎車到龍頭村，本意請芝生家人來潭觀花，乃談及文甫事，遂聯名與邃青一信，問其營救經過，以便設法。又同到北大文科研究所，見從吾及莘田。又與從吾商議，擬與之聯名給驪先信一封，為文甫解釋。遂請芝生先返起草。後余到芝寓午餐。將信簽名後，遂歸。晚將西曆每五十年之最後

①編者注：原於"君"前空闕一字。

一年，與中曆對照，並記是年大事，作成一表以便記憶。僅抄成一半，已將十點，遂寢。

十九日，晴，有風。上午仍抄表。下午補作日記。寫進協信一封，晚餐時，錢太太派小孩送包子一盤。晚，與季川談。接春書信一封。

二十日，晴。翻閱《戰國策》《先秦諸子繫年》《史記》各書。

二十一日，晴。翻閱《史記》《先秦諸子繫年》。改《紀元表》之錯誤。輕傷風及嗽，今晨已愈。下午因補襪子時，少感微凉，而喉頭又復有不適處！身體抵抗力弱如此，可恥也。

二十二日，晴。上午騎車進城。同建功到美的小食堂午餐。價十三元餘，余出十元。下午到學校，潤章未至，遂未開會。取會計課三百元。先與建、倬到祥□①館晚餐，余爲東。遂往商務印書館購書。建、倬前令其配書，至今日，未配出，且已忘之！令其再配，據言現在每一元原價已漲至九元六！需照現價！不得已，許之。余爲所中購書數種，價竟至百○三元餘！又到藥店購藥，皆借用中法款。歸。馮君培與姚可坤來談。因姚曾爲黃仲良譯海爾滿《樓蘭研究》一種，頗費工力。仲良由郵寄編譯館，乃竟遺失！君培寫信詢之，竟置不復！可坤甚憤，問計於余。余告以仲良人甚坦直，而於世故人情毫無所知。遺失非彼之咎，而不復信，則殊荒謬，然絕非故意看不起人。今惟再整頓稿件，設法出版耳。力勸，可坤憤乃漸平。聞今日我空軍往轟炸安南，A.V.G.隨護云云。

---

①編者注：原於"祥"後空闕一字。

二十三日，陰，時落雨數點。起待海帆起，告以昨日購書經過，並還百五十元。出早餐。到朝報館購報，時已八時餘，乃報尚未出。農林所金君亦擬購報，乃托之代購，遂歸。將至崗頭村，脚踏軸斷，乃推車步行歸。下午翻閱所購《張鼓峰事變鳥瞰》。是書僅撮錄報紙，毫無剪裁。又翻閱《中國度量衡》。其考古部分不佳。中各省度量衡的概況三章，材料尚可。

廿四日，大霜，晴。然上午室中溫度未能及十度，故不能工作。僅翻閱《文中子考信錄》。文中子爲隋名儒，本不成問題。房、魏、杜、李未遇時，與有往還，亦在意中。因後人過尊王氏，拉諸人爲弟子，遂啟争端。實在紛紛議論，均可不必。揚者固過實，抑者亦未必得中。現著者仍欲揚之，而仍無以證明數人之必爲弟子，則仍無以間執抑者之口。至于疑其人之爲子虛烏有，則殊過實。新舊《唐書》，均載其名，胡能一筆抹殺耶？下午仍改《紀年表》。晚臨照來談。

廿五日，有霜，晴。溫度比昨日較高，然上午仍不適於工作。下午獨到後山一游。有風頗大。到避風處，脫衣曬太陽。

廿六日，晴。上午仍寒。蘇俄稱在斯摩稜斯克與列寧格拉間長達七十英里之德陣綫，業經衝破。前日我空軍再轟炸安南。據倫敦廣播：所炸者爲河內城郊及飛機廠。我轟炸機廿七架，戰鬥機十五架，A.V.G.十五架。敵方因驚惶失措，抵抗甚少云云。美洲各國已同意對軸心國絕交。晚餐時，有緊急警報，敵人其將表示向我報復乎？餐後，小出避之。然未幾即解除。下午寫平家信，並給糜岐一紙。晚餐前，有師大舊生李春棠君來談。彼近數年服務軍中，長駐蒙自。今日大便帶血不少，是真與曬太陽有密切關係矣!

廿七日,氣候如昨。下午有警報,亦出小避。敵機未至。復雪亞信一封。續淑玉信,未完。

廿八日,晴。下午温度頗高。午間顧逸樵、月涵夫婦、光旦及一陳女士來至院中,潤章請余等陪。四點餘始去。今早聞昨晚聽廣播者言美海軍已至達爾文港,擊沉敵巡洋艦、航空母艦各一艘。看月涵所帶今日報,尚無此事,惟言美在 Macassar 峽,擊沉敵運輸艦四五十艘云云。參觀近數日報,太平洋戰事即將有轉機矣。廿四、廿五兩晚作夢甚怪。前夜夢季芳持一報言有講和消息,余詫曰:然耶? 遂醒。後晚夢行街上,有木板撐起,上陳報甚多,内多言講和事。余夢中頗怪政府不禁止,即欲建議速行禁止。連續夢兩夜,且絶非意計中所有事,讖大怪也。因記於此。

廿九日,晴。午餐後,騎車進城。至未幾,有預行警報。乃與倬如同出,到北門外二里外一避。然並無空襲警報,遂歸。出城前,用麵點,回後再吃一次。余爲東。歸稍休息,即到辦事處開校務會議。潤章因居院長到黑龍潭來遲。開會後,校中備飯,到家庭食社晚餐。歸,又同建功到靛華巷,訪錫予談。

三十日,晴。氣候較暖。到辦事處,令姚光麒給樂夫寄三百元,內百元爲石頭學費。尚文寄二百元。騎車歸。下午翻閲借得之《德國史綱》。

三十一日,晴。仍翻閲《德國史綱》,畢之。此書原名《德國史的時代》。作者在上次歐戰後講演此題,竭力排斥分離主義,提倡天才對於國事偉大的努力。其意固甚可敬。但此種議論,或可爲希特萊預備道路,而希氏又將引導德國入於毁滅之途,則又著者之所不及料矣。寫尚文信一封。下午翻閲《歐洲中古史》。登後山,痔瘤下,並出血污褲。

二　月

一日,晴。時有風。上午看報。《大公報》内載有一篇論太平洋戰事的文章,甚有見解。它稱美海軍大舉救援新加坡之事爲不可能。美軍攻日,只有從北路荷蘭港出發,與蘇聯合作,利用巴特婁巴扶勞斯港,始可制日死命。證據頗豐富,其言當不虛也。九峰來小談。下午仍翻閲《歐洲中古史》。接曹日昌信一封,參政會本月薪金通知及收條三紙。荆三林寄來其所著的《西北民族研究》二本。一本是送芝生的。

二日,晴。上午復曹君信一封,樂夫信一封。下午續寫淑玉信,畢之。英兵退守新加坡要塞。前數日,報言英軍在利比亞不利,以爲無大重要,昨日報言彼已將坂加西退出,恐損失相當嚴重矣!希特萊演説言:“余不知戰爭是否將在今年結束,但余知敵人不論在何處起而抵抗,吾人必擊敗之。”以希氏之强横,而言不知戰爭是否將於今年結束,則彼對於最後勝利的信心,似已有若干動搖。又言“蘇聯自稱收復若干地帶,但俱爲廢墟”。此言果相當確實,但此果誰之咎!希氏之强顔無恥有若此者!近數日,有人在此廟中,大辦喪事,並開追悼會,小報上亦爲之開放一天的報屁股。午間,海帆告余,此乃一少年,因販鴉片在渝被當局槍斃。此間當局急電往救,已不及事。而彼出錢遣之買鴉片之東家,深感對不起,故爲之張皇大出喪如此!世事之可笑有如此者!

三日，晴，時有風。終日翻閱《歐洲中古史》。英軍已自毛爾棉退出，殊堪憂慮。觀胡政之自香港逃出所談之親身經歷，如英軍能有戰鬥力如我軍者，香港當不致僅守如許日也！

四日，晴。仍終日翻閱《歐洲中古史》。晚翻《隋書·經籍志》。聞城內米價大漲，疑與前日所記可笑事有關係。接中法信一封，無綫電訓練班信一封。

五日，晴，有風。本意早餐後即騎車進城，但德昌告余今午伙上聚餐（犒勞上月管賬），遂止。上午仍翻閱各史《經籍志》。午餐後，即進城。風正頂頭，行頗不易。到宿舍洗臉後，遂同康之到無綫電訓練班，參加其補行開學典禮。有一參謀長張君講演頗能動人。彼言我國空軍初作戰時，無綫電收信機掛在耳上，無法聽音，群以機爲廢物，安上即潛取下留置！迨抗戰年餘，困難始消除大部分，收音甚易，始群以之爲必不可少物。云云。畢後，即至中法，開訓導會議。畢出，同康農、建功到適園晚餐，余爲東。康農示余《筆談》所載，日本作家在家在軍閥鐵手下苦撐情形。歸談。曹日昌來談。曹，束鹿人，師大曾讀一年，後在清華學心理，現在聯大任課。後因建功欲識奎宿，遂又同出（加倬如）到翠湖一望。遇一無聊人藉口人力車夫向彼敲竹杠，反向車夫威嚇謂己爲特務工作人員，腰間有手槍……嘵嘵不已，極可厭人。余等厭之，遂遠行，亦未知彼等作何結局。月明已出，奎宿因星小，不可見，然亦談他宿若干時。後又同到一小館，消夜，余食餛飩一碗，康農爲東。歸寢時已不早。

六日，晴。上午與振鵬談，請其下半年擔任經濟學科目。午間同建功到味林午餐，余爲東。下午小眠，同建功到校，開出版委員會。潤章未到會。舉建功將所討論決定事項整理成簡章條文，下次開會決定。在宿舍内晚餐。_{本日忘交錢。}晚弻剛來言聞蔣委員長乘機到加爾各達。因有若干猜測。近日敵軍已有一小部分渡薩爾温江，仰光極吃緊，而英軍前對我軍疑忌，雖大事宣傳，而實不願我軍多開入緬甸，極堪憂慮。聞前魏菲爾到渝，謁委員長，因其意見荒謬，不歡而散。委員長到印度，當有英國要人來會。希望能對局勢能有挽救。

七日，晴。晨起，即騎車回潭。上午翻閱《東胡民族考》。下午接到《圖書月刊》一卷五期，翻閱曾昭掄所著之《最近十五年來中國化學的進步》。聞蒜村郵政代辦所有掛號信一封，乃自往取。爲李霖燦信一封。歸潤章約往談英政腐敗情形，極爲扼腕。又言德昌入城，在城内宿，因無被，唐登雲取慕光被與蓋，慕光不悦，彼亦不悦，囑余查問真相。此事上午余已聞秉琦言其大概，實因有數人_{同事}將數公家被據爲己有所釀出，德昌無錯，即與爭辯良久。歸問德昌，德昌答後，即欲告退，温詞留之。晚餐，復潤章，彼亦釋然。到秉琦寓，請其勸慰德昌。遇農林所王君，新從迤西回，彼溯怒江上行，曾至片馬。言其間人種屬栗蘇，亦有漢人。英原置卡已荒廢，人心皆内向云云。接文化服務社信一封，内寄稿費八十元。

八日，晴。昨夜道士院中不知留何人，幾擾攘終夜；且余對慕光之任其部下人占據公家被，而對德昌事小題大作，心甚不平，故睡不佳。早餐後騎車到龍頭村，適潤章亦往絡索坡學英文，遂步行與之談，將不滿慕光之詞儘量傾倒。訪芝生，在彼寓午餐。借得《原野》一本。歸即讀之。晚餐後，再往與秉琦談，遇季川。接吉忱信一封。

九日，晴。今早紀念周，余對於《命曆叙》十紀共二百七十六萬年之説作一講演。上午仍閲《原野》。此劇爲曹禺著，但與《日出》不同，不能稱爲寫實之作。乃一相當成功之一復仇詩。内描寫恨與人性之矛盾，亦尚可稱深刻。其後幕寫法，與洪深之《趙閻王》相同。其未出場之要角曰焦閻王，彼或不免受洪氏影響，但其宗旨與洪氏不同。下午補寫前四日日記。晚秉琦請吃包子。未小心吃稍過量。接宛南學田倉庫信一封。前聞英國派三百人，來我國學游擊戰，以爲不實，昨與芝生談及，芝言其確。雖然，我國之游擊戰，豈英國之所能學步！蓋我前綫忠勇將士所受之艱苦，非西歐人之所能想像也。

十日，晴。時有風有雲。今年此時桃花已開，似比前二年早。接紀彬信一封，糜岐信一封。多日未接家信，正深念慮。忽接糜岐信，喜可知也。但知季芳因經濟艱難，致睡不着覺，身體不佳，又不勝掛念。即發一復信，又與尚文一信。掀書桌上亂紙，始發現前十餘日所寫雪亞信，尚忘發出！甚矣余之憊也！急爲發出。又前所送壽彝信，彼現不在城内，問彼詳細住址，反復數次，今日始得到，亦發出。下午復紀彬一信，霖燦一信。晚振鵬、蒼亞來談。今日報載德人不願釋放法之一百四十萬俘虜，因彼等在農場及工場作工，爲對德戰時經濟上不可缺乏之人工。又言德擬爲工廠代雇義工人三十萬人。如此消息屬實，則德亦憊甚矣！成强弩之末，或不在遠乎？

十一日，早陰，後漸晴。然因此上午頗寒，余又已不能工作！下午復允鑑信一封，關斌信一封。潤章告余聯大組織學術

講演,共十四講。本院被請者,爲余等二人。余時間爲二十四
日下午。昨日報載敵已在新加坡登陸,今日載英軍少退,仍激戰
中。英人戰鬥力真屬可疑。然如志卿等之相信失在旦夕,則仍太
早。如從今日起,英人對新埠要塞,只能再守二月者,其國人將來
在世界上已無足重輕也! 仰光方面無特別消息。如能再支持半
月無變化,以俟我軍布防之完成,則危險期即可謂已過去也。

　　十二日,天氣如昨日。本欲不進城,但接從吾信一封,聯大雪
屏等信一封,中法信一封,中法信係言今日仍開行政會議者。乃
騎車進城。購今日大小報略觀,以爲新加坡略有轉機,未詳觀。
建功、曉鈴約到其寓午餐。曉鈴自動手作菜。畢,同往訪雪屏,托
其尋《東西文化及其哲學》。出,進城,遇勉仲,勉仲言新埠已失!
大驚。問消息何來,答言:"聞人言《中央日報》有此語,但余未見
該報。"余言其無,勉亦信吾言。歸再細觀《中央日報》,則頁首之
本報訊末果有"如以新加坡目前電訊阻隔觀之,則日本則①占領
該處似爲可能云"之語! 方詬該報出言之不慎,乃再細觀,始知
彼所據爲倫敦十日廣播,並非彼過! 又細觀他條,則有各處十一
日電,陷落尚未如是之快。但英人已自毀軍實! 則已準備撤退!
余之推論乃大誤! 英人之戰鬥精神如此,大英帝國運命已至最末
日矣! 英帝國亡不足惜,但吾人最近之棋子,更難着手。惟此並
非抗戰致命之打擊,則亦情實。能受更大之苦痛始有更大之收
穫。今年無望,望之明年可矣。小眠。到學校開會。無綫電訓練
班晚在家庭食社宴客,遂往參加。席間大家皆鄙視英人語,實亦

①編者注:"則",疑衍。

不必。文淵言前數日，蔣委員長在加爾各答與邱吉爾晤面，但恐不及事矣。返，十點許，與建、卓同到翠湖觀奎宿，則已大晚，奎宿已入地矣。歸，宿頗晚。今日卓如已開始其中國人口之研究。

十三日，天氣如昨。起與卓如同往早餐，彼爲東。往購《朝報》及爲蘇、錢二家小孩購糖食，因後日即廢曆元旦也。歸又購《中央日報》，略觀，新埠果尚未陷落，但希望殊小。遂騎車歸。下午，九峰來談。言守和似尚安居香港。携書到廟後小山曬太陽。晚餐後，鴻瑾來約明晚到彼家中過年。瑪打萬已失守。

十四日，晴，有雲，有大風，天氣驟寒。午間同辦事處諸人吃餃子，余本以八十元爲半東，而海帆飄余爲全東，亦遂許之，共費百四十元。下午寫春書信一封。臨照來約吃晚飯，以有鴻瑾約，辭之。晚在鴻瑾處，頗有兒童嬰孩，年味遂覺盎然。返，九點。接趙春谷信一封，戰時公債勸募委員會信一封。春谷尚在貴陽等車！早晨曾往花峪溝看桃花，花正盛開。不知下午大風及溫度能使之受惡影響否。晚將十點，室中有火，溫度不能升至五度以上。外面一度。

十五日，晴。仍有風，但氣溫又升。晨七時前，外面已升至四度。中午物理所請客。後，芝生全眷來，陪之至花峪溝看桃花。雖有風而花似並不受影響。

十六日，氣候如昨日。終日翻閱《通鑑》晉南渡段。始悟我國之五胡亂華與羅馬帝國時野蠻人之入侵（Invasion des Barbares）大不相同。中國五胡除鮮卑外皆自内起，非由外入。而鮮卑則通古斯族，與我國同化極易。故亂華之結果，全同化於漢族，不似歐洲蠻人之將羅馬帝國擊爲粉碎，至今日而仍未能統一。

大關鍵在我國已將匈奴族之不肯同化之一部分攘斥於遠方,而羅馬帝國對於蠻族則不能。五胡之起,均已相當漢化。觀劉淵父子、慕容廆父子之丰度已可概見。石勒受漢化甚淺,而甚諱胡人。即其族不為冉閔所屠戮,亦必完全漢化矣。

十七日,氣候如昨。聞昨晚廣播者言新嘉坡已停止抵抗!敵人在巨港有傘兵降落,被荷印軍殲滅。但仍陸續登岸!前三日報言德國海軍自法海港逃出,被英空軍發現,擊沉其主力艦一,但據昨日報,則英出動飛機至六百架,而德主力艦三均逃出,並未被擊沉!大英帝國末路竟至如此!吾國戰事前途更為艱巨,吾人責任更為重大矣。上午翻閱印、緬地圖。下午吳春涵及杜滄白來談。杜,永城人,前在留學歐美預備學校肄業。以其所著之《白起軍功之研究》相贈。晚餐後訪王啟無,談滇緬邊事。接獻唐信一封。

十八日,晴,有風。巨港已淪陷。下午五點,騎車進城。晤福熙、覺明。到適園晚餐。

十九日,晴。早八點在聯大講演,題目為抗戰後的國民心理問題。講約一點半鐘。同建功到適園午餐,余為東。到海心亭飲茶。歸寓,小睡。將晚,覺明再來,申言未能離聯大的意思。出到味林晚餐。晚在寓晤毅生。據聞國軍將進入安南暹羅北部山中作游擊戰云云。

二十日,晴,有風。晨起,騎車回鄉。早餐後,往訪海帆,請其為卓如出未受米貼證明。即在彼寓午餐。海聞敵人得到德最新式飛機,美志願隊受損失甚重,未知確否。歸。終日不過翻閱《通鑑》之五胡部分。晚與潤章談。天氣頗暖。晚九點室內幾二十度。

二十一日，晴，有風。仍翻閱《通鑑》及《晋書》之《張軌傳》。十八日蔣先生與甘地遇於加爾各答，談甚久。

二十二日，晴，有風。下午漸陰，並落雨數點。翻閱《通鑑》之唐玄宗初年而已。接凝之信一封。

二十三日，夜中落雨一陣。聞聽廣播者言蔣先生到莫斯科。上午改秉琦所擬本所工作報告。下午檢點舊信函，無用者棄之。未完，有魏生明經、王生弘敏來訪。魏，鄧縣人，齊魯大學畢業，現在聯大文科研究所，研究宋明哲學。因比較關係，又聽康德、黑智爾各派哲學課，對於本體論頗感興趣。康德思想本難了了，彼所不懂者以詢於我，我近對此調不彈已經十餘年，亦未能答也。王，内鄉人，聯大工學院二年級學生，習機械。秉琦約余及季川晚餐。今日廟中燒香念經者頗多。接尚文及建功信各一封。

二十四日，晴。上午檢點舊信函，畢之，爲之一快。下午復仲甫信，未完。發國民參政會信一封。昨日報載蔣先生已離印度。但未載何往。到莫斯科之訊，當係誤聽，非事實。

二十五日，晴。繼續寫仲甫信，畢之。昨日所發參政會信，乃疑將一月收條遺失，請其補來。今日接參政會信，始將一月收條寄來，則非遺失也。即填好發出。寫尚文信一封，樂夫、春書信共一封。

二十六日，晴。早餐後，取本月薪水，騎車進城。先到宿舍，同倬如談。建功下堂，同到適園午餐，倬未往，余爲東。回寓，與康農、弼剛等談。二人對於物價問題，頗勸我約在滇參政員向最高領袖説幾句話。此事固極應該，但大家所説材料，皆一鱗一爪，不成片段。我個人又無暇搜求，奈何？奈何？到辦公處，見海帆、康之、羅希文等。又見虞和瑞。彼希望潤章及余將彼介紹與孟鄰，到國民外交協會昆明分會服務，允與潤章同寫信介紹。歸寓，仍同建功到青雲街近雲大處一小飯鋪晚餐，仍余爲東。晚月色甚佳，同建、倬到翠湖一游。接從吾信一封，內附驪先復信一封，爲文甫事。

二十七日，晴。晨同倬如吃早點，余爲東。到辦公處，尋康之，告以余將添一門工課，名曰學術談話。聯續兩點：第一點大約由余談，第二點領導學生對此問題自由討論。文院學生分兩班。理院學生如願聽者，亦可附入。每星期一班。兩班各占一星期，交互輪流。由下星期開始。談畢，又往購報一張，遂騎車歸。午餐後，與潤章談，爲虞寫介紹信一紙。下午閱報而已。接紀彬信一封，內附長兄信一封，據言似前有一封已遺失。玉瓖信一封，總辦事處信一封。寄尚文五百元，樂夫二百元。

二十八日，晴。今日翻閱《新印度》而已。今早大便帶血。聞明日有中央要人來逛廟。接重慶清華中學校校長①傅任敢信一封。

三　月

一日，晴。騎車到龍頭村訪芝生，與商文甫事。在彼寓午餐。同往麥地村訪錫予。又晤子水及夢家夫婦。歸。春谷自渝至，在貴陽候車廿餘日。昨所傳之中央要人並未來。晚餐後，到廟後山

①編者注：“長”，原脫。

出恭，時月色甚佳，遂登其頂，徘徊若干時，始下。此山纍纍荒冢，信鬼者當無法享此清福也。接康之信一封。

二日，晴。上午寫芝生信一封，派人送去。找原來的稿件，多弗見者，心甚不快。余什物甚亂，然原已收起，想不致遺失，當細尋之。下午王永興同劉淑珍女士持錫予介紹信來，談。即留劉女士作本所研究生。又請潤章與立武信，請其改善研究生待遇。發瓚同胡文淑女士來。胡，安徽人，師大舊生，後到英，習教育。歐戰起後，到吉隆坡爲一女子中學校長。新加坡陷落前，由新返國。談及英人之腐敗，我國領館諸君之不職，可爲扼腕。新埠守軍，印兵最多，馬來兵次之，英、澳軍又次之。印兵無戰意，馬來兵見敵，即叩頭乞降！英殖民地軍素日席豐履厚，措施乖方，何能戰！彼對於我國僑民，種種歧視！故致一敗塗地。晚翻閱新舊《唐書》《地理志》。接進協信二封。敵人在爪哇登陸。

三日，晴。上午吸捲烟致暈，全上午皆不痛快。下午稍翻閱《西洋中古史》而已。晚閱《尼赫魯自傳》。

四日，晴。終日閱《尼赫魯自傳》，仍未完。接參政會信一封。

五日，晴。上午騎車進城。到美的小食堂午餐。下午開會。今日進城時民團負槍站崗。紛傳蔣先生將游黑龍潭。晚毅生到寓談。

六日，晴。初上"學術談話"課。午間同建功再到小食堂午餐。彼爲東。昨晚在寓晚餐，亦建爲東。下午小眠後，騎車回潭。晚仍閱《尼赫魯自傳》，未完。近數日米價大漲。接到樂夫信，始知石頭前因參加賽跑，遂至吐血。現已痊愈。但尚未完全上課。

七日，晴。閲《尼赫魯自傳》，畢之。此書雖稱自傳，但其政治思想均在其内。並可知其政見與甘地歧異之點。要之，甘地爲一廣義的宗教家，大仁大勇，但有若干點，因不能與人人以共喻，遂亦不肯説出。尼赫魯則爲實行政治家，對於蘇俄所實行之共産主義極表同情，不過意見較温和而已。故對於甘地之①絶對非暴力主義，未能同意。但甘地對其國農民魔力極大，遠非尼赫魯所能及，故尼氏雖對甘氏主義有懷疑，而對其人格仍五體投地佩服，仍可稱爲甘氏忠實信徒之一。印度能産生偉大如甘地之人物，如以今日世界局勢與我之春秋戰國相比，彼其將爲鄒魯乎？跂余望之。下午從吾來談。決定明日全所到後面山上一游。出二十元令德昌籌備肉菜，請秉琦代備饅頭。下午慕光亦來談。接河南振濟會信一封，稼軒信一封，國史館籌備委員會聘書一封。參政會匯來二月薪金。

八日，有霧。登山者除本所同人外，有秉琦夫人母子。登至五百餘公尺之高峰。下山時隱隱聞雷聲。回至寓，五點許。將十分鐘，即大雨，間以冰雹，然雹不久即止。近日農事已感乾旱，可爲喜雨矣。晚啟無來談。并贈本所擺夷文佛經摺頁一件。

九日，終夜雷雨。日中又雨數陣，仍間冰雹。温度下午室内十四五度，頗覺寒。上午芝生來談，鍾越隨來，以《柏林日記》、《張自忠》假之。與海帆、潤章談房子事。因龍主任命令本院遷移，擬將前院下層讓與。下午閲稼軒稿，未完。代倬如查地名沿革若干事。

———————————

①編者注：原於“之”後衍一“之”字。

　　十日,晴。早晨室内七度。下午董守義及黃□①聯大體育教員。來談。寫石頭及樂夫信各一封。晚寫玉瓖信一封。今日又有省政府人來議搬房事。敵人廣播爪哇停止抵抗,但英、荷電未證實,僅言萬隆失陷。仰光情形不明,或已失陷。

　　十一日,晴。上午室内温度低,未能工作。下午寫清甫信一封,寫長兄_{由清甫信中寄}信一封,晚九點始完,即寢。

　　十二日,晴。早餐後寫平家信一封。騎車進城。出門時,接淑玉信一封。至城内與建功、卓如到適園午餐,余爲東。下午到學校則因今日放假無人。五點至靛花庵,見從吾、芝生等,至文林食堂晚餐。到聯大講演,講題爲"人格與建國"。出到荷花□②,飲茶。從吾、芝生同到寓内,談。從吾去時,已晚,遂寢。接夢麟及繆雲臺回信,關虞和瑞事。

　　十三日,晴。上課,有一生問余對於"中學爲體西學爲用"之意見,允於下次爲之細談。午間同建功出到再春園午餐,余爲東。至近日樓旁,購布鞋兩雙,價每雙三十三元。同建到護國路。歸。晚同建到好味道晚餐,彼爲東。今日早晨大便帶血頗多。早寢。

　　十四日,陰。昨夜睡甚酣,但今日仍困甚。殊無聊賴。午間與建同到雲大附近小館午餐,不憶誰爲東。下午,立庵來談。天雨。後與立、建同到適園晚餐,余爲東。

　　十五日,漸晴。同卓如、建功到大興街口早餐,卓爲東。訪康之,不遇。歸與弼剛談。再訪康之,將建功所擬向部備案之文史

──────────

①編者注:原於"黄"後空闕一二字。
②編者注:原於"花"後空闕一字。

系課表交與，以待開教務會議商討。亦晤守義。午同建功到雲大附近小館午餐，余爲東。下午見潤章。五點時在建功處晤姜亮夫。後同康農、建功至冠生園，爲馬益證婚。女名陳宜，中法生物系三年生也。餐時飲五加皮三四杯。歸，小息，又同康、建到新房中。彼不少同學正同彼等鬧。余等至，少止。余等不願其冷落，仍鼓勵其繼續歡鬧。回時十一點餘。寢時十二點矣。

十六日，晴，有雲。起即騎車歸。盥浴後，仍不誤作紀念周。接參政會信一封。下午將參政會收條寄回，並寫石頭信一封。

十七日，有雲，東北風頗大，故溫度降低。終日讀新舊《唐書·地理志》，頗發現其錯誤。接馬益、陳宜之請帖一。報載英官方宣布上月在爪哇附近與敵戰鬥情形，殊屬失利。司令情形不明，恐已陣亡。同盟國海軍戰略太舊，或爲近數月海軍失利之原因也。

十八日，陰，時微雨。上午仍翻閱新舊《唐書·地理志》。下午騎車進城。開教務會議。同建功到雲大附近小館晚餐，余爲東。聞建功、卓如被盜。

十九日，陰。有預行警報，出城避之。同喜聞到家庭食社午餐，余爲東。下午開行政會議。因卓如經濟頗窘，而又失駝被袍，大家捐二百三十元，余捐五十元。托余轉致。馬益夫婦在家庭食社請客。後又同大家到彼等家中小坐。歸後，弼剛等來談，談及昨日失盜事，對當局多有誤會，弼剛對余亦不諒解。散時已晚。將捐款交卓如。後建功來言，卓如對捐款不安，有離開此地之議，且言士可殺不可辱。余已就寢，細思卓如介然不受款，固可敬，而感覺受辱，則對余亦有侵辱，殊覺不寧。俟建功，不返，乃往弼剛、康農室内尋之，請其向卓伸二義：一、不惟余對彼無污辱之意，即大家亦絕無有，如彼誤認爲被辱，則余願請罪。二、此款非盜跖之財，如彼認其爲是，則余將款反歸各位，辱余個人承受，不敢校亦不願校也。三人皆認不至如是，勸余取消此意，余堅執須轉達。辯論許久，康農許明早轉達。乃歸寢，時已二十日三點餘矣。是日有雲有風。天明即起，則康、建二人徹夜不寢，弼亦僅少睡而已。同康、建到大興街小鋪早餐，余爲東。上堂。下堂，康、建、卓同來，言卓知此事完全經過後，甚爲不安。此誤會遂亦完全消失。但卓對他友之交不甚深者，仍不願受款，擬自交還，勸其不必固執，但亦未敢再强。時已將午，又約弼剛同到適園午餐。康爲東，或弼亦加入。後騎車歸。洗濯後，九峰來談。去後小眠。晚九點即寢。接建國問題研究會信一封，並講演費二百元。

二十一日，仍陰。終日翻閱《讀通鑑論》及新舊《唐書·地理志》。下午淮西夫婦同小孩來談。因卓如事終日心仍不寧，余心境不能闊大，多所攖繫，雖多年知其不合，而終未能驅遣，奈何？奈何？近數日同盟軍在澳洲附近毀敵艦不少。或從此有轉機乎？

二十二日，有雲。步行到龍頭村訪芝生，借得郭廷以《近代中國史》關於鴉片戰爭一册，蔣廷黻《中國近代史大綱》，並取回前借給鍾越書二本。在彼寓午餐。後同芝生、鍾越往浪口村訪辰伯。將至絡索坡，芝遇友人，遂歸，余獨往訪，不遇，亦歸。翻閱《近代中國史》。寢時十點已過。接尚文信一封。

二十三日，晴，尚有霜。終日翻閱《近代中國史》及《夷氛記聞》。

二十四日，晴，仍有霜。仍翻閱前二書。此二日之翻閱，對於鴉片戰爭始較清楚。因舊日記載，對於西洋事不甚了了，對於西洋史料未能利用。近人之能讀西書者，又或一知半解，爲英人所蒙蔽，對於我國史料，又或忽略。郭氏此書，搜采史料，中西二方均尚豐富，實屬一有用之書。接史地教育委員會信一封。今日晚餐犒勞飯團管米各位。余前因英人腐敗而輸之三十元，亦拿出加入。

二十五日，雨數陣。終日隨便翻閱《晚清文選》。下午寫尚文信一封。

二十六日，晴。寫樂夫信一封。下午騎車進城，開出版委員會，通過章程，決定出《中法大學彙報》，每月五六萬字，六月底收稿。同建功到雲大附近小館吃飯。余爲東。歸，芝生、覺明來。同芝生訪雷伯倫，談至十點。歸再談，頗晚，始寢。聞在緬英軍退却，我在東瓜之第六軍後路被斷，第五軍正在設法解圍。英人之戰鬥力頗可與鴉片戰爭時之我軍媲美！再細思之，鴉片戰時，我軍陣亡者，總督一人，提督三人，總兵十數，而關天培、陳化成、裕謙等，均忠勇性成，矢死不退。則謂英軍與我軍媲美者，殊屬過譽！友軍如此，殊堪憂慮。在建功處見仲甫所著《戰後世界大勢之輪廓》。

二十七日，晴。再讀《戰後世界大勢之輪廓》，其所分析極清楚。對民主與科學竭力擁護，仍本其一貫之主張，殊可佩服。惟彼對於蘇俄嫌惡過甚，致謂戰後如同盟軍勝，則兩強爲英、美。兩國爭霸，所爭拉者爲蘇俄，則殊非是。因即同盟軍勝，英必一蹶不振。爭霸者爲美蘇，所爭拉者爲我國也。上課後，即騎車歸。下午蒼亞來談。看多日之《大公報》。接平家信一封，甚喜，因多日未接信也。寄尚文三百元，樂夫四百元，内二百元爲石頭養病費。

二十八日，晴，有雲。寫平家信一封。姚光啟已將寄何、袁之匯票買出，即將各信發出。接石頭信一封，仍不詳病情。下午閲《希特勒之私生活》。

二十九日，有雲。下午四點後騎車進城。同建功到雲大附近小館晚餐，余爲東。晚與喜聞談。

三十日，有雲。風轉東北，温度驟降。早餐後訪從吾，不遇。作紀念周時，僅對於昨日之先烈紀念少説幾句話。後即由弼剛及和瑞談。畢，即騎車歸。下午雷雨。接鵬信一封，内有去年九月九日長兄來信，前由鵬寄來，經返回又寄來者。作復，未畢，因燈漏油，未能再續。時已九點，即寢。

三十一日，夜中大雨。晨晴，有雲。晚又陰。將眠時九點弱。又大雨。完復長兄信。季芳一月十五日片今日始接到，即復一片。翻閲《漢書》列傳。

四 月

一日，晴。仍翻閲《漢書》列傳。將午李寶泉來。潤章請彼吃午飯，約余與秉琦作陪。

二日，晴。開始寫中西文化比較一文，題目未定。午間曾□□①、羅喜聞來談。接淑玉信一封。

三日，晴，有風。繼續寫中西文化比較文。下午翻閲《劉永

---

①編者注：原於"曾"後空闕約二字。

福傳》。是書據劉將軍之自述，事迹大致可靠而筆墨未佳。晚與秉琦談，因星期日爲清明節，相約出游。我軍退出東瓜，仍在城郊激戰。印度國民大會拒絕接受英人所題自治方案。

四日，晴，下午温度殊高。繼續寫中西文化比較文。中午張廷休及一鍾君夫婦來。潤章請彼等吃飯，余等作陪。建功來信，言吴、夏二公有事約星期日進城談，因已與同人約游松華塿，復信問其是否能俟至星期四。

五日，轉東北風，温度下降，有雲。早餐後，同所中同人及秉琦之夫人小孩，游松華塿。仍入谷中，到菜角村頭前年野餐處野餐。轉瞬已將兩年矣！餐後到村中一轉。順石板路，歸至松華塿，飲茶，遂歸。接參政會信一封。

六日，陰，微雨。全日温度甚低，下午室内僅十度，冬衣又全上身。上午看《大公報》。下午繼續寫中西文化比較文。接糜岐片一。建、弼、康又來信促早日進城。

七日，晴。繼續寫中西文化比較文。下午四點半本擬進城，但東方濃雲，且有雷聲，遂止。

八日，晴。昨晚一蚊入帳，致眠不佳。繼續寫中西文化比較文。下午四點半後，進城。在無綫電訓練班飯團晚餐。晚同弼剛談。又同喜聞談。今日有預行警報。移寓院長室内。

九日，晴。昨晚因鄰室喧談，眠仍不佳。起頗晚。壽彝來談。尚鉞來談，去後又送一信來，署名健庵，想係改名。係報告朧仙易居事。午間同弼剛、康農到家庭食社午餐，痛談學校事，弼爲東。下午稍休息，開行政會議。晚仍在訓練班飯團晚餐。後在宿舍建功寓見福熙。彼接辦《旅行雜誌》，擬請余作文。聞敵昨空襲曡允，在滇緬交界處。七機全軍覆没。

十日，晴。接陳國樑信一封，係致謝爲其女證婚。上堂後，即騎車歸。下午翻閱《劍橋古代史》。

十一日，晴。上午補日記。看報。下午續寫比較中西文化文。接鴻庵復潤章及余信一封。

十二日，晴，有雲。上午同潤章談各事。全日翻閱《劍橋古代史》。接吉忱信一封並稿費三百元。接淑玉信一封，言其母病重，甚爲可慮。巴丹半島美軍撤至柯里基多爾。上午閱昨日報，似英印談判已將成功，下午閱本日報，乃又破裂。英一航空母艦爲日軍擊沉。前有二巡洋艦被擊沉。美亦擊沉敵一巡洋艦。今日溫度頗高，九點後將寢時，室內溫度尚有二十三度，可穿單衣。

十三日，晴，有雲。上午寫淑玉信一封，給郵五支局信一封，發出。又寫吉忱信一封，尚未發。下午繼續寫比較中西文化文。晚比昨日溫度低，須穿袷衣二件。

十四日，晴。繼續寫比較中西文化文。

十五日，晴。繼續寫比較中西文化文。午間潤章請七十一軍鍾軍長及周參謀長吃飯，請本校研究員作陪。接建功信一封。

十六日，晴。下午騎車進城。開會。春舫來訪。同開會各位到家庭食社晚餐。到宿舍小談。待文淵未見。遂歸寢。法奸拉瓦爾又上臺！

十七日，晴，有雲。上堂。與文淵談。文淵對康之氣頗大。彼昨日雖對康之撕破聘書，但純粹爲對於康之之表示，並無與學校決裂之意，勸其先上堂再説。與之同到豐澤園午餐，彼爲東。

又到宿舍,與弼剛、康農小談。與二人同往蓮花池訪康農,至四點半,歸寓,接教育部信一封。

十八日,下午從吾來。子昭夫婦、石峻、陳邦懷亦來,但未上樓。同彼等到潤章處小坐。翻閱《日本内幕》。此書似翻過,但不甚記憶。接糜岐信一封。接壽彝信一封。

十九日,上午騎車到龍頭村,訪從吾,則已歸城内。見石峻及王永興。借石峻《太玄》及《漢魏兩晋南北朝佛教史》。又同石君訪錫予病,錫前患癭疹傷寒,現已大愈,但尚未離床。歸,下午翻閱《佛教史》。同盟軍飛機首次轟炸東京、橫濱、名古屋、大坂。在後二地得手。但僅有日本及德廣播,同盟國無官報。下午何山周來談。

二十日,晨陰,頗寒。後漸晴,然時有雨一陣。終日翻閱《佛教史》。接進協信一封。

二十一日,晴,但時雨一陣。仍翻閱《佛教史》,畢之。接霖燦、吉忱、尚文信各一封。昨已聞在緬英軍以陣綫移交我軍,今日閱昨報,露透電言加爾加答報如此説,其言甚謬。惟中軍補充較易,英軍苦戰已疲,換防亦可能云云。蓋避退出緬甸之名。敵方東京繼續有警報,但未被轟炸。

二十二日,晴。上午同春谷、秉琦到絡索坡,看房子應如何修理。歸,一陳君來訪。陳名楠,號玉樹,原籍福建安溪,生於馬來亞。前在中央軍校爲教官,超遠爲其學生。超遠後事全由其辦理。言超遠葬於成都存正門外四五里。又言英殖民地人之腐敗,緬甸巡警常作數分錢之貪污,云云。報載我在緬軍恢復仁安羌,解救英軍五千人。擊斃敵軍五百,我死傷百餘。

二十三日,晴。上午復進協信一封,紀彬信一封。請秉琦復壽彝信。下午騎車進城,開會。到訓練班飯團晚餐。到宿舍談。伯倫來談。接教育部大學用書編輯委員會信一封。

二十四日,上課後,春舫來,同之騎車到索珠營西之小街子,彼所辦之氣象訓練班在該村觀音寺內。參觀一過,同到彼所寓之清静寺。此村在小街子北。達三亦在。在春舫寓午餐,後到達三寓一看。彼二人皆已有丈夫子三人。春舫騎車送余至環城馬路,始歸,因歸時路比來時所循鐵路旁路較近,余所不識故。三點許到校,開招生委員會。畢後,康農、弼剛又談文淵事,的尚棘手。當歸與海帆商之。遂騎車歸。至時約六點半。

二十五日,晴。上午蒼亞來談,言振鵬有下學期離校意。下午到海帆寓談。少翻閱《劍橋古代史》。昨晚有預行警報。

二十六日,昨晚起風一陣,夜間頗涼。仍少翻閱《劍橋古代史》。下午臨照來談。接建功信一封。今日下午又有預行警報。臨照言謠言敵人竄陷臘戍,以離戰場距離及地勢測之,似未必真。下午七點許,陰,有雷聲,後又晴。現在農家頗望雨矣。

二十七日,夜中時淅瀝。終日陰,或微雨。晨起時溫度尚不甚低,後漸降低。下午三點許,室內溫度不過十三四度。繼續寫比較中西文化文。

二十八日,夜中頗寒,晨仍陰,後漸晴。繼續寫中西文化文。午後同潤章、子延到絡索坡房中,商議修理事宜。據昨日報敵人或有竄臘戍區企圖。廣播電臺言余應於三十日下午七時廣播。

二十九日,陰晴如昨日。寫廣播詞,題目爲"中國戰國的一個特殊國家:魏"。畢之。晚臨照、功叙來談。接尚文信一封。

三十日，陰。上午少寫比較中西文化文。午餐時，見本日報，言我軍與敵戰於新臘戌郊外。後即騎車進城。開校務會議。到豐澤園晚餐。至宿舍，問建功以鐘點，言已七點少五分，即出，雇人力車至廣播電臺。已稍晚，幸彼已將節目更換。至七點四十五分，廣播。後即坐車歸。聞臘戌已淪陷，現有美運輸機二十架已開始爲我運軍火，每機載四噸，將來可達百架，云云。報載羅斯福宣言，無論如何，亦能以軍火接濟中國，大約即指此。又聞蔣先生已來滇，後聞人言已往前綫，未知確否。到宿舍小談，即歸寢。接關斌信一封，中法信一封。進城後接圖南一函，請爲其尊翁題墓碑。

五　月

一日，陰晴如前數日。上課前，寫一信與海帆，言余將文淵聘書失去，請彼補發一件以彌縫文淵撕聘書事。上課後，壽彝來談。到宿舍，爲圖南尊翁寫墓碑。午餐後，與振鵬談。歸室小眠。起騎車歸鄉寓。臘戌淪陷訊，報已登載。歸時途中間有泥坑，此地有雨一陣也。

二日，陰晴仍如前數日。稍翻《尚書引義》及《劍橋古代史》而已。

三日，晴。騎車到龍頭村，訪芝生，又同訪錫予。返芝生寓，午餐。歸。晚餐時見士林來，晚與之談。見龍頭村所駐七十一軍正預備出發。

四日，晴。仍翻《劍橋古代史》。寫進協信一封。晚士林、雨樓、範九來談。士林談其在崑崙上工作事,頗饒趣味。接戰時公債勸募委員會信一封。聞我軍已自曼德勒退出。今日有預行警報。

五日,晴。早醒,黎明即起。上午仍翻閱《劍橋古代史》。下午有警報,出避之。我機起飛,敵機未至。返繼續寫比較中西文化文。潤章聞鍾軍長言畹町失守。

六日,夜中雨一陣。晨起尚微雨,後漸晴。聞人言昨日敵機三十五架往炸保山,十二架至呈貢。寫石頭信一紙,樂夫一紙,共一封。尚文信一封。季芳一片。翻閱《王曲》。

七日,晴,有雲。繼續寫比較中西文化文。與潤章商議,因學校未必有事,今日不去。閱昨報,知前日僅有一敵偵察機到昆明附近,所云十二架到呈貢說不確。

八日,晴。早起即騎車進城。到後洗臉,早餐,上課。到辦公處及宿舍,同建功到□□①午餐,余爲東。覺明亦來談,但堅決不肯同餐。回校內少眠,到辦公處待潤章,因近日敵已入雲南境,謠言繁多,須一商議也。至四點半不來,已將車推出,將登車,而潤章又至,乃返開會。後又約弼剛、洪波、建功、文淵等談。決定向東川、富民等處問地方,以預備萬一。文淵言前日保山因被轟炸,致通信機關暫斷,今日已恢復,足稱佳音。外謠傳戰於龍陵。談後,同到家庭食社晚餐。畢,小談,即歸校寢。接沅芷信一封。柯里基多爾已停止抵抗。

九日,將明,聞雨聲,大驚,因將妨歸鄉,且帶衣頗少,不足禦

①編者注:原於"到"後空闕二三字。

寒也。幸不久即停，遂騎車歸。走三五里後，即無雨。接樂夫信一封，桂珍、明範信共一封，中法信一封，參政會信一封。後又接紀彬信一封。晚接進協信一封。燈下接續寫比較中西文化文。寫軾游信一封。有警報未避。

十日，晴。潤章自城內返，言近數日情勢轉平穩。一、敵人有少數部隊渡過怒江，已爲我軍完全解決。現兩方相持於怒江兩岸。二、前數日第五軍消息不明，現已悉退至緬北，且保有戰鬥力。早餐後，聚各所研究員及各課課長商議於必要時本院應取步驟。余與大家爭辯頗力，因多數主張退至公路附近，余則竭力主張避開公路百里以外。結果，定於必要時退到東川。寫吉忱信一封，紀彬信一封。珊瑚海前數日有海戰，美軍獲勝。

十一日，晴。上午騎車進城，作紀念周。後即歸。天氣甚熱。報載近日我軍在怒江外殲滅敵軍若干。且有克復臘戌之説，尚未證實。近日天氣殊旱，頗屬可慮。

十二日，晴，晚轉陰。繼續寫比較中西文化文。接常金山信一封。

十三日，夜中雨一陣，日中陰。寫胡善樵信一封。續寫比較中西文化文。聞騰衝陷落。

十四日，上午微雨，與潤章談明日往昆陽事。下午雨止。進城。後仍小雨。晚餐時，街中遇秉璧，邀之同晚餐，余爲東。後到青雲街宿舍，又到昆華圖書館，訪矑仙。矑仙二年未見，已一目失明，幸他眼尚好。今日仍繼續寫比較中西文化文。

十五日，早起，雇車到大觀樓，則已晚數分鐘，輪船已開。亦未見潤章，以爲彼已獨往，乃到園中一游，遂歸城內，與建功同午餐。後遂歸。**十六日**見潤章,始知其未去,甚爲詫異。**十七日**,騎車到龍頭村,見芝生。〔十七日在芝生寓晤同鄉朱光彩、字華舫,淅川人。閻振興。字光夏,汝南人。在芝寓午餐。歸後芝夫婦及朱、閻又來談。①〕(此下乃**廿四日**事。)借得龍蓀《論道》一本。又訪錫予談。**十八日**,早,問潤章去年餘款,本所應分配數目應如何支用,彼竟完全忘之,余大憤。(此實爲**十六日**事。十八日誤。)午餐後告以院長、所長自本月起,完全解除。研究員維持至暑假。十八日後,每日繼續寫比較中西文化文。後翻閱《論道》,畢之。(此爲後一星期事。)此書用邏輯作工具,由本體論以達到非限定論,其言殊辯,可希望成立。其在哲學上之位置,相當地高。**廿四日**,仍到龍頭村。晤芝生。**卅一日**,頗欲往龍頭村,將《論道》送還。但大氣太熱,遂不往,遣李文韶送去。此後一星期,仍繼續寫比較中西文化文。

六　月

〔**一日**,季川與張女士淑洵來談。張亦畢業師大。畢業後即在津辦志達中學。現該學移至四川江北靜觀場。②〕

七日,因上星期內落雨,天氣頗涼爽,遂騎車到龍頭村,借給錫予五百元。見從吾談。同在芝生寓午餐。彼二人皆反對賓四之揚中抑西論調,余雖亦不完全贊成,然頗爲之辯護,爭論頗烈。賓四對西洋歷史及思想史,所知不多,所發議論,自多令人指摘。

---

① 編者注:此爲天頭文字。
② 編者注:此爲天頭文字。

然如芝生之欲一概抹殺，則又太過。芝生之《辨城鄉》，乃對於中西文化之一常識看法，本不錯誤，但彼似以此已盡中西文化之精義，再過一步即屬妄談，則殊不然。

八日，又與潤章談，將歷年所不滿意事，儘量傾倒。中法事允余辭去，彼仍對余挽留，似尚未便恝然舍去耳。

九日，騎車進城，與建功談。同至家庭食社午餐，余爲東。後又與卓如少談。至中法辦公處，清理姚光啟經手賬目，遂歸。

十日，隨便翻閱《通鑑》唐初部分。接淑玉寄來畫三張。

十一日，仍翻閱《通鑑》唐初部分。接淑玉信一封。自上月十四日至此，皆十二日補記。上月頗旱，屢雨而數分鐘即止，終不敷用。此月雨始較大。有人言已透，有人言不甚透，然大致已不患旱矣。此月中軍事，吾東失金華、蘭溪等處。衢縣戰事甚緊。閩縣有大飛機場。有人言已失守，但據報載，似縣城核心我尚有守軍堅守未退。南昌敵陷進賢、臨川、東鄉各地，現仍惡鬥中。蓋敵人對衢縣，志在必得，故雙方夾擊。滇西則敵在怒江西，時進時退。蘇德方面則上月中旬所發動之卡爾科夫大戰，現已沉寂數日。蘇方宣布彼原意爲摧毀德方春季攻勢，非爲攻取卡城，似非虛僞。似此，則蘇方目的似已達到。德又占刻赤半島。至塞巴斯透博爾，則仍由蘇軍堅守。此月初美、日海軍遇於中途島，大戰。敵人損失較大。尚有大戰在醞釀中。

十二日，晴。上午看近日之《大公報》。下午補前多日日記。後少翻閱芝生之《中國哲學史》而已。今日秉琦聞人言保山失守，以理推之，當非可能。

十三日，晴，有雲。然聞近日患旱，渠水不足，下游秧栽不上，似此則頗可憂慮矣。昨日報言接保山電話,言敵人忙於部署,將采取守勢,戰局沉寂云云。寫長、二兄信一封,四小孩信共一封。餘時翻閱《朝鮮通史》。接建功信一封。

十四日,天氣仍如昨日。同所中人到賽典赤墳一游,並野餐。我軍自衢縣退出。

十五日,天氣仍如昨日。但傍晚東南方有積雲,與前數日完全卷雲異。惟登高一望,雲下無根,仍不似將雨的神氣!寫淑玉信一封,關斌信一封。報載敵在阿留申群島登陸,事頗可慮。蓋此群島,爲美人攻日最近之基地。近且聞美人將於八九兩月大轟炸日本,當即以此地爲出發點。日人當亦知此事,必拼命以爭。此地人烟稀少,美人防禦未知如何。如陷於敵手,敵固無奈美何,但美人反攻,恐被延期耳。

十六日,將明時,大雨一陣。後又晴!下午再陰,然晚又滿天星斗。近日天氣殊可憂慮。寫吳太太及傑臣信共一封。

十七日,仍晴。下午雖有雲而仍被風吹散!寫子怡信一封。將午,雲卿、志游及一泰興丁君來。與志游相別轉瞬二十三四年矣。下午蒼亞來談。寫桂珍及明範復信,未完。卡爾科夫近數日內有戰事。德攻蘇守。利比亞盟軍不利。美用重轟炸機轟炸襲阿留申敵艦隊,頗有成功。美公布敵海軍數目字如下:戰艦十二,另五艘在建造中。一艘沉没,五艘受傷。母艦八艘,另二建造。五艘沉没,三或沉没,一(不明)受傷。巡洋四十六艘至七十五艘,十艘建造。十一擊沉,五或擊沉,卅二至卅四艘受傷。驅逐一百二十五艘,另十一建造,十六沉没,五艘或沉,九傷。潛艇七十二,另七建造。十七擊沉,五受傷。

十八日，氣候仍如昨日！有雲即有風，風雖不大而雲已散。今日爲廢曆端陽，大家購若干菜，送到秉琦家，午晚皆在其家餐。寫完桂珍、明範信。上饒已有戰事，贛東敵人，陷南城、金谿各縣。則浙贛綫將爲敵人得。敵人此次攻衢爲圖免除吾空軍之威脅。觀其目的將完全達到。要點爲此下一着棋。觀之即可知其企圖何在。中、印、澳、俄四戰場必居其一。澳太近美，近敵人空軍似漸不振，未必敢再圖澳。余意其下一着，當與德攻勢相應，或在印、俄。然吾國亦不可不小心也。接胡善樵信一封。

十九日，雖早晨少有雲，而未幾即晴！全日雲甚少！寫清甫信一封。接紀彬信一封，文淵、弼剛、康農、海帆、雲卿請柬一。我軍退出上饒。

二十日，陰，雖小有風而雲不散，似有希望。接恩榮信一封。翻閱芝生之《中國哲學史》。晚餐後訪海帆，欲問其請客何事，但彼病數日初起。尚未知此事也。

廿一日，今日雨，下午頗大。

廿二日，欲晴復陰。下午雷聲殷殷，但僅微雨而已。繼續寫比較中西文化文。功叙聞廣播言多布魯克陷落，塞巴斯斗堡爾亦危險。

廿三日，後半夜，大雨。日中陰，時微雨。繼續寫比較中西文化文。接叙曾信一封，問張仲景生日，余無以答。

廿四日，下午又大雨。上午繼續寫比較中西文化文。下午翻閱 J. H. Breasted《古代史》羅馬帝國段。

廿五日，陰，偶雨。繼續寫比較中西文化文。接春書及桂恒信各一封。

廿六日，晴，雨不定。請德昌進城，寄春書及桂恒兩千元，尚文三百元。繼續寫比較中西文化文。

廿七日，晴。繼續寫比較中西文化文。

廿八日，晴。騎車上龍頭村，訪芝生。在彼寓午餐。歸時，已快到門前，大雨，衣服已濕。接樂夫信一封。今日燧初請客，余未往。英復以機千架轟炸布列門。

廿九日，陰，下午復雨，晚大雨。終日翻《朱子大全集》，找循環哲學材料而已。德之大規模夏季攻勢已開始。分二路：一路由卡爾科夫進攻羅斯托夫；他路由利比亞攻埃及，而圖會師於伊拉克及伊朗。日蘇關係近已甚緊。

三十日，終夜終日均或大或小，住時甚少。繼續寫比較中西文化文。

七　月

一日，晴，有雲。上午繼續寫中西文化文。

二日，如昨。翻《朱子大全集》及《宋元學案》，找循環哲學材料。接參政會信一封，燕生、友梅信一封。

三日，陰，間雨一小陣。翻閱《朱子大全集》。

四日，如昨。翻《朱子大全集》及《宋論》。塞巴斯斗堡爾堅守八月，終於陷落。

五日，陰雨。上午發參政會信一封，尚文信一封。

六日，晴。下午芝生同 E. R. Hughes 來談。Hughes 休士爲牛津大學中國哲學副教授。寫吉忱信一封，將《中國的特點》稿寄去。

七日,晴,然下午雨一大陣。請德昌進城,將中法五月取出,作七七獻金;將淑玉款四百三十餘元寄重慶河南農工行,由其轉匯;金城摺子算利。餘時閱《周易外傳》一兩篇而已。埃及戰事,已告好轉。

八日,晴。晚滿天星斗,然有隱隱雷聲。寫善樵信一封。答紀彬所寄來席世鍠所發問題,未完。下午翻閱 The China Journal 而已。下午及晚屢患噎。

九日,晴,下午雷雨一大陣。仍答席君問,畢之。翻閱《周易外傳》。

十日,晴。下午有雷聲。翻閱古地理學及《劍橋古代史》。

十一日,晴。仍翻閱《古代史》。敵犯樟樹鎮,被擊却。

十二日,晴。騎車到龍頭村,見芝生、石峻、休士、夢家、有鼎等,在芝生午餐後,訪錫予。從芝生借《思想與時代》一本,從石峻借《東西文化及其哲學》。晚翻《東西文化及其哲學》。見稻田仍需雨。

十三日,晴。讀《東西文化及其哲學》。午間一亨來。外有一淮安阮君,在法礦業專門學校畢業。

十四日,晴。寢時有雷聲,雨。仍讀《東西文化及其哲學》,畢之。

十五日,夜雨不大。接胡善樵信一封。寫兼恕信一封,恩榮信一封。寫樂夫信。未完。

十六日,夜雨仍不大。接睢旗鎮報灾代電一封。完寫樂夫信。

十七日,寫桂恒信一封,季芳信一封。

十八日,寫紀彬信一封。翻閱布來斯特德(Breasted)《古代史》。

十九日,夜中大雨。

廿日,陰,時雨。寫尚文信一封,蛟信一封。仍翻閱布氏《古代史》。

二十一日,天氣如昨。仍翻閱布氏《古代史》。午間潤章請客。休士、芝生、端升及一李君 天津人,爲滑翔機工程師。夫婦 其夫人爲齊竺山之女公子。爲客。本院同人,爲洪波、慕光、臨照。

二十二至二十六日,陰,時雨。後二三日,雨尤大。每日讀布氏《古代史》。廿六日,石峻、魏明經及一位余未能記姓名人來談。

二十七日,陰,將午大雨。接桂恒信一封。寫《中國哲學史》審查意見,未完。德攻羅斯托夫甚急。俄人自近一月內,堅決抵抗侵略,强韌驚人,然近日抵抗力似已較弱。所謂闢第二戰場的呼聲,雖甚囂塵上,而運輸船隻在大西洋之損失甚大,事實極受限制。此種情形殊堪憂慮。

二十八日,陰,時雨。寫完《中國哲學史》審查意見。

二十九日,陰晴不定。整理去年溯江、游昭通日記。寫中孚先生紀念文,未完。

三十日,夜中微雨,日中陰晴不定。午間秉琦因爲其母生日請吃午飯。下午披閱去年日記,尋中孚先生逝世時間而已。羅斯托夫已退出。俄支持力量似已受嚴重損失,極可憂慮。夜中因跳蚤猖蹶,影響睡眠,上午自掃地掀床以清其根源。

三十一日,晴。繼續寫中孚先生紀念文。接吉忱信一封,即作函復之。淑真之姊新自上海來此,同淑真來談。

八 月

一日，晴，然時落雨一陣。寫大壯信一封。接子臧信一封，康之信一封。桂珍信退回。接恩榮信一封。再閱《東西文化及其哲學》。

二日，陰晴不定，午後大雨，然旋晴。蘇聯後備兵加入前綫，德進攻被阻。仍閱《東西文化及其哲學》。

三日，晴。今日企孫在紀念周講戰後文化機關之新趨勢。上午企孫來談。午間潤章請企孫及守兢吃飯，院中各研究員爲陪。蘇聯在頓河下游反攻。

四日，晴。上午欲對於《東西文化及其哲學》作一書評，僅開一頭。下午夢家來談，並以彼所著之《射與郊》惠贈。

五日，晴。騎車進城，見稻田中仍無水，則農家仍須雨也。到後，早餐。見中法諸友，閱卷。午晚二餐在家庭食社。酒禁又已無形縱弛！余堅決不飲以遵功令。晚餐後，到宿舍，與康農、康之談中法事，殊覺扼腕。遂宿於其間。寢時在十二點左右。

六日，晴。在康農家吃烤饅頭以當早餐。再與康農談中法事。後同到辦公處，訪潤章，或問其今日是否進城，因如進城，將與之一談。然無消息，遂歸。至黑龍潭，十一點已過。

七日，陰，午間大雨。終日翻閱《舊約》，閱畢《創世記》《出埃及記》。

八日，陰雨。仍閱《舊約》之《利未記》《民數記》《申命記》《約書亞記》及《新約》之《馬可福音》。接參政會信一封，紀彬信一封。托仲和將千五百元存銀行。

九日，陰，時微雨。晚晴。閱《馬太福音》及《使徒行傳》。接參政會信一封，吉忱信一封。寫福熙信一紙，但未發出。

十日，晴雨不定。繼續寫《東西文化及其哲學》的書評。晚餐時，讀今日報，知印度國民大會首領五人已被英人逮捕，甚爲震動。今年也有很多不幸的事變，但使余精神受震動之大，無過於此事者。此事亦在意中，因自克里浦斯騙印度人失敗後，印人已無他路可走。國大常務委員會所通過之議案，雖極慎重，而英人視之，已屬大逆不道。近日此議案又已通過全國大會，則鬥爭之起，已迫在眉睫。而英人則又非刀臨頸上，絕不肯讓步者！——如刀臨頸上，使他們叫爸爸，亦非難事！——此一切余前已見之甚明，而仍震動如此，則余理性不能鎮定之故。今日在英人中，千萬人亦未必有一對印人之爭自由能諒解者。美人則與英人同，對人種偏見，近雖竭擺脫，而仍植根甚深。雖因利害關係①較淺，故偏見亦無英人重，而其同情仍在英人方面，不在印人方面。俄人，尤其我國人，雖大多數對印人表同情，而因時局關係，不便多講話。印度地方秩序問題，對於我們兩國關係又甚深，我們真左右爲人難矣。此事敵方所幸而我方所懼，真足令人彷徨搔首也。

十一日，仍晴雨不定。下午翻閱《新約》中之《保羅致羅馬人書》《哥林多書》《啟示録》等。今日報載孟買等地已大騷動。巡警傷亡者已四十餘人，人民傷亡更多可想。英惟獨立工黨，美惟社會主義黨提出異議。將收條數張寄還紀彬，請交文化服務社。

————————

① 編者注："關係"，原誤作"較係"。

所羅門群島美海軍進攻。

十二日，晴。繼續寫《東西文化及其哲學》書評。接顧逸樵爲母壽徵文啟。

十三日，陰，偶雨一陣。將晚有風。恩榮來談。並送宣威火腿一。下午翻閱《中國美術工藝》《美國史》等。印度繼續騷亂。

十四日，晴。早晨頗寒。繼續寫《東西文化及其哲學》的書評。下午康農來。住下。談過十一點乃寢。接尚愛松信一封，所中接英庚款會復函。

十五日，晴。同康農到松花塸。因日光甚好，入水一浴，甚爲痛快。入小飯鋪吃麵及餛飩，共費國幣十七元五角。返，庶務課派人來言絡索坡房中軍人已搬去，問本所何時搬，答以明日即搬。接長兄信一封。鄉間不雨，至深憂念。

十六日，開始搬移。午間余購一雞，雨樓購肉，仲和購酒，與康農飲兩三杯。彼午後歸。下午勉仲來談。接桂恒信一封。

十七、十八兩日，繼續搬移。十九日，因用人未找好，暫停。二十日，再搬，余亦移居。二十一日，上午，余再往黑龍潭一看。搬畢。二十二日，整理一切。二十日下午大雨。二十一、廿二兩日將明時，皆大雨。接全暇信一封，康之信一封。十九日，英美軍在法第厄坡登陸，但僅爲試探性質，越二日又退出。

二十三日，陰晴不定。步行到龍頭村，訪錫予。後將訪芝生，但時已十一點半，遂歸。接平家信一封，參政會轉來幼僑等賀電一。康之信一封。

二十四日，陰晴不定，落雨數點。上午閱報。巴西對軸心國宣戰，爲南美參戰之第一國。但巴西爲南美第一大國，人口、地域,皆得其半,希望他國亦漸行加入。且智利近因德擊沉其商船,邦交甚緊張,或不久亦將宣戰也。我軍克復鷹潭及玉山。下午寫吉忱信一封,平家信一封。接大壯信一封。

二十五日,氣候如昨。寫桂恒信、六姊信共一封。康之信一封,建功信一封,燕生、友梅信一封。我軍克復臨川、餘干、玉山、常山等處。

二十六日,氣候如昨。翻閱《宋元學案》。晚劉參謀長來談。

二十七日,時雨。仍翻閱《宋元學案》。晚吃餃子,嫌稍多。

二十八日,晴。仍翻閱《宋元學案》。下午鍾遼送來信一封,邃青致芝生,蓋前余欲離院回豫,芝生爲致函於河大當局,故邃青來函勸駕。後九峰來談。同之到芝生寓,請其電復邃青,言余仍留院,未能返。又訪夢家,不遇。歸。臨照同黃君來訪。黃,湖北公安人,在聯大教物理。晚又同黃、錢談。黃雖研究物理,而對古史頗具興趣。

二十九日,晴,有雲。接蛟信一封,文青信一封。又接睸鎮紳民公啟一,係告灾者,殊深憂慮。下午臨照請休士喝茶,請余等作陪,乃休士因到重慶未能來,僅黃君、功叙及所中同人而已。臨本請有劉參謀長,乃劉晚餐,後始來,仍往談。人言衢縣已開復。

三十日,氣候如昨。昨晚因喝加非兩杯,眠甚惡。上午往唐祠,訪辰伯,據言已搬入城內。下午閱《第二次世界戰爭》。錫予來談。晚仍閱前書,畢之。書爲日人石丸藤太著於一九三六年夏。對於世界形勢分析明了。結論頗不喜其軍閥之黷武主義,而言一九三九爲大危機之年。七七事變,並非彼所希望。世界大戰竟如其言始於一九三九。彼分析歐洲低氣壓區域,竟未念及捷克，是則本出意外，未能怪彼之疏忽。彼警告其軍閥，謂其國勢頗似上次大戰前之德國，則尚屬難得。克復衢縣證實。松陽、麗水亦克復。

三十一日，晴。早晨及上午頗寒。晨起時十六度。翻閱《司馬溫公集》。寫潤章信一封。

九　月

一日，晴。因信差尚未規矩來送信報，往與雨樓談，因言辦公處外視各所爲不合，雨樓不服，斥之。規定信差每日到潭後來所。終日氣未能平。删改紀念中孚先生文，定名爲《中孚圖書館成立獻言》。下午德昌進城，托寄河南農工行二百二十元。接糜岐信一封，長兄信一封。

二日，有雲。寫胡善樵信一封，請其以二百元寄相遠。寫淑玉信一封，樂夫、春書信共一封。爲房東寫季康信一紙。下午寫文青信一封，長兄信一封。

三日，有雲。上午，補足長兄信。季康來。下午繼續寫比較中西文化文。晚頗燥。

四日，晴，昨夜睡不佳。繼續寫比較中西文化文。接兼恕信一封，樂夫信一封，尚文信一封。

五日，晴。繼續寫比較中西文化文。晚頗燥。

六日，夜中幾全不眠，中夜大雨。日中陰，時雨。下午魏明經來談，催其早去，因恐多談妨今夜睡眠也。

七日，有雲，有雷，然不雨。繼續寫比較中西文化文。接福熙信一封，潤章信一封。潤信言九日未能趕回，請余及慕光、洪波主持紀念會。下午三點餘到黑龍潭，與慕光、洪波商議後日開會秩序。

八日，晴，續寫比較中西文化文。

九日，晴。九點餘到黑龍潭，十點開會。余除報告本所工作外，有講演一小段。聚餐後同士林及一桐城王君來小談。

十日，晨六點餘，落雨數點，後晴。繼續寫比較中西文化文。接參政會七月份薪水。接潤章信一封，尚愛松信一封。尚在宣威，因汽車翻受傷，來信請款養傷。寫一字與仲和，請其先支五百元寄去。

十一日，晴。繼續寫比較中西文化文。

十二日，晴。早晴，忽悟得天厚的人民，可使其能力稍降，但能使其心境寬平；得天較薄的人民，可使其能力增高，但其心境究嫌狹隘。前者如我中國，後者如西方各國。繼續寫比較中西文化文。

十三日，時雨一小陣。早餐後，騎車到龍頭村，見錫予，同訪游澤承，不遇。又同到研究所圖書館，訪之，又不遇。訪芝生談。歸，午餐。後閱報。九峰來談。

十四日，晴，繼續寫比較中西文化文。晚餐後劉參謀長來談。大便帶血。

十五日，晴。翻《管子》，繼續寫比較中西文化文。接紀彬信一封，參政會信一封，內僅末張，前張遺漏。省政府秘書處轉參政會電一封，河南省災情調查委員會一封。大便仍帶血。

十六日，晴。翻閱《西洋古代史》。接胡善樵信一封。大便仍帶血。

十七日，晴。仍翻閱《西洋古代史》。

十八日，晴。仍翻閱《西洋古代史》。此二日大便仍帶血。

十九日，晴。仍翻閱《西洋古代史》。寫尚文信一封。

廿日，有雲。近日睡眠不甚佳，需要休息。下星期內當再寫文三四千字，以完本年十萬字之數，今年即不再寫長文字矣。早餐後騎車到龍頭村。訪芝生，同訪劉參謀長。劉留午餐。在坐者有一郭君，山東濰縣人。一許君，及湯薪蓀夫婦，湯，吳縣人，其夫人福建龍溪人，皆留法學生。郭、湯均在法 Rondon&Co. 服務。王參謀夫婦。出訪端升、龍蓀，不遇。歸。聞有一丁君來訪，不遇。接平家信一封，日期爲五月八日！上次接信爲七月八日，而前兩月之信，今日始到，可異也。

二十一日，陰雨。室內溫度終日不過十八九度。

二十二日，仍陰，時微雨。溫度如昨，晚有晴意。寫平家信一封。接《歷史語言研究所集刊》一本，翻閱兩篇。

二十三日，夜眠不佳。劉參謀長請吃晚飯。在坐者，有夢家夫婦、薪蓀夫婦、張處長；外有一女士。余因先飲啤酒，後飲五加酒三四杯，遂醉，大吐。劉以汽車送余歸。接參政會信一封，蓋補前信也。

二十四日，後半夜全愈，今日毫無病酒意。細思，始悟乃烟之爲祟，非酒也。下午遲習儒、何山舟來談。劉參謀長命軍醫處耿君河北唐縣人。來問余病酒狀，厚誼足感。今日爲廢曆中秋。中午聚餐，請淑珍之夫王君爲客。晚余備月餅及梨，以便賞月，因寓中無待月處，乃往唐祠。然月僅見一二次，每次三兩分鐘而已。光學工場亦請賞月,以有雲辭之。

二十五日,上午劉參謀長及薪蓀同來,問余前晚病酒狀,更深感荷。

廿六日,下午,九峰來談。

二十七日,上午到雨樹村及工場一帶一游。到山上,有風有日,披襟當風,痛快異常。下午淑珍同丁則良來談。丁係清華歷史系畢業,與同系諸君辦一五華中學,請余寫校牌。以不善書辭,不得。今日聞農人言尚需雨。

二十八日,下午莘田來,請余爲北大文科研究所講演,允爲講帝俊的神話。潤章已歸,約各研究員往談,遂往。聞威爾基到蘇俄時,蘇並不甚歡迎,蓋蘇怪英美之援不力,而美又以一使者塞責也。對於物價,尚無辦法,殊爲可慮。

二十九日及三十日,因精神不佳,未大工作。三十日下午潤章來,未遇。

十　月

一日,翻閱《明史·選舉》及《職官》兩志。

二日,翻閱《宋史·選舉志》。

三日,爲丁則良寫校牌。仍翻閱《宋史·職官志》。接恩榮信一封。他說河南大旱,大批難民南逃,桐河也有多家離鄉,此爲從前未有之事!又聞魯山有民變,方定中遇難!希望所聞不確。但河南情形,實極危險,殊堪焦慮。接到《旅行雜誌》一本,略爲翻閱。

四日，晴。早餐後，騎車到龍頭村，訪湯薪蓀，不遇，見其夫人。少坐出，訪夢家，遇查□□①，與談，彼甚悲觀，夢家亦不以爲然。欲出訪芝生，遇澤承，問知其移居隔壁，遂往談。已將午，乃歸。從夢家處借來張蔭麟所著之《中國史綱》一本。李文紹病腹痛，終日呻吟。晚餐後，訪五十四軍軍醫處耿君，欲請爲醫治，彼已進城，一張君保定人。携來，一視□□□②片，然終不愈。晚翻閱《中國史綱》。

五日，晴。近二日溫度較高。再閱《中國史綱》，畢之。此本僅至漢。內關商周社會制度部分，可取處不少。通叙事變部分，不甚佳。薪蓀來談。

六日，晴。上午到院中訪潤章，不遇。將上月薪金取回。晚借給房東陳老太太五百元。下午略翻古史埃及部分。騎車訪澤承。

七日，晴。上午錫誠參謀長及薪蓀到錢家，往談。錫誠給予照像數張。派德昌進城購曲煥章白藥以備贈五十四軍。再訪潤章，談。接鵬外孫信一封，彼又因與同事起衝突，改業，殊深惋嘆。下午九峰來。托彼請其廟尼作長衫。愛松到，彼傷已漸好。接開明書店請柬一。

八日，晴。將《中孚圖書館成立獻言》抄出，並於紙後寫文濤信。接淑玉信一封。

九日，晴。與愛松一談。魯鴻瑾來，亦與略談。接參政會信一封。桂恒信一封，民有鄉鄉公所呼籲函一。二函皆言灾情甚

①編者注：原於"查"後空闕二字。
②編者注：原稿此處約三字無法辨識。

重，焦慮異常。因桂恒言家中秩序甚不安，寫信與季芳，請其暫不歸。又與三姻嫂信一紙。晚接守兢場長請吃晚飯，並觀話劇。

十日，晴。臨照請休士吃午飯，請余作陪。在坐者有錫誠參謀長、薪蓀，一貝君，吳縣人。一□君①。杭縣人。四點餘，到黑龍潭。同慕光及其全家，乘機器場汽車到場，晚餐。在坐者除守兢夫婦外，僅余及慕光二人。所演者爲《北京人》。此劇本余從前未看，寫的大致尚佳。演的亦到水平綫上。歸已十二點許。

十一日，晴。午餐後，訪錫誠參謀長。後訪芝生，亦遇錫予。

十二日，早往作紀念周講演。講歐洲的文藝復興，僅開一頭。接從吾信一封。言十五日講演前有一史學界人坐談會，請余參加。

十三日，下午王玉哲來談。仍係從吾囑彼來談坐談會事。

十四日，下午夢家及澤承來談。接鴻庵信一封。寫潤章信一紙。爲支錢買米事。

十五日，騎車，進城，先到中航公司，問飛機票，據言十九日可有機位，但允許書尚未接到。往問張鍾麟，則彼因近日城內抓壯丁甚急，藏匿無踪！老華不知其住所，須俟老陳下午進城後，始能知之。到美的小食堂午餐。家常餅二，燒餅二，鷄絲麵一碗，燴鷄雜一盤，價二十八元五毛！到靛花巷，見從吾，同往坐談會。到二十餘人。遂在彼處晚餐。又往講《關於帝後的神話》。畢後，同從吾到黃公東街，問，仍不能知張君所往，遂決定重新辦手續。遂返靛花巷，宿於錫予床。與澤承同室，談頗久。

①編者注：原於"君"前空闕一字。

十六日,莘田約余及芝生早餐,價二三十元! 後同莘田往訪雪屏,請其設法早日得允許證。回靛花巷訪毅生,未遇。出到中航公司告以經過。彼言檢查處某處長在此,可與一見,遂與談,承允將"單子"送至公司,即可啟行。回靛花巷,吃客飯。因吃客飯者有四人之多,遂致多人立食! 少眠。又到黃公東街一問,遂歸。接五十四軍軍長黃維請柬一。

十七日,晴。夜間雨數陣。派德昌騎車進城,取單子,送至中航公司。到辦事處,借支本月薪水千二百元及參政會上月薪水爲路費。又與潤章略談,將彌勒縣建橋捐款百元送與嚴太太。下午九峰送來新作長衫一件。同院中各研究員赴黃軍長請。黃赴重慶未返。其夫人蔡若曙女士及錫誠參謀長代東。除本院同人外,有休士及法人穆士琦,尚有女客多人。步月歸。

十八日,上午檢點行李,下午乘公共汽車進城。車上遇錫誠參謀長,代出車價。下車後本欲住雲南招待所一晚,往問無房間,乃仍雇車往宿於靛花巷。與秉璧、子水談。

十九日,早,往中法,晤喜聞談。到中法寄宿舍,晤康農,亦晤文淵。康農約在彼處午餐,文淵派訓練班一職員往代購票。康農同到靛花巷取行李。午餐未竟,代購票者返,言尚需像片,且時已到,乃雇人力車往站。不久即到機場。同機往渝者,有趙公望等。到渝,因未預先通知會中,故無人接。坐轎登岸後,無人力車,自携行李走半里後,始得車。到會,報到。暫宿於新運會第三宿舍,與公望同室。

二十日,起,寫白鵬、建功、紀彬三信。往訪善樵,問同鄉他參政員,知尚未至。到上清寺,訪吉忱,遇孟真、希聖、次簫。見沅芷夫人。在彼處午餐。歸寓，移居二宿舍。晤孔静庵。同往軍委會應秘書處茶話會之約。歸，李漢珍來談。鵬外孫來談。晚紫崗來談。聞燕生、海涵等已到，住四宿舍，同紫崗訪之，未遇。

二十一日，晤人甚多，未能記憶。僅記紀彬來談。晚有預行警報，往軍委會防空室避。後聞或有誤會，非敵機。二十二至三十一日開會。本屆報到者二百一十餘人，出席最多時，達百九十餘人，提案至二百五十餘案，皆爲前此所未有。此次大家所注意之中心問題爲物價問題。關於此問題所提出之案已有一二十件。余此次本無意提案，然後亦提一組織特別法庭、發動社會制裁力案。余又因注意此事，乃加入第四組審查會。此組即有案九十餘件，兼之秀才造反，議論紛紜，三四晚皆至十二點後始散會。然自首領所提加强管制物價方案在會中一致通過後，大家所提方案，不過可備參考。首領所提方案，應有幾云盡有，但獎懲方面未曾言及，希望施行後得隨時補救。河南大災甚爲嚴重。而軍糧應徵數，兩次核減，仍存二百八十萬石，絕對徵不起，却予鎮區長以虐民之機會。查災專使未返，求免亦難措辭。熟思未得法，僅能仰屋興嗟！余個人毫無材能以救鄉人父老之餓死，惶愧無地！會中對於運輸統制局及賑濟委員會，甚多抨擊，爭論頗烈。當事者亦自有若干困難，但其辦理腐敗，自亦無庸諱言。經此抨擊後，或能稍減其腐敗之程度乎？

十一月

一、二日，應各方招宴。于院長、驪先、阿旺堅贊、立武、吉忱諸人。洗澡。曾訪稚老及詠霓,皆不遇。本意三日往白沙,忘早購票,人言無票不能登船,遂延至四日。二日及三日朱啟賢來談,彼對於教育頗有改造之意,與余有相同處。因欲辦一刊物鼓吹此事。同往訪郃爽秋、陶行知,皆不遇。三日晚,移駐於太平門附近旅館中以便翌早上船。啟賢爲余定旅館,鵬伴余來。時微雨。啟賢略談去。余與鵬擠在一床上,略寢。

四日,三點餘起。仍微雨。鵬送余至船上。將明船開。然船屢拋錨,將至江津,不能爬上東門外大灘,遂停。下船步行六七里,途中遇一女師大舊生,告余以名,余又忘之。入城,宿於江津大旅社。往碼頭,招呼行李換船。四川旅館中之幺師,僅知要錢,不肯爲客人作一事!以比北方旅館中之茶房,相差極遠,殊爲可惡。

五日,三點餘,客人呼茶房起,茶房尚未願動!余大聲叱之,乃起。昨晚曾問言有洗臉水,今早則無有!上船。與一劉昭平君遇。劉係軍政部第十六後方醫院管理主任。與談,知傷兵之苦痛。九點餘至白沙,碧書在岸上等候,遂同往。見建功及至。乃到校未在家,卓如上課未返。建功與之帶信,始冒雨返。魏女用人去,碧書每早未明即起做飯,小孩又不肯熟睡,日夜忙碌,殊爲狼狽。建功在女師院教書,每月收入尚不敷二百元!希望新辦法早實行,或可勉強敷用也。

六日,因飛機票定於七日,故今日必須回重慶。未明即起,早餐後,建功、卓如、乃、至送余登船。過午至重慶。未去前即命鵬至兩路口社會服務處定房間,因距機場較近。至後乘人力車往,鵬迎言該處無房間,改住於僑聲招待所。午餐後,稍息。同鵬到

會中,取飛機票,則聞起程期已改八日。又同到中央銀行樓上見
虞虞,取回前托彼所取之款,並請其將一千元寄與建功。出到過
街樓,乘公共汽車返。晚餐。後,別鵬,訪昆吾夫婦於飛來寺。彼
新自香港逃歸,多年積蓄全失。尚未得相當職業,情形頗窘。接
香亭夫人信,言彼夫在育德中學任教,忽被捕,祈救援。閱報知英
軍大破德軍於埃及,正在逐北中。

　　七日,大霧。早餐後,擬往國史館,往七星崗候車,遇馬毅同
事。彼先登車,余候至將午,車未至,遂返。午餐後,歸寓小眠。
出到中央圖書館,訪慰堂,亦遇錫永。慰堂是晚請客,即留余等二
人同席。托彼僕人打電話問明日飛機往昆明起飛鐘點,答言四點
半須至飛機場。出訪吉忱,未遇,見宗怡。取回托彼所代購紙。

　　八日,三點餘起,到機場,則遇同人甚多。問,始知此機先飛
成都,歸後大約十點始向昆明起飛。昨日圖書館僕大約忘提昆
明,故致此誤。余送諸人赴成都①後,又上岸早餐,到南區公園小
坐。此時仍大霧。八點過後,返機場,遇隴體要及周梅蓀,爲同機
赴昆明者。熊國藻、王德芳亦來送客。啟賢專來相送。十點許起
飛。一點許至昆明。因客人入城者少,場中辦公人擬同返,故在
場候車一點餘。至站,別梅蓀,雇車到黃公東街將行李留彼處,以
待信差後日背回。余出雇車,大部不願往絡索坡。一人願往,則
索百二十元!余不得已,乃往小東門,搭一往磁埧馬車。至白龍
潭下,步行歸。接蔡麟筆信一封,桐河鄉人告災長信一封。

　　九日,陰,時微雨。早臨照言,今早紀念周已改十時,潤章本

――――――――――
①編者注:"成都",原誤作"昆明",據前後文改。

約彼講演，但恐大家皆願聞重慶新聞，故望與余交換。已允之矣，然因無錶，不知時，去時以爲尚早一二十分，但到時則已晚半點，臨照講已將畢也！與潤章小談，歸。下午酣眠。秉琦交來淑玉信一封，尚文信一封，桂恒信一封，從吾信一封，英庚款會信一封，春書信一封。

十日，陰雨。再往黑龍潭，取上月薪金，且與潤章談所事。下午寫樂夫夫婦信一封。潤章言聞廣播言美軍在北非亞爾日里登陸，好消息也。接進協自貴陽來信一封。

十一日，仍陰。整理什物。中午王永興來談。接平家信一封。

十二日，睡甚惡。今日有晴意。翻閱北大文科研究所論文《言意之辨》《王命傳考》《彭大雅事輯》數文而已。秉琦言今日報言德、義軍入自由法國。

十三日，漸晴。接健則信一封，內附禎祥信一封，爲桐河鎮長申仲翔辯護。接中央圖書館信一封，英庚款會信一封。下午寫淑玉信一封。今日報言貝當已逃出維琪，或言其將至北非；又有言法在突倫艦隊，已逃往北非，皆未知確否。今日派德昌進城，給春書寄一千元。匯費五十一元。

十四日，晴，有雲。寫桂恒信一封，接恩榮信一封。聞英軍已進取多布魯克。

十五日，晴，有雲。接潤章信，命余明日在紀念周報告參政會開會及重慶近況。下午騎車到龍頭村，訪芝生。擬同爲香亭寫李涵初一求救援信，芝生執筆。但因車撒氣，歸時不能騎，恐晚，遂不等寫畢，即先歸。

十六日,陰,有風。上午在紀念周報告。下午再騎車到龍頭村,發李涵初信。

十七日,陰,天氣頗寒。下午寫平家信一封。

十八日,陰,天氣頗寒。下午寫鴻庵信,未完。

十九日,晴,騎車進城。訪康農,在彼寓午餐。出訪從吾,亦遇澤承、莘田等。同從吾訪邵心恒,未遇。到中法,訪喜聞。亦遇海帆。歸。美海軍在所羅門群島,大敗日軍。

二十日,晴。薪蓀來談。在寓午餐。下午始去。翻閱《西清古鑑》及《續鑑》。接慕光信一封。

二十一日,晴。今日報載英軍再入班加西,是已完全恢復敗前陣地。然今日軸心軍兩面受敵,大約不易在北非強支持矣。蘇聯在高加索中部亦敗敵軍。接膺中信一封。

二十二日,晴。有風。上午步行到龍頭村,訪錫予小談。歸午餐時,澤承來談。接達三信一封,桂珍信一封。

二十三日,晴。上午到黑龍潭作紀念周,仍繼續講演文藝復興。接鵬信一封,詠霓信一封,振濟委員會信一封。

二十四日,晴。睡不佳。上午閱報而已。下午騎車一游,將至金殿而返。

二十五日,晴。睡仍不甚佳。夜中醒時頗百感交集。昨日報載,蘇聯軍大勝。德軍損失四萬人,外三十餘萬大軍有被截斷之虞。接丫頭及斧子信一封。

二十六日,晴。睡稍愈。接炳熺信一封;星甫等電一封,仍爲申仲翔事,頗屬棘手。早晨大霜,室中僅八度而已。日中頗暖。

二十七日,早晨仍八度。晴,有風有雲。接膺中信一封,紀彬信一封,皆答之。報載蘇聯殲及獲德軍七萬餘人。翻閱《章實齋年譜》。

二十八日,晴。晨室內七度。接參政會信一封。翻閱《邵念魯年譜》及《朱筠年譜》。下午騎車到龍頭村,訪芝生。遇休士及英人二人。以星甫等電示芝生,請其再函兼恕,談申仲翔事。

二十九日,氣候如昨。薪蔗來談。同所中同人出過雨樹村、竹園村,登三仙山一游,尚未抵最高處。歸兩點餘。九峰來談。康農來談,晚遂留宿。

三十日,氣候如昨。爲康農所藏之伯止鼎作一跋。發南陽專員、唐河縣長及兼恕電一。午後康農歸。翻閱《呂晚村年譜》。

十二月

一日,氣候如昨。翻閱《劉宗周年譜》。下午芝生來,濟之來一信,附於彼信中。

二日,氣候如昨。寫鴻庵一信,濟之一信,平家一信。

三日,氣候如昨。寫文青一信,潤章一封。翻閱《左傳》杜氏《集解》。

四日,陰,後漸晴。仍翻閱《左傳集解》及《西洋中古史》。

五日,陰,時霏霧絲。天甚寒。翻閱 Breasted 的《古代史》。接參政會信一封,淑玉信一封。慕光信一紙,言明日午間由聯大、雲大、中研、北研四文化機關歡宴英議員訪問團於雲大,命余同進城作主人。

七日,上午陰,下午漸晴。一中法學生來,仍係接洽十日講演者。早餐後騎車進城，先到中法，見喜聞，據言英訪問團尚未到昆明，甚詫異。然今日報上仍未言，則係真實矣。到黃公東街，遇慕光之長公子，言熊校長來約其父到飛機場，則當係今日到。恐到後仍宴會，乃到雲大問，則事務課並未定菜，知已改期，遂出，到味林午餐。往靛花巷，見莘田，問十日進城住宿事。遂歸。晚接慕光昨晚發信告改期者，乃信差誤事遂至空走一次。

七、八、九三日，皆陰，寒。翻閱《西洋中古史》及布氏《古代史》而已。接私立北泉圖書館信一封。

十日，夜中有風。早起，則大雪紛飛，地上皆白。雖十數分鐘即止，而到滇後四年，此爲第一次大雪矣！上午仍讀布氏《古代史》。下午騎車進城時，有晴意。先至中法，將車寄下，出訪康農，未遇。夏夫人堅留吃二雞卵。出，到味林晚餐。再到中法，見膺中、喜聞。今晚講題爲略論中西文化之特點。共講兩點半鐘。宿於靛花巷從吾室中。

十一、十二、十三三日，皆晨晴，有霧，霧上升轉陰，因寒。下午轉晴。負暄甚佳，但室內溫度不過十度。十一日早，許峻齊請到簡而潔吃早餐。此鋪新開，主人爲南陽人。後騎車歸。三日內，翻閱《西洋中古史》《劍橋古代史》等書而已。十二日，九峰來談。十三日騎車訪錫予，請其將余所寫論中西文化文校閱一過。中午孟和之女公子來找箱子。敵人在騰衝附近蠢動。

十四日，天氣如前數日。工作亦如前數日。下午整理書案。

十五日，晴，有風。改所抄玄伯文中之錯字。接倉亞信一封。派德昌進城寄樂夫千元，淑玉五百元。今日報載隆默爾軍已退出艾爾阿吉拉。

十六日,晴,有風。寫學術審議委員會信一封,告以建功已早去昆明。寫善樵信一封。夢家來談。接康農信一封。美軍入布納。

十七日,晴,有風。薪蓀來談。寫簡則及諸鄉人信,未完。

十八日,微陰,有風。余下午覺腳寒,然室中溫度尚達十三。翻閱《劍橋古代史》。

十九日,夜開窗,晨室內尚有七度。仍閱《劍橋古代史》。接乘風、鵬外孫信各一封,慕光信一紙。

二十日,晴。上午復乘風信一封。下午錫予來談。臨照送來今日報,言英軍向緬甸進攻。但巴黎廣播則言日軍向印度進攻。

二十一日,晴。仍閱《劍橋古代史》。

二十二日,晴,有風。仍閱《古代史》。接桂恒信一封,潤章信一封。

二十三日,晴。仍閱《古代史》。下午續寫簡齋信,仍未完。

二十四,晴。仍閱《古代史》。接教育部信一封。

二十五日,晴。翻閱《讀通鑑論》及《尚書引義》。

二十六日,晴。翻閱《十九世紀歐洲思想史》。上午夢家來談。接燕生信一封,文濤信一封。

二十七日,晴。同愛松往龍頭村,訪錫予,又訪芝生。再交芝生房租千元。芝生留余午餐。又少談,乃歸。接善樵信一封。

二十八日,晴。下午胡英來談。胡,北平人,前在世界語專校曾從余受課。交來前所預約之《天一閣書目》兩部,所中一,余私人一。及守和信一封。接鵬外孫信一封,允利公司信一封。

二十九日,晴。派德昌進城獻元旦勞軍金三百元,購六味地黄丸及糖果諸物。糖果備送錢家小孩。但德昌往問，因無元旦勞軍名，又將款帶還！上午翻《西洋中古史》，下午翻杜威《哲學的改造》。

三十日，晴。上午仍翻《中古史》。接淑玉信一封，唐河救灾會信一封，係致芝生及余之公函各一，告推余等爲委員者。下午將參政會寄薪收條填好，封上未發。餘時仍閲《西洋中古史》。

三十一日，晴。有風有雲。仍閲《西洋中古史》。接英庚款會信一封。將教育部所寄建功之書寄與建功，然竟將原信失去，可恥也。不得已，另寫信告之。近日蘇軍進步頗速，或能將德大軍後路截斷乎？

一九四三年

一　月

一日，晴。本欲到龍頭村一走，因臨照約到松花壩野餐，遂未能往。到壩前，北大文科研究所六君來談。内石、尹、二王、高，餘一未知姓。到壩者，本所余與愛松二人，外臨照夫婦、小孩及其弟；鍾盛標兄弟二人，林友苞；外尚有物理所同人一。接中法中學信一封。九峰來談。

二日，晴。仍閲《中古史》。今日房東爲新房行奠土禮，磬笛嘈雜，跪拜參差，可謂盡巫術之能事。下午晤慕藺夫婦，談。

二日，晴。潤章自渝返，約上午十點鐘往談。同臨照往，外至者僅盛標一人。下午九峰、稼軒及爨君來談。稼軒新自麗江歸，購得麽些之東巴經約四千種。聞即購全亦不過五千種，但此四千種中尚有重份耳。索迷原無文字，現有新教之傳教士使之以拉丁字母記其語言，聞學習半年，即可記錄。古宗則爲啦嘛教。其文獻稼軒並未搜集。彼尚拓有鶴慶高土司之墓碑，漢文，叙其家世頗詳。此高即大理國相之高，故頗爲重要。迤西土司以此高及麗江之木兩家爲最大且久，且漢化頗深。問是否聞從前有虐待部民情事，答未知。僅聞其從前禁止部民學習漢文及讀漢書，又禁不得衣棉，僅可衣麻。高氏譜自言來自江西，然余覺其言未足爲典要。接春書信一封，尚文信一封，紀彬信一封，二哥電一封。電仍爲鎮長事，殊令人頭痛也。

四日，微陰。上午往黑龍潭作紀念周。接燕生信一封。據其所言，則吾鄉灾民方困斃於飢餓，而救灾方面，尚似有爭贓分肥之舉動，殊堪痛心。下午復一信。並爲玉瓖寫保證書一紙，寫①向辰介紹信一紙。

五日，有雲。因昨日瑞珍②言羅馬有奴隸兵，頗異之。今晨問其何出，答言見之於吉本之《羅馬衰亡史》。乃騎車到龍頭村芝生處，將書借來，命之代查。寫鵬信一封。下午寫建功信一封，紀彬信一封，胡英來，將圖書館中之《羅馬與中國》英文。見借。翻閱數頁。晚淑珍已將奴隸兵節檢出，因亦閱數頁。今日聞蒜村南有截路劫財者！

六日，有雲。下午風轉東北，天氣頗寒。寫平中五小孩信各一紙。翻閱《羅馬衰亡史》。接淑玉信一封。

七日，早晨大霧，後晴。上午十點開院務會議，通過聘英人倪丹、寅恪、從吾爲本院通信研究員。後二人爲余所提出。在院午

---

①編者注："寫"，原誤作"向"。
②編者注："瑞珍"，疑爲"淑珍"之誤。下文"淑珍"原作"瑞珍"，作者改爲"淑珍"。

餐。翻閱徐世大所著之《周易闡微》。接河南旅滇同鄉會、啟賢、雲南大學信各一封。雲大函係聘余爲西南文化研究室名譽研究員。

八日，晴。寫守和信一封。下午翻閱《羅馬與中國》。接香亭信一封。

九日，晴。接英庚款會信一封，鴻庵信一封，雲五信一封。雲五信係告下午三點開會商議成立經濟動員策進會者。午餐後，騎車進城到商務館，雲五未歸，見趙廷璧略談。雲五歸，談。後同至省黨部，公望及一張君先在。到會者共八人，曉籟則今日從渝趕來，初下飛機者也。雲五報告中央意志及近日接洽經過情形，大致順利。已決定十一日，招集各界開談話會，十四日開成立會，遂歸。至已黃昏。夢家派人來取稿件，未遇。

十日，晴。甚暖。將晚，風轉東北，遂又變寒。早餐後，騎車到龍頭村，以啟賢信告之。借來 The Thoughts of the Emperor M. Aurelius Antoninus 一本，Marcus Auselius 一本，往訪夢家，未遇，將稿件交與其夫人而返。下午翻閱《奧來呂帝之思想》。

十一日，陰寒。上午往作紀念周。下午騎車進城。今日經濟動員策進會召集各界談話。

十二日，漸晴。接到《旅行雜誌》一本，稍加翻閱。文淵來談。下午四點餘去。晚餐後，蒜村學校所在之廟大火，與同人往觀。本地人不知用土壓，僅恃不救近渴之遠水，故救護無效。愛松取土往壓，彼等始知仿效，然已太晚。幸不延及前後殿，西房燒盡，即止。接平家信一封。

十三日，晴，有風。續完簡則信。

十四日，晴，有風。接鵬信一封。下午騎車進城。今日有預行警報，旋解除。經濟動員策進會開成立會。接宋希濂、李根源信一封，係請講演者。文蔚雄請柬一。_{文未知何人。}

十五日，晴，有風。上午看報；下午翻閱《旅順實戰記》。此書一名《肉彈》，余久聞其名，今始得見。譯筆不佳。然可見日俄戰爭時慘酷之大概。

十六日，晴，有風。寫雲五、曉籟信一封，達三信一封。九峰、稼軒來談。閱《哲學的改造》，畢之。

十七日，晴，有風。上午同愛松閑談。下午騎車往龍頭村，訪芝生，始知文君爲第十一軍集團軍辦公處處長。遂同訪錫予，不遇。

十八日，晴，有風。下午騎車進城。見文淵，同訪文君，不遇，文淵留一字。出到中法宿舍，訪康農談。借得《資本論》三本，遂歸。晚少翻閱。接雲五、曉籟信一封。楊蔭南請柬一。_{楊亦未知何人。}

十九日，晴，有風。上午翻閱《中國歷史教程》。此爲日人佐野袈裟美以惟物史觀研究中國歷史的著作。歷史科學本爲經驗科學。言其爲經驗，即言其從各部分的研究中所提出之結論，很難一致；更精確地説，必須是大同小異的。求其大同，固爲人類精神所傾向着的最高目標，但求其小異，始爲歷史家的真正領域。且小異之小不過比於大同之大而見其爲小，實在其差異也頗能大得驚人！時不相同，地不相同，生活條件不相同，則其變化時間所遵守之規律，亦不能完全相同。研究歷史者必須由其所研究部分之自身，一點一滴地抽出其規律，始可謂真正的規律。但在某一定時期，某一定地方，一種經驗科學開始研究時，必取他時及他地較進步之研究作比較，結果常有以此較進步研究之結論强套於一時不同、地不同、生活條件不同之社會上之傾向。此亦學術進步時所必經之階段，殊不足怪。但此强套的階段不早抛棄，經驗科學即不能自由發展，不能有得真正規律的可能性。人類的歷史本頗貧乏：較完備者，本只有我國及西洋之二大支。馬克斯諸人處十九世紀西洋學術昌明之際，以其極敏銳之眼光，對於西洋社會中之一極重要現象——經濟——作分析，實可謂驚人之大發現。以比我國之歷史，亦有一部分之相同處，本自不誤。但今日我國及東鄰學者，實尚未能超過强套之階段。佐野氏此書即可代表。因西洋資本經濟之前期爲封建社會，而中國亦須循同樣的道路！又因中國直到現在，資産經濟尚未發展，而自秦至清遂成爲封建社會！又因終不太像，因創造出來"官僚的中央集權的封建制"的怪名詞，後二詞在西洋文中，自相矛盾，而東鄰之學者不及覺！我國之學者乃亦不及覺而譯之！吾常謂我國之國民性爲"慢騰騰地"，然欲超過强套之階段，其慢固至此乎？可嘆，可嘆！下午翻閱《資本論》。因余個人之抽象能力不高，讀其第一卷時，殊感困難。

二十日，晴，有風。上午仍翻閱《資本論》中之機械與大工業部分。此篇抽象理論較少，比較容易。下午薪蕘來。後騎車進城。開策進會之坐談會。始知楊君爲會中同人。彼堅留晚餐，然因晚歸不便，謝之。報言列寧格拉德圍解。寫伯蒼信一封。

二十一日，晴，有風。上午仍稍翻閱《資本論》，下午閱報而已。今日忽悟西洋人所常談之"爲科學而科學""爲藝術而藝術"

"爲……而……"等，與其進步迅速及社會不够穩定有極密切之關係。蓋所謂"爲……而……"者，即專精一事，不顧一切，加緊進行之謂也。因加緊進行，故進步迅速；因不顧一切，故社會頗難安定。又悟我國民性之"慢騰騰地"，開始固由於農業的影響，然因不排斥同化而同化力大，同化力大而易成大帝國，及成大帝國後，而須顧慮之方面更多。如此遂更增加其慢度。然因其顧慮甚多，進步速度極慢，故脚步比較平實。但此爲過去承平之時言之。今日賴不顧一切者所得之科學結果，可以利財用，可以便交通。交通一便，而社會改革亦不致有大震動及危側之勢，則我國今日急應大踏步進行以應急需。再"慢騰騰地"，或有落伍與被淘汰之患矣！接紀彬信一封。

二十二日，晨陰，後漸晴，仍時有風。寫康農信一封。稍翻閱《資本論》。下午整理書案，尋縣中各機關首領及尚文兩信，均不得，心甚抑鬱。近日余積未復信頗多，書案極亂乃大誤事！當力自矯正，勿再茌苒，始可望有起色耳。

二十三日，早醒，聞雨聲，旋止。終日陰晴無定，亦時微雨。寫復縣中各機關首領信，未完。接文淵信一封，文蔚雄信一封，皆言星期一即須赴大理，余恐不能去矣。接策進會秘書處信一封，《讀書通訊》二本，略爲翻閱，見寅恪所作《遼史補注序》，內言"僑寓香港，值太平洋之戰，扶疾入國，歸正首丘"，何其悲也！此公身體不佳，影響意氣頹喪，殊覺堪慮。余多年不作詩，然頗有强作一首策勵志氣之意，未知能成否也。報載近六星期中德人在蘇俄境內損兵七十餘萬！此數或有誇張，然亦足證其受創之巨。其北非兵已在突里波里退出，但英軍尚未開入。

二十四日，夜中，有風聲，頗大，亦聞雨聲，然終日晴，暖。春意殊濃。早餐騎車到龍頭村訪芝生，小談，即歸。到辦公處，見陳修和、雲五及其他多位。在彼午餐後，諸人去，余遂歸。

二十五日，晴。晨往作紀念周，因錶不準，到已較晚。歸途遇休士及道茲博士。後者新到，爲希臘文學專家。下午續完復縣中各機關首領信。英第八軍已入突里波里。蘇軍已入薩爾斯克及阿爾馬維爾，皆高加索重地。

二十六日，晴，有風。下午寫兼恕信。接燕生信一封，潤章信一封。

二十七日，晴，有風。上午翻閱《羅馬和中國》。下午接達三信一封，康農信一封，參政會駐會委員信一封。寫桂恒信一紙，清甫信一紙，季芳信一封。九峰來談。

二十八日，晴，有雲，時風頗大。夜睡眠不足，終日精神不佳。上午薪蓀來，彼明日將往重慶，爲之向詠霓寫一介紹信。下午僅翻閱《讀通鑑論》。攻斯塔林格勒之二十二萬德軍，現已僅剩一萬二千！羅斯福①與邱吉爾會於加薩布朗加。今日下午三點許有數衣軍服者劫人於三清殿後，李家墳旁！此地秩序之有問題如是！

二十九日，晨晴，然有北風，未幾陰。下午時雨。上午與秉琦談河南災況，秉琦勸余自請辦一部分賑務，適與余意合。乃寫信告燕生，並問其意云何。因今晚潤章請道茲，請余陪客，下午騎車進城。先到康農處少坐，出訪陳修和，不遇。本意明日往訪達三、

①编者注："福"，原誤作"德"。

春舫，但現已不遠，遂往。然因忘帶達三信，對於地名，記不甚清，繞道頗多，但終能至。二人皆不在家。及彼等歸，而天已將晚，遂歸，約明日再來。時微雨，然借着達三雨衣，歸。過二十二廠後，雨頗大，而車袋又漏氣，遂推往。昆明冬日如是大雨，四年內尚屬第一次。在坐者休士、月涵、勉仲、臨照、秉琦。被請者有從吾，然彼已歸宜良，未至。晚宿於康農處；談至甚晚，始寢。

　　三十日，晨，步行往清净寺。<small>車命叙明推往修理後，交與喜聞。</small>路中多泥。余曾滑倒一次。至後又雨，晚雷，大雨。決定明日九點半講演。

　　三十一日，仍時雨。昨日雨量紀録九糎，今日九糎三。今日講題爲黄帝與蚩尤之戰。約講兩點鐘。下午或能歸，然因不願宿城內，故又往下。

二　月

　　一日，上午仍時雨，下午漸晴。今日雨量記録仍九糎餘。訓練班今日行開學儀式，余與達三皆被邀講話。見一餘姚陸君。到春舫家，午餐。進城。達三送余入城。到中航公司，要表一張。又同訪子水，請其向核准者説項，請其早批。別達三，到喜聞處取車。歸，已過馬村，而車又出毛病，乃又進城命修理。到簡而潔，吃牛肉麵兩碗，尚佳。十八元。又宿康農處。

　　二日，晴，有風。騎車歸。下午閲報而已。接長兄信一封，桂恒信一封，鵬信一封，內有彦堂信一紙。恩榮信一封，陳柏森信一封。

三日,晴,有風。往黑龍潭訪潤章,至聞彼昨日下午因發熱進城。遂往取上月薪水。與同人談,聞海帆被盜,失物甚多。下午寫淑玉信一封,善樵信一封,銘賢信一封。接伯蒼信一封,燧初信一封。晚吸烟不合,胸中不適。未洗濯,即寢。

四日,晴。復燧初信,但信差未來,未送出。上午夢家來,送來稿費六百元。午間臨照請吃飯。除本所人外,有物理所鍾氏兄弟二人、友苞。去後,明經來談。昨日派德昌進城寄賑款三千元與重慶河南農工銀行,請其寄二百與唐河賑災會,寄其餘與桂恒。但因圖章不合,未能將上月參政會薪水取出,故未能辦。今日再命其入城辦理。

五日,晴。今日爲廢曆元旦。中午物理所請吃飯。在坐者,除同人外,有梅蓀、今甫、貽泰諸人。後又見勉仲。

六日,晨起時尚晴,但風從東北來,未久即陰。下午,又漸晴。早餐後騎車往訪夢家,遇子水。又同夢家到史家營,訪一多,亦遇佩弦。返夢家寓,午餐。出到海帆寓,遇劍秋、信之諸人。因近日睡眠及痔瘡情形皆不甚佳,請濟康爲余診視,開一方。乃歸。

七日,陰,寒。全冬所未上身之馬褂,今日亦上身!終日閑談,因寒不能工作也。接陶行知信一封,編譯館信一封,河南賑災會信一封。

八日,上午仍陰,寒,下午漸晴。少翻閱《資本論》數頁而已。

九日,仍陰,寒。上午步行到麥地村,訪錫予,談。德昌病,晚溫度三十九度六。給以阿世匹靈兩片,令服之。

十日,仍陰,寒,下午有晴意。翻閱《檢論》。善周來談,彼對河南黨派爭競情形頗清楚,余始聞之。報載蘇聯克復庫爾斯克,又言德軍已退出羅斯多夫。又美台維斯演說暗示希特來或已死去，意台氏由前數日德廣播臺廣播送喪曲而猜測。□□①年希氏不親讀說。此雖未必然，然希氏上臺十年，一帆風順，近日遭極大之打擊，且彼素性躁烈，亦非不可能也。接潤章信二。下午請濟康爲德昌診視，未來。彼早三十八度一，晚三十七度三。又給阿世匹靈一片，令服之。

　　十一日，仍陰，寒，下午漸晴，但晚仍有霧。早餐後濟康來，言昨日爲勤務所誤，故未來。遂爲德昌診視。今早彼熱已退。後同到黑龍潭，余訪潤章，談購飛機票事。亦晤海帆，聞中法又被盜，三顯微鏡被竊去。下午仍閱《檢論》。報載日軍退出瓜達加納爾島。蘇軍克復貝爾格婁德。此城離卡爾格夫僅四十英哩，中有山坡，據德方消息，蘇軍又已穿過。近日德軍退却殊速，內似有隱幕。如非希氏死亡，或係將士解體。前數日報言希氏將指揮權交還軍官，後未證實，或係一暗中醞釀，而希氏不願交出，因激起將士之解體乎？

　　十二日，晨，晴，後又陰，然風轉從南來，或晴有可望乎？上午與愛松談。又昨日院中將教部所發緊急救濟費送與余兩千二百元，余意頗不以此辦法爲然，今日與秉琦商議，暫以余名存於銀行中，留爲本所預備金。下午錫予來談。報載日軍又自新幾內亞退出。

　　十三日，晴。騎車進城，到中航公司問飛機票，據言十七日可啟行。到文明街，購藥兩劑。到簡而潔，午餐。往訪迪之，未遇。

_____

①編者注：原稿此二字不清。

訪康農。小談，即歸。到黑龍潭，與潤章談。歸。晚服藥。

十四日，晴。上午清理書籍。潤章來一信，復之。中午秉琦請吃午飯，在坐者有德昌、季川及農植所□君①。歸後將已抄出之《我國古代三民族集團考》改錯字並整理加注。晚再服藥。

十五日，晴。上午清理集刊稿件，潤章來談。下午復孟和信一封。與秉琦談所中事。晚寫彥堂信一紙。

十六日，晴。上午檢點衣物，中午臨照請吃午飯，下午秉琦送余乘公共汽車進城，票價亦由秉琦出。到雲南招待所問，無飯間。到公司，問乘機鐘點，答言十二點半須到公司。乃雇一人力車到中法宿舍。在康農處晚餐。見文淵。餐後，乘月往購黑大頭四斤，三七粉一兩。今日接鵬信一封。

十七日，早起，到翠湖一轉。往訪伯倫，談。亦遇莘田。出到簡而潔吃飯。飯後，視袋內錢已不敷會賬！乃往取付，時十一點已過，遂雇車到公司。登車時將黑大頭忘却，秉琦來公司送，與之言，彼又購一匣見送。往機場時，遇一灃縣黃君，係從重慶來昆明送赴印遠征軍者。談次，知遠征軍約有三萬人，訓練，據何部長親往視察結果，言尚需時三四月，則盟軍攻緬甸，尚當有待。機場中，初見美駐華空軍之驅逐機。至渝後，住吉忱寓，見黃、潘二女士，尚有一女士，忘其姓。黃，南海人，前在法里昂大學習哲學。他二女士亦習哲學。

十八日，早餐後，與黃女士略談。出訪伯蒼、鴻庵，亦見騶先。同田、韓往午餐，伯蒼爲東。托伯蒼寫信到北碚，通知燕生。並托

---

①編者注：原於"君"前空闕一字。

電話給熊課長,退所定房間。到鴻庵寓監察院內。小坐。歸,少休息,鴻庵同高集亭來談。又同往晚餐,鴻庵爲東。又到鴻庵寓小坐,遇海秋,知尹默亦住樓上,訪之未遇,乃歸。〔同鴻庵訪守和,亦遇申甫。又觀幻燈放演之縮小書籍。〕

十九日,夜中雨,不小。今日頗寒。往社會服務處,訪仲魯,未遇。往訪沅芷,談。彼之尊人年過七十,前在鄉間被刺!疑爲與敵偽有關之惡族人所作。林縣曾經淪陷,今日雖已克復,而爲舊彰德屬唯一未淪陷之縣。河北省政府在此地,且軍隊複雜,人民日不聊生,極爲可慮。在彼處午餐。出到參政會,付前日定房間金七十元。出,往訪善樵,不遇。訪雲卿。又遇耕硯、毅夫及前,駐法使館隨員許君。耕硯約余到老鄉親晚餐。後乘公共汽車歸。仲魯、峻峰來訪。

二十日,居然見蜀日,殊非易易!寫一信與紀彬。往訪尹默、大壯。又遇大壯之二公子、一女公子,蓋今日爲大壯懸弧之辰,故彼等皆來賀也。同往午餐,余本擬與尹默爲東,但終被大壯之"人馬衆多"搶去。大壯既賦斷弦,又殤愛子,然尚能自解,不致悲傷憔悴,頗屬可喜。往河南農工銀行,因昨日峻峰談今日下午三點在彼開河南賑災會,如時往,乃時間又改至五點。今日議決之重要案件爲搶救兒童,及請將已徵購之餘糧暫移作民食以爭取時間。後者委余及峻峰、震宇起草,約明日五點來商議。在行晚餐。搭震宇汽車歸。

二十一日,往訪鴻庵,其家眷初到,見其小孩均佳。遇曾君祥寬,開封人,亦前之北大學生也。出早餐。乘公共汽車,進城,訪芝生,亦遇子昭。因昨日將馬褂忘於河南農工行,乃往取。又到老鄉親午餐。乘車歸，眠。到隔壁訪孟和，亦遇企孫。孟和亦有斷弦之痛，在吾輩介中年老年間人而竟失却終身伴侶，可謂一極不幸事。只好寬譬慰解而已。峻峰、震宇來，擬成稿子。後曾、高二君來，遂同到北平真味晚餐，曾君爲東。又到曾君處小坐，遇一劉君及張君。劉，鞏人，亦北大舊生。歸晤鄧恭三。

二十二日，上午啟賢來，同出訪劼西，未遇。訪芝生，未遇，留一字。同往訪爽秋，在彼處午餐。彼將寫請柬請余及劼西吃飯，劼西未在城內，力止之。約明晚來寓便餐。又同訪行知，未遇。再訪芝生，談。亦遇子昭及一莫新聞記者。歸，到東來順晚餐。

二十三日，上午曾□□同胡□□①來。徐鑑泉來。出到中央設計局訪雪艇，未遇，約明日十一點半來訪。訪伯蒼，亦未遇。出遇伏園一談。到東來順午餐。歸，壽彝同同教人三君二楊姓，一號子家，前曾見過，但忘其姓，後始知爲納忠。來談。紀彬來談；申甫來談。去後，少休息。即出赴爽秋約，遇雲亭。在坐者有啟賢夫婦及一小孩。接驪先請柬一，建功信一封。今日下午有警報。

二十四日，出到北平真味早餐。到組織部，訪伯蒼。歸。十一點後有警報。待雪艇，未來。雲亭來，啟賢來。啟賢約到東來順午餐。未畢，兩球掛出，倉皇出到交通部之防空室前少息，警報解除，乃同往雲亭寓。遇黃□□②。出到降落傘塔場，觀人演習降落。此爲余第一次見者。啟賢欲掛號演習，但無時間，遂止。歸，少休息，伯蒼來，同到北平真味晚餐，彼又爲東。餐後來談。伯蒼言今日敵機三十餘架轟炸萬縣，且有機槍掃射。美軍在突尼

①編者注：原於"曾"和"胡"後分別空闕約二字。
②編者注：原於"黃"後空闕約二字。

斯戰敗，喪失二萬餘人。敵人有向我表示恢復七七以前狀態之消息。上月廿八日露透電。此說彼如成功，可節省軍力，以全力對我盟邦，否亦可離間我與盟軍之關係；或亦有懈我軍心之企圖。詭計多端，我不可不慎防也。

　　二十五日，上午補寫前四日日記。昨日啟賢言後日早晨陶行知將請余吃早餐，但余忘其地方！下午往尋啟賢，而彼寓所亦未記憶，乃到天官府四號問，據言在新民街九十八號附二號住。往天官府時，途中遇參政會同事陳時。字叔澄。彼為中華大學校長，擬約余下星期一到彼校講演。因不知屆時能有工夫否，遂請於星期日早晨再定。至天官府，張君言邰先生有一請柬，請星期日至魚洞溪參觀，未知已接到否。余答尚未接到，然余與陳先生有約，未能去。遂往新民街，訪啟賢，則並無此號數！時頗熱頗渴，乃坐一茶館中飲茶。後再到天官府問，則仍無頭緒。不得已，乃往管家巷，訪行知，不遇，乃留一字，言有事，謝明日之招請。歸，晚餐後，啟賢又來談。去後，又送一信，言邰先生甚望余往，折簡答之。今日伯蒼給燕生打電話，終日未通。寫紀彬信一封，約校稿人星期下午兩三點來談。

　　二十六日，早餐後，往問伯蒼，商以往北碚事，據言，今日再打電話，必可打通。往恐彼來，又錯過，云云。下午行知來談。永生來，言電話已打通，囑杜扶東告之。今日驪先請吃飯，憶為晚飯，乃行知在坐時，一組織部小職員來，言："部長請吃飯，徐先生未往，執事者言余未將信送到，將被驅逐。"云云。大驚，視請柬，果中午，乃寫一字，證明按時收到云云。一陳君來，將請借軍糧稿取去。

二十七日，夜中大雨。後聞現在此間已稍患旱，農人頗望雨矣。再寫芝生書審查書，未完。在寓中午餐。下午稍休息，出到書店中茶館，飲茶閱書而已。伯蒼派人來言，燕生明日可來。在外晚餐後，到隔壁，見孟和、孟真、濟之、敬熙諸人。

二十八日，叔澄人未來。上午徐鑑泉來談。同出到北平真味午餐，彼爲東。出到寓間坡上書店中茶館中談。又同往訪伯蒼，以待燕生，途中遇輯亭，言伯蒼前同翼三曾來訪，乃因貪談未遇。彼又言燕生行李留在永生處，乃同往永生處待之。未幾至。談次，乃知燕生前本擬返。因繩武疑余將與芝生同往北碚，其言且頗堅定，故留待，遂至稽延。同出到北平真味晚餐。劉□□①爲東。餐後，仍歸永生寓談。始恍然憶下午約文化服務社校對人來談，乃又因貪談忘之！近日健忘如此，殊足煩人！又同到監察院，晤于院長及翼三。晚餐時，伯蒼來永生寓，仍未遇。東方來訪，亦未遇。

三—十月

三月一日，上午李肖庭、鞏人。范爭波武陟人。來訪。二人皆監察委員。燕生來談。言細思回豫幫助辦平糶事，實無辦法。因請官廳撥款，層層手續，已需時十數日！款運至購糧處，又需時若干日！到矣，購糧，又需時若干日！購得，運輸，又困難重重，更需時若干日！無論如何計算，至陰曆四月初，糧尚難運到！然則有何

---

①編者注：原於"劉"後空闕一二字。

益耶？余聞言爽然，亦想不出其他出路！更出人意料外者，則爲電報重重轉局和積壓，河南省府來電，竟有至十七日者！似此則余真完全束手矣！同往訪伯蒼，與之談，彼亦無法。遇午峰。別諸人，到北味，午餐。歸，稍眠，啟賢來，言五十年代出版社未得同意，即將學報編輯人名登出，且將申府之名登錯，申府甚爲不悅云云。因勸之取消合同，另籌辦法。同宋□□①、吉忱眷屬乘公共②汽車進城。票價宋君代出。余到河南農工銀行，應胡善樵所約晚餐。在坐者有峻峰、翼三、震宇、儆寰、午峰、肖庭、争波諸人。余今日始知儆寰上世亦籍河南，太平天國亂時，始遷長興。彼今日對豫、浙人皆認爲同鄉。

二日，晨弼剛、午峰、姚□□③陸續來。與弼剛談，知北平與路上近況。燕生來，同乘汽車進城，到河南農工銀行，本爲同翼三往晤錢大鈞，談借軍糧賑灾事，至則翼三已先往，遂止。晤争波、善樵。出，同到一小館吃飯。燕尚未早餐，余陪之少餐。往訪芝生，則游北碚尚未返，留一字。時有日光，天氣頗熱，乃入一茶館飲茶。後乃獨歸。伏園、聚賢來談。晚，雪艇請吃飯，有汽車接送。在坐者，有孟鄰、濟之、巽甫、孟和、通伯諸人。

三日，上午燕生來，同出早餐。後到坡上書茶館飲茶。同往中訓團，因翼三請午餐。在坐者有潘勛南、温翰卿等。翼三昨日未遇錢次長。歸，眠。東方來。芝生夫婦來。同芝夫婦訪廷黻，在彼寓晚餐。歸，因芝生欲晤燕生，乃請燕生來談。簡冠三來談。

---

①編者注：原於"宋"後空闕一二字。
②編者注："共"，原誤作"同"。
③編者注：原於"姚"後空闕一二字。

四日，勛臣、翰卿來，燕生來，同到河南農工銀行，勛南先下。見爭波、肖庭。同過江，到野猫溪，訪利人機器廠經理王迺斌。王，鎮平人，前在東京帝大學機械。廠規模尚小，但鑌鐵、錫箔，皆能完全用國産自製。除鉛之原料由外來。曾計畫一飛人，利用滑翔機及鳥之原理，而使其對於方向降落皆有把握。曾試飛三次：成績皆尚佳。今日余等來，本欲觀其型製。但現移至山上數里處，未得見。王君年青思沉，未易才也。擬購紙寫"今日之張平子"數字以鼓勵之。過江，至國泰午餐，爭波爲東。翰卿先去，余等又乘其汽車往訪芝生。後與燕生返寓，談前清時河南民黨之發軔史及彼個人之經歷。彼一生苦樂升沉殊多波瀾。堅苦、失望、墮落、重厲，其大較也。晚于院長請吃飯。在坐者有顧少川、錢階平、孟真、聚賢諸人。蘇俄入塞夫。今晚聞美海軍在南太平洋大捷，敵人沉没者萬五千人。今晚歸時微雨。

五日，晨餐後，訪大壯、尹默、燕生皆不遇。給雪艇打兩次電話，皆不在局。續寫芝生書審查意見，畢之。午餐後，再訪大壯、尹默，仍不遇。到坡上書茶館飲茶。簡貫三來。簡君息縣人，現任復旦大學社會學教授。前數日來訪，不遇。後送一請柬。前晚來，自稱名，余誤聽爲蔣。今日來，余仍認其爲蔣冠三也！談始悟前誤！天雨。到中美文協，赴簡君招。在坐者有爭波及孔副院長機要秘書□君①。到永生寓，晤永生、鴻庵及永生之妹。曾妹在中大畢業，現在本校研究所作研究工作。

六日，夜中大雨。上午出，訪稚老，快談。不覺已至十二點。

---

①編者注：原於"君"前空闕一字。

在稚老處，遇一葛君，同出到東來順午餐，彼强爲東。出遇永生，言燕生下午不出，乃往黨政委員會訪之，則午餐未歸。遇鴻庵，到彼室内談。後又見燕生、勛南、翰卿等。出，燕生、爭波、肖庭、善樵、成甫等將往江北，拉與同往，遂至震宇寓晚餐。同肖庭、爭波歸，餘留作竹戰。劉國明來，未遇。接繩武一函，叔澄一函。

七日，上午啟賢來。去後，往訪伯蒼。同到豫北小飯館午餐，余爲東。往訪燕生。起致蔣銘三電稿。又請勛南略加修正。伯蒼言聞翼三言政府已允借軍糧一百五十萬包，因數太大，恐未確。出購信紙。又與燕生、翰卿到豫北小食堂晚餐，翰卿爲東。又到人文書茶館飲茶。前數日大便出血，甚多。服通大海、槐角，漸愈。昨日在震宇處，飲毛太一小杯，今日又便血。

八日，夜睡不佳。早起，即乘公共汽車到打銅街口，早餐。過江，到中華大學，講題爲“論學術獨立”，約講二時。同叔澄過江，叔澄請到沙利文午餐。叔澄與仲驤、季皋爲堂昆仲。談次，始知季皋前十數年已作古人，仲驤去年亦在平捐館舍！“訪舊半爲鬼，驚呼熱中腸”，令人淒絶！到百齡餐廳。今日爲同鄉賑灾會招待金融各界，到人不甚多。余亦略陳時間迫切之意。問翼三，始知政府允撥軍糧爲十五萬包。人散後，同震宇改致蔣銘三及郭芳五電，請允增撥。趁震宇車歸。到東來順晚餐。再服通大海及槐角。接高等教育季刊社信一封。雪垠、鑑泉皆來，均未遇。啟賢送來其所著《科學哲學及玄學》及學問原理目録。

九日，早餐後，燕生來，言晚肖庭請余二人及峻峰吃飯，在迴水溝河南同鄉會。出到儲奇門過江，坐滑竿，到文化服務社，見紀彬、恭三、百閔及一王君、一張君。在彼處午餐。因彼等知余將來，頗爲盛設，有約二斤之魚，在今日洵屬難得矣。三點許坐滑竿過江，到參政會，取上月薪水，留轉信地址。又忘同鄉會所在，問秘書崔昌政，始知之。_{崔字仲簡，光山人。}往，尋找頗不易。後同燕生步行歸。啟賢來談。今日善樵來，未遇。

十日至十六日，各方奔走，尚無眉目！十三日芝生進城。十四日晚，同鄉歡迎余二人於新運總會日新餐室，決定由余等二人求見首領，面述一切。余二人又函布雷，請其代請謁見期。十六日下午同燕生往謁許俊人，請其轉商行政院請加撥軍米一百萬大包以救災胞。十一日，見驪先談新疆事，下午見詠霓，彼因開會無暇，約次日往。十二日下午去，仍談新疆事，皆請其向首領進言召見余與鴻庵，使面陳彼方應作工作。建功爲國語統一會開會來渝，與余同往一室內。外開會者有劭西、子祥、迪忱、王子和等。後數日，借吉忱客廳商談，故常見面。十五日下午，稚老並親來指示一切。余亦旁聽。十六日孟真借吉忱寓請國語會人及余晚餐。十四日中午師大同學歡迎雲亭、劭西及余，假坐航政局，後有崑曲、皮簧各等游藝。十五日在組織部紀念周講演黃帝與蚩尤的戰事。十六日下午有警報，敵人轟炸萬縣。

十七日，晨起，即有警報，往宣傳部防空濠一避。歸後，往隔壁與雪艇打電話，仍不通。與孟和談。在北味午餐。歸，小睡，往河南農工銀行，開賑災會。晚在沙利文，同鄉歡送翼三赴林縣戰場，公餞。畢後，又到農工行一談，余亦致歡送辭。後趁翼三車歸。聞敵機今日擾梁山。德人又入卡爾科夫。靖華來訪，未遇。

十八日，夜中頗暖。上午補作日記。燕生來，同到北平真味午餐，余爲東。歸，小眠。啟賢來，劍泉來。將劍泉所擬賑務會啟事稿，少爲改易。晚到豫北小館晚餐。訪燕生、伯蒼皆不遇。歸途中，購《人文科學學報》一本，價十元。翻閱數篇。

十九日，暖，換棉衣。上午往訪雪艇，談。到北味午餐。歸少眠。袁嘉瑜（鄧縣人）來，持雪垠信一封，言將轉學中大，而中大已上課，請寫信爲介紹。因爲之寫焕庸一信。起往訪燕生，前已約肖庭、劍泉來，同商印宣傳品及下星期訪宣傳部張部長事。後李薦辰來，邀燕生、劍泉、于右裕_{未婚}夫婦及余至北平真味晚餐。往張家花園文協訪雪垠，未遇。到回教協會，遇壽彝、于家及丁君諸人。接啟賢信一封，叔澄片一，肖庭信一封。

二十日，夜，微雨，少涼爽。上午與孟真、樂焕談。啟賢來。邀樂焕到東來順午餐，余爲東。又同到人文書茶館飲茶。歸，燕生來，劍泉來，袁嘉瑜來。李新民_{字亮中，西平人，現在銓敘部工作。}來，邀余春樂園晚餐。後余及燕生到秋水書茶館飲茶。接潤章信一封。

二十一日，上午出外小步。李新民復來，持幼山介紹函，言願到組織部服務，希望余能向驪先介紹，因爲寫一函，並對伯蒼寫一介紹片，命其往見。寫紀彬一信，桂恒一信。出到東來順午餐，到人文書茶館，購《東方雜誌》一本，並飲茶。雜誌即新在渝復刊本。歸。小息，東方、聖奘來。去後，小眠。集亭來。燕生及陳克勤來。劍泉及薦辰來。到北味晚餐。

本年廢曆燈節前一日，因家鄉旱災奇重，乘飛機往重慶。至後，住吉忱家。因事忙，日記遂漸斷絕。到渝初念，爲尋得小款，到漢中購糧，浮漢而下以賑鄉里。至渝後，逾十日，始見燕生，_{彼前}

在北碚。與之商。彼熟思後，覺欲歸鄉辦賑，時間殊不允許：因款或可尋到，而歷各機關，經種種程叙，得於兩三星期後撥出，已稱迅速！款撥出後，離購糧地尚遠。今日糧價奇高，少糧需款已多。該地銀行，必無此筆現款，或需運款往，或由當地銀行鳩集，皆需時日！此後購糧需時，運糧需時！無論如何計算，五月中旬，糧尚未能運至鄉間，而麥秋將至，已不需用！最出予意外者，則拍電報至家鄉，因轉局繁多，有時需十餘日！漢水春日水小，航運艱難！安康以下始可暢行，而該盆地去年有災，無餘糧可購！緣此種種，只得將本計畫棄去，隨鄉人呼籲，請撥軍糧餘額辦急賑。鄉人命予與芝生謁蔣委員長，陳情，已往登記，並函托布雷，請其設法提早召見期，而蔣公因軍事緊急，飛往湘北，又轉黔。至**三月底**，公歸渝，始與芝生進謁，陳情，允撥軍糧。此後予即擬返鄉，派鳳山到平接家眷，而候建設廳車，一再延期。予於**四月初**到南温泉虎嘯口，住三數日，歸微患嗽。始□□①爲意，乃多日不愈，且轉劇，至**四月下旬**，不得不入歌樂山中央醫院静養。檢查後知肺右上尖有瘢痕。醫生未能辨其爲新瘢或舊瘢，但彼等亦不承認其不能辨！但勸静養，並勿跋涉長途歸鄉。予自審無肺病之任何證象，斷其爲舊瘢，但亦不敢不小心。不過乘汽車歸鄉，需時無多，在予尚未爲疲勞，遂決定北歸。月底返渝。**五月二日**，或三日。後此所記日皆或誤一日。同燕生乘直達寶鷄車動身。**四日**至廣元。換車，**六日**至寶鷄。**七日**，乘火車到西安。始晤伯英。亦晤伯恭。**十日**下午乘火車至東泉店，換鋼甲車，夜"闖關"過潼關。**十一日**，在常家灣及

---

①編者注：原稿此處約二字殘闕，無法辨識。

大營，再換火車。因天雨，泥濘煩人。潼關西，路局特別黨部派人照料歸耕灾民，頗有秩序。關東則無人招拂，難民煢煢無依，令人悲惘。十二日到洛陽。本意住兩三日，即歸家，而因大雨，直至十八日始去。在洛，同燕生見蔣銘三長官，談徵發麩料柴草事。晤性一、芳五及其他多人。又因魯山鄉人來電，勸過魯，遂於十八日到魯。廿日，在魯作兩講演。二十一日別燕生，獨乘車，到寶豐，換車，晚宿保安。次日，午間，到盆窰白河邊，未渡河，即雇一架子車回家。此時大麥、莞豆已收，灾情已稍輕，而自洛至魯，途中尚看見餓斃者三人！自魯至鄉，途中見餓斃肉被食者一人！鳩面槁首，行動艱難者不知幾何人！予沿途散放約百元，然能救活幾人，殊屬可疑。南陽灾較輕，然餓斃者恐尚在兩千人以上，五千人以下！全省餓斃者當不下二百餘萬人！省政當局諱疾忌醫，對於民死頗負相當責任。

　　抵家，晤長兄、石頭、錫諸人。休息數日，**六月初旬或中旬**，至城內，晤鶴汀、一山、子倬、靜之諸人。亦晤劉子亮總司令。作數講演。**六月下旬**，回桐河，至後大雨。上墳。住三四日，到硯河，住一夜。次日，到太和寨。又次日，到源潭。又次日，到唐河縣城。約已入七月。住臨泉高中。縣中新辦中學頗多，現有高中二，初中十。臨泉即係新辦，就竹林寺舊址建築，風景殊佳。然去年灾重，而兼恕主政仍急邅於徵工徵料，頗叢怨讟。住二日，或三日，末日至呂灣，見六姊。坐牛車往白秋鎮，住唐西中學。學爲曲令鐸區長所創辦。次日往金華鎮，晤族人頗多。上老墳，讀碑文，始知俗傳七祖墳屬兄弟七人之訛謬。七墳雖平列，而第五或第四，記憶不清。係始祖斌公之墳，第六或第五。係二世祖旺公之墳，皆有萬曆年三世祖太醫國卿公所建之碑足證。左第一爲五世祖大老公_{疑失名訛稱}。之墳，前有雍正十二年碑。餘四墳前皆無碑，無人能言其世系。三世祖國卿公，四世祖四人，_{名似爲魁、斗、翼、軫}。共五人，與四墳亦不相應。是晚棗園王任夫派其子來迎，遂往宿於其家。次日，又乘車至前徐營墳上_{前營二墳}。再讀碑。後到後徐營墳_{亦二}。讀碑。並到無念庵讀碑，讀鐘。鐘鐵質，萬曆初年鑄。_{内有徐姓三四人，却非斌公以下諸人。疑徐姓居此已久，至太醫公始顯。太醫公樹碑銘其祖與父，其子孫亦特别昌盛，故吾祖董可考者自斌公起，彼實非初移來。又聞禎祥言，郭場某族人言吾族於明初從鳳陽之玉皇閣村遷來，云云，未知果可信否}。是日予讀碑頗勤，將碑與譜歧異處皆以鉛筆志於譜上。又將譜上未移桐河前之六七世名諱抄出，帶回，將以補於桐河譜前。惜放衣衫袋中，洗衣時忘取出，遂致毁去！欲補譜時須再抄矣。在後徐營族人家午餐後，乘車到大姑家，晤達峰兄弟及家人。是晚六姊亦來。次日遂同達峰、六姊，乘車回郭旗牌。季芳同小孩已於前數日抵家。_{予初次抵家時，鳳山已先往平，川資由二哥籌措}。達峰下午即去。此次予過各學校中，皆有講演。題目惟一，爲"奢與儉"。

七月下旬，因女中、宛中皆將開董事會，乃進城，住四五日。決定者爲二校董事會合併爲一。宛中停招初中，專辦高中。校長一山堅辭，舉和如繼任。各圖書館聯合書目，開始編纂，由文青負責。女中與宛中購買國内外著名之學術雜誌，各籌備一學術年刊等事。

八月十四日，進城，住前鋒報社。將於十七日乘車過洛赴渝，開參政會。前與燕生函，約同行。離家時，接彼函，則尚未接予函。查郵戳日期，知信不易往返，乃發一電話信，告行期，並言如覺此期未合，即請其另訂見告。乃十四、五、六日大雨，十七日無車。至廿日，車始開出，而十九晚接燕生電話信，言於廿五前後在洛相待，思爲時尚早，乃於廿日上午重返鄉間。廿二日再進城，廿三日動身。晚宿葉縣。前接蛟甥函，言欲見吾，廿二日與一電信，囑彼至葉相待。本日至葉，未遇，蓋大雨後，路多毀，交通殊不便也。問明日車，則言公路多毀，一星期内恐無開車希望，不得已，乃雇一架子車前行。同路者有電報局二君，及一局員之母。一人劉姓，老夫人李姓。餘一人白秋附近人，幫忙殊多，而予乃忘其姓！僅記其姓非習見耳。二十四日，上午過汝墳橋，橋畔房舍因雨倒塌不少。過此，交往洛陽路後，有二三十里，公路幾全毀！路旁田亦漂沒不少。是晚，未能抵寶豐，尚去十餘里一村中止宿。次日下午至汝河，水勢汹涌，赤足過一汊，舟過兩汊，人負過一汊，需時殊多。過河，至十里鋪，已晚，遂止宿。無室，睡車有棚。中。廿六日，下午微雨，路甚難行。曾赤足走十餘里，始至一村，離白沙十餘里。宿焉。雖頗逼窄，有室與床則勝前兩日。次日路仍不佳。上午仍時霏霧絲。僅自龍門至關冢一段路較愈。是晚至洛，因待汽車者多，旅館皆滿，尋宿處殊不易。廿八日各處尋訪，始知燕生已先西行。移入河南農工銀行住。廿八日，敬齋自臨汝來，約同行。九月一日搭蔣長官銘三車，西行。次晨抵西安，仍住農工銀行。見伯英、溥泉、子怡、伯恭、韶武及其他多人。四日別敬齋，同自箴、海涵坐車到寶雞，亦住農工銀行。七日本有班機，而六日大雨，七日，機場不能使用，機遂自蘭州返渝。後同人各處拍電，乃于十一日下午來機。是晚抵渝。暫宿於藥王廟街呈符寓中。有一床，僕人言上臭虱不少，予因不甚懼此物，遂止宿焉。乃夜中不能寐,然燭以照,則臭虱成窠,捉之不及! 瞬息間已捉得數百! 不敢復寢於上,乃移於地板上。褥被間尚有留遺,再覆尋一遍,遂又得三四十! **十二日**,遂移於夫子池新運宿舍。燕生與呈符言開會時亦將搬入,遂與同室,而二人終會期亦未搬入。適天氣大熱,個人獨處一室,殊屬方便。初到渝,夜中蓋夾被,將明時稍蓋棉被始佳。二日後,已不需棉被! 再後,則夾被亦少用! **廿日**前後,晚九十點鐘睡時,全身一絲不掛,尚須搖扇! 僅天將明時,需以夾被小蔽腹背而已! 時近秋分而暑過中伏,問之渝人,亦稱希有。至**廿四日**晨,微風,始有涼意。後數日終日微雨,泥濘塞途,氣候亦近深秋! 至十月一日始轉晴霽。**九月十八日**,以國難紀念日開會,開會七日,**廿七日**閉會。因意大利已歸降,蘇聯已克斯莫棱斯克,盟國勝利在望,故會中亦常談及戰後復員各事。**廿七日**下午蔣主席傳見,此次河南共二人:燕生及余,分別傳見。燕生多陳災情,予則陳訓練壯丁者之虐待壯丁及中下級軍官之奢侈風氣二事。**三十日**晚春藻約予到三青團部講演,題目爲大禹治水之影響。**十月二日**乘飛機返昆明。十點餘至。乘人力車入城,至東大街,而警報已鳴,遂又出城。解除時約十二點。進城,住青雲街,晤弼剛、康農、海帆、劍秋諸人。**三日**早起,獨帶一小包出城。至大興街十字口,遇淮西,與之同坐馬車到崗頭村。車錢十五元,由淮西付。淮西家住山腰,往一談。時已將午,遂同午餐。下山步行還所。**四日**作紀念周時,由予報告家鄉教育狀況。**六日**到龍頭村,訪芝生。下午到總辦事處,與潤章談。彼本晚進城,明日赴渝。**七日**,再到龍頭村,訪錫予。**八日**下午,補記此半年事,未完。

南、唐二縣,麥苗極佳,但因一次西北冷風,遂僅中收。予地每畝約收四斗。每斗舊秤四十斤許。麥後雖小旱，而早秋尚佳。晚秋予離鄉時苗亦佳，希望不壞。惟今年，全省蝱蝗成災。一入方城境內，高粱、玉米、黃穀，皆已被食净盡！聞高粱將熟，被夾生收割，尚有小半收。餘二則顆粒無存！荳類、棉，亦受害，但較輕。芝麻、紅薯尚無大患。此據予所見或問爲然。後聞一舞陽人接家信言，紅薯亦受害，或彼太多，無食，遂將所不喜食者而亦食之！據予所見，在汝水南，平行葉脉禾已被食盡。汝水北則禾尚好，而蝗群甚多。在龍門前後，數十里内遮蔽天日！遠望如黃塵！實則此時每日落雨，絶無塵埃也！在汝水南，問訊，皆言捕捉甚力，但太多，捕捉無效。至汝水北，見蝗群，則只見逐者，未見捕者！至洛陽，見李專員，問之，彼答亦竭力捕捉，惟彼或夜來，俟報告，集人往捉，彼已將穀食盡飛去云云。實則此因組織未完善。因彼無光，亦不能飛。來至晚，亦當在下午六七點鐘。如阻晚，次早始報，則鳩人往捕，至快亦在下午。盡穀飛去，自在意中。如組織嚴密，一經發見，即速報告，無阻暮夜。夜半集人，黎明往捕。彼交尾即在黎明，此時一捉得二，至爲容易。即不然，而翅被露濕，莫能奮飛，亦尚不甚難也。因發一函與南陽縣長陳浴春，請其早爲注意，組織備急，勿致臨時張皇。吾省未淪陷者僅五十七縣，而八月中旬，報災者，已有四十七縣！時距霜降，尚二月餘，蝗災正在蔓延，真令人焦慮。本年黃河亦數決口，灾民又達二十餘萬。在洛陽車站，每日西逃者已數百人！故今年之災，與去年幾不相上下！幸當局注意較早，主席面允燕生，將去年平糶基金一萬萬元留在河南，早籌購糧食；嚴飭鄰省，勿得禁糧出境；徵糧亦酌減百萬石；燕生、海涵將歸主持平糶，當較李漢珍之猥鄙小人爲遠勝。

大致明春，鄉人父老兄弟仍難免受餓，但希望不致多餓死，即爲萬幸。**九日下午續記，十日始補畢。**

十月十日，晴，風有雲。上午略翻 Baikie 之 *The Life of the Ancient East*。昨日報載 Stockholm 報載德人向蘇聯提和平條件，爲蘇軍全部撤出戰場，已被蘇拒絶。蘇方對德轉提出德軍應自所有占領國家撤退，並交出希特勒云云。蘇又發動新攻勢，在德聶伯河中游某處渡河。九峰來談。下午翻閱《光緒秘史》。此爲德菱女士所寫英文小説的譯本，故不能認爲歷史。不過德菱對宮内瑣事異常熟悉，所以内亦含有不少的史料。始服療痔蠟丸藥。

十一日，晴。今早大便帶血。上午石峻來談。寫建功信一封，給他寄國幣三仟元。下午翻閱余子淵所編之《英國史》。蘇聯渡河地爲基輔附近。

十二日，晴，有雲。下午聞雷聲，晚月色甚佳，而南方電光霍霍。翻閱《西洋古代史》。

十三日，陰晴無定，驟雨數陣。夜眠不佳。終日精神不振。小閲《西洋古代史》而已。接劉仁成信一封。

十四日，仍陰晴不定。睡眠較佳。寫春書信一封，家信一封，希孟信一封。接陳修和信一封，及其所著《越南研究》稿三本。昨日慕光來條希望余下星期一再作報告，回一條辭之。

十五日，下午風頗大，遂晴。夜眠仍惡。終日未工作，隨便翻閱《苕溪漁隱叢話》而已。英、葡訂約，英國當戰時，可利用葡之 Azores 群島。

十六日，晴。夜眠較佳。晨大便又帶血。仍翻閱《苕溪漁隱叢話》。盟機襲拉布爾，毀其飛機百餘架，大小艇百餘隻，内驅逐艦三隻。晚餐時，何山舟、殷焕先來談。

十七日，晴。上午仍閲《苕溪漁隱叢話》，覺詩中各種纖巧，如巧對，不惟用典而且極細極密，以及其他種種，唐及五代人尚不甚注意於此。真正作俑，不得不推宋人，而王介甫其尤也。下午翻閲芝生所著之《新原人》。接潤章信一封，言語堂將來昆明，囑爲招待。

十八日，晴。上午往作紀念周，並無他人講演，慕光强予支持場面，不得已乃略講中國與埃及、巴庇倫歷年多寡之比較。仍翻閲《新原人》。下午登山一游，未達高處。大便上下午皆帶血，頗多，疑係昨日下午曬太陽之故。

十九日，晴。仍翻閲《新原人》，畢之。芝生對問題之分析能力逾予良多。但因分析時所用者觀念，遂養成對於觀念之過度信任：視自然界中各分類間之辨别，皆若黑之與白，絶無混淆，却不注意其中間之分不清處隨處皆是。此誼彼非不知之，但不够注意。主要原因則因彼對於自然界知識——科學知識——異常缺乏，故下語有不合分際處。彼一切著作皆如是，非惟此一書爲然。但總屬好書，有相當價值也。下午未工作，翻閲《四騎士》以遣日而已。上下午大便均帶血，不少。

二十日，晴，有雲。序陸來片言明日下午陳修和來潭，約予往談。予忽視"明日"字，往始知誤，甚爲可笑。予在渝時，誤認百閔、希孟、恭三二日之請柬爲一日，致一日在百齡餐廳枯坐半小時！現又二次忽略，足徵予之粗心。予老矣，此後是否能較愈，未可知也。見序陸、洪波談，亦遇鄭萬鈞。今日大便無血。

二十一日，晴。上午翻閲修和所著各章。下午到化學所，晤修和夫婦及洪波、序陸等，談。並在該所晚餐。

二十二日，晴。昨日在化學所晚餐時，飲白酒小半杯，後飲加非一杯。夜眠不甚佳。今日大便又帶血，終日精神甚壞，頗困而不能睡。接潘公展信一封，係催班超稿件者，因未能寫，作書復之。

廿三日，晴。昨晚眠仍不甚佳。稍翻閱《圖書集刊》之第三期。餘時閑談而已。大便仍帶血。

廿四日，晴。昨晚眠尚佳。今日陳修和上午請客，遂於早餐後騎車進城。將進城，氣癟，遂將車送至鋪中收拾。到弼剛、康農寓小坐，已十一點餘，遂步行往。在坐者，有洪波、孫毓棠，在聯大教歷史。無錫人。陳保泰。西南中山中學校長，兼雲南省圖書雜誌審查處處長。諸暨人。外尚有一工廠廠長，上海人，但忘其姓。飯後，修和用汽車將余及毓棠送進城。途中遇休士，小談。聞寅恪到成都。再到吳、夏處小坐，遂歸。弼剛、康農言，近日從印來運輸機遇險數次，未知何處來敵機，遂改於夜間飛。謠傳敵人在希馬拉雅山脚下設有機場，或不足信。今日大便未帶血。購蜜炙槐角半斤，價百元。當服三五日。

廿五日，晴。眠不甚佳。上午往作紀念周，下午未工作，山上閑游而已。在紀念周時，慕光報告潤章對於中研院總幹事一職，擺脫不掉，已允兼任，並搬入聚興村宿舍。

廿六日，晴。眠尚佳。下午翻閱《吳子》。芝生來小談。接繩武信一封。

廿七日，晴，有雲。眠佳。上午翻閱《哲學評論》。下午杜斌丞、楊春洲來談。蘇聯克復 Miletopol 及 Dniepropetrowsk 二大城。前者爲克里米半島之咽喉，後者爲烏克蘭第三大城。且蘇聯先將後者之後路 Krivoi Rog 攻克，後聞報知未攻克，正爭持中。則守軍是否能完全退出，亦成問題。且後路之 Krivoi Rog 離得尼伯河已稍遠，足徵蘇軍渡河，已完全成功矣。波蘭消息又有德軍將放棄獅城之説，則相離尚遠，似嫌過早耳。今日大便又有血，或因早晨登至五老峰脚，過累而致然乎？

廿八日，晴，有風。眠尚佳。上午仍翻閲《哲學評論》；下午稍翻閲《近東古代史》。大便無血。

廿九日，晴。早晨較寒，開窗室内十四度弱。前爲十五六度。眠不甚佳。上午仍閲《近東古代史》。下午未工作。接希孟復信一封。

三十日，晴。隨便閲《左傳》。下午九峰來談。日本妄人中野正剛自殺。中野爲議員，日中聞政府之報告，晚而自殺，其故可思也。接從吾信一封。

卅一日，晴。眠不甚佳。仍閲《左傳》。上午九峰再來。晚微雨數點，然仍滿天星斗。

十一月

一日，陰雨，幾終日淅瀝。上午翻閲《西洋古代史》。下午翻閲漢譯柏拉圖《五大對話集》。今日大便又少帶血。

二日，漸晴。上午仍翻閲《西洋古代史》。今日大便上午仍帶血，下午愈。我軍復孝豐。以近日軍事情形推測，黄山附近或不致蹈太行山覆轍也。

三日晴。上午復從吾信一封。再翻閲《五大對話集》。晚閲

《史記·匈奴列傳》。

四日，晴。眠不甚佳。上午與愛松及秉琦談。下午因前所囑春谷作之民族三集團圖，爲服務社失去，自己描畫，但尚未成。莫斯科會議已結束。蘇、美、英成立協定。內含中、蘇、美、英所簽定之《普遍安全宣言》。

五日，晴。眠佳，然今日大便仍帶血不少，未知何故。上下午稍翻閱《英國史》。近日敵人在鄂南又有蠢動。

六日，早晨室內溫度十七度尚稍强。南風頗不小。陰。日內微雨數陣。上午魏明經來談。下午馮柳漪、陶雲逵外有一高君，一賴君，一忘姓，五人來談。將晚夢家來談。接王震義信一封。今日大便尚帶血。

七日，溫度如昨。陰。大雨數陣。翻閱《西洋古代史》。大便仍帶血。

八日，晴。眠不佳。將午南風不小。往作紀念周。終日未工作，僅看報，翻小説，走山而已。蘇聯克復基輔。德人有求降之試探。大便不帶血。

九日，晴。風從北來，故早晨室內溫度又降至十四度。因昨晚吃蒸餃稍多，消化不良，故眠仍不甚佳。仍如昨日未工作。大便又少帶血。

十日，晴。翻閱《歐洲近代現代史》。接潤章信一封。下午從吾及明經來談。斯大林宣布德退兵重要路綫被截斷。大便仍帶血。

十一日，晴。翻閱《明紀》之世宗部分。下午大便無血。

十二日，晴。翻閱 Teggart 之《羅馬和中國》。接白鵬信一封，鴻庵寄來其所著之《女真譯名考》一本。下午騎車進城。見從吾，同到清華同學會開史學界懇談會，至者七八人。所談以建都問題爲多。伯倫主張仍用南京或武漢，予則頗主北方。即在彼間晚餐。後到昆華食堂，爲聯大特別黨部講演，因今日爲國父誕辰故。講題爲"論學術獨立"。約講一點三刻。今晚月色極佳。宿靛花巷聯大宿舍。又與從吾及澤承談。

十三日，晴。起與從吾到翠湖一轉。早餐。獨到中法宿舍，與弼剛談。又到靛花巷，同從吾出訪伯倫，不遇。訪錫予，小談。又獨到中法宿舍，與康農談，即在彼處午餐。同康農父子到省黨部，看美術展覽會，無大精彩。遇公望、福熙等。獨到寶善街，購烟捲等物。遂到靛花巷，取車，返鄉。到，日剛入山。接燕生信一封。今日大便又出血，不少。今日報載因法逮捕西里亞政治家，黎巴嫩發生亂事。

十四日，晴。今早室中僅十三度强。上午翻《明紀》世宗部分。下午再翻《羅馬和中國》。中法學生王、趙二君來，接洽爲文史學會講演事。原擬星期四下午七點，予因不願宿城內，改爲下星期日下午兩點。彼等帶來車馬費，三百元，因不需，退還，與心恒信告之。大便仍出血。

十五日，晴。往作紀念周，則因去稍晚，且辦事處鐘過快，已作過。今日上午大便未出血，下午又出。蘇軍克復什托密爾。

十六日，晴。翻閱《歐洲近代現代史》。接糜岐信一封。大便不帶血。中法鄔生來，問星期日講題。擬二題目，請彼等選擇：(1)再論學術獨立；(2)中國古代民族三集團略説。接從吾交來《西京勝迹考》稿本。

十七日，晴。早晨室內溫度已在十二度以下。早晚皆有東北風。仍翻閱《歐洲近代現代史》。下午，鄔生再來，決定講演第二題目。

十八日，陰。風仍從東北來，日間室內最高溫度尚不及十四度。下午開始穿綿褲。仍翻閱《歐洲史》。上午空軍軍官學校政訓教官向光來。前進城時，本與文淵規定，下星期五到空軍學校講演，但因本星期五應由康農講演，而康農願與予調換，乃由向君持康農來商議，允之。向君光山人，談頗久。開始用蛤蟆草煮水洗痔。

十九日，陰。晨室內不及十二度。最高時不及十三度。風仍從東北來。仍稍翻閱《歐洲史》。下午向君以汽車來，接予進城，文淵上車，同到空軍學校。予講題爲大禹治水，約講兩點。後又以汽車送予歸。在村頭下車時，風甚冷，曠野溫度或已離零度不遠。接從吾轉來馬宗榮信一封。始閉窗睡覺。

二十日，夜中因貓鬧睡不甚佳。頡剛前有文言晉獻所伐之驪戎，不在今日臨潼，因晉未能越秦而遠伐。予古代民族三集團考雖不用其誼，然亦頗疑其言有理。夜中忽想到晉惠所割讓於秦河外之五城，南及華山。如此華山專指太華，離臨潼不過百五六十里，如兼指少華，則相離不過百里。且秦在獻、孝以前，勢力雖間達東方，而今日長安、咸陽、臨潼一帶似無大城，再東更不論。晉伐秦，屢次濟涇，未聞攻邑，已足以證明此點。顧氏所疑，殊無理由。又悟《左傳》所言爲玄冥師之金天氏之昧，此玄冥或用本誼，指商祖冥，非泛用作官名。彼從商冥治水，則其子“宣汾洮，障大澤”之臺駘當又在其後，當夏中葉矣。蔡墨所言少昊氏之修及熙爲玄冥，則用玄冥爲公名，泛指水官。且此亦蔡墨所承一家之説，未必確定。後人泥指蔡墨所言之"使"爲由帝顓頊所使，則因誤於一統之成見，確指顓頊在少昊後，殊不知當日氏族林立，即在堯、舜、禹時代，或以後，少昊氏仍傳世立國，並無矛盾。至戰國以後人之以少昊即爲金天氏，其所用之根據或即爲此二條。吾人今日雖確知其毫無必要，但因此而得窺知戰國人作綜合時所用之方法，亦屬幸事。全日陰，時霏雪片。晨室内十度，窗外四度。全日溫度無大升降。仍翻閱《歐洲史》。接修保信一封。今日大便仍帶血。

二十一日，晨室内八度，窗外七度。風仍東北，但甚小。騎車進城，到文明街，購六味地黃丸。至簡而潔午餐。訪從吾小坐。到中法講演。四點畢，微雨。然仍歸。王君以雨衣及氈帽借予。過崗頭村，予因喜柏堤之平，故未走公路。不意出村入荒涼地帶，而泥沾車輪，推已甚不易，更無論騎！幸堤上行人尚多，否則或如去冬他人之在此段遇寇矣！推行此三數里路，累了一身大汗！至寓，始將黃昏。今日爲防守節，街市懸旗，北門外校場有操練。蘇軍占奧維盧克。然前數日所占之什托密爾，現又退出。意大利方面，盟軍攻勢近數日亦停頓。似德人負嵎之力尚頗令盟軍費手脚耳。日人在湘北澧縣、石門一帶攻勢，近已阻止，但南攻慈利，經惡戰後，縣城已失。現仍繼續戰争。今日大便仍帶血。接修保信一封。

二十二日，晨室内八度，窗外七度。風向仍東北，甚微。陰，有晴意。早餐後往作紀念周，至則因慕光昨日未返，大家並未預備！近日大家對紀念周殊不敬事也！在總辦事處小談。到廟中觀花,除玉蘭盛開外,臘梅及山茶皆初開。下午閱報午睡而已。接繼孺及桂岐信各一封。大便仍帶血。晚復馬宗榮信一封,寫參政會信一封。

二十三日,夜眠不佳。晨室内外皆八度。風轉從西南來,下午頗大,遂漸晴。接尚文信一封。下午寫伯蒼、燕生信各一封。接慕光片一,言明日孟餘夫婦來潭午餐,囑陪客。大便不帶血。

二十四日,復陰,晨微雨。上午仍東北風,下午止。翻閱《圖書季刊》。將午到辦公處,見孟餘夫婦、梅蓀、端升,尚有一吳君,亦聯大教授。談至下午去。

二十五日,晨室内室外皆十度。陰無風。下午日光時見。仍翻閱《圖書季刊》。寫鴻庵信一封。大便又出血。

二十六日,陰晴不定。寫希孟信一封,將所失地圖補繪畢寄去。寫尚文信,未完。近日敵人在湘西南攻甚力。常德尚在我軍堅苦支撐中。大便仍帶血。

二十七日,氣候如昨,但較暖。續完尚文信。閱報。桃源縣城淪陷,我軍克復石門、漢壽。常德戰事激烈。德軍近日在蘇俄戰綫反攻。盟軍空軍繼續轟炸柏林,擲下炸彈五千噸。大便仍帶血。接到禎祥信一封,錦南所著之《中國論》及信數紙,《川西調查記》一本。閱《中國論》。

二十八日,晴,但風自東北來,下午頗大;觀上層雲,又似不爾。兼之天氣暖,空氣潤,晴或尚有問題。上午閱《中國論》,畢之。此書力斥從前以中國不備國家組織說之荒謬。分國家方式爲中東近東之帝國,西方之民族國,而以中國爲天下國。以帝國爲游牧人之産物,民族國爲水手之産物,天下國爲農夫之産物。其說有理，且筆下亦來得。不過他所舉之例證尚嫌過少，不足以説明其完全之意義，尚有待於將來之努力耳。後翻閲《西洋科學史》。我軍尚守常德苦戰。克復慈利。江北攻入當陽。蘇聯克復哥麥爾。大便上午未帶血，下午復帶。

二十九日，夜雨，晨時霏霧絲，因未往作紀念周。復錦南信，未完。湘北戰事似有轉機。大便仍帶血。下午漸晴，風亦轉從西南來。美國參院通過廢止限制中國移民律。衆院早已通過。但每年許入籍者，亦僅一百零五人。

三十日，晴。終日談天及隨便翻閲《西洋史》而已。予初患便血，未覺嚴重，然侵尋月餘，仍不愈。服蜜炙槐角三兩，至今日已盡，仍未見效！前數日服焦山查及艾葉湯亦未見效。自昨日起，服濟康所開之五味藥，今日大便無血，然尚未知如何。晚又服一劑。

十二月

一日，晴，氣候頗暖。翻閲《西洋中古史》。敵人在湘西大約不久即將宣布任務完成，退歸原防矣！但攻常德之師尚未退。近日德人作和平試探之消息頗盛，但未必非僅外交作用。

二日，晨霜，晴。仍翻閲《西洋中古史》。接燕生信一封，紀彬信一封。蔣先生與邱吉爾、盧斯福會於開羅附近，後同赴波斯，待斯太林相會。我軍克復桃源、石門，但攻常德敵仍未退。然我援軍已至，將予包圍。我空軍亦低飛掃射敵援軍。蘇聯又將Korosten退出，則德軍反攻力尚强也。

三日，風轉東北，頗大，氣候轉寒，亦漸陰。上午到總辦事處，請濟康診視，開一方，遂令買藥。取上月薪水。看報。常德我援軍已與守軍取得聯絡，敵軍尚未退。在意之英第八軍已攻破德陣綫。收到《說文》一期，亦加翻閱。再略翻閱《西洋中古史》。大便帶血。

四日，晨頗寒，室內十度强，窗外六度。下午風轉從南來，時見日光。仍翻閱《西洋古代史》。中、英、美開羅會議宣布太平洋軍事聯合壓迫，必使敵人無條件投降而後已。戰後將東三省、臺灣等地歸還中國。並扶持朝鮮獨立云云。會議後，蔣先生已於本月一日回重慶。又蔣先生與邱吉爾於上月廿一日到開羅。羅斯福次日到。二十八日會畢起飛。報上未言蔣公與史太林會面否。但蘇與日尚未絕邦交，即曾會面，史氏或不願人言之。羅、邱、史會議尚未宣布。常德援軍入城助守，敵人尚未退。大便帶血，頗多，晚服藥。

五日，陰。上午何山舟及一范君來。亂翻歸有光、戴表元等年譜。前書寫的甚差。尚以“杜德機”爲人名，其他可想見。後書亦平庸。今日報載軍事委員會發言人言此次常德會戰已演成武漢會戰後之最大會戰；敵人參加兵員過十萬云云。上午大便帶血，仍頗多。下午數點而已。

六日，夜中聞風聲。起時室內十度弱，窗外五度强。晴。日中頗暖。往作紀念周，聞潤章十五前後可還；同事鄭大章棄世云云。仍稍閱《西洋中古史》。常德敵有敗勢。大便無血，然仍請濟康再診，擬再吃藥兩劑，以免短期內再發。

七日，晴，有雲。仍翻閱《西洋中古史》。接尚文信一封，桂珍、麋岐信共一封，説文社信一封。再服藥。昨日及今日晚左後腦覺痛。

　　七日晚眠時，覺畏寒，與素日不同。八日濟康所開藥尚有一劑，遂停服。生活飲食仍如前日。九日，減食，購掛麵食之。十日，欲量體溫，而體溫表觸手輒碎，心甚不快。是晚服國製阿是必靈，不足一片，十一日未明時，強出一點汗，上午稍愈。將睡，服兩片，小眠，醒後，滂沛大汗！後又大寒！遍身起粟！十二日，借臨照體溫表來量，下午最高，體溫華氏百零四度二，則百度表已超過四十度！請濟康診視，愛松下午入城購藥，晚歸煎服。十三日，上午溫度退净！然一次坐床邊小便，未畢，遂暈倒！後自醒。下午溫度又小加，續服濟康藥。十四日再請濟康診視，開一方，取服。然是日下午體溫又達華氏表百零三度餘！四或六。濟康及辦公處來問病者，皆勸入醫院。遂于十五日乘院中汽車，由子延、秉琦、愛松伴隨，入北門外雲大附屬醫院。愛松留侍予疾十餘日，備極辛勤，致爲可感。十五日晚，因畏寒，蓋過多，又因熱，逐漸除去，故上半夜眠不佳，下半夜尚好。十六日，熱略退，而精神不佳，殊覺緊張。是夜，全夜未能眠！只能胡思亂想。所思者三變，而最後止於必死一念。亦有時知此觀念錯誤，而未能排除！十七日，異常狼狽。將午，頗困欲眠，而病中自信，已到死生最後交界處，一合眼，即將死去，又不願死，乃強張目視人。亦自嗤，謂素日自負見死生頗明，應死時毫無留戀，乃今日竟若此不濟！是時，慕光、仲和來視予病，與之言數句；後欲與之語，即不能發聲！女醫許大夫來打強心針。德昌來視予疾，予覺彼亦知吾將死，俟予合眼！欲言仍不能出聲。又念予若此時發言，彼必以爲鬼叫，大爲驚駭。又念彼素不知鬼之無，予死後，彼必大懼，無機與之講明並無鬼神，死有餘憾。予時以手亂抓，念見予死者，必以爲予有何憾事，實則毫無。無機與之言明，乃屬①憾事。此事甚思病愈，能再與德昌講並無鬼神。亦思及予死後，參政會如何，友人如何，皆甚恬然。亦念及家，又自嗤，此時不念國而念家！亦恨未及見最後勝利而死。亦曾思及海帆在巴黎時之鬧死，今日始知其故。前曾笑之，實屬錯誤。又念彼如是鬧，而後病終愈，又活不少的年，則予病甚可不死，等等。要之胡思亂想，毫無已時。且思自斷予必死，乃係從某種科學定律推得，故絕不可避免！有時亦自念此推定後面有極大矛盾，並不足信。此相信即病之自身，予並無必死之條件。能以此方想，即可回生。遂盡力從此方向想，幾毀惡夢，而終不能勝！後大家請杜棻大夫來，予心甚了了，而不能言。杜亦頗驚慌，乃由愛松寫字言杜大夫言不要緊，予心明白，又授予筆請予寫，予仍覺死在頃刻，千頭萬緒，無從寫起！杜欲往取藥，予不使行，則希望頓生！前許大夫注射時，予亦拉之，亦懷希望。後予強説出一句"我胡塗了！"杜只聽得"胡塗"二字。杜用種種法，引腦血下行。反對觀念，得醫生之希望助力，遂將此前錯誤壓倒。不久遂能言。及別人代取藥來，予遂能言，大家大慰。後予睡片刻，醒精神甚振奮，頗覺病愈！會從吾來視予病，予遂誤以爲已搬出醫院，從從吾搬到靛花巷某室中靜養！彼慰藉良久，乃去。予始漸悟錯誤。是夜睡甚酣，直至次日午間始醒。熱已漸退，精神亦佳。**十九日**早體溫三十七度，晚卅七度四。**二十日**，早三十六

①編者注："屬"，原誤作"囑"。

度六，晚卅七一。此後早皆不及卅六度，或不及卅五度，晚皆在卅
七度下，經過良好。從吾幾每日來視予病，時代愛松侍奉。外海
帆、弼剛、錫予皆來兩次，錫予一次被醫生拒絕，則爲三次。末次
饋橘子、黃果甚多。心恒、蒼亞、康農、小石等均來一次，皆深感
謝。明經亦來，並饋麥片一合，一包。**二十六日**予初次下床。由
此邊到彼邊，即當扶床，否即暈。始食餅乾四塊，晚食藕粉時未敢
食。自加牛奶一次，麥片加牛奶一次。潤章昨自渝返，來視予病，
略談。下午李文韶來城，問出院否，予待杜大夫，尚未至而天已將
晚，遂以杜大夫前意告之日："明天或後日可出院。"未幾，杜至，
彼亦言可。又問出院後飲食起居所應遵守。彼又允配出院後應
服藥物。是日下午走路即不甚暈。**廿七日**，因已四五日未大便，
洗腸，然無效。時天暖無風，遂出至廁所，廁所離宿頗遠，予扶杖，
不扶可往。蹲許多，將積乾糞三大團排出，爲之一爽。歸時，去
杖，仍能行。下午秉琦騎車來，言："昨日李文韶歸，言醫生未到，
先生自定。我同潤章先生商議的結果，以爲總是候醫生的決定才
好，晚回三兩天不妨。不知以後醫生來沒有，有沒有決定？"予告
以杜大夫昨日下午，不久即來，已決定可出。秉琦答："然則明日
上午十點前即可到。"予請其多帶款項，交納醫院費用，並將購物
數件云云。秉琦遂去。**廿八日**，十點附近，秉琦同汽車來。先已
請愛松檢點什物，並請其代購水果、麵包、餅乾等物。此時請秉琦
代購熱水瓶、嗽口磁杯等物。將十二點未歸，以爲上午未能歸，以
百元與愛松，請其送與汽車夫周剛，命其進城吃飯。乃遍尋不見，
不久秉琦、周剛皆返，遂辭各醫生，登車回絡索坡。未至黑龍潭，
見道旁青松變黃，足徵風塵之大。至寓，則臨照已起床數日，據言

一切均佳。惟腿力尚弱，往大橋返，即覺困乏云云。予初食麵。共食二次。晚又添麥片加牛奶粥一次。早寢。寢前體溫三十六度七。春谷脚傷已封口，能下地走。

此數日中，我方常德會戰，已大勝。常德失陷數三四日，後經大軍克復。此時則敵人於失敗後退走，恢復原陣綫矣。世界戰事，蘇俄已恢復攻勢。美國兵在新布列顛登陸，威脅 Rabaul。意境戰場，盟軍進步未能迅速。盟軍有在巴爾幹登陸説。在醫院時，遇警報兩次。第一次，予當時未知，敵機亦未到，後聞人言之。二十二日上午，予正與愛松閑談，而敵機已至，上空已有空戰。高射炮，機關槍，似在頂上亂鳴！予因知我方近日空防殊强，敵機絕無餘力在目的地（機場）外肆虐，故毫無恐怖，惟以妨害閑談爲恨！愛松出視，親見敵機一架被擊墮落，以告予，予心甚喜。次日報言敵機來者兩批，有言七十餘架，有言六十餘架。被中美聯合機群擊落或受傷者，達四十五架之多，可稱大捷。在醫院中曾接樂夫、建功、子倬及一山、燧初信各一封。憲政實施協進會秘書處信一封。空軍官校教育長劉牧群信一封。係於二十五日請寄，因病未能往。其政訓校官向光曾來視予疾。前接慧僧先生約於十八日與參政員同仁研討有關本區經濟建設各項問題，亦因病未能往。

二十九日，吃飯四頓：晨興吃稀飯一大碗，麵包兩薄片；午間吃稀掛麵一大碗，麵包一薄片；下午五點同午餐；晚加麥皮及罐頭牛奶粥一大碗。約九點寢。晨起體溫三十五度三；寢前卅七度。今日上午大便甚乾，一團而已。上午行至石橋及唐墓前。下午到村後山坡上來回走三里。走甚慢。休息二次，不覺困倦。日落時又過大橋一游，來回二里。則予腿力比臨照較健，但胃力遠不及。

接扶萬先生赴文,彼享年七十七歲,已於①十月十六日歸道山!西北碩學又弱一个!愴傷曷極!但葬期已過,予在遠,未能吊唁,更深悲悼。接高廷梓之尊君小傳一件。接文通書局信一封,淑玉信一封。

三十日,吃飯如昨日。上午潤章來談。出大便,尚佳,來回二里餘。翻閱《漢書》《後漢書》《三國志》中之東夷各傳。下午仍到山坡上走四里,未休息,亦不覺乏。日落時,僅到石橋上一游。晨體溫卅五度二,晚卅六度九。

三十一日,吃飯仍如昨日。大便亦如昨日。翻閱《宋書》《魏書》中東夷各傳。下午及日落時出游亦如昨日。上午寫家信一封。晚補病中日記,未完。晨體溫卅五度八,晚未量。收到勞貞一所著之《居延漢簡考釋》。

---

①编者注:“於”,原誤作“歸”。

一九四四年

元　月

一日，昨夜醒時，因此次大病未死，就又生出無限的奢望：極清醒地作出極美滿的好夢：夢到活到九十餘歲時，家、國、世界，全如吾個人、國人、人類所希望的安穩進行！夢到個人死後百年內之精神生命！夢到三百年內之精神生命！夢到將千年時之精神全死無遺！夢到在人類中所留遺毫無生命——物質（身體）的或精神的——之黯淡記號！清清醒醒作夢，備極可笑。日初即起。室內八度強。體溫三十四度九。上午石柏宓、殷煥先來談。柏宓今年將到美國留學，主要學梵文，勖之以兼注意於巴利文，以便探究佛教之本原。將午九峰來。三人皆在寓午餐。予今日一切照前數日，惟將晚時□□①。寢前體溫卅六度八。

　　二日，夜眠甚酣。早室內九度，體溫卅五度。少翻閱《晋書》《隋書》中之東夷列傳。一切照前。上午出恭後行至張墳。下午功叙夫婦來談，盛標夫婦亦來談。因未出游，但日落時出游二里餘。寢前體溫卅六度六。蘇聯再克復科洛斯丁。

　　三日，早室內十度。體溫卅□②度三。翻閱《歐洲近代現代史》。下午濟康來探視。寢前體溫卅六度九。蘇聯再克復什托米爾。

　　四日，早室內十一度，日中頗暖。晨體溫卅四度六。仍閱《歐洲近代現代史》，並閱《二千年中日關係發展史》。命德昌進城請杜大夫在向紅十字會所作請求書上簽字。並購兩小鎖及橘子、黄果、梨等物。寢前仍卅六度九。晚有雲。

　　五日，陰。早室內仍十一度。體溫卅五度四。仍閱《歐洲近代現代史》。寢前……③

　　六日，陰雨。晨體溫卅五度六。仍閱《歐洲史》。蘇聯騎兵已越舊波蘭境。美機襲千島群島中之幌筵島及占守島。但入襲之轟炸機僅有四架，應戰之日機僅有一架。或係帶探查性質之前奏曲乎？龍泉崑峰之子劉廷來談。據言今年考入空軍軍官學校，現正辦入伍手續。又言附近有薛營薛葆光之子亦取錄。本區尚有鎮平一人。河南共十餘人。又言上期河南僅三人，此期則較多云云。接白鵬信一封，河南賑灾委員會信一封。寢前體溫卅六

①編者注：原稿此處有數字無法辨識。
②編者注：原稿此處有一字無法辨識。
③編者注：原稿此處殘闕。

度七。

七日，夜中雨雖有已時，然淅瀝時較多。晨室內九度。終日陰，晚乃晴。晨體溫卅五度六，晚卅六度七。仍閱《歐洲史》。

八日，晴。晨室內九度。體溫卅五度。晚三十七度。上午仍閱《歐洲史》，下午閱《文史雜誌》。蘇聯取柏狄契夫。現在蘇軍主力轉向南攻，欲截 Dnieper 灣內五十萬德軍之歸路。主要所爭者爲 Vinnitsa，因其爲鐵路中心。又傳德軍在 Dniester 河上設防。辦事處來公函，請大家勞軍，因再捐三百元。前病中已命以墨許名捐國幣千元矣。

九日，晴。晨室內八度。體溫三十五度三。起較前多日早。上午翻閱《周公測景臺調查報告》。寢前體溫卅六度九。下午范九來談。

十日，晴，將晚時有雲。□□□①溫度及體溫均如昨。上午往作紀念周，而潤章往安寧，遂無形擱置！到辦公處與濟康、志卿小談。又訪鄭萬鈞，謝其前日來探視。下午翻閱《思想與時代》。晚仍翻閱《歐洲史》。寢前體溫卅六度八。

十一日，上午仍稱晴日，而多雲多風。將晚忽雨忽晴，且聞雷聲。九點將寢時，仍是月皎潔。晨體溫卅五度三。仍翻閱《歐洲史》。接女中自治會電一封，仍爲專員強將女中並入宛中，改爲區立事。蘇聯兵克復烏克蘭工業大城基羅夫克勒。但此城係一新名，遍查各圖，不知所在。與臨照商議決定於十四日中午公宴潤章夫婦。但因無得力廚子，僅敢以二千元爲度，預備一切。城內

①編者注：原稿此處有數字無法辨識。

普通酒席皆達四五千元！晚體溫卅六度八。

十二日，晴。早體溫卅五度六。致一電與魯若蘅，請其駁斥將宛中、女中改區立。寫一條與潤章，與訂宴期。翻閱《歐洲中古史》。後翻閱《現代外蒙之概觀》及《猶太民族史》。前者大致已畢，後者畢其半。晚體溫三十六度九。

十三日，晴。早體溫卅四度九。閱畢《猶太民族史》，又翻閱《舊約》。下午明經來談，在寓晚餐。接尚文信一封。晚體溫卅七度。

十四日，晴。早體溫卅五度四。仍翻閱《舊約》。今日公宴，除潤章夫婦外，有萬鈞、秉琦夫婦。本意請尚、趙、鍾陪客，但忘預先通知，彼三人皆出。菜尚相當豐富。接子倬及女中教職員信一封，仍爲並校事。晚體溫卅七度。

十五日，夜覺較暖。晨室內十度（前多日皆八度）。昨日食較多，夜中覺腹中不適。早體溫卅五度七。全日陰雨，間有冰雹。仍翻《舊約》及《劍橋古代史》。晚體溫卅七度。此後凡晚及卅七度或較多、早及卅六度或較多者皆不記。

十六日，晴。早室中仍八度。早體溫卅五度六。上午仍閱《舊約》。午到萬鈞處午餐。同席者有潤章夫婦、迪之夫婦、小石，外尚有一雲大農學院張君。餐後，到廟內看花，遇小石之三世兄，現在中央機器廠工作。及一詹君。同工作。歸時，太陽已入山。晚體溫度三十六度五。此溫度近數日爲最低。然今晚曾脱衣洗濯全身，或有關係。發宛中、女中董事會，女中學生董事會電各一封。

十七日，晴，晨室內八度。下午多雲，有風，時霏雨數點。全日室內溫度不超十度。晨體溫卅五度四。仍閱《舊約》及《劍橋古代史》。精神不佳。晚讀《淮南·覽冥》《精神》二訓。因聞尚文言建功貧且病，擬寄三千元與之，乃茨埧交行辦事處撤消，龍頭村郵局無匯票，惟有俟明日再辦耳。取千元借與房主陳老太太。接洪波信一封。晚體溫卅六度七。

十八日，有雲，多風；晚且落雨一小陣。晨體溫卅五度五。德昌入城寄錢，且令其以五百元購禮物饋濟康，五百元爲錢、蘇兩家小孩購食物。乃費千四百〇二元。而禮物尚不甚豐！物價情形，大略可知！讀《原道》《俶真》兩訓。接長兄信一封，東峰信一封，女中學生會千元匯票一紙，達三信一封。接《思潮》一本，乃連定一寄來者。上午略爲翻閱。

十九日，多雲。早體溫卅五度八。讀《天文訓》半篇。下午讀《震旦人與周口店文化》。接濟康謝信一封。晚體溫卅六度九。

二十日，有雲，有風。早體溫卅五度七。上午翻閱《太平天國史事論叢》。讀 OsBorn 之《舊石器時代人》。晚體溫卅六度七。今日有一怪消息，《蘇俄真理報》言英要人在葡萄牙某地與德議單獨講和，英政府竭力闢謠。又近日蘇聯與波蘭政府亦陷僵局。蘇不堅持前與德所定界綫，而願以卡遜界綫爲準，似可無大問題。然蘇不願承認波蘭流亡在倫敦政府，似嫌此政府爲英人所卵翼，將來與已逼處，頗有不利，故有他求之意。此舉在蘇聯固亦有若干理由。然問題因此遂愈複雜！且上二問題中間，或不無關係，此事更趨繁複！盟國中間如此鈎心鬥角，殊屬可慮。晚體溫卅六度七。

二十一日，夜中雨兩陣，晨晴；然日中有雲有風。讀《舊石器時代人》及 Andersson 之《黃世界的兒童》（*Children of the Yellow*

Earth）。接建功信一封,係借錢以過舊曆年者。幸錢前數日已寄去,如俟此信始寄,必不及矣。早體溫卅五度七,晚卅六度七。

二十二日,晨尚晴,後霏霧絲;不久鳴雷及霹靂!落冰雹及雨!冰雹粒大逾莞豆!不久又晴!下午又大雨一陣,後又晴。終日有風。仍讀《舊石器時代人》及翻閱《思潮》。蘇聯克複諾伏克拉德。早體溫卅五度八,晚卅六度九。

二十三日,有風有雲。晨體溫卅五度七。上午序六、修和及一王君瑞昌人,亦留法學生。現任□十□①軍參謀長。來訪。修和之書已將印出,比予書之稽延二三年尚未印書者,可謂速矣。下午柏宓來訪,係錫予托彼購一雞饋予以養病者。翻閱《古代斯拉夫文化》。

二十四日,仍有風有雲,但比前數日較少。翻閱《思想與時代》。因明日爲農曆元旦,今日中午與臨照全家合餐以慶新年。後九峰來談。小眠。晚有同伯愛松改字。之友杜君在寓晚餐。後又少翻閱《古代斯拉夫文化》。接定一信一封,簡則信一封,內附王桓武公信一封及聘書一。早體溫卅五度九少弱;晚卅六度八。

二十五日,夜中較暖。日中晴,僅將晚時略有風及雲,故亦較暖。今日杜君未去,午間九峰來談,留午餐。稍翻閱《歐洲中古史》。早體溫卅五度六,晚卅六度九。

二十六日,夜較暖。將明,風起;終日風殊大,且有雲。今日僅翻閱新舊《唐書》突厥回紇各傳而已。晨體溫三十五度九弱;晚卅六度九。上午萬鈞來賀年。

---

①編者注:原於"十"前後各空闕一字。

二十七日，陰；風較昨日小。終日洗小件衣物，補襪，翻閱《歐洲中古史》而已。接參政會信一封，經濟建設策進會辦事處信一封。體溫晨卅五度六；晚卅六度八。

廿八日，陰，有風。仍翻閱《歐洲中古史》。接潤章信一封。下午夢家夫婦來談。晨體溫卅五度八。室內溫度日中達十三四度。

廿九日，陰，風不大。騎車進城。訪芝生，不遇，見馮太太，知芝生到重慶。訪錫予，在彼寓午餐。遇莘田、秉璧及陳□□①。訪弼剛、康農，適弼剛出，不遇。前數日聞陶雲逵去世，青年學者又弱一個，至爲扼腕。今日聞當雲逵在雲大附屬醫院病重時，其夫人夢見其已夭之兒在其父床下，以爲有鬼！乃請膺中夫人注視，乃證實其有鬼！——真是活見鬼！——遂急搬回家中！是爲致死原因之一！嗚呼！今日之知識界、思想界，遂致墮落如是！今日之大學生、大學教授，誰也不肯明白自認信鬼，而心中無"暗鬼"者，實無幾人！是真我輩思想界中人之絶大恥辱也！到經濟建設策進會，到會者約廿人。四點半出，購六味地黃丸一斤，價二百五十六元。遂歸。體溫：晨卅五度八；晚卅六度七。

卅日，晴，有風。今日精神不佳，僅翻閱《薑齋先生詩文集》而已。體溫：晨卅五度七；晚卅六度六。

卅一日，將明，微雨。晨似將晴。往作紀念周，後同同伯到上觀看花。時見晴光，而亦時霏霧絲。下午陰，雷；將晚，大雨。冬春之交，雨大如是，爲予來滇後數年之所未見。翻閱《南雷文

---

①編者注：原於"陳"後空闕二字。

案》。體溫：晨三十五度八；晚三十六度八。

二　月

一日，夜中風狂雨暴，令人心悸，恐稼穡之或傷也。上午風雨較小，然仍不止；下午始漸晴，而仍有風。日落後，始漸住。潤章托改其所寫之《吳稚暉先生生平略述》，今日始略事改正。體溫：晨卅五度四；_{早風大，室內溫度十一度，然覺寒（因風）。體溫較近日低，或與有}關。晚卅六度八。

二日，晴。終日有風，將晚雲重。翻閱《詞苑叢談》。下午蒼亞來談。體溫：早卅五度八弱；晚卅六度六。

三日，晴，風不小。早餐後，到總辦事處，將潤章稿送回，並斟酌一切。初晤莊長恭。下午接到文通書局所寄《我國史前文化》稿，略爲翻閱，引證繁多，然無特識。亦可出版以備一格也。體溫：早三十五度六強；晚卅六度九弱。

四日，晴，有風。翻閱 Ancient Times，並抄英文單字十餘。接馮素陶信一封，內附憲政研究會開會通知一件。又由仲和轉來參政會匯票一件。美軍在馬紹爾群島登陸。國軍從印度入緬北，保護新修公路，現宣布已入緬境百英里許。體溫：早卅五度五弱；晚卅六度七。

五日，晴。騎車進城。到中法，晤喜聞。問其家鄉戰事，據言前綫紀律不整，遇敵即退，且賞罰不明，殊屬可慮。鄂西大捷，內宣傳之意味多；常德卻鏖戰甚苦。_{敵人專在常德損失約萬五千；我軍三四}萬。後調到軍隊較好，且重要長官多在前綫督戰，故能支持。但軍隊紀律普遍敗壞，人民寧願留於淪陷區，不願逃出！此種現象，從前不如是，近二年始劇，真令人心驚！同到一小館吃飯，彼强爲東。二人費百三十元，猶屬最便宜飯也。獨到靛花巷，訪從吾，不遇；晤莘田。又到青雲街中法宿舍，晤弼剛、康農，遇辰伯。同康、辰同到憲政研究會。談次，始知此次憲草，擬將審查預算、決算，及決定宣戰、媾和之權付與立法院；至國民大會則僅行使選舉、罷免、創制、否決四權。據言，此係據國父遺教，將來亦不得變革。此點與歐美各國憲法大體不同，頗出予意外。予對此點向來未經考慮，未能表示任何意見。因急返鄉，未散會先出。到寶善街，擬買捲烟，但是家閉門，未知何故，遂返。報載蘇聯軍隊在聶伯河曲，包圍德軍十五萬，又已成功，未知確否。體溫：早卅五度六；晚卅六度六。

六日，晴，有風有雲。翻閱《古時》，抄英文單字。下午佩青之女公子素菲同一楊君來談。素菲去年從北平來此，在聯大社會系讀書。楊君係聯大機械系畢業生，現在中央機器場實習。體溫：早卅五度六；晚卅六度七。

七日，陰，有風。晚雲散，月色頗佳。作業如昨。下午翻閱《歷史語言研究所集刊》第十本第三分。體溫早三十五度八强；晚三十六度八。

八日，晴，有風。作業如昨。近數日蘇軍在德聶伯河灣大勝。體溫：早卅五度八；晚卅六度六。

九日，晴，有風。上午潤章來談。下午翻閱《劍橋古代史》。體溫：早卅五度七。接參政會信一封。

十日，上午陰。晨風從東北來，頗寒。後風止，下午漸晴。午間九峰來談,並代予購旱烟管一。作業如昨。體溫:卅五度六强;晚卅六度七。

十一日,陰,風不小,但從西南來。將晚又漸晴。今日上午十點院中開各研究員及各課長談話會。潤章報告院中近日失盗及物價大漲、院中經費支絀各事。又提議組織消費合作社及醫藥費保管委員會二事。對於前者尚未能有具體規定。對於後者大致決議:在昆明諸同人於每月薪水中扣除百分之一,設會保管;如院中經費支絀未能補助或未能及時補助時,即由會斟酌補助或暫墊付。已決定慕光、爾玉、序六、仲和及予爲委員,進行起草規則事宜。餘時作業如昨。體溫:早卅五度八;晚卅六度七弱。

十二日,晴。作業如昨。接文青信一封。接院中函,言紀念周改作月會。晚余季川來,言軍隊缺額,因軍事委員會將點名,象抓壯丁;彼及本院皆有工友被抓,經彼交涉,始行放出云云。近二三年軍隊紀律,日行敗壞,極堪憂慮! 報載尼米茲海軍司令宣言將來中國海岸登陸以爲進攻日本本土基地云云。體溫:晨卅五度七;晚卅六度六。

十三日,晴。夜眠不佳。同所中同人往游北山高處。廟後五百公尺處。少有雲,風不甚大,但天氣不甚清耳。下山從東山梁上,是爲從前尚未走過之路,亦相當平。體溫:早卅五度七;晚卅六度六。

十四日,天朗氣清,但風不小。終日翻閱《賊情彙纂》。此爲太平天國亂時,清軍調查敵情之官書。但只以備用,並未付印。曾見之者多加以删節,並改頭換面,據爲己有。民國廿一年始印行。此書來源皆注明,比較可靠。體溫:早卅五度五;晚卅六度七。

十五日，晴。今日因平均體溫尚低，決定入城訪問醫生。騎車入城，見杜棻大夫，問之，據言平常口腔中溫度即較低，量體溫以在肛門中量爲愈，而肛門中溫度普遍多半度，則予之溫度已不低；彼之晨起溫度平常亦不及卅六度云云。似此則予無掛慮之必要矣。至簡而潔，午餐。吃豬肝麵兩碗，價七十元。訪辰伯，不遇。訪海帆，又訪芝生，皆小談。出購信封、每個兩元五。格紙、每張一元。九一四藥膏、大匣百八十元。捲烟、聚寶牌，每盒五十五元。黃果每斤七十元。各物，遂歸。

十六日，晴，時有風。稍整理書案。寫參政會信一封。續完復錦南信。去年開始，二三月後始完一信，殊爲可笑。接希孟信一封，參政會信一封。接丫頭及小斧信一封。信寫於上月十三日，尚未接到予信。斧信言其母又病，亦未言何病，頗深念慮。

十七日，晴，然晨起時有東北風一陣，頗寒。寫家信一封，建功信一封。

十八日，晴。寫樂夫信一封，于院長信一封，脩保信一封，淑玉信一封。房後玉笙山上不知何人不慎遺火，致將乾草延燒二三里。予五點後出時，火勢尚未息，多人奔往撲救，始得滅熄。從前有不少人割草爲薪，此次一掃而光，尋燃料者非向遠山去不可矣！

十九日，晴。天氣較前覺暖。寫王震義信一封，驪先信一封，定一信一封，燕生信一封。又寫兩兄長信，未完。報載美海軍直前，往攻 Truk。此地爲日外圍海軍最重要中心。如能得手，則戰事或可縮短矣。蘇聯已將其所包圍之德軍解決，擊斃五萬餘，俘虜萬餘。

廿日，晴，少有雲。閱仲舒從前所著之《再論仰韶與小屯》，並檢查古史中關於契之材料。九峰來小談。下午到玉笙山西坡觀桃花，時正盛開，燦若雲霞。山上桃林樹小，將來亦當較西坡遜，不惟今日也。

廿一日，晴。完成兩兄長信。又寫希孟信一封，桂岐信一封，静之信一封。接女中之鶴汀署名信一封。

廿二日，晴。寫繩武信，未完。接憲政研究會信一封，約廿一日開會，時已過矣。接濟康信一封，復之。

二十三日，晴。上午完寫繩武信。下午翻閲《西藏之過去與現在》，未完。接第八戰區副司令長官司令部徵集書籍信一封。奇襲突洛克之軍隊，毁日本飛機二百〇一架，軍艦十九艘。日本人自認被擊沉者爲十八艘，飛機被毁者爲百二十架。

二十四日，有東北風，寒；漸陰，晚又漸晴。上午將《西藏之過去與現在》翻完。此爲一英方外交家 Bell 所著。此人自英兵於千九百零四年入藏時，即參與其事。自此，後至民國十二三年，每次中英關於西藏之商議無弗與者，且曾在拉薩一年，故對於西藏事極爲清楚。此書主旨，一言以蔽之，曰，爲英人保有印度安全計，應使西藏獨立。此其主張，中國人一言可以閉其口，曰，汝等何不使印度獨立？彼亦提到此駁論，但其答復，不成答復，可以不論。雖然如此，吾人讀此書，可知吾人當日對於西藏及英情形之隔膜。英人不願印度北方有任何强兵之威脅，至吞併西藏，加入印度版圖，則除有特別機緣外，亦尚無此企圖。吾國對於西藏人真實情感，不能諒解，而欲以武力威之，彼等愈受威脅，即情感愈外向。吾之軍隊紀律，離理想程度頗遠，又無良好之交通設備以利往來，而英人則紀律甚整，此點可信，非其自誇也。入拉薩後，又能善刀以藏,全師而退,大出藏人意外,則達賴此後之忽變親英,實我有以驅之。此後吾人對於西藏,應竭力研究,以求增加相互間之諒解。不可輕言干涉以增惡感,並增強邊疆交通以增加兩方利害之關聯,則雖今日尚有若干隔閡,異日不難消除,否則南轅北轍,終無達期。此書意見雖偏,而苟吾人善讀,則用途固甚大也。下午翻閱《印度新志》。

二十五日,晨有霧,上午陰,下午漸晴。上午仍小閱《印度新志》,此書僅集譯印度報中論文數篇及自著游記數篇而成,無大精采。下午未工作,僅翻閱《虞初新志》以消磨時間而已。Krivoi Rog 前我國報數度訛傳蘇俄克復,皆不確。此次言克復,大致確實。德軍失此地,則於 Dnieper 河灣內已無重要距點。蘇軍當可進攻克松及敖德薩矣。美海軍進攻 Marianas 群島中之 Saipan 及 Tinian 島。如能在此諸島登陸,則離日本本土較近,離東京千三百哩(此數疑有誤,或當作千六百哩)。或可設置機場以轟炸其本土乎?

二十六日,晴,風不小。閱報看小説而已。

二十七日,晴。早餐後,與同伯同到陳家花園看花。梨花開一部分,桃本不甚多,花已開。從花峪溝下。此坡原有桃甚多,近似較少,未知何故。到茶館飲茶。飲畢,登山至五老峰。登山本意爲看杜鵑花,但現在開者尚不及十之一。遂下,過龍泉觀而歸。午餐後,九峰來談。Mariana 戰事,尚無官報,報上言對於日本軍艦似有所毀。又言敵人飛機損失百三十五架。

二十八日,晴。上午翻閱向覺明所譯 Barnes 之《史學》。此書爲西歐史學史之略述,且具通論性質,雖未詳贍,亦尚公允。下午寫若蘅廳長信一封。接劉仁成信一封。報載 Mariana 戰事,除飛機外,尚毀敵人艦十一艘。

二十九日,晴。翻閱 Barnes 所著之《新史學與社會科學》。
今日天氣較暖。

三　月

一日,晴。仍翻閱《新史學與社會科學》。下午看春谷所寫
之《班超年譜》。

二日,晴。寫胡善樵信一封,芝生信一條。請德昌進城寄伍
仟伍佰元與重慶河南農工銀行,並將寫給魯廳長信請芝生簽字。
仍翻閱《新史學與社會科學》。接彥堂信一封,言子衡已離中央
博物院,彼已擬離中央研究院云云。據彼信言前有一信,但未
接到。

三日,晴。仍翻閱《新史學與社會科學》。

四日,晴。仍翻閱《新史學與社會科學》,畢之。此書代表美
國新史家、綜合派、動進派之觀點,眼光尚屬公平、遠大。惟對於
Freud 派之心理分析,或有信仰太過之弊。其對於頑舊派之批評,
殊爲正當,毫無過酷之處。下午劉廷來辭行,言三二日内即將赴
印度;在印度受訓八星期,即將赴美云云。接外交部情報司信一
封,憲政研究會信一封,皆復之。

五日,晴,有雲。因上午東北風,故全日溫度較低。因前日與
善樵信,忘寫收款人名,因再寫一信。並寫家信一封。翻閱 Sei-
gnolos 的《中古及近代文化史》之譯本。接經策會信一封。

六日,晴。寫彥堂信一封。接樂夫信一封。

七日，晴。寫健則信，未完。

八日，晴，有雲。上午完寫健則信。下午騎車進城，到經策會，晤王曉籟、錢端升、王吉甫、楊□□、張□□①諸人。聞曉籟言將來美國即在廣東登岸，我國亦有反攻廣東之準備，蔣先生前曾親到衡陽及曲江，計畫一切云云。美兵有一部，進攻緬北。接陳修和派人送來其所著之《越南古史及其文化之研究》一本。

九日，陰。因有北風，故日間溫度頗低。翻閱 Seignolos《古代文化史》的譯本。晚餐時臨照請同人吃包子。接參政會信一封，文化服務社信一封。

十日，晨起無風，至午間漸晴。下午又有南風，又多雲。但風雖不小而溫度較高。仍翻閱《古代文化史》。接史學會信兩封，《文史雜誌》一本。下午閱報及《文史雜誌》。

十一日，晴，有風。翻閱西洋古史有關於工商之材料。復參政會信一封。晚翻閱《周易外傳》。

十二日，晴。上午翻閱《東亞文明之曙光》。下午騎車進城。先到青雲街，見弼剛及康農，並晤一山西高平孫君，彼在聯大教授算學。本日山西同鄉歡迎孔庸之，彼不願如此拍馬，乃避來康農寓，余因見之。三點到李公樸寓，開憲政研究會□事會②，到者六七人。出時，光旦以其所著之《說文以載道》見贈，歸燈下讀之。

十三日，微陰。寫信與尚文，未完。

十四日，晴。完寫尚文信。寫成廙信一封，子炎信一封。翻閱《西突厥史料》譯本。接燕生信一封，鶴汀電一封。開始用蝦

---

①編者注：原於"楊""張"後各空闕約二字。
②編者注：原於"事會"前空闕一字。

蟆草水洗痔瘡並服槐角丸。

十五日，晴。翻閱玄伯所譯之《古邦》。現版已將小題改爲大題，題名曰《希臘羅馬古代社會研究》。《古邦》名已不存在。接長兄信一封。

十六日，晴。仍翻閱《古邦》。接建功信一封，善樵信一封。寫濟康信一封，立庵信一封，康農信一封。蘇俄克復刻松，進逼尼科拉葉夫。近日英東南亞軍帥蒙巴頓因稽延不進，大爲美人及吾人所不滿。近一二日內報載英軍有一支，加入緬北作戰，蒙氏或受輿論壓迫，而爲此以解嘲乎？

十七日，陰。下午曾微雨數點。仍翻閱《古邦》，畢之。是書Fustel de Coulanges 以宗教觀點解釋古代希臘羅馬社會之種種變化，見殊精確。予在法時，曾翻閱數葉，因未感興趣，遂止不閱，迄今追思，頗悔當日之憒憒也。此遍殊聊草，仍當細讀之。下午明經來談。接潤章信一封。

十八日，夜中鳴雷，微雨一陣。日中陰。下午再鳴雷，又雨一陣。後晴。今日翻閱王船山各書。下午九峰來談。

十九日，晴。早餐後，同春谷及一范君同到五老峰一游。因對峰之坡，前數年游曾見其上杜鵑花滿坡，故往觀之，然此次不見，未知是未開或已謝。但附近杜鵑亦尚不乏耳。

二十日，晴。翻閱《讀通鑑論》《宋論》等。下午翻閱《匡謬正俗》。接康農信一封。蘇軍已過 Bug 河之西，大約維尼沙及尼可拉葉夫諸城，德軍不久將被逼退出矣。

二十一日，晴，翻閱《西域佛教史》。接到徐夢麟之《雲南農村戲曲史》一本。書內贈人署名曰徐嘉瑞，蓋即其字。聞春谷言彼爲雲大文史系主任，予當見過，但因記憶力惡，杳不知爲何人矣！

二十二日，晴。仍翻閱《西域佛教史》。接錢國英信一封。蘇軍已克復維尼沙及其他濱 Dniester 數城。且在河西岸已有橋頭堡壘，則其軍隊已渡河，入 Bessarabie 境內矣。翻閱《雲南農村戲曲史》。

二十三日，微陰。翻閱《雲南農村戲曲史》。德軍將匈牙利占領。匈甘爲德之附庸而終不免，未知其他附庸，如芬蘭、羅馬尼亞、保加利亞諸國能有所警惕否。接憲政研究會信一封。接潤章通知，彼昨日自渝返，約明日上午十時往談。

二十四日，晴。早餐後即往辦事處，見潤章，據言近日重慶物價大漲，米價高過此地，殊可驚人。接麋岐信一封，甚喜，因近多日未接家信也。下午復錢國英信一封。德已占保之電報郵政各局，似有進兵保、羅徵象。

二十五日，晴。終日風不小。翻閱《西京勝迹考》，以備出一考試題目，但尚未能出，因似聞此書僅以一部分作爲論文，而予未知其爲何部分也。德兵入羅馬尼亞，防衛石油廿。

二十六日，晴。騎車進城，開憲政研究會小組會。午餐後訪毅生，又訪小石。談至將晚乃歸。

二十七日，晴。近數日，黑龍潭有廟會，演滇戲。予因來滇數年，未見滇戲，乃於九十點鐘時，同春谷來觀。時尚未開臺，到廟中一游。有一班職業巫，名"崇文學"者，正在念經。聞此班爲道士所雇用。至道士則不能如此之輝煌念經，故亦不念，僅在客廳招待客人而已。出廟，仍未開臺，到秉琦家一坐。時秉琦來所，僅其夫人在家。出問，則開臺似尚早，遂歸。午後，明經來談。寫一北大文科研究所試題，並寫一信寄交毅生。後獨出，將再往觀戲，而人已散，遂不往。聞後將再開臺，然正值吾儕晚餐時，故終無機會往觀。接彥堂信一封，內白鵬信二紙。從吾信一封，簡則信一封，參政會信兩封。德人又向芬蘭及瑞典進兵！外觀似尚強，然此爲懼其附庸之最後挣扎，所謂"中乾"也。且彼戰鬥數年，損失甚大，兵力已感不敷，仍不縮短戰綫，亦非其前途之福也。

二十八日，晴。命李文紹到銀行存國幣六仟元。接文通書局信一封，潤章信一封。

二十九日，晴。翻閱賓四之《國史大綱》。

三十日，下午陰，風頗大。上午仍翻閱《國史大綱》。下午寫《中國史前史綱要》稿之審查意見書。此書抄襲成篇，實無出版之價值，然予却不得不爲鄉愿，而結之曰"予以出版，亦無不可！"亦復文通書局一函。接仲和一函，總辦事處一函。

三十一日，晴。將鄭君之稿掛號寄回。寫從吾信一封。

四　月

一日，陰。晚微雨。接希孟信一封，子倬信一封。五點往辦事處與潤章談所中經濟事。

二日，晴，有雲。夜中睡不佳。翻閱《比較語言學概要》。爲臨照寫字。予本不善書，而彼強予書，艱窘寫出，殊不愜意。然筆與墨實皆不如人意，否則不愜意之程度或可少減，亦未可知。

三日，夜中覺寒，晨起時，室內十二度。晴。接建功信一封，係請予及潤章函詠霓請其爲印稚老紀念冊事准用白紙者。翻閱

《國史大綱》。將晚再到辦事處與潤章談函詠霓事。

四日，晴。仍翻閱《國史大綱》。下午春谷與秉琦因誤會鬥口，予禁之，不服，予言如欲繼續取鬧，即當出所，彼即悻悻然移居龍頭村友人處。亦一不幸事，春谷甚努力，人亦忠實，但胸襟甚窄，常覺被人壓迫，對於自己工作，不免誇張。因覺不誇張即將被人看不起。亦其蔽也。晚臨照來，仍談春谷事。予請其與同伯商議挽救辦法。

五日，晴。稍翻閱《夢溪筆談》。下午翻閱英地理學者 Roxly 所著之《中國》小冊。雖寥寥三十餘頁，而對於中國了解頗深，立言殊有斟酌也。接荊三林信一封。致予及芝生。臨照再來談。

六日，晴。近數日皆多風，今日頗大。復參政會信。寫樂夫信，未完。閱報及雜誌。向光來，晚留宿此間，因彼將出國，明日八點到白龍潭檢查身體，從城裏來頗不便故。

七日，晴，風不小。寫一信與芝生，以三林之信與之，且告以其背景。續完樂夫信。接敦煌藝術研究所聘書一封，錢國英信一封，憲政研究會信一封。接菜、璋信，知長兄於二月十八日蓋廢曆。病故，至爲悼感。長兄雖年已七十七歲，而素日習勞，去年來郭旗牌，三四十里尚能步行，且素日哀樂之傷亦淺，似不難享八九十之大年。然去年予歸時精神雖尚佳，而後漸不濟。予來滇後，頗爲憂念，兩信到家中問，未接回音。疑信中途遺失。但後接彼親筆信兩封，並未言病，憂念頓釋。豈意竟從此長逝，傷哉！

八日，晴。派德昌進城尋同伯回，一談春谷事。寫文青信一封，善樵信一封，桂菜、桂璋信一封。晚與同伯一談。

九日，晴。再與同伯一談春谷事，彼頗以吾爲偏袒秉琦，不願辨是非也。騎車進城。先到芝生寓。芝生寫一信,復三林,辭其所求事,予亦書名。在彼寓午餐。彼家每月專吃飯即已過萬!連用需兩萬餘!每年得稿費約七八萬,尚不足,由家賠補!芝生家素節約,即已如是。後同往訪小石,談。小石借觀玉簡,並願借觀數日,遂暫留彼寓。出,獨往唐寓,開憲政研究會。將晚,歸。

十日,晴。寫信與糜岐,又寫信與桂珍,未完。

十一日,陰,下午風大,鳴雷,然止雨一小陣。温度降低。翻閱《十力語要》。接黃萍蓀信一封,此黃君未知何人,乃請予撰文,可怪也。

十二日,早晨室内僅十二度餘。晴。翻閱《夢溪筆談》。又翻他書有關於老子之材料。接文青電一,言專員公署冒予名召集宛中校董會,問將如何辦理。此類小人實屬無耻至極,予對付之,實頗費心思矣。蘇軍已克復敖德薩,乃反而攻克里米亞半島。此半島後路早斷,想不久即可克復矣。此半島克復後,蘇聯南部敵人即已全部肅清。

十三日,晴。上午翻閱《夢溪筆談》。下午同伯借給余《古史辨》之第四册,翻閱關於老子部分。中所載文,予從前雖多已見過,而此册《古史辨》,予却尚未見過。接彥堂信一封,憲政研究會信一封。又有宛中校董會信一封,言於本月十日開會,後署徐旭生、李静之兩名!此即文青電所言冒予名召集會者!與秉琦研究此事,疑静之或爲此事之主動。又注意到信後又蓋有"徐旭生印"篆書名章,是彼等又私刻予印,犯刑事罪而不恤矣!此事當先詢法律家以便有所措置。乃先致一電與專署,否認其會,並否認其變更董事之權,並復文青一電告之。

十四日，晴。翻閱關於《老子》書用韻之材料。

十五日，晴。前日，接到一取印刷物通知，隨便放在桌上，予桌上近日甚亂，今日遍尋不見，殊爲可耻。與秉琦談，秉琦乃代吾寫一信與郵局掛刷房，請德昌進城執信往交涉。復何賠焜信，未完。德昌晚餐時歸，取來印刷物十四包，乃予所著之《中國古史的傳説時代》，每部一本，共廿八本。甚喜，因此書付印已二年餘，終印成接到，在戰時已覺足喜矣。翻閱，寢頗晚。所印訛字尚不太多，但印刷不良，殊嫌模糊。接桂岐電一封，静之信一封。静之言王興東因許昌任内事被扣。此人爲幹吏，前年巨災，因多殘民而升官，今日被扣，則我國尚可謂有吏治之可言！静之對宛中事，頗爲彼辯護，雖未敢謂其必屬主動，然曾參與謀議之嫌疑，殆無法免除矣。

十六日，晴。昨夜睡眠不足。近數日痔瘡因服藥、洗、擦藥膏，已有進步。然今日又不如前數日。翻閱《中國殖民史》。

十七日，晴。改《傳説時代》中訛字。接淑玉信一封。

十八日，有雲，並微雨數點。仍改《傳説時代》訛字。

十九日，天氣如昨。上午到辦事處，欲將新書交潤章一本，以備辦事處存根，但潤章進城，乃到總務方面，與濟康、范九諸人略談。將書托濟康代交。下午仍改訛字而已。

二十日，晴。寫魯廳長信一封。又寫静之信，未完。

二十一日，有雲，將晚微雨數點。接家信一封，甚喜，蓋予自去年離家後，即未接季芳隻字也。畢寫静之信，又寫鶴汀及聯合校董會校董信，仍未完。近日精神總不甚佳。再接文化服務社包裹一。

廿二日，晴。寫家信一封，附令鐸信一紙。昨日報中已見有敵人從中牟渡河消息，尚未感覺重要，今日知彼一面威脅鄭縣，一面威脅新鄭，一面威脅密縣，而廣武敵亦進攻甚緊，局面不小，恐屬常德大會戰後之另一大會戰。近日各軍軍紀及戰鬥情緒均不甚佳，殊深憂慮。英東南亞海軍向蘇門答臘北端小島之薩班進攻。接文通書局信一封，並匯票二百元。

廿三日，晴。寫學涵信一紙。餘時翻閱《曲洧舊聞》。此書爲宋朱弁在敵中幽囚時所著，而所談多北宋逸聞，且不少關重要者，殊爲有用之書。惟彼謂杜甫獲罪時，崔圓等皆疏救，而是時顏真卿爲御史中丞，獨無言，遂致疑於《八哀詩》中不列顏公，爲杜對顏有芥蒂，實則杜獲罪時，顏是否在朝，予尚未考，而杜公卒於代宗初年，顏公被害於德宗中葉，時杜公棄世，蓋已二三十年，朱公此説，誤記殊多。又彼謂《前漢·地理志》言“豫章郡出石可燃爲薪”，爲石炭在古書時之最早見者，實則《地理志》中並無此説，想係《後漢書·郡國志》之誤記也。接河南建設廳信一封。

廿四日，晴，今日轉熱，室內下午二十三四度。翻閱《玉照新志》《西塘集·耆舊續聞》，後書題“南陽陳鵠録正”，不知此南陽是否吾鄉之南陽。下午派李文紹進城取包裹及匯款並購藥。接一電，下未書名！然自蘭州來，秉琦疑爲樂夫發，或不誤。我軍與敵戰於虎牢關外，鄭縣、廣武似已失守。

廿五日，晴，比昨日更熱，已近本地最高點矣。將贈友人之書上題字。

廿六日，有雲。將開始寫《老子爲關尹子著説》，再加收一點材料，尚未及寫。接芝生信一封，一點是介紹唐河黨部書記長見驪先信，請予聯名簽字，一點是恩榮接其兄信，言唐河各中學皆已備案,惟旭桐尚未能備案,命之向予等談,請對教廳方面設法。予即寫一致魯廳長信,明日請芝生聯名簽字發出。接莘田一信,係將予前次講演費五百元代交雲逵家屬,作爲賻金,寄來收方收條,並須予出一收條以便報銷,乃填好寄還。我軍尚與敵人苦戰於虎牢。尉氏失陷,敵軍已到密縣西、登封東。西南太平洋海軍在荷屬新幾内亞三處登岸,規模之大空前。

廿七日,眠甚惡。近日精神總不甚佳,熏洗痔瘡,亦無進步!昨日不及前數日。心中殊悶悶也。復芝生一信。下午開始寫《老子書爲關尹子所著説》,然數行而已。長葛陷落,敵人南犯至和尚橋。近數日來,我軍抵抗力殊微弱,深堪憂慮。前數日曾占一六爻課,遇需之兑,此次其能"小有言終者"乎?我方其能"説以先民,民忘其勞;説以犯難,民忘其死"乎?接憲政研究會信一封,參政會信一封,新陣地圖書社信一封。又接莘田一紙,索贈書,予尚未知能應之否。今日陰,落雨數點。

廿八日,氣候如昨日。開始寫關於老子書文。此爲予病後真正寫文之第一日,然不敢多寫,寫千五百字即止。武牢關已情狀不明,密縣城已失,然大軍似已趕到,方將反攻密縣城。南路尚在石固附近戰鬥。寫簡則信一封。

廿九日,夜中大雨。下午晴。繼續寫關於老子書文。下午九峰來談。

卅日,晴,有雲。今日星期,然仍寫文數百字。餘時到村後小山上閑走。虎牢關尚爲我軍堅守。我空軍已趕到出動轟炸敵軍後方,希望戰事即有轉機也。南路敵人在鄢陵、洧川一帶竄犯。接海涵信一封,糜岐信一封。

五　月

一日，陰，微雨數點。繼續寫關於老子文。

二日，氣候如昨日。繼續寫關於老子文。下午潤章約開談話會。接從吾信一封，憲政研究會信一封，約一日開會，然收到爲二日。

三日，氣候仍如昨，並有雷聲。繼續寫關於老子文。虎牢關陷落，我軍進攻密縣城。敵南犯許昌及禹縣。安徽境內犯潁上，是殆欲接應犯許昌敵以打通平漢綫矣。接心恒信一封，約七日到中法講演，並請題目。

四日，晨微雨，且有北風，下午亦時雨。溫度甚低，室內終日不過十六度餘。繼續寫《老子書爲關尹子著說》，畢之。我敵戰於許昌南關，敵又南犯襄城，此次我方恐將失去河南東部之平原矣！復心恒一信，題目定爲"談周口店猿人在學術上的價値"。

五日，仍未晴，時雨數點。潤章寫一科學概論序，昨日送來，請予爲之修正，今日爲之修正。接樂夫信兩封，接歡迎國立西北師範學院全部遷移蘭州萬冊圖書捐贈運動會信一封，並捐冊一本。接總辦事處信一封。敵竄擾及於舞陽、郟縣。

六日，漸晴。爲明日講演預備材料。接膚中信一封。郟縣已陷落，敵竄擾及寶豐、臨汝矣！

七日，有雲。上午騎車進城。在街頭觀黏報大字，知敵已進犯到龍門！心甚不快，因如此恐洛陽亦難守矣！往與伯倫談，出訪莘田談。莘田拉予到一平軍小館，吃炸醬面。三人他一爲其女公

子,或侄女也。共費五百餘元！面外,一和菜帶帽,一番茄湯而已！出遇從
吾,遂與之同到聯大宿舍談。彼新自重慶歸,據言敵將攻河南,我
方早有所知,預先決定後退。然則我方或非潰退而爲戰略之退却
與？且各方皆言敵與蘇聯有默契,證以敵人敢調大批關東軍入
關,此言當非虛僞。又敵南犯葉縣,則吾鄉亦吃緊。我方即爲戰
略上退却,而洛陽一失,吾鄉亦頗難守,誠令人搔首之局也。到中
法講周口店之猿人。自覺不太長,而已及兩點。後再到從吾寓
談。彼堅留住,遂止宿焉。又同往訪錫予,錫予病瘧,初認清,二
日一次,當不難治愈也。

八日,陰。時霏霧絲。因昨晚睡少,今日中再睡。後到總辦
事處,將修改後之潤章文還潤章,並與一談。敵海軍總司令古賀
峰一自殺,其大本營廣播,則言於三月間乘飛機督戰墮下失事,未
知孰真。缺由豐田副武補授。

九日,晨雨不小,後漸止,晚有晴意。終日溫度頗低。下午九
峰來談。接承廣信一封。秉琦接文青信,請轉告予"女中鶴汀住
校,宛中恩佛等來開聯席會。東秩去,靜之辭,芸青斡旋,可望善
結"云云。我敵仍在龍門、葉縣等地苦鬥。

十日,晴。翻閱《野記》。書爲祝允明撰,對於明朝故事,頗
有異聞。如仁宗之非考終等類。又對徐有貞多譽詞,或未免徇私
之處也。記宣宗數事,皆不甚佳,或爲當日民間傳說,未必非真。
要之此書叙次無方,但可節取,惟其所記事,必須詳考後始可采用
耳。下午將擬寄友人書之外包寫畢。

十一日,晴。翻閱《鄭端簡公今言類編》。書爲鄭曉著。鄭
學有本末,留心當代史事,可依據性或在王世貞等文人所著之上。

明人中不可多得之史料著作也。蘇聯入塞巴斯托波爾，肅清克里米亞半島。我軍與敵軍仍戰於龍門南。平漢綫上犯西平、遂平。

十二日，陰，下午大雨一陣，後漸晴。寫希孟信一封。又寫糜岐信，未完。翻閱《明紀》永樂部分。我與敵戰於洛陽南。遂平淪陷。舞陽及葉縣城仍在我手。

十三日，晴。上午翻閱《明紀》。下午與秉琦談。晚與同伯之同鄉范君談而已。

十四日，晴。翻閱《明紀》及《明史》。敵已在澠池過河，則我守洛陽軍必須退出矣。魯山淪陷。

十五日，晴。完寫糜岐信。續寫何貽琨信，未完。我敵戰於洛陽近郊，或洛陽城已退出。今日天氣甚熱，已達本地溫度之最高點。

十六日，晨尚晴，然風從東北來，漸陰。下午雨，已晚未止，似雨季已至矣。完寫何貽琨信一封。翻閱《東西文化及其哲學》，以備作前年未能完篇之書評。接景盛信一封。我軍克復遂平，圍駐馬店。

十七日，晴，有雲。繼續閱《東西文化及其哲學》。復景盛信一封。我軍於十一日渡怒江共二萬人。七日在城內時，即聞雪屏言滇西我軍已出動渡怒江，因未敢信，故未記。克馬面關。河南我軍克復駐馬店。

十八日，晴。仍閱《東西文化及其哲學》。晚稍閱寅恪所著之《唐代政治史述論稿》。接建功信一封，潤章信一封。

十九日，陰，將晚大雨。上午到總辦事處，與潤章談樂夫事。下午寫樂夫信，未完。畢閱《唐代政治史述論稿》。近日關於歷史著作，精考據者多瑣細，注意綱領者多膚闊，能兼者極少。且考據方面，喜博者或不精，致精者或未博，能兼者亦難。寅恪此書，考據既精且博，並能獨見其大，近日行家均稱其在現代歷史家中，應坐第一把交椅，洵非浪譽。洛陽尚未失，然敵人在隴海綫上已鼠張茅、洛寧方面，已超過縣城至長水，殊爲可慮。接壽伯信一封。

二十日，陰雨。畢寫樂夫信。中美聯軍從孟拱河谷越山，抵密支那，已奪得其飛機場。現正向密支那進攻。翻閱《文史雜誌》。

二十一日，陰雨。仍翻閱《文史雜誌》及縣志稿內之匪劫部分。又閱朱文長所著之《史可法傳》。朱君爲經農之哲嗣，其所著尚富工力，可稱合作。敵軍超過陝縣，已在大營激戰，洛寧方面敵又西進至故縣，盧氏受威脅。更深憂慮。平漢綫上，我軍克復西平。美傘軍降落於 Hump 附近，截斷密支那與 NHamo 之交通。NHamo 或係 Bhamo 之誤，即八莫也。我軍又克復瀘水及片馬。七日予在城內時，雪屏告予，美傘軍降落於雷允附近，我軍渡怒江往接迎之。大約即此事，當日不過在計策中，雪屏從美友方面有所聞，故未盡確。我軍此時或將南接應友軍以斷敵援，北從瀘水、片馬直西乘敵虛以箝騰沖敵軍之後路乎？企予往之。

二十二日，陰雨連綿。上午翻閱陳序經之《中國文化之出路》。陳氏素主全盤西化者，曾對予之《教育罪言》有所批評，然不得要領。予平日意其醉心英美，對於學術無所知而亂説者。今日早晨同伯言有其書，乃借來翻閱。其所言之中國文化，略與清末人之陋相似。孔子主反新復古，帝王利用之以便抑壓人民，故秦以後無學術，與西洋之中世紀相同。以如此見解而又見陳仲甫、胡適之對我國文化積弊之抨擊，則其更進一步而主張全盤西化也固宜。蓋彼對於我國歷史無所知，對於西洋歷史亦所知不多。至書之第一章,引用西書多種亦心未知其意而漫引之以蒙蔽初學者耳!敵人在故縣西,又前進至范蠡鎮矣!

二十三日,早晨仍陰雨,後漸停,下午亦間見日光。稍翻閱《中國學報》。敵人又進至靈寶附近!我軍已入密支那,據有城三分之一。

二十四日,漸晴。續寫《東西文化及其哲學》之書評。我軍克復魯山,但敵人已攻盧氏城!

二十五日,晴。昨夜睡不佳,故今日精神甚差。繼續寫書評。我軍在豫西,開始反攻。

二十六日,微陰。接文通書局信一封。參政會信一封。派德昌進城給樂夫、建功各匯去國幣三千元,捐中原勞軍一千元,滇西勞軍五百元,並購物。寫建功信一封。下午翻閱《白種人在中國》。書爲美人 Karl Crow 著。氏旅居我國多年,爲我國之友人。書對於白種人在中國之醜態頗多揭發,對於我國人極多同感。措詞雖詼諧,而對於其本國之態度極有斟酌。甚有一閱之價值。(白種人則應常讀,因可破其偏見也。)

二十七日,陰。昨晚因閱書未終,強畢之,遂睡晚,致眠不足,今日終日精神未佳。早出見已有插秧者,然麥尚未完全收畢也。對昨閱書仍再翻閱之。

二十八日,陰雨,晚晴。今午德昌請人吃酒,有包全、周剛、王士堃、殷煥先、趙春谷,外有一蒜村之楊君。春谷與予終席未交一語!翻閱《文史雜誌》。洛陽情狀不明,蓋已陷落矣。

二十九日,晴。繼續寫書評。敵人又在湘北鄂西蠢動。

三十日,晴。繼續寫書評。接胡善樵信一封,朱騮先信一封。

三十一日，晴。繼續寫書評。接從吾信一封。德昌去所，到工場中作事。

六　月

一日，陰，時微雨。繼續寫書評，畢之。接中國語言文字學會籌備會信一封。

二日，時陰時晴。將書評前所脱落一葉補起。餘時略看《中西文化之試探》舊稿。接憲政研究會信一封。

三日，氣候如昨，時雨。接吉忱信一封。

四日，時雨時晴。上午有一刁清樸君來談。刁君係祖母之族侄曾孫，在此間建設廳文書股工作。祖母家近族多窮，未知移居何處。多年已未來往。此清樸君居刁莊，未知其與祖母遠近。然爲予第一次見祖母家人，致爲可喜。（予六七歲時，曾有一表叔到河陰署中住若干時，然予已不甚記憶矣。）下午仍翻閱《唐代政治史述論稿》。

五日，今日大雨，然亦時止。上午到總辦事處，開國民月會。寫參政會信一封。寫淑玉信，未完。前英美聯軍攻羅馬，頗有頓挫。上月十二日，再取攻勢，着着勝利。今日報載，德軍廣播已將羅馬退出。

六日，漸晴。完寫淑玉信，又寫彥堂信一封。盟軍入羅馬。

七日，晴，有雲。英美聯軍昨晨（即爲此間之午前後）在法國北部登陸。寫白鵬信一封。五點許，到辦事處聽無綫電（實爲打聽，非聽，因予不惟英文聽不了，今日聽西貢之法語廣播，亦頗難懂,殊出於予意料外。然竊意僅聽音如此,至讀書想尚不至如是),知聯軍在洛哈佛爾及射爾堡之間,大致順利。飛機出動一萬三千次。轟炸四十英里之縱深以掩護登岸。又自昨日午間,德炮兵陣地即無聲息云云。見潤章、慕光、功叙、洪波諸人,晚與臨照談,皆甚興奮。但長沙周圍戰事甚緊,敵已陷洞庭南岸之沅江,極堪憂慮。接新陣地圖書社信一封。

八日,陰,時霏霧絲。敵人在河南亦取攻勢。魯山再陷。南至葉縣城郊。陝州、大營附近,亦血戰正酣。閱《國史大綱》之古史部分。晚閱《清華學報》之《明教與大明帝國》等篇。

九日,昨夜眠不甚佳,氣候如昨。寫家信一封,內附丫頭、小斧信各一紙。接郝景盛信一封,東北大學書信一封,中國麵粉業技管人員訓練所信一封。

十日,氣候如昨。對於古史有問題處擬寫筆記若干段,今日開始。接憲政研究會信一封。敵人在河南又向西進攻:陝州、大營向前攻。葉縣西南敵已進至獨樹鎮。該地離余家中不及二百里,又無險可守!然則家鄉在一星期內恐將淪陷矣!雖早已知其然而心終不寧帖。

十一日,氣候仍如昨。昨夜睡眠不佳。今日精神頗差。亦寫筆記若干行。

十二日,下午晴,將晚又陰。對《山海經》寫筆記二則,仍繼續寫古史筆記。敵人在獨樹鎮稍後退,尚未知能再支持幾日。敵人一股越山竄靈寶西南數十里,現正圍戰中。長沙戰事正緊,然戰綫無大變化。敵又自粵北向北進攻。

十三日,夜中雨。夜有一蚊入帳,頗礙睡眠。日間或霏霧絲,或淅瀝大雨。將晚杲杲出日，而晚間又雨。繼續寫古史筆記。接竺藕舫信一封，繼孺信一封。靈寶已情狀不明。

十四日，晴雨不定，晚晴。繼寫古史筆記。

十五日，晴。繼寫古史筆記。敵人已犯閿鄉！昨日秉琦接陝信，言胡宗南部隊守潼關不出。胡軍素勁，希望能對敵人與以嚴重之打擊也。

十六日，晴。續寫古史筆記。接參政會信一封，總辦事處通知一件。

十七日，晴。然時微雨數點。續寫古史筆記。胡宗南師出，大敗敵軍，克復靈寶及大營。圍敵師一部於虢略鎮。希望其能乘機克復陝縣、澠池，將敵人逐至平地，而我獨守山，則將來即使敵再反攻，亦可有恃無恐矣。美超級空中堡壘轟炸日本本島。前日。詳情尚待續報。美海軍特種部隊在馬里亞納群島中之塞班島登陸，詳情亦待續報。此次登陸如成功，則其南之加羅里納群島及馬里亞納南部交通皆被截斷。且離日本本島不過千餘英里，可以此為基地，轟炸其本島矣。

十八日，晴，然下午大雨一陣，時予出，適遇之，遂沾濡。接伯倫信一封，憲政研究會信一封，劉仁威信一封。我軍已取加邁，離孟拱最近處三英里半，正進攻中。如孟拱早下，密支那即可不成問題矣。

十九日，晴。翻閱《顏氏家訓》。下午程溯洛來談。程，永嘉人，在北大文科研究所作研究，研究北宋史。其研究題目為《宋金海上盟約考》。彼來時持從吾一信。

二十日，晴。寫家信一封。

　　二十一日，温度甚高。下午大雨一陣，後又晴。敵復陷龍陵。美日在塞班島有空戰，美毀日軍三百架。

　　二十二日，晴雨不定。我軍退出長沙。臨照聞潤章自城中回，言謠言甚多，然皆不足信。蘇聯軍已入 Viborg，想芬蘭事不久可解決。日海軍出動，已抵斐利賓及塞班之間。想不能忍塞班島之被奪，被迫出而拼命矣！

　　二十三日，陰，下午大雨。去年在家到金花鎮謁祖墓時，曾將鎮方族譜之前數代抄出，以備整理後，加於桐河譜之前。乃抵家數日後，忽遍尋不得，以爲置衣袋內，洗衣時忘①取出，遂致毀棄，心甚怨悔。又去年一部分日記，將自家啟程，亦遍尋不得，囑季芳找出後，特別檢起。乃今日接家中寄來一紙捲，拆視則族譜稿及日記皆在，喜可知也。德昌來。

　　二十四日，仍陰。翻閱《續通鑑》之元末部分。美擊落日海軍飛機三百五十三架，此爲總數，前日所記之三百架在內。擊沉或傷之船十四艘，然擊沉之重要者僅航空母艦一艘。其海軍大部仍乘夜逃脫。美軍雖捷，然尼米茲總司令殊感惋惜。

　　二十五日，晴。早晨出野恭時，日暖風和，極爲痛快，不覺行十餘里。尼米茲再宣布，擊沉之敵航艦爲二艘，非一艘。敵人南侵，已達衡山境。今日爲農曆端陽，臨照請所中同人午餐。外有程溯洛君。後九峰亦來。下午擬寫《金花鎮謁祖墓記》，僅開一頭。

　　二十六日，晴。繼續寫《謁墓記》，畢之。敵人南侵，已至衡陽境。

──────────

①編者注："忘"，原誤作"妄"。

二十七日，晴。然時霏霧絲，晚風不小。少寫古史筆記。下午士林來談。衡陽戰事正急。美太平洋總司令部宣布攻塞班島，毀敵機六百余架。未知前日所宣布三百五十餘架在內否。英美聯軍在法，已攻入色爾堡；蘇在中路近數日對德取攻勢，進展順利，已攻入維特布斯克；我軍亦攻入孟拱。攻入者，入巷戰階段，完全取得，尚有所待之謂。接白鵬信一封。

二十八日，陰。續寫古史筆記。昨日所記之三攻入城，均已完全攻下。我軍離騰衝，已僅五英里，又進攻芒市，圖斷敵人退路。希望騰衝與密支那不久攻下，則大善矣。衡陽戰鬥甚急。攸縣、衡山縣城失陷。接王先青信一封。

二十九日，陰。因昨夜睡不甚佳，故終日精神疲倦。續寫古史筆記。

三十日，陰雨。睡尚佳，但醒甚早。早起，續寫古史筆記。午間吳士選、熊迪之來院，予受潤章招，與各研究員陪同午餐。本擬餐後，陪二人來所參觀，後士選往參觀雲大附中，乃餐後，先游龍泉觀，而雨多時不止，二人遂反城，予亦歸。歸時，路滑難行，曾跌稻田中，幸毫無損傷。接希孟信一封，憲政研究會信一封。我軍堅守衡陽，戰鬥正烈。蘇軍入莫吉來夫。

七　月

一日，仍陰雨。續寫古史筆記。接樂夫信一封。衡陽戰仍烈。我軍留在敵後方者開始進攻，但未知兵力若何，是否能挽衡陽危局。前數日報載芬蘭與德有新約，今日報載 Gestapo 至赫爾新斯基,則芬蘭又成德附庸！民族主義極端至願將本國主權拱手送人,至可怪詫！

二日,仍陰雨。衡陽戰仍繼續。我軍在長沙一帶有反攻。敵軍已進竄至耒陽境。仍改古史筆記。接參政會信一封。

三日,上午未雨,下午仍雨。續寫古史筆記。衡陽戰仍激烈,敵又自廣東大舉北犯。接聚賢信一封。復參政會信一封。

四日,今日雲未多而雨却不少,蓋潦天之常態也。續寫古史筆記。

五日,陰晴不定。翻閱《國語》。蘇聯軍入明斯克。

六日,氣候如昨。仍翻閱《國語》。下午九峰來,言見報騰衝已克復,且湘南敵軍已後退云云。但細看報,則尚未是。騰衝消息,雖昨日有號外,而今晨之新聞並未證實,則似僅一市面謠言。湘中我方反攻似已較有力,進至耒陽敵人似有退却局勢,但尚待證實。下午有數軍人進院找房子,未與招呼,去,後將晚又來,余適出,未與見面。而房東來言,稱彼等晚即將搬來,乃寫一信與潤章,請其交涉。飯後,彼方一官長李君保定人。來,言第五集團軍糧站將設於附近。站長尹君家眷擬借房兩間居住,大約兩三天後即來。再寫信告潤章。

七日,晴陰不定,間雨一陣。翻閱《左傳》。今日秉琦到隔壁廟中往問李官長,據答:彼屬行營,不過第五集團軍因敵人有攻滇越路訊,將調來防守昆明,彼為之辦給養云云。再寫信告潤章。院中擬一交涉公函底子,尚當據所聞小改。派李文紹進城獻金一千元,擬用別名,已寫明付之,而彼仍鬧錯書本名。敵前陷廣東龍門,現已克復。

八日，仍陰晴不定。翻閱《左傳》。午間煥先來。下午郁□□①來，持一北大文科研究所信，言請余爲考試委員，並將明經之論文送來。今日行營糧站站長尹君同李君再來看房。予示以僅有樓下之房，彼不滿意。登樓，見飯廳小空，問何用，告以飯廳。彼言再找找看，遂去。美超級空中堡壘炸佐世保。前有敵自衡陽及洛陽退却消息，美空軍往探查，據報洛陽無有，衡陽似在退却，但尚無官報證實。現衡陽東南及西南，粵漢及湘桂綫上均有敵人，則衡陽圍尚未解。但我軍在醴陵、攸縣各方面反攻，均甚有力，則敵人退却亦有可能性。

九日，夜中大雨。晨尚繼續。至九十點鐘，後始漸止。盤龍江水據臨照言，已升至去年最高點。仍翻閱《左傳》，並稍翻閱《周禮》。

十日，晨微雨，後止。到總辦事處，開國民月會。我軍克復醴陵。衡陽外圍戰頗劇烈，但圍尚未能解。英軍入克恩。蘇俄軍到維爾那城內，作巷戰。

十一日，晴。塞班島已全被美軍占領。翻閱《先秦諸子繫年》中逢澤會事。予前對賓四所言魏主盟説，尚有所疑，今細核之，彼説甚是。蓋在此以前，秦僅在內政上有進步，而兵力尚無顯著變化，尚不能以此取得主盟資格。秦斯時國勢，略如齊之僖、襄，晉之武、獻，或可如齊桓之早年，實力雖已充實，而言王使致伯，則似過早也。接參政會信一封。

十二日，晴。寫筆記一條。接中國文化服務社信一封。清遠

①編者注：原於“郁”後空闕一二字。

陷落。

十三日，晴。翻閱《明堂大道録》。下午余季川來談。敵再
入醴陵。

十四日，晴。改正古史筆記。蘇俄軍推進頗快，東普魯士居
民已聞大炮聲。衡陽戰事，據外交部張參事向新聞記者宣布，近
數日内似有大轉機之希望。諾爾滿底空前大戰開始。

十五日，下午大雨一陣。翻閱《建炎以來繫年要録》，爲縣志
稿檢得材料一條。蘇俄軍取維爾那。接彦堂信一封。

十六日，晴，然微雨一小陣。仍翻閱《繫年要録》，又得志稿
材料數條。接鴻庵信一封，參政會信一封。

十七日，氣候如昨。寫從吾信一封，白鵬信一封。亦接從吾
信一封，參政會職員互相攻訐信一封。

十八日，上下午大雨兩次，然亦時見太陽。翻閱《荀子》。下
午明經來談。

十九日，氣候類昨。近日雨已過多，稻尚無他，洋芋已不佳，
包穀亦吃虧，如得烈日曬數日，尚不要緊。仍翻閱《荀子》及《吕
氏春秋》。近日翻《國語》《左傳》《荀子》《吕覽》等書，皆爲尋農
業本位文化材料。寫希孟、善樵信各一封，爲將版税寄回家中事。
寫參政會信一封。

二十日，陰，亦時見日。但有風，氣候少寒，希望多見太陽，轉
熱，始佳。仍翻閱《吕覽》《韓非子》《新書》《新語》等書尋找農本
材料。下午九峰來談。衡陽守軍已得聞外圍我軍炮聲，或不久可
解圍乎？接潤章信一封。

二十一日，仍陰雨。翻閱《鹽鐵論》尋農本材料。下午九峰

來,大呼有好消息,問之,則敵人東條閣倒,另令小磯國昭、米內光政組織新閣;有人炸希特勒,惜僅受微傷。報上又言,美人聞東條倒,亦有狂歡者,消息之佳,雖尚未便誇張,而閣倒真正原因,爲塞班島覆師,中國軍事不利,陸海軍互相埋怨,似無疑問。且其首領對於軍事勝利的信心已極端動搖,亦無問題,否則在此緊要關頭,閣潮必不起也。希特勒之被炸,或爲反對黨之第一聲號炮乎?

二十二日,晨起時尚霏霧絲,後漸晴。仍閱《鹽鐵論》。美軍在關島登陸。德前參謀總長培克被槍斃,以希姆萊統率國內軍隊。希特勒告人此與軍事首領無關,蓋因人人覺有關,彼乃言此以定人心,真所謂欲蓋彌彰者矣。下午九峰來。德國形勢已如一九一八之九十月時。歐陸戰事於百日內,或可解決乎?

二十三日,又陰雨。寫家信一封。下午修和同序陸來談。接褚慧僧信一封。對德謠言甚多,皆尚難證實。然報載有反對黨在其國內廣播;希特勒廣播時於十秒鐘中,五次申言亂黨人數少,且與軍隊無關。希魔如此重復申言,豈不足以反證其情勢之嚴重哉?

二十四日,夜中雨,日間晴,然將晚又雨一陣。看明經論文。德消息仍混沌矛盾,然蘇聯軍進甚速。南羅夫雖尚未攻克,而超過已遠,已西至森河。稍北,已入魯布林。外報言如德人不能阻止蘇軍前進,則七十二小時內,華沙可受攻擊,言殆不虛。北克復普斯哥夫,蘇聯舊疆內已無敵人。德國東綫如此慘敗,則此次革命雖即暫能壓抑,而再爆炸期已不在遠。

二十五日,晴,然時雨一陣。翻閱《管子》,找農本材料。

二十六日,上午晴,下午雨。德方稱已將 Syedlets 及 Yaroslau 退出,但尚未證實。此兩地乃德新防綫之兩端,退出表示此防綫之崩潰。法新聞報則言後者已入蘇軍手。此地已在森河西岸，如實，則森已渡過，蘇軍前進之速可驚也。衡陽戰事近數日仍激烈，但局勢無大變化。

二十七日，本擬今日進城，然早晨天氣陰沉，遂止。寫褚慧僧信一封。然下午轉晴。接柱子信一封，甚喜，因多日未接家信也。翻閱《漢書》，找農本材料。

二十八日，晴。仍翻閱《漢書》。接李子炎信一封，中國語言文字學會籌備會信一封。蘇軍取 Dellin，則已接近維斯突拉河。彼大約將企圖渡河以斷華沙軍之後路矣。

二十九日，晴。上午誤以今日爲星期日，乃往龍頭村，訪夢家及端升談。英文報稱此日（二十七日）爲德國最黑暗之日，因一日廿四小時內連失軍事重要距點六：Stanislawow，Lvov，Bialytok，Dvinsk，Siauliai，Garwolin。第五在立陶宛，爲一鐵路中心，失陷後，Riga 附近之德兩軍與東普魯士之交通即斷絕。第六在華沙東南三十七英里。又蘇以水陸通用車數千輛渡維斯突拉河，由大規模炮火掩護。Brest-Litovsk 城內已有巷戰。似此情形，德軍似有潰敗情形矣。端升雖已明白承認原來忽視蘇聯實力之錯誤，而今日仍以爲德軍在東普魯士境內必能堅守一時，實無強固理由，則其錯誤仍未能大改變耳。接從吾復信一封。

三十日，早晨大雨一陣，後即晴。接希淵信一封，附黃仲良信一紙。蘇軍入 Brest-Litovsk。美超級空中堡壘轟炸瀋陽、大連。余對於寅恪《唐代政治史述論稿》之書評，本擬不作，因如係介紹，則大眾皆知，毫無需要；如係批評，則予之學力不敷，不配作此。然從吾來信言，書購者雖不少而真知其價值者並不多，仍請予作,乃再翻閱,以便寫點東西。

三十一日,陰,將晚大雨一陣。寫書評。接參政會信一封。蘇軍取 Kovno 及普來米斯爾。英美人覺德有崩潰之可能性,美國會擬即集會以籌商一切。艾森豪威爾計畫其他登陸。英美與蘇聯競走,而見敵手前進不停,真急殺人也。

八　月

一日,陰,下午微雨。翻閱美人阿本德所著之《遠東隱憂》。下午慕光之四公子來寓避雨。雨停後,到總辦事處與潤章一談所中事。接静之信一封。大便帶血不少。

二日,晴。續閱《遠東隱憂》,畢之。此書原名《太平洋憲章》。著者爲《紐約時報》駐遠東的記者,曾在遠東十五年。他在民國十五年來遠東,當時中國情形異常悽慘,引起他的厭惡,而對於日本則深深敬佩。但自九一八事變以後,由於日本人之無信義及殘暴,遂使他成了很堅決反對日本的人。他這本書大約是去年寫的,要求有一太平洋憲章,以便使亞洲人民自願參加盟方戰事。內容並無具體計畫,但對於應注意事件一切談到。除對於甘地及印度國民大會之判斷不甚公平外,餘一切觀點均甚公正。內尚有至今日外面尚未知之事件,如松岡洋右一想情願之購買東西伯利亞計畫,均甚有趣,殊有一讀再讀之價值。餘時翻閱説文月刊社所出之吴稚老八十紀念專號。接北大文科研究所信一封。大便仍帶血甚多。

三日,晴。略翻閱吴先生紀念專號而已。近日盟軍在法右翼美軍向西進展頗速。晚月色甚佳。大便仍帶血甚多。

　　四日，晴。到總辦事處，與潤章談，並請濟康診視，開一方。未大工作。晚月光極佳，徘徊橋頭，不願早睡。我軍入騰衝城。但前衛長官向記者言騰衝城中敵人防守，亦如密支那，恐須將城全毀，始能攻克。今日報文簡略，未知城内敵情形如何，希望不至如密支那之持久也。美軍下法境一城，臨照按其譯音，疑爲Rennes，予疑其尚遠，似非此地。大便仍帶血。

　　五日，陰，下午大雨一陣。未工作。看英文報，美軍所入者果如臨照所猜測，似此則法布列顛省不久將被截斷，因彼方德未必有重兵也。下午九峰來，大呼有好消息，密支那已下。閱所帶報，則尚有我軍再炸鞍山事，亦一極佳消息。接子昭信一封。藥買到，下午出恭，已不帶血，然仍照服。

　　六日，陰。敵人犯雷州半島，侵入廉江，是又將入犯邕寧以圖打通湘桂路矣。希望在十萬大山間能予以重大之打擊。美軍在法已南達距聖納最爾之三十二英里處。波蘭秘密軍二萬餘人在華沙與德軍展開巷戰。接希孟信一封。

　　七日，陰晴不定，下午大雨一陣。早餐後進城，步行到崗頭村後，坐馬車。訪芝生不遇；訪伯倫，談。訪弼剛、康農，遇李寶泉。在康農處午餐。訪海帆，不遇。訪錫予，談，同到才盛巷，爲試魏明經事。試時，子昭主席，同試委員有錫予、芝生、膺中、秉璧及王□□①。明經思想不清楚，且未能虛心接受教言；其論文對古人所言有未能了解而妄肆批評處。同人對之，全不滿意。但因其尚

————————

①編者注：原於"王"後空闕一二字。

用功,遂勉强認其及格。到錫予寓,晚餐。再訪芝生,談至十點半。到子昭寓,宿焉。就寢時將十二點。盟軍入佛羅蘭斯。

八日,昨晚談過多,兩點後始睡着。晨起時微雨。到子昭寓早餐後,往訪小石,談,遇常任俠。本欲再訪數友,然因昨晚眠不佳,甚倦,遂歸。仍從小東門坐馬車至崗頭村,步行歸。將至與白龍潭相應處,似雨較大,泥頗多,不易行。過午,至寓。午餐後,大睡。昨日閱報,似布來斯特及聖那最爾皆已攻克,心頗怪前者之太快,閱今日報,似尚未攻克也。美軍分兵向洛芒進攻。德人曾誇言以一千萬噸鐵筋洋灰沿海設防,然洛芒一帶,離海已遠,恐已非設防區域矣。接到彥堂寄來其所作之《麼些象形文字字典序》。

九日,陰,時微雨。接經濟策進會信一封。接到參政會寄來上月薪水。衡陽陷落。後知僅係敵人入城,尚無陷落確息。但我國軍事工程未能與工業前進國家比,難望若敵人在密支那之支持也。

十日,陰。接到文化服務社信一封,教育部總務司寄來吳先生紀念册論文稿費一千元。近日精神不振,工作不能進行,殊爲苦悶。

十一日,下午漸晴。將航空表格填好,送與經濟策進會。將《古史的傳說時代》送小石一本,弼剛、康農共一本。美軍入洛芒及聖馬洛。衡陽城情況不明。然外圍我軍仍力攻。晚見本日報,則美軍亦入囊特,昂熱亦有已下訊。衡陽已陷,外圍我軍繼續攻擊。寫書評一段。

十二日,半陰晴。仍寫書評一段。溯洛搬來。下午九峰來談。美超級空中堡壘炸長崎、巨港、岷蘭姥島。報言美軍入 Chastres,似嫌太速;又巴黎廣播言德軍又奪回洛芒,亦難憑信。要之此皆非不可能,待近數日證實可也。

十三日,晴。今日翻閱《水經注》黄河部分。接鶴汀先生電一封。

十四日,晴。上午到辦公處打預防針。晤杜棻、趙明德兩大夫。再寫書評,畢之。在法德軍有被截斷爲兩三段形勢。

十五日,晴。下午九峰來談。開始寫《整理我國古代文獻方法商榷》,僅開一頭。接經濟策進會復信一封。自十四日起,我軍在長江南北岸發動攻勢。

十六日,晴。繼續寫《方法商榷》。聞臨照言,見本日報,言盟軍又自法馬賽東登陸。疑此處德人無備,登陸兵亦非太多,且以法人爲主力也。

十七日,晴。繼續寫《方法商榷》。盟軍登陸處在突倫及加奈之間,昨日所料無大誤。

十八日,晴。然下午雷,風,且微雨數點。繼續寫《方法商榷》。

十九日,晴。然下午亦曾落雨數點。繼續寫《方法商榷》。

今日大消息頗多,盟軍取 Orléans 與 Chastres,繼續前進。蘇俄方面已有盟軍,入巴黎之訊。然露透社亦有德軍退出華沙之訊,但未證實。蘇軍取森多彌爾兹。土耳其方面又傳出盟軍在阿爾巴尼亞登陸消息。

二十日,雲較多,然仍止落數點。翻閱《史記志疑》。上午到浪口村南,看臨照父子垂釣。歸過浪口,見住一中旬之古宗人家,正在紡毛綫作氈,與之小談。盟軍已至凡爾賽,則入巴黎當不在遠。今日大便又帶血。

二十一日，晴。繼續寫《方法商榷》。

二十二日，仍晴，繼續寫《方法商榷》，畢之。美機炸日本本土八幡、門司等處。

二十三日，陰雨，但不甚大。寫家信：季芳一紙，糜岐、杭岐共一紙，寫柱子一紙，未完。致鶴汀一電，尚未發出。美機再炸八幡，損失四架。法內地軍取突魯斯，圍里昂。聞已入維西，貝當被扣，拉瓦爾已逃。法南登陸軍入突倫。巴黎之西北與東南，盟軍渡塞納河。接白鵬信一封，曉籟信一封。

二十四日，下午大雨。完寫柱子信。寫彥堂信，未完。法軍恢復巴黎及馬賽。美軍北入格萊諾布爾。今日報載德劫貝當去，貝當去時，以短札別法人，並卸職任。接文青信一封。

二十五日，上午陰晴不定，下午大雨一陣。完寫彥堂信。接糜岐信一封。下午九峰來談。看昨日報，則法人言恢復巴黎，似尚太早；九峰拿來本日報，恢復始又證實。法人初與德守軍商議，讓其退出，法人即宣布，德人又反汗。最後德軍投降，始真恢復。蓋德守軍已不願待死，故擬退出，而其暴君命之非死不可，故終以一降了之也。

二十六日，氣候恰如昨日。寫簡則信，未完。下午臨照同鍾道銘君來談。鍾，和縣人，寅恪之高足。又往英習地理。現在聯大擔任西洋歷史及地理課程。鍾借宿於飯廳中。晚與之談，頗晚始寢。

二十七日，氣候恰如前二日。上午與臨照及其小孩、道銘、溯洛同到浪口村南橋上，有幾位垂釣，余則旁觀。下午與道銘談。功叙夫婦來錢家，余亦往談。晚閱溯洛所作趙良嗣《奉使錄》箋注。送五千五百元與經濟策進會，請其購飛機票。

二十八日，氣候仍恰如前三日。改《方法商榷》文，校閱劉淑珍所作《唐估考》。

九—十一月

九月一日，進城，宿於經濟建設策進會樓下。**二日**，下午到飛機場，三點後印度機至，但因重慶霧大，至晚降落不便，遂止。乃復入城，仍宿於會中。外面有人借地行婚禮，嘈雜紛紜，至將十二點，始稍靜，眠。**三日**早三點半即起，在會中用早餐畢，到機場，同行者爲褚慧僧、胡小石、趙公望、張邦楨諸人。至重慶，仍因霧重，降於郊外一場。等多半點鐘，始再起飛至珊瑚壩，降落。到參政會報到。**五日**，開會。因湯恩伯在河南不戰而退，貽誤大局，而僅革職留任，人心憤激，五日下午何軍政部長報告後，余遂起訊問，全場熱烈贊同。後又草一請申明軍法、嚴懲失機將領以明責任而利抗戰案，內所舉之重要例證，即爲湯氏。簽名提出者達百零三人。**十日**晚中央黨部開會，總裁出席，言湯無更大責任，群情憂憤。**次日**總裁召見河南參政員，燕生初擬不往，余力勸之謂吾等言責必盡，乃同往。總裁對河南事，極爲關懷，垂詢甚詳。且令將所知者儘量寫上。惟對湯則因其爲"忠實同志"，似有未便撤換之勢。余等初擬是日未能盡言，即行辭職，但力避牽動全會。然是日言無不盡，至對湯則余最初即不主正法之議，故遂止不辭職。孟真頗誚余虎頭蛇尾，余答："槍決爲君所主張，非余所主張，既無虎頭，何有蛇尾？"余外提初中學生屬行分班，對於不升大學之學生不教外國語以免耽誤寶貴光陰案，請通令全國學術刊物必須附有中文始准刊行以促進學術獨立案,兩案皆通過。外尚有一案名爲余提,實係慧老擬就,命余提出者。此次會因近日軍事不利,政府無由再掩飾其缺點,兼之人心憤慨,故比從前各次較有聲色。希望改善士兵及公務人員待遇各案,不致成爲具文,則時局尚有挽救,蓋此點如辦不到,則士不宿飽,公務人員守法即須餓死,任何好聽題目,均屬空文也。十八日閉會後,二十二日同燕生到北碚,住天府煤礦公司之中福工事廳,晤同鄉多人。二十三日上午同鄉在北碚兼善公寓歡迎,燕生對參政會經過作報告,余作一簡短講演。下午三點到復旦大學講演“整理中國古代文獻的方法問題”。回北碚,看繩武夫人之王、齊二女士。二十四日回渝,路過磁器口,下,到中大,晤良宇、鴻庵。下午對時局向同鄉作一簡短講演。晚畢,返上清寺,至吉忱處晚餐,待建功未返,乃仍歸新運總會宿焉。二十五日上午再到吉忱處,宗怡言昨晚余去後,河南農工行同鄉來找,言待余晚餐云云,余乃恍憶是晚唐河同鄉歡迎余,時間又經余事前允許而余乃竟遺忘!殊對同鄉不起。近日記憶力極壞,異常之苦,亦無可奈何!訪尹默、兼士,又訪大壯,均快談。下午訪稚老,未遇。訪詠霓,慰其二公子殉職之感。又訪驪先,亦未遇。二十六日,中國語言文字學會正式開會,余亦到會。是晚有空襲警報,後余宿於河南農工行。二十七日晚,移宿於會內,次早三點半起,到珊瑚埧,上飛機返昆明。同行者有梅蓀、召亭等。今年開會時多雨,故天氣尚涼爽。會畢後,漸晴,又熱。在渝後數日,又似伏日。在珊瑚埧待機時,早晨四五點,地在江心,單衣僅得不熱而已!在會中初起時,殊覺悶熱也。起飛後,漸覺衣單,加兩層夾衣,始得不寒!

至昆明後，亦不覺熱。兩地氣候差異如此。下機後，到一小鋪午餐。下午兩點乘公共汽車歸鄉寓。至昆明後，小休息。**十月一日**爲廢曆中秋節，賞月時，飲酒一小杯，次日大便即帶血。初尚不以爲意，後漸多，且數日不止，遂請濟康先生診視，服中藥。然因睡眠亦不佳，頗不易愈。此次大約因在渝時，多日睡眠不足，故致如是，酒特其一誘因，非主因也。共服藥八服，至**十三日**始血止。然至**十六**，因昨夜小失眠，又復帶血不少！此後小心睡覺，至**十九日**又止。現胃甚弱，須減食約三分之一，始能消化。二十日補記。

廿日，早陰，後晴。中午聞臨照言，潤章聽廣播，知美軍於星期二在斐利賓已登陸。溯洛在龍頭村，亦聞人言今日報中已載，但彼未見報。今日大便仍帶血不少，明日當入城換西醫治耳。

廿一日，陰。早晨，大便仍帶血。早餐後步行到崗頭村，坐馬車，進城。到仁民醫院訪杜菜大夫，不遇。訪芝生，在彼寓午餐。遇一唐君涪川人。自龍陵前綫來，問前綫情形。後知彼爲辦軍糈人，其所言不盡可靠也。再訪杜大夫，見到。給一種舒肝藥，服四日後再看。出到經濟建設策進委員會，取往渝前所寄存草帽。乘公共汽車還寓。美軍取亞琛。蘇軍取伯爾格拉得及得布勒森。美軍在 Leyte 登陸者二十五萬人，其運輸力真可驚人。日軍在斐利賓者據推測爲二十二萬五千人。

廿二日，早陰，後漸晴。翻閱《中原》。大便帶血不甚多。

廿三日，氣候如昨。翻閱《中原》及與秉琦閑談而已。大便仍帶血。

廿四日，晴。接秦起忠信一封，吳玉璽信一封。又見潤章見示兼士信一封。因所中事寫給潤章一信條。終日閱報及《抗戰文藝》而已。今日大便未帶血。

　　廿五日，晴。夜中頗寒。晨起時室內不及十五度（開窗）。今早出恭仍帶血。步行至崗頭村坐馬車入城，訪杜棻大夫二次，然因今日爲辛亥雲南起義紀念，醫院放假，未遇。訪弼剛、康農，談，在康農寓午餐。從康農借來《惟物論與經驗批評論》一本。仍坐馬車歸，至蒜村下。至則太陽早沒，月光皎潔矣。

　　二十六日，晴。早室內十四度。美、日海軍在斐島及臺灣南遭遇，大戰正殷。今早大便帶血數滴，晚不帶血。

　　二十七日，晴。早大便又帶血。餐後，步行到崗頭村，坐馬車進城，到雲大附屬醫院，訪趙明德院長，不遇。掛號詢問，一年幼女大夫勸予動手術，予頗不願。進城，遇于振鵬、羅喜聞。午餐後，又到中法與喜聞談。又訪弼剛及康農。又訪海帆。出到正義路，再訪趙大夫，決定明日再來，請范秉哲大夫一診。坐公共汽車返。接袁守和信一封，牛光家信一封；劉茂恩致河南參政員電一封，建功信一封。美大破日海軍：日海軍主力艦可能沉沒者二，重傷者六。

　　二十八日，有雲。今早大便未帶血。然仍進城，步行至黑龍潭，則公共汽車已去。步行至白龍潭，遇一公共馬車，遂乘之往，到附屬醫院，見趙、杜、范諸大夫，診視者爲一程大夫，決定星期一進院打針。入城，至北方小食堂午餐。到靛花巷，訪從吾，不遇，見莘田。前夢家借玄伯所著之《中國古代社會新研》，轉借給一多。後余向之索還，彼堅言已還！余以爲已遺失，心殊不懌，蓋此書此時無法買到也。今日見莘田，始知一多又轉借給彼，遂以見還,大喜過望。出訪錫予,談,又訪伯倫,談。到小東門,乘馬車到崗頭村,步行還。接劉廷自美來信一封,仲魯信一封,尚文電一封。

二十九日,寫燕生信一封,淑玉信一封,守和信一封。

三十日,早進城乘公共汽車,命李文紹同往以便雇車。注射時頗疼。畢後,醫生意止宿一日始佳,遂止焉。約從吾來院一談。卅一日出院,坐人力車到汽車站,坐車歸,至蒜村下,步行至寓。此後大便血即停止,惟大便時仍脫肛,且頗痛苦。至十一月六七日,痛稍止,但脫肛如故,且肛門時有黃水流出。本與程一雄大夫約星期一日(十一月六日)再往檢查,然因是日有國民月會,遂未往。次日往,則程大夫適未到院,遂出,遇海帆,往其寓談,在彼處午餐。後往程大夫寓,與約定星期五日再往作一次注射。出,到小茶館飲茶,後至汽車站,則剛三點,至五點半始有車,不願待,乃到小東門坐公共馬車,至崗頭村,步行歸。十日,再進城,仍命李文紹同往。再行注射。據言劑較小,疼亦大減。畢步行往中法宿舍,見彌剛、康農,在康農寓午餐。雇一人力車到汽車站,兩點遂歸。來往均以汽車,至門首上下。

是數日中接到從吾信二封,尚文電一封、信一封,國語推行委員會信一封,憲政研究會信一封,伯蒼信一封、由從吾轉。電一封,《掃蕩報》請柬一(未能往),留法、比、瑞同學會信一封,正報社聘書一封,士林信一封,憲政實施協進會信一封,燉煌藝術研究所信一封(報告於本年八月底發現六朝人寫經多件),潤章信二,宇新信一封。又所中接院中會計室信一封。又接曾永生電一封。十日晚接電一封,未譯。

發憲政研究會信一封，潤章信一封，伯蒼電一封，仲魯信一封（爲魏明經介紹）。

敵人攻桂林，已至近郊；攻柳州，北近雒容，東南過武宣；又西南過貴縣，圖攻邕寧。美羅斯福當選第四任總統。我滇西軍攻克龍陵。

數日中翻閱《譚綸年譜》《嚴復年譜》《戰時英國》及其他零碎書。接文青信一封。十一日補記。

十一日，夜中小寒。晨起室中（開窗）十一度。初見霜。昨日未譯電，今日譯出，乃燕生與伯蒼勸余擔任豫魯監察使者。前伯蒼奉于院長命來徵同意，余因書未寫完，未能改業，辭之。乃彼二人再來勸，復一電，俟函詳，蓋電未能達意耳。復國語推行委員會一函。下午潤章來談。我軍在八莫西渡伊洛瓦底江。此次出敵不意，極爲成功，死傷者不過二三人而已。

十二日，寫燕生及伯蒼信一封。午間秉琦請吃餃子。敵人已在桂林衝入市中，恐不能再長久支持，心中殊不寧靜。晚少翻閱《列寧生平事業簡史》。

十三日，仍翻閱《列寧簡史》。敵人已至柳州近郊。

十四日，仍翻閱《列寧簡史》。下午翻閱《史語所集刊》。敵人已竄入柳州市中，桂林電信不通，情況不明。汪漢奸死於日本名古屋，陳逆公博繼其任。

十五日，早起時室內十度。再少翻閱《史語所集刊》。接到仲魯信一封，簡則信一封，集亭信一封。多日未接家信，今日接到縻岐信一封，甚喜。晚看臨照所借來之《大公報》。德人最後及惟一之戰鬥艦 Tirpitz 爲英空軍擊沉。

十六日，仍少翻閱《列寧簡史》。寫建功信一封，家信一封。桂林、柳州均已失陷。軍事如此無轉機，殊可憂慮。

十七日，仍翻閱《列寧簡史》。接尚文信一封，晚復之。敵到宜山東郊。盟軍在法東境大舉進攻。

十八日，坐公共汽車進城，到雲大附屬醫院，作最後檢查，大致總算好了。因注射藥品爲范大夫所贈，未收費，餘亦作七折，故僅費兩千一百餘元。進城訪希淵，在彼寓午餐。出欲購一衛生褲，則索價兩仟八百元！亦遂中止。購歸脾養心丸一斤，價一千二百八十元。到中央日報社，見吳範寰談。出到小東門，坐公共馬車，至蒜村下歸。接翟永坤信一封，吉忱信一封。前致燕生電，因彼已返河南，未能送到。盟軍在法所發攻勢，有百萬人之多。報言進攻順利。宜山陷落。

十九日，翻閱《歐洲近代現代史》。小石之世兄□□①來談。

二十日，下午天陰。仍翻閱《歐洲史》。夜中未寐，忽悟中國春秋時，工商業尚未發達。戰國時雖漸發達，而重本抑末之學説已興。儒法道各家學説雖不同，而對此點則無大異。歐洲之氏族共産、奴隸、封建、資本主義各經濟階段並非繼續進展。在希臘羅馬時代之奴隸經濟，工商業已相當發達，而中世紀之封建經濟，則又返於農業，實爲重新開始。我國遠者難考，至周人以農人征服全國後，己身並未脱離生産，其工商業雖具，殊不發達，故在我國，奴隸經濟階級並不備具。而專制君主階段殊極延長。歐洲近代雖亦有此政治階段，而時間過短，故其經濟並未能發展爲特別階

①編者注：原於"兄"後空闕二三字。

段。此點爲歐洲史與我國史大異處。重本輕末之學説雖沮抑工商業使其不得急速發展,而因此得保持社會之相當均衡,農人不至太窮,仍可滋養工商業,使其雖緩慢而仍可作聯續之發展。且可避免社會之因不均而易於動摇。我國歷史能特別延長,此其主因也。美軍取梅次。

二十一日,陰,下午漸晴。然室内温度最高不過十三度。仍翻閲《歐洲史》。下午九峰來。寫伯蒼信一封。政府調整人事結果,孔去財政,以俞鴻鈞代;何去軍政,以陳辭修代;陳去教育,調黨中組織,以朱騮先代;梁去宣傳,調海外,以王雪艇代;周去内政,升考試院副院長,以張屬生代。我軍取芒市,入八莫市中。倫敦廣播據瑞士消息,盟軍已自 Mulhouse 東南渡萊因河,未知確否。

二十二日,晴。寫士林信一封。晚翻閲《戰後建都論叢》。

二十三日,仍翻閲《戰後建都論叢》。内實多夾感情成分。如主張北平者言其氣候如何好,反對者言其風沙如何大;主海者,言海主進取,陸主保守;主西北者言東南如何靡曼,西北如何强毅。此類論調皆毫無客觀價值。惟中國煤鐵中心在山、陝、遼寧,將來重工業中心當在山西,首都不可過遠。且將來東北仍有問題,首都與東北氣脉不接,殊多不便。似此則止有北平,或詠霓所主張之濟南爲適宜。寫牛光家信一封,脩保信一封。

二十四日,晨起時,室内僅九度。開窗。外面大霜。上午晴極佳,下午小陰。翻閲《惟物論與經驗批判論》。下午閲報,九峰來談。法人取 Mulhouse,進兵至 Strasbourg 近郊。接經濟建設策進會信一封。

二十五日，晴。翻閱《晋書》。盟軍入 Strasbourg，法境最後大城也。英報載美海軍將於海南島登陸。

二十六日，晴。仍翻閱《晋書》。下午範九來談。美超空中堡壘自塞班島大規模轟炸東京。且成立第二十一航空隊。此次轟炸爲轟炸日本新階段之開始，此後即可繼續轟炸矣。接脩保信一封。

二十七日，晴。晨起室內八度餘。早餐後到龍泉觀看花，但花事並不甚佳。歸，潤章陪一教育部陳督學來所視察。下午寫介眉信，未完。接吳玉璽信一封。

二十八日，晴。上午翻閱王雲五之《游英日記》。下午九峰及郁□□①來談。完寫介眉信。接守和寫給潤章及余信一封。敵兵進至河池，殊爲可慮。美空軍再炸東京。

二十九日，晴。接中央宣傳部新聞事務處信一封，復彼一信。寫建功一信。尚文同小孩來到，甚喜。

三十日，晴。上午同尚文及其小孩到黑龍潭一游。下午未工作。接範寰信一封。

十二月

一日，晴。少翻閱羅素《教育論》。有敵人發現於貴州之都江、八開一帶，人心大爲震驚。此爲騎兵突入，由空軍發現。接士林信一封。

---

①編者注：原於"郁"後空闕一二字。

二日，陰。東北風。晚陰頗重。昨日報未談及發現於都江一帶之敵。軍委會公布我守大山□①軍隊，因受車河敵人之壓迫，退守六寨預設之陣地。然察地圖，沿黔桂綫，大山□西北爲野車河（當即官報中之車河），再西北爲南丹縣城，再西北始爲六寨。大山□之守軍受敵人之迂回，退守固在意中，然何以不守南丹而即退六寨，殊難索解。又近數日無南寧方面新聞。但據今日報中一文中之暗示，則南寧是否已失守，已成問題！種種消息，殊堪憂慮。接石頭信一封。仍閲《教育論》。

三日，仍陰，晚漸晴。中午秉琦請余及同伯、尚文吃餃子。

四日，晴，微有雲。仍閲《教育論》。下午九峰來談。觀報似六寨已失，敵進至獨山南矣！

五日，晴，日中甚暖，晚起大風。上午殷焕先來。仍閲《教育論》，畢之。下午善周及湯□□②來。接燕生電一封。接到《前鋒報》多份，晚爲披閲。

六日，陰。日中室內最高溫度不越八度。有敵人已入獨山之謡言。接到教育部研究補助金一萬元。

七日，仍陰。上午到總辦事處，與潤章一談。敵人於五日晨入獨山。我軍克復八寨。九峰來談。接到總辦事處轉來教部給研究補助費訓令。本院得補助者爲慕光、臨照、盛標、長恭、士林及余六人。

八日，仍陰。近數日寒不能工作。上午與尚文等同到龍頭村趕街子。余來昆明六年，趕街子尚爲第一次。我軍前進，克復三

---

①編者注：原於"山"後空闕一字，後同。
②編者注：原於"湯"後空闕約二字。

合。下午九峰來。翻閱《中南美談藪》。

九日，仍陰。然風止，下午有晴意。昨日晨，我軍克復獨山。我軍退時，黔桂路軌未撤，現已被敵人拆去！下午九峰來。

十日晴，天氣極佳。上午同尚文往後山，繞至陳鵬九果園，下，至總辦事處小休息始歸。接鴻庵信一封，宣傳部新聞事務處信一封。

十一日，晴。頗暖。我軍克復上司及下司，進逼六寨。又接範寰信一封，催爲《中央日報》寫文。開始寫，未完。

十二日，夜中風頗大，晨起尚見日光，然風自東北來，故遂陰。我軍復六寨，進攻南丹。荔波之敵已被肅清。美人入 Ormoc，Budapest，德軍退出。後知不確。佛朗哥不爲軍人擁護，已下臺。後聞不確。近數日英在希臘軍助政府軍攻擊從前抗敵之左派軍隊。美人對英此舉，輿論激昂，政府發表不贊成之文件，英人不安，然無悔禍心。下午九峰來談。

十三日，晴，有風。我軍克復南丹，敵退河池。

十四日，晴。完爲《中央日報》寫文，題爲《論勝敗關頭》。

十五日，晴。我軍克復車河。下午九峰來談。

十六日，晴。寫杭立武、白梅嶺、白鵬信各一封。

十七日，晴。美軍在 Mindoro 登陸。下午同所中同人到松花埧一游。

十八日，晴。上午同尚文開始寫《夏禹》。我軍取八莫。下午寫樂夫信一封。九峰來談。接範寰信一封。

十九日，夜睡不佳。夜中風大，晝陰，溫度甚低。繼續寫《夏禹》。德人對美第一軍發動自盟軍在法登陸以來未曾有之大規模工事。

二十日，陰。室內溫度最高不越七度。晚將睡時霏霧絲。繼續寫《夏禹》。德人又攻入比境十餘英哩。且似用有一種新武器。局勢似相當嚴重。接永生信一封。

二十一日，晴。有風。繼續寫《夏禹》。下午九峰來談。寫雪艇信一封，復永生信一封。

二十二日，上午與尚文談，未工作。英文報言盟軍取南坎，但由何軍隊不明。接脩保信一封。

二十三日，繼續寫《夏禹》。下午九峰來談。接範寰信一封。接豫省警備司令部駐渝辦事處信一封。

二十四日，上午同尚文父女到浪口村附近一游。讀報知南坎未克復，然張印堂著文，言從八莫至騰衝、從騰衝至龍陵皆原有公路。修理臨時破壞，即可通車。

二十五日，繼續寫《夏禹》。接白鵬信一封，向光信一封，吳玉璽信一封。

二十六日，有風從東北來，微陰。德軍衝入比軍四五十英里。美軍從南向北攻擊，圖衝斷之。出動飛機八九千架，大戰正殷。接宣傳部信二封。

二十七日，晴，有風。晨出游時，在衣袋中找出希淵給予之簽名單，始憶上次進城時，彼給余令簽名者，余遂忘之！歸後急欲簽名，交信差送往，乃又忘其所住巷名，僅知其爲一號而已。不得已，乃於早餐後，與尚文同步行到崗頭村，坐馬車入城。入圓通公園一游。出到約而精午餐。出，尚文往舊書店擬購英文文法，余先到靛花巷訪從吾，不遇，將閻文儒試卷交門房代交。往訪希淵，始知其所住巷名金鷄巷。在彼家中,亦遇月涵夫人。後同希淵出,亦到一小書店一觀。今日物價,余殊不易購物也。到翠湖公園飲茶,待尚文至,同出小東門,坐一往花魚溝車,至無綫電場後下,歸。雷伊泰島戰事已結束。復向光信一封。

二十八日,晴。續寫《夏禹》。下午九峰來談。余到黑龍潭與潤章一談。彼新自重慶歸,聞新疆伊犁一帶陷於匪手,疑有蘇聯背境,殊足憂慮。

二十九日,晴。續寫《夏禹》。接明經信一封。

三十日,晴。上午九峰來,言《掃蕩報》載滇緬路已於廿八日行開車禮。蓋即由密支那,過八莫,轉騰衝,經龍陵,至保山之路綫。德軍在西綫之反攻已被阻止。美軍自南北反攻,頗有進展。接糜岐信一封,彼與秔岐均已報名從軍,未知能檢驗合格否。

三十一日,晴。上午同愛松、尚文到浪口村、尚家營小游。下午與同人閑談而已。

一九四五年

一　月

一日，夜中有風，晨起微陰，後漸晴。接正報館信一封，寄來去年車馬費二千元。淑玉信一封。淑玉病，回家，頗爲掛念。終日與同人談，及與溯洛、尚文玩橋牌而已。

二日，晴。上午同家俐到秉琦家一談。接到文青信一紙。

三日，晴。上午同尚文閑談。下午康農同馮至夫婦來談。姚女士並以彼所譯之卡羅薩（德文學家）所著的《引導與同伴》見贈。九峰亦來談。翟亦山亦來談。晚餐，出散步，回時遇溯洛及愛松方出，溯洛言龍頭村演滇戲，余來滇數年，未聽過滇戲，頗以爲憾，遂與彼等同往，至後，問人，則言將演電影，爲之廢然。遂歸。

四日，晴。上午翻閱《引導與同伴》。煥先來談。言及一在中國多年之美人，在華西垻向青年宣傳，説："現在已經是奮起的時候了，因爲美國人如果覺到無幫助，事情過難，會中途撒手的。"此言極足發人深思，因爲一頭倒在人家懷中，毫不振作的人，不配①得人幫助也。下午九峰來談，言我軍克復畹町及九谷。接到中央日報館信一封，交來稿費千五百元。遂將此款配上兩萬元交秉琦托仲和匯重慶河南農工行轉匯家中，千五百元以備作匯費之用。接到文青所著的《鄧縣太子崗史前遺迹考察記》。

五日，晴。上午翻閱《劍橋古代史》。下午寫一峰信，未完。

六日，有雲，但晚頗暖。小翻《古代史》。看報談天而已。上午李國棟來。

七日，夜中時有風，落雨數點。然溫度不降低。終日有雲，風頗大。時落雨。晚則雷電以風！大雨一陣！雖在雲南，然如此嚴冬雷雨，仍屬初見。上午隨人趕街，然因風大早返。下午小翻閱《宋書》而已。

八日，漸晴，時有風。寫喜聞信一封。餘時閲報而已。下午九峰來。

九日，晴。接豫省警備司令部駐渝辦事處信一封，秉琦轉來樂夫信一封，中央宣傳部新聞事業處信一封。下午九峰來。帶來本日報紙，言美軍昨日於呂宋之仁牙因灣登陸。此據日方廣播，美方尚未宣布。

十日，晴，時有風。完寫一峰信。美人聞德人將自潛艇或艦上轟擊紐約及其他沿海岸。接辦事處信一封。

---

①編者注："配"，原誤作"佩"。

十一日，晴。寫郝宇新信一封。昨日接來辦事處送來特別研究費一萬元，此事係六日事，誤記。外仲和信一紙，言潤章意請不宣布，守秘密，心頗不懌，今日將該款交秉琦，囑其計畫爲所中購存一點東西。下午九峰來。看其所携本日報，則美軍登陸已成功。去年年底交仲和一萬元，囑其於元旦獻金，但周旋多日，終找不出收款人，原款交回！可怪也！

十二日，晴。翻閱木宮泰彦之《中日交通史》。德在比進攻之軍隊退却，但南路斯土拉斯堡一帶仍進攻。接從吾信一封。下午九峰來。

十三日，晴。仍翻閱《中日交通史》及《近代中日關係史綱要》。美軍在呂宋向南進展二十英里。在西貢口外，有海空軍戰鬥，但尚無正式報告。報告者疑爲海爾賽所率艦隊。

十四日，晴。上午同尚文父女從後山到龍泉觀中一游。紅梅已漸開。中午潤章請吃餃子。在坐者有蒼亞。飯前遇李漢礎之公子學機械化步隊者，現改入知識青年伍。晚翻閱《清史綱要》。今日天氣殊暖。海爾賽艦隊毁日運輸艦數十艘。有驅逐艦護航，亦被擊沉。戰事仍進行中。

十五日，夜中起東北風，終日陰寒。下午九峰來。近數日蘇聯在波蘭格拉哥方向大進攻，頗爲順利。

十六日，仍陰寒。晨起時室內九度。吾遇此種溫度即不能工作。少翻閱《六書音韻表》而已。下午九峰來。滇緬路於昨日在密支那行開車禮，可暫開來一批汽車，廿一二日，可到昆明。但此係毛路，此批開過後，仍當封閉以便整理。蘇聯軍入 Kielce。

十七日，晨起時，室內不及八度，下午漸晴。仍閱《六書音均

表》及其他音均書。我軍取南坎,然據報所載,似畹町尚未克復,
殊爲可怪。下午九峰來。

十八日,早仍陰,後又漸晴。翻閱《中國法律發展史》。蘇聯
軍入 Radom。

十九日,晨大霜。晴,有風。仍翻閱《中國法律發展史》。
蘇俄軍入瓦薩。且西進甚速,六日内進百二十英里。現距德細
來西亞界,不過十五英里而已。德軍近數日似有潰敗勢,其將
潰至 Oder 河乎? 下午九峰來,言聞希淵言:畹町克復三日後又
失去。今日報中所載官報亦隱約言及。晚寫糜岐及秔岐信,
未完。

廿日,晴。上午明經來談,爲之寫喜聞信一紙。英文報載德
人喊蘇軍已至境上,但蘇聯方面尚未談及。下午王德錫來談。王
字貫之,爲友農先生之文孫,聯大國文系畢業,現任雲大附中國文
功課。再寫糜等信,仍未完。

二十一日,晴。上午同尚文父女到龍泉觀及其後山一游。接
介眉、立武、宇新信各一封。蘇聯軍取克拉科及羅次二大城,在東
普魯士,取的爾西特,又已進入德本土,離布勒斯勞三十英里。其
餘解放之城邑尚多。我軍克復畹町。敵人攻擊粤漢綫,正激戰
中。下午九峰來。匈牙利已與蘇聯簽訂和約。

二十二日,有雲,下午風頗大。完寫糜等信。上次大戰有名
之戰場坦能堡已入蘇俄手中。

二十三日,漸晴。爲章瑞珍寫驪先及葉溯中之介紹信,亦與
介眉信,同封寄去。下午九峰來,今日報載蘇俄軍離柏林已僅一
百五六十英里。已入離波森不遠之 Gnesen。接石頭信一封。

二十四日，晴。晨有雲。翻閱《中美洲和西印度群島》。

二十五日，晴。晨有雲。翻閱了一的《中國音韻學》。接向光信一封，請於本月卅日到空軍第五路司令部講演，並請講題。允之，講題定爲"中西文化之特殊點"。

二十六日，晴。有大霜。接仲魯信一封，桂棠信一封。仍翻閱音韻學各書。下午九峰來，承贈晉寧新出土晉碑拓本一份。

二十七日，晴。接潤章送來其所作之《國際科學合作》，囑爲潤色。空軍第五路司令部再來正式公函一封。仍閱《六書音均表》。下午九峰來。德人廣播謂蘇軍已北達維斯突拉河口，東普魯士補給綫已斷。南路蘇軍已有數處越過 Oder。

二十八日，晴。早餐後同溯洛、尚文父女到花峪溝，意欲攔截鄉人賣米者買一點米，然未成功。

二十九日，晴。下午九峰來。我軍克芒友，滇緬路通。此路改爲史迪威路以紀念史氏對此路之努力。蘇軍取默麥爾，立陶宛完全解放。今日精神未佳，未能工作。

三十日，晴。接澤普信一封。下午接空軍第五路司令部信一封，言本日有周主任招集講話，故學術講演未克舉行，請改於二月九日午後舉行，考慮後允之。餘時翻閱《歐洲戰後十年史》。

三十一日，晴。多風。仍翻閱《歐洲戰後十年史》。東普魯士已近結束，Koenisberg，Danzig 雖尚未下而已被圍困。Posen 雖尚未下，亦被圍困，蘇軍且越過，直攻柏林，入德境，離柏林不及百英里。下午九峰來，然余因午睡未見。潤章來談。晚翻閱《中國音韻學》。德人遷都於 Bayreuth。

二　月

一日,晴,有風。今日天氣頗暖。室内最高温度十六度。小翻閲《中國音韻學》。對於潤章文小加修正。下午九峰來。蘇軍取 Landsberg,且有謂已開始攻 Frankfurt 及 Küstrin 間之防綫者,有謂已越過奥得河者。至距離柏林,有謂七十餘英里,有謂四十餘英里。新聞紛紜,難衷一是,但可知者爲蘇軍前進殊速,德軍潰退。如德軍不能於近數日内,獲一像樣的勝利,一二星期内,柏林即爲蘇軍攻入,亦殊可能。三巨頭會議似已匆促舉行,但未知在何地。到總辦事處,與潤章談。

二日,晴。多風。今日精神極不振。近日飯量頗佳,睡眠亦尚可,而精神如此不振,未能工作,殊爲可恥。吾豈能有知恥之勇乎?

三日,下午陰,晚微雨。德人遷都事,原據中立國人傳出消息,然近數日,有謂其在明興,有謂其在貝斯加登,疑未能明。法境德人,有觀察者謂其將退於萊因河東。吕宋島,近數日中另有三處登陸,皆甚順利。或馬尼拉不久可下乎? 下午九峰來。爲縣志稿抄材料數條。

四日,晴。夜中雷雨,然余不聞,人言如此。上午同尚文父女到尚家營、浪口村一帶小游。下午翻閲《綏寇紀略》。臨照言見今日報,言據開羅電,有歐戰已停之謡傳,尚未澄實。此雖未必可信,然可能性亦不小,俟之明日,即見分曉。

五日,晴。寫希淵信一封。近日歐洲西綫,美軍正在攻齊格

佛里陣綫，進取尚順利。今日報言有數英里，已攻破第二綫，然則
該陣綫或不久可有澈底之缺口乎？仍翻閱《綏寇紀略》。少改縣
志稿。晚臨照約同人商議廢曆新年日聚餐辦法。每有好新聞，九
峰必來，入門即大叫。今日彼未來，是歐洲消息不確矣。滇緬第
一批運輸隊昨日到昆。

六日，晴。接希淵夫人復函，因希淵已到滇西旅行矣。美軍
已入馬尼拉。然則呂宋南部當不致再有何有力抵抗；北部山地，
抵抗雖尚可能，而制空權、制海權皆在友軍手，敵人無法接濟，或
亦未能長期抵抗矣。惟敵近日已快將粵漢路打通，且對贛南進攻
頗力，第二點尤爲可慮。

七日，今日全日北風，故氣候頗寒，室內最高溫度不過十二
度，低時十或九度。然上層雲仍向北行，故終日仍能見太陽。然
晚仍陰。下午九峰來。本日報載，不惟布勒斯勞，蘇軍在奧得河
西岸兩橋頭陣聯合爲一，前進頗遠，且已攻入 Küstrin，此城以南，
蘇軍亦抵奧得河岸。佛郎克福南數里，且已在西岸橋頭陣地。然
則蘇軍已攻抵柏林近郊矣。翻閱《公羊義疏》。晚尋繹歲陰，太
歲各義，參考各書。

八日，陰，寒，晨微降雪。中午臨照約在其家吃飯，在坐者有
王守競之令弟、亦爲資源委員會屬下之一廠廠長。姚君。杭縣人，在中央機器
廠工作。飯後，九峰來。餘時翻閱《老學庵筆記》而已。接樂夫信
一封，彼已窮困不堪。接宣傳部信一封。蘇軍攻入 Posen。

九日，陰，但轉南風，故氣候較暖。下午空軍第五路司令部派
一熊君江西新建人。來接，往作講演。到後，除向光山外，尚見一張
君、一林君。林名文奎，新會人，前清華畢業生，現爲第五路參謀長。講演自三

點開始，談一點半鐘。主要指明，西方文化自古即爲工商業文化，中國文化則爲農業本位文化。農業文化雖有若干缺點，但亦有兩大優點可貢獻於世界：一爲民族偏見淺，故同化力較强；二爲政治力常能控制經濟力。回，後頗疲困。寄樂夫二萬元。

十日，今日忽雨，忽晴，忽大風，忽静止。仍甚寒。中國陸軍總司令部在昆明成立，何應欽爲司令，龍雲爲副司令。此爲與美密切合作之一軍事組織。龍雖爲副司令，然余昨聞空軍司令部之張君言，此間行營及綏靖公署皆裁撤，此舉兼意義着龍將兵權交出，國軍之一元化。則即就此點看，亦一進步現象也。餘時翻閲《居易録》及《茶餘客話》而已。

十一日，仍陰，時微雨。下午紀育灃鄞縣人，任藥物所研究員。治藥物化學。同友苞、張君、朱君來談。張、朱皆服務於物理所。

十二日，爲廢曆的除日。是晚本所同人和臨照家人聚餐。並約九峰在寓守歲。十三日中午臨照請同人吃蒸角子。十四日以後天氣轉佳，但每日晝間皆有不小的風。十五日，同尚文父女到秉琦家一坐，並到龍泉觀看花。從秉琦處借到譯本的《戰争與和平》。此後至廿二日，即每日閱讀。此數日内軍事，我軍在緬北克復滾弄、桂街及新維，離臘戍三十餘英里。贛縣城失陷，尚苦戰於贛南各縣。然粤漢路敵人似尚未打通。馬尼拉尚未完全肅清，美軍在 Corregidor 登陸，已占得大部分。美又在火山群島中之硫磺島登島，然敵人抵抗殊力，美軍損失三千餘人，刻正在激戰中。蘇聯軍過奧得河，越布來斯勞已過，但布城尚由德軍堅守中。蘇軍圖自東南攻柏林，奧得河西岸。尚距六七十英里。西綫則英美法軍已恢復德軍反攻前局勢，但進展不速，惟加軍入 Goch，美軍入

Prum，尚足稱述。美海軍以航空母艦大隊衝入日本海，出動飛機千餘架繼續轟炸三日，以挑其海軍之出擊，然日海軍終不出。接白鵬信一封。接劍翛信一封，中央訓練團信一封，匯來路費萬一千元，又接蔣先生電一封，皆爲訓練團請余講授"中華民族之發展"課一事。此課本擬由孟真授，而中途改余，或孟真不願授而推薦余乎？復劍翛信一封，又蔣先生電一封，允如期赴渝。接鶴汀電一封，爲南陽女中開董事會事。

廿三日，晴，有風。早起，仍翻閱《戰爭與和平》，畢之。此書以俄人與拿坡侖戰事爲背景，對於戰事，注重全民族之情緒，而力斥注重個人行動之歷史家爲錯誤，殊屬真知灼見。而明了全民族之情緒，以竭力領導之者則爲當日俄最高統帥庫圖索夫，故庫氏雖頗受後代史家之峻厲批評，而托爾斯泰獨推崇備至，誠非無故。此書余前雖有法文譯本，而因篇幅過長，終未開始披覽。此次一氣看完，殊快生平。下午欲復仲魯信，再讀來信，始注意到其所托之寄顯微鏡，乃寄到重慶交永生，並非寄到河南，余前此之疏忽，實爲可驚。且下月郵政即將加價，不得不趕緊辦，晚乃與臨照談，請其與慕光談，提早辦理。

二十四日，晴，氣候殊暖。因尋羌族（即姜族）由洮河上游到岷江流域綫索，由秉琦借來《中國之西北角》，終日披覽。下午翟亦山來，同來者有其南鄭之學生二人。其學生從軍，後因有不滿意處又萌退志，力勸慰之。臨照來信言，現僅能趕早寄兩架云云。晚風頗大。

二十五日，早晨下層東北風，上層仍爲南風，頗小。故氣候又轉寒。畢閱《中國之西北角》。上午同溯洛到龍頭村，裁作藍布長

衫。又同到史家營,訪澤承談。下午仍搜集授課材料。蘇軍始取
Posen。

二十六日,夜未閉窗,中夜頗寒。晨室中六度餘。外面大霜。
晴。然上午仍寒。布勒斯勞城內巷戰。硫磺島戰事極激烈。美
人稱爲太平洋戰事中之所未有,每兩分鐘平均死傷三人!美軍已
占該島之半。下午因托購飛機票事,到辦事處一談。

二十七日,晴,同尚文進城,到崗頭村坐馬車。先到黃公東街
辦事處,見仲和與許景林,問許送購機票表格詳情。出到簡而約,
午餐。訪芝生夫人,因已搬家未遇。後到中法寄宿舍,晤康農、弼
剛、海帆及喜聞之夫人。始知今日爲廢曆元宵節,又在弼剛寓吃
元宵、餃子各三。出到航空公司,問飛機何日可購票飛渝,則彼尚
未接到表格。進城,問許景林,則彼又未在家,與仲和談,規定令
彼明日趕辦,乃歸,仍坐馬車到崗頭村,步行歸,至則在日已入西
山矣。早寢。

二十八日,晴。因恐許景林趕辦,或有未妥,往返需時,乃再
入城。至黑龍潭坐汽車。遇季川。至先到辦事處,則許景林已
出,余因到西倉坡,再訪芝生夫人及辰伯,皆不遇。遇一多,問知
芝生丁艱之信確實。回辦事處,未幾,許景林已從航空檢查所,取
得允許證回。出,到華山西路一小館午餐,吃兩碗豬肝麵,價已五
百元!又到茶館飲茶。二點,到航空公司,將表格交到,決定明日
進城。至起飛則或於後日或再遲一日。時三點,乃仍到小東門,
乘馬車至崗頭村,步行歸。至時,日將銜山。歐洲西綫盟軍進攻,
頗順利。昨日報載離科倫十六英里,今日則近處已僅距十英
里矣。

三　月

一日，因公共汽車僅到黑龍潭，故於午餐後，往潭，然尚未至，已見汽車南去。至問人，則言十二點鐘之車晚到，故即開去。亦疑三點鐘之車將續至，然未敢必，乃令張德選背行李，擬往崗頭村搭馬車。過蒜村後，有一馬車後至，與之商定以七百元載吾二人進城。然過上莊，則見公共汽車又來，乃於崗頭村下馬車，給以五百元。至茶館飲茶，換坐汽車，遣張德選歸，因汽車站與中航公司鄰，不須人招拂也。至時尚未五點，然公司人已先時下班。後決定明日再往問，三日是否有機開到。有即行，無即俟四日。乃雇人力車至黃公東街，將床鋪好，遂出晚餐。後訪從吾，談後已晚，遂宿於靛花巷。同談者毅生、峻齋。

二日，晨起，同從吾至雲大合作社早餐，彼為東。又同訪錫予談。從吾後去，余在錫予寓午餐。出訪子水，不遇。遂往中航公司，決定明日下午買票過磅，四日啟飛。訪馮太太及辰伯，皆未遇。返晚餐後訪康農談。借來《延安一月》一本，披閱。又訪喜聞，不遇。遂歸黃公東街，宿焉。

三日，早餐後到翠湖公園，飲茶，閱《延安一月》，盡之。文筆不甚漂亮，而觀察與敘述皆甚平實。再訪康農，決定本晚在彼寓晚餐，並約辰伯。午餐後至中法訪喜聞，仍不遇。至中航公司買票過磅。至康農寓，遇辰伯及孫□□①。辰伯近日熱心政治活

---

①編者注：原於"孫"後空闕約二字。

動,反對政府,擬有宣言,希望余携至重慶,呈明主席,並有所主張。余告以至渝,未必見主席,且聲望甚微,不能動主席之聽。又彼等所主張,余未能贊成,更談不上自作主張。彼等第一條主張召集國民黨、共產黨及民主大同盟,開國是會議,及組織聯合政府!民主大同盟何物,乃欲與國共兩黨鼎足而三,其他所主張可不論也。因余不同意其主張,彼乃嘵嘵不已,後乃與余決賭。輸者以百衲本廿四史一部捐於當日政府。此等條件亦太不平,余實有百分之九十九以上之把握可贏。然彼一定挑戰,余亦不能不應之。彼意以民主二字之空洞名義,遂可推倒有奮鬥多年歷史之政黨,真書生之見也。

　　四日,下午二時許起飛。至時,有中訓團趙秘書主任_{清宗室}。及張秘書_{河北人}。以汽車來接。宿於團中。是夜,風頗大,**次日**,微雨。中訓團處復興關之巔,故風特別大,溫度亦低。幸余加帶棉衣,未至受凍。**六日**開講,本定六日、七日、九日、十日各二點,即可完畢,然十日鐘點,被張厲生借去,遂將是日鐘點,移於十三日。又因未能完畢,遂於**十三日**晚,加授二點。在渝,晤春藻、稚老、濟之、思成、劉次簫、尹默、兼士、大壯、沅芷、吉忱夫婦、撫五、孟真、孟和、慰堂、藕舫、建功、玉川、潤章、伯蒼、百閔、雲五、海平、吳之椿諸公。劍儔則居同室異房中,終日相見。稚老精神不佳,後未知愈否,殊念。兼士吐血新愈,在靜養中。大壯亦病,其二世兄無遏在株洲上空受傷,現雖已出危險,然大壯前因未知詳情,多日憂念不眠,或爲其生病之主因。沅芷聞余來渝,乃特於**十四日**入城晤談。撫五前患大病,現雖早愈,而初見遂不相識!慰堂於**十四日**晚約吃飯。飯時聞撫五又小發熱,飯畢往視。訪雲五,談後，彼請余吃一廣東小館。孟真、潤章亦病，在渝患病者甚多也。**十八日**，同河南新任財政廳長孟昭瓚字叔玉，亦受訓者。同訪舊廳長王撫洲，訪聞河南現狀。亦遇陳博生、陶希聖、程希孟、徐劍泉、趙兼恕諸人。**十九日**乘機歸昆明。劍儵送至機場，七點餘啟飛。至十點餘。午餐後遂乘公共汽車歸鄉寓。閱來信，共有一峰信一封，芝生赴文一，關斌信一封，吳玉璽信一封，訓練團信一封，中央宣傳部信數封，禎祥信一封。禎祥言烈丞遂成古人！烈丞品高心熱，盡力教育，數十年如一日，而貧寒如昔，其清風亮節，真足以嚴頑立懦。歲數不甚大，而近年身體已壞，前年余歸時，已見其桑梓暮景，頗爲擔憂。現竟已歸道山，令人悲愴欲絕！近十餘日戰事：贛南似小有起色。我軍已收復臘戌。國共談判破裂，蔣主席有宣言。硫磺島戰事已結束；呂宋島亦近尾聲。日本占領安南，但法越人民尚有抵抗。歐洲西綫則美軍已入科倫 Colleng 各大城，並有數處渡萊因河。東綫可紀述者爲蘇軍已自斯泰丁附近渡奧得河，正向斯城進攻。餘無大變化。自一日至此皆爲廿一、廿二日補記。十八日購得老舍著之《駱駝祥子》，已披閱完畢。

　　二十日，風頗大。英文報載日人除國民學校外，學校一律停課一年以加强生產。

　　二十一日，清理一切。閱報。英軍取瓦城。下午九峰來。

　　二十二日，寫潤章信一封，仲魯信一封。美軍取 Sarrebrucken 薩爾盆城，或不久即可肅清矣。下午九峰來。美空軍十九日轟炸吳港，其目標爲藏匿於此之海軍。受傷者數十艘。

　　二十三日，昨夜就寢後，落雨數點。今晨多風。終日溫度頗高，天氣不晴。將晚，雷，大雨兩陣。然時見星月。中午澤承來談。下午九峰亦來。餘時略翻《高等國文法》。美特種艦隊之飛機轟炸吳港,炸傷其藏於此港之主力艦二,航艦及他種艦二十餘。本日聞首領及稚老等來游黑龍潭。

二十四日,晴。下午開始寫一文,名"論封建勢力",未完。

二十五日,晴。接縻信一封,甚喜。今日報載敵人一面由荊門犯自忠,又三路犯南陽,局面不小,頗爲焦慮。寫家信一封,孟真信一封。繼續寫《論封建勢力》,仍未完。

二十六日,夜中風,雨一陣。晨起北風頗大,故全日溫度頗低,陰。將晚大雨一陣,中帶冰雹。自忠陷落,南召巷戰。敵人一方到招撫崗,一方攻賒旗鎮。聞本日報載方城亦陷落矣!歐洲西綫英軍渡萊因,取 Wessel,守將戰死。美第三軍在路易港北數英里處渡萊因,抵抗力甚弱。美第九軍亦渡萊因矣。翻閱高本漢著之《中國語與中國文》。

二十七日,晴。接錫昌信一封,文化服務社信一封,中宣部信一封。敵陷賒旗鎮,方城巷戰。南召陷落。南犯曹店及南河店。然其西由李青店、馬市坪犯鎮平者似爲其主力。下午九峰來。本日報載日人廣播美軍在琉球島登陸。又美軍在歐洲西綫,已攻入法蘭克福,似德軍頗有崩潰之徵兆矣!晚月色極佳,復錫信一封。

二十八日,晴。敵人有馬隊竄新野,然幾全被殲滅。方城我軍已退出,南陽境內有戰事。下午九峰來。本日報,對於琉球島登陸事,美軍尚未發戰報。又載美第三軍有迫近 Nurnburg 消息,頗足詫異。豈德人南部如此無備,遂放美軍長驅直入耶?如此消息能證實,德人崩潰,當不易超過下月矣。晚翻閱郭沫若所著之《呂不韋與秦代政治》。

二十九日，晴。今日黄花崗烈士紀念日放假。上午同臨照到總辦事處，訪紀育澧談。又同到龍泉觀中一游，花事已闌珊矣。然今日游人殊多。下午續寫《論封建勢力》，仍未完。

三十日，晴。續寫《論封建勢力》，仍未完。我軍克復李青店，進逼南召，鎮平方面的威脅似可小減。竄犯新野、鄧縣之敵，帶有裝甲車，現正戰鬥中。南陽戰事不明，但城尚無陷落消息，或縣城尚爲我軍據守，而敵人小股到處流竄耶。歐戰消息甚亂，頗有盟軍將到巴黎前數日情形。有美第三軍離 Nurnburg 三十六英里之説。

三十一日，晴。天甚暖，室内達十九度。晨起寫家信一紙。繼續寫《論封建勢力》，將完。敵人竄犯内鄉及光化。二十九日，南陽城尚苦戰中。南漳一帶，我軍有生力軍威脅敵旁。歐洲西綫，盟軍取 Duisburg；Mannheim 投降；英軍越過 Munster 城；蘇聯軍取 Danzig。歐洲頗有德已投降之謡言，但均非實。下午九峰來。有軍官引美軍官數人來擬借房住，但未定局。

四　月

一日，晴，然近數日四面烟霧沉沉，太不清爽。起，爲尚文療病寫給趙明德一介紹片。上午翻閲《中國歷史教程》。

二日，晴。寫一短文，曰《共伯和即衛武公考》。下午九峰來。美軍在琉球島終已登陸。英海軍開始合作。南陽、老河口皆苦戰中。首領下命令獎勵南陽守將黄樵松、老河口守將汪匣鋒。

三日，晴。今日尚文入城養病，帶家俐同去。程、尚二君亦因送友人進城,樓上只餘余一個人。下午翻閱英文古代歷史。接訓練團轉來商務印書館信一封。

四日,晴,但日出與日落時昏沉過前數日。仍翻閱英文古代史。接文化服務社信一封。美軍進至距柏林約百五十英里之處。美軍已將魯爾區包圍。南陽、老河口仍堅守中。我與敵軍戰於襄陽附近。

五日,晴,有風,温度較低。寫正報館信一封,建功信一封,但均未發出。下午九峰來。本日無南陽消息。我軍克復伊陽及嵩縣。内鄉及西峽口一帶均有戰事。蘇聯取 Bratislara 及維也納新城。前者爲維也納東方門户,後者爲其南方門户。蘇軍最前進者離維也納僅五英里。仍少翻閱英文古代史。

六日,晴,比前數日清爽。仍讀英文古代史。南陽仍無消息。蘇聯向日本宣布一九四一年所訂互不侵犯條約,不再繼續。日本小磯國昭内閣倒,七十八歲之海軍大將鈴木貫太郎受命組閣。美軍離柏林最近者一百三十三英里,他路渡 Weser 河。下午九峰來。接潤章信一封。

七日,微陰。因夜眠不甚佳,本日未工作,閱報而已。接賡虞信一封,孫燾信一封。

八日,晴。上午同溯洛到史家營訪澤承,並遇許峻齋、余冠英、浦江清諸人。我軍在西峽口西、重陽店東,掃蕩敵軍已全肅清,斃敵五千人。老河口尚堅守中。美海軍在琉球島附近大敗日海軍,擊沉其最大主力艦一艘,巡洋艦數艘。晚閱《容齋詩話》,抄筆記一段。

九日,微陰。又接孫燾信一封。接淑玉信一封,甚喜,因彼歸家路途困難，余頗掛念也。下午九峰來。蘇軍已進攻維也納，入城巷戰，美軍已攻入 Essen。翻閱《商君書》。

十日，夜中惡夢驚人，似走一城門，而不見一人，門外街上門皆關閉，亦不見一人，始感敵人將至，中心甚恐；入城後，又覺坐一人力車，盤查人誤以余爲新聞記者，亦未與之辯，後遂醒。陰，有風，溫度甚低。室內十四度。下午九峰來。蘇軍已取 Konigsberg，東普魯士已全下矣。接白鵬信一封，仲魯信一封，南陽女中信一封。

十一日，眠甚酣。今日氣候與昨日同，且微雨數點，晚晴。下午九峰來。美軍取 Hanovre，又有一處已攻過易北河。似此則盟軍東西會師，真已不遠，歐洲戰事已達末期矣。老河口似已失守。

十二日，漸晴。接文化基金委員會信一封，得補助研究費第一期四萬元。所中收到中央博物院所贈之《麽些象形文字字典》一本。翻閱李霖燦之自序及彥堂序。下午九峰來。美軍取 Essen。

十三日，晴。下午九峰來。本日報言老河口於十一日晨淪陷。又盛傳美軍過易北河，攻 Magdeburg（距柏林僅六十餘英里）。開始繼續寫《中西文化的試探》，然不過數百字而已。

十四日，晴。羅斯福忽於前日下午三時逝世！（華盛頓時間，實此地昨日上午三時光景。）羅斯福爲一較有遠見之政治家，在現世界上爲不可多得之人物。歐戰將畢，彼在世，尚可調停英蘇之衝突，且對於將來世界和平關係亦極重要。今日喪亡，是不惟美國之巨大損失，亦世界之巨大損失也！翻閱《麽些字典》及《歐洲中古史》而已。下午九峰來。我軍於十二日晨克復老河口及光化各地。襄樊戰事或有轉機乎？蘇軍取得維也納。

十五日，晴。早餐後快登五老峰。下午九峰來。觀報知襄陽不知何時已經淪陷！因現在我軍爲反攻襄陽,非救援襄陽也。盟方官報始正式宣布渡過易北河。渡河處在馬格德堡東南。僅縫破帳鼠咬破。及翻《歐洲中古史》而已。晚餐後散步,遇峻齋及善周。據峻齋言,芝生已返昆明。明日當進城詢問家鄉消息。今日午後溫度甚高,室內二十一二度,單衣不寒。

　　十六日,晴,時有雲。早餐後,步行到崗頭村,坐馬車進城。至雲大附屬醫院,看尚文,遇臨照。談次,知醫生初視爲易治,屢試不驗後,乃疑爲腎臟結核,毒自內出,現方將設法試驗其判斷是否正確,而未敢急遽診斷。尤急者爲暫用外治法,止其疼痛。至於結核,現尚無特效藥可治,止有暫時休息而已。與臨照同出,至其城內寓中小坐。出訪芝生,謝知其丁艱過晚欠禮事。談家鄉事,知敵人於上月廿一日進攻,廿四日晚,劉書林尚在南陽城中,然此時城已半被包圍。時守將黃樵松僅有迫擊炮,炮彈僅有四百顆而已！書林歸丹水後,急電老河口請添彈藥,而城已被合圍,恐已無及！然黃將軍仍堅守十數日。此次我方毫無布置,書林爲主席後,前堅守洛陽、損失慘重之集團軍番號遂行取消！大敵至境,而所恃者僅有地方團隊！且司令長官爲一庸懦無能、素稱"福將"之劉峙,地方安得不糜爛？時事至此,殊堪扼腕！在芝生寓午餐。出到中法宿舍,見海帆,談。今日雲南各界在省黨部開紀念羅斯福大會,已通知各機關派員參加,海帆拉與同去。紀念禮分兩節:前節友邦人士行,後節我方人士行,而無報告與演説等節目。出,到太和街公共汽車站,時尚三點三刻。乃出至一茶館小坐。後上汽車,歸寓。頗倦,晚早寢。老河口城內尚有敵人未肅清。

十七日,晴。寫張厲生一封,芝生信一紙。寫達三信一封。上午翻閱《河南農村調查》。知吾鄉農村問題雖亦嚴重,而地主與佃户間問題,比東南各省尚較緩和,惟新興都市之高利貸問題又頗尖銳,亦一小小之棘手問題耳。

十八日,晴,天氣清朗。寫永生信一封,定一信一封。少寫《中西文化的試探》一段。我軍於十六日再次攻襄陽,終將其克復。又克復南召與自忠。現正向樊城進攻中。老河口城内死守天主堂之敵人尚未肅清。俟老河口與樊城完全肅清後,或可反攻南陽乎? 企予望之。美軍去柏林最近處已僅十三英里。南面已攻入 Leipzig 城。又攻入 Nurnburg 城。想德全軍覆没,已不在遠。

十九日,晴,有風。僅寫文如昨。一小段。美軍攻取馬格德堡。近數日,德人廣播言蘇聯大舉進攻柏林,但蘇官方尚守緘默。我軍攻克西峽口。

二十日,微陰。下午聞雷聲,並微雨數點。今日翻閱曆算書。下午九峰來。我軍克復樊城。美軍取 Leipzig。美歐洲大軍已計畫開來遠東。秉琦言前日看尚文,仍不見輕,殊可憂慮。

二十一日,陰。下午仍雨一小陣。仍翻閱曆算書。下午九峰來。盟軍攻漢堡。尚文返寓,病仍無起色。

二十二日,仍陰,時微雨。晚晴。下午同尚文到寄滄寓,請其診視。接達三復信一封。我軍反攻南陽。

二十三日,仍微陰。晚又晴。寫《中西文化試探》。蘇軍已攻入柏林。

二十四日,晴。搜集兩漢重農材料。柏林巷戰。

二十五日,晴。續寫《中西文化的試探》。南陽鄧縣一帶正在激戰，然推測字裏行間，似大軍尚未抵宛境。或係一部零星軍隊，配合民團作戰。果如此，則南陽克復，恐尚須時日也。接桂棻、桂璋信一封。

二十六日，晴。繼續寫《中西文化的試探》。下午九峰來。蘇軍對柏林，已合圍，城市占據者已及其半。美軍南渡多惱河，進攻慕尼黑。

二十七日，晴。僅寫《中西文化的試探》一小段。下午九峰來。蘇軍取斯德丁及捷克之布爾諾。

二十八日，晴。今日繼續寫文剛一二百字，接到縻岐自藍田來信，頗爲驚喜，蓋因家鄉淪陷後，此尚爲第一封家書。彼於上月廿三日敵人過賖旗鎮後，與秔岐自城中校內倉皇出走，在教育廳得教部戰地青年招訓所引導，步行十餘日，始抵藍田，秔岐則暫到西安，住招訓所主任周金聲家。彼等對家中情形，似無所知。僅手中無錢，頗急而已。縻岐又病回歸熱，幸現燒已退。今日同伯進城，乃請其寄回三萬元，以便其作被褥衣服之用。與縻岐一電一信，信內附仲魯信一紙，令其持之進謁，請其招拂。又寫伯蒼信一封，內附永生信一紙。下午九峰、範九、亦山先後來。蘇美軍正式宣布會師。英軍取布來門。意北部革命軍起，聞莫索里尼已被捉。盟軍又取 Verona、Genoa 等城，在意北德軍後退路已斷。

二十九日，晴，氣候已如盛夏。上午到後山小游，過雨樹村後歸。下午九峰來。本日報言希姆萊向英美軍請降，且謂希特來將死。英美命其向盟軍投降，不得歧視蘇軍云云。莫索里尼有被米蘭民軍槍斃消息。接景耀月逝世周年紀念會信一封，中宣部信一封。

三十日，暖。但陰，且時落微雨。繼續寫《中西文化的試探》。下午九峰來。據本日報，則盟方命德人將希特來、希姆萊、戈林等交出，始准請和。因民衆認爲盟方已接收德無條件投降，已預備慶賀，致杜魯門又宣言否認，但其所否認者，僅爲接收投降，並未否認投降消息。美軍已入慕尼黑，內反對納粹黨似已得勢。英軍在緬甸南下，離仰光僅有六十英里。

五　月

一日，濃陰，風不小。繼續寫《中西文化的試探》。下午寄滄來，與尚文再診視。希姆萊再向三强投降。

二日，昨晚睡時，室內溫度尚十八九度，因開窗，夜中頗寒，今晨不過十二三度。陰，後漸晴。讀《劍橋古代史》。接岷東信一封。下午九峰來。今日報言據德人廣播，其暴君希特來已於一日死去。其作惡過於梁惠王，其末路更不及梁惠王！不仁之人有必至之結果，此類是也。近數日，二好戰之魔皆斃命，世界人心或能有轉機乎？一人來，我頗覺面熟，却忘其姓名。談次，問余前尋張炳熺有何事故。答以無事，不過家鄉淪陷，大家全無家信，希望無論何人得家鄉信，互相告語而已。（此人當係前與炳熺同來者。）德昌來。美海軍在婆羅洲登陸。

三日，晨陰，後漸晴。早餐同尚文父女到浪口村作一轉，時美軍官正在教練炮兵。歸，寫《中西文化的試探》，一小段而已。下午九峰來。本日報言英軍在仰光登陸。敵軍似有不戰撤退消息，因仰光北通暹羅路,已被英軍截斷,止剩海路,而制海權亦不在其手,遲退或將被殲滅矣。蘇軍全占柏林。意北部德軍完全投降。德瘋狂派或有據丹、挪頑抗企圖,然此二地駐軍已極搖動。

四日,陰,時微雨數點。又接糜岐信一封。接伯蒼信一封。繼續寫《中西文化的試探》。下午九峰來。本日報言英軍已占仰光,則緬甸的戰事已結束。英軍已取漢堡及魯卑克,與蘇軍會師。德又宣布布拉克爲不設防城市。

五日,夜中雨不小。終日陰,時霏霧絲。繼續寫《中西文化的試探》一段。

六日,夜中大雨,晨略小,下午漸晴。獨出到龍泉觀後山一游。丹馬、德北部德軍降者過百萬。現尚未解決者,僅挪威德軍而已,當亦不致久延。

七日,晴。寫糜岐、杭岐信一封,仍附仲魯信一紙。寫中國文化服務社信一封。下午九峰來。德南部軍隊繼續投降。舊金山會議,關於波蘭談判決裂。我軍克復内鄉。

八日,晴。繼續寫《中西文化的試探》。接參政會信一封。下午九峰來。本日報言歐戰已完全結束,希特來後繼鄧尼兹亦無條件投降,此歐洲幾六年之大戰遂告終了。湖南戰場我軍克復新寧,進抵武崗,已與守城軍取得聯絡。

九日,晴。繼續寫《中西文化的試探》一小段。下午借得翻譯《東京上空三十秒》一本,盡力閱畢。此書爲參加轟炸東京之勞森上尉所寫,頗有情趣,尤以在中國降落受傷,遇我國不懂一句外國話之漁夫,毫無方法傳達意志,而精神所感,幸能幫助脱離危險數節爲最動人。

十日，有風，晴陰不定，時落雨數點。繼續寫《中西文化的試探》。下午九峰來。我軍於西峽口西公路西殲敵三千餘。湘西武崗已解圍。

十一日，仍有風，有雲。繼續寫《中西文化的試探》。下午九峰來。近日湘西戰事進行順利，希望能進克復寶慶，則我軍可威脅粵漢路矣。

十二日，夜中雨，晨尚淅瀝未已，後漸晴。繼續寫《中西文化的試探》。今日中午院中請高等教育視察團諸君，請余陪客。余於夏時十二點半往，則彼等尚未到，在辦事處小坐，始來。一爲皓伯，一爲任泰，一爲童君，寧波人，治胚胎學，未問名號。同事莊長恭，亦彼中一人。迪之同來。潤章未返，長恭半客，不便作主，乃命余攝主。彼等視察二所後，即往龍頭村看雲大附中。余與同來，過門，彼等未入即去。接定一信一封，白鵬信一封。

十三日，夜間大雨，日中漸晴。敵復攻陷內鄉。然本日報言在西峽口西公路北殲敵頗多。湘西戰事進行亦順利，已將進攻之敵人截爲數段。接國民大會代表聯誼會信一封。

十四日，晴。繼續寫《中西文化的試探》。下午九峰來。今日報言我軍攻入福州市內，正在激烈巷戰。

十五日，晴。翻閱《通鑑》、《後漢書》、新舊《唐書》，搜集作文材料而已。接燕生信一封。

十六日，有雲。下午翻閱唐君毅所著之《中西哲學思想之比較研究集》。

十七日，仍有雲。未大工作，僅翻閱《通鑑》《讀通鑑論》及閱報而已。接樂夫信一封。

十八日，仍多雲，下午落雨數點。天木來談。寫燕生信一封。美軍取那霸。

十九日，晴。中午秉琦請天木及余吃麵飯。本欲續寫文，然不過數行而已。接中訓團信一封，興惜信一封。

二十日，晴。閑談、閑游而已。今日溫度頗高。

二十一日，晨大雨一陣，終日陰，晚又雨。繼續寫《中西文化的試探》。我軍克復福州。下午九峰來。

二十二日，夜中大雨。晨仍微雨，後時止時雨。現農人正收麥，望晴頗殷，能早霽始佳耳。繼續寫《中西文化的試探》。

二十三日，夜雨，終日陰，時霏霧絲。繼續寫《中西文化的試探》。我軍克復河池及金城江。下午九峰來。

二十四日，夜微雨。日中晴陰不定，亦時落數點。將晚始晴。繼續寫《中西文化的試探》。

二十五日，夜微雨數點。日中晴。時有雲。繼續寫《中西文化的試探》。我福建軍克復連江，廣西軍克復貴縣。殺人惡魔希謀來被捉自殺。

二十六日，晴。繼續寫《中西文化的試探》。

二十七日，晴。上午刁清樸來談。接縻岐信一封。

二十八日，晴。繼續寫《中西文化的試探》。下午九峰來。本日報言我軍克復南寧。

二十九日，晴。多雲。繼續寫《中西文化的試探》。又接縻岐信一封。

三十日，夜中微雨數點。日中陰晴不定，下午大雨一陣，後遂晴。繼續寫《中西文化的試探》。接正報館信一封，稿費八千元。

接重慶河南農工銀行轉來故鄉民團首領來電請求轉請政府補助子彈及賑濟難民。

三十一日,夜間大雨。早晨又大雨一陣,下午漸晴。繼續寫《中西文化的試探》。接刁清樸信一封。

六　月

一日,上午大雨,下午晴陰不定。繼續寫《中西文化的試探》。本章完,全書未完。翻閱《文化人類學》。接仲魯信一封,中宣部信一封。

二日,晴。下午晴。未工作。下午九峰來。今日報載我軍克復賓陽、綏淥。敵人不再力爭南寧,或真欲放棄湘桂乎?接燕生信一封,炳熺信一封。

三日,陰。下午大雨一陣。九十點鐘時又晴。接定一信一封。接從吾信一封。

四日,晴雨不定。下午九峰來。今日報載我軍克復遷江、天河,仍未工作。美軍取首里。琉球島尚有日軍二萬待肅清。

五日,晴。鄉人正忙於插秧。寫芝生信一封,參政會信一封,雲五信一封,仲魯信一封,家信一封。

六日,晴。閱報及《文化人類學》而已。我軍克復霞浦、閩。羅城、融縣。桂。將晚,王貫之來談。外有一蔡君,浙江溫嶺人,在雲大附中教英文。

七日,晴。給糜、杭寫信,給興惜寫信,皆未完。下午九峰來。我軍克復來賓、蒙山,對宜山、柳州取包圍的形勢。

八日，晴。完寫糜岐、秔岐及興惜信。又寫炳熺信一封。

九日，晴。今日温度甚高，晨起室内即二十度以上，下午達二十四度。寫白鵬信一封。托仲和寄糜岐六萬元。翻閲《文①化人類學》及《劍橋古代史》。下午九峰來。

十日，晴。今日温度更高。晨起二十一二度，下午廿五度餘。晚將寢尚二十三度餘。上午到黑龍潭，因潤章新歸，開談話會。下午五點同溯洛至河邊，看雲大附中學生作游泳比賽。晚閲《琬琰集删存》。

十一日，陰。將晚，大雨一陣。上午到黑龍潭，作月會。下午爲《臺灣通史》寫叙，未完。接芝生信一封。下午並閲毛澤東在中共七全大會中報告。秉琦未交仲和寄錢，言可由其兄處撥用。

十二日，夜中大雨，上午仍淅瀝不已，下午漸止。晚晴。上午痔瘤破，故今日未大工作。我軍克復宜山，逼柳州。又克復思樂、龍州。

十三日，晴。未大工作，閲報及《文化人類學》而已。我軍克復明江、寧明。桂北逼桂林。

十四日，夜中大雨。日間陰，時雨。今日爲廢曆端陽。下午九峰來。本日報言我軍又自宜山退出。我閩浙軍克復平陽、瑞安。接白鵬信一封。前托同伯與其世丈張君信，請其爲糜岐、秔岐招呼汽車，今日已接回信，代爲介紹隴海路局一處長招呼。

十五日，夜間雨。日中晴雨不定。完寫《臺灣通史叙》。寫定一信一封，糜岐、秔岐信一封。

---

①編者注："文"，原誤作"人"。

十六日，夜間雨一陣。日中晴。寫正報社信一封，芝生信一封，民東信一封，樂夫信一封。英正謀打印度僵局。擬請民政交印人，保留軍政。

十七日，夜間仍雨一陣。日中晴陰不定，時微雨。我軍再克宜山。

十八日，仍晴陰不定，時微雨。上午荊吳來，彼新自重慶來。談至下午去。

十九日，夜中大雨。晨微雨，後晴。晚聞雷聲。寫燕生信一封。下午往與潤章談經費事。

二十日，上午陰，午後落雨數點，後晴。繼續寫《中西文化的試探》。下午九峰來。我軍克復永嘉。

二十一日，晴。繼續寫《中西文化的試探》。接康之信一封。

二十二日，晴。繼續寫《中西文化的試探》。糾纏數月的琉球島戰事，已完全結束。日軍死者八萬餘人，俘虜不過數千人。然日本本土大門，從此幾可云大開矣。

二十三日，晴。溫度甚高，下午室內至二十五度。將晚散步，尚有月光，忽有風起，村婦言，北風起，將雨矣，未幾，黑雲布空矣。繼續寫《中西文化的試探》。

二十四日，夜中雨，終日陰雨，然不甚大，亦時止。閱《劍橋古代史》。接王紹尊信一封。

二十五日，陰，寫《中西文化的試探》一小段。下午九峰來。我南陽軍隊克復石橋。接民東信一封，德宣信一封，定一信一封，中宣部信一封。

二十六日，陰晴不定，時雨數點。寫德宣信一封，給他寄一萬元去。寫參政會信一封。接守眞信一封。上午喜聞來談,彼對於鄉間苦痛知之甚悉。余雖甚感慨,而想不出辦法,甚愧。

二十七日,氣候仍如昨日,晚晴。整理《中西文化的試探》稿件並續寫一小段。

二十八日,夜中大雨,終日陰晴不定。續寫《中西文化的試探》。下午九峰來。翻閱《劍橋古代史》。

二十九日,晴。將晚,大雨一陣。接從吾信一封。下午九峰來。今日報載呂宋島正式戰事已畢,僅餘若干袋形陣地而已。

三十日,上午晴極佳,將晚,又陰。接樂夫信一封。仍爲作文尋材料,翻閱各書。

七—八月

七月一日,陰。下午大雨。接中華文化基金會信一封,潤章信一紙。寫《中西文化的試探》一小段。

二日,晴雨不定。決定明日進城。下午到總辦事處訪潤章,則尚在城中未歸。到總務課一坐。又見康之小談,遂歸。時微雨。

三日,上午同尚文父女、秉琦同坐公共汽車進城。余行李下於黃公東街辦事處。下午到航空檢查處催其核准。得准後,即到航空公司決定五日動身。是日宿於青雲街中法宿舍。**次日**下午天雨,往航空公司,行李過磅。打一電報與參政會,請其往接。仍宿青雲街。**五日**,早餐後,往航空公司,遇本省參政員陳賡亞、李鑑之、嚴□□①等，同行。至珊瑚垻，有會中車來接。今日下午本會秘書處在軍委會招待同人茶會，又聞往延安之特使六人今日已還渝，或到茶會中報告，乃直接到茶會。後聞特使不來，遂早出，至和平路之陸海空軍聯誼社招待處，止焉。同室者爲同鄉張金鑑，福建同人鄭揆一、林□□②。同鄉住於聯誼社者，有芸青、隱三。**七月七日開會，至廿日閉會。**此次開會可記之事有以下數端：一、開會時致答辭者爲周梅葊。答辭甚切實，不作泛泛之談。然因措辭小有未慎（如"政治混亂"等），致引起首領大怒，後經多人解釋，始已；然原擬主席團名單本有梅葊，因此遂被勾去！二、此次大家最注意的事，爲國民大會的召開日期問題。此次國民黨竭力主張按照宣布的十一月十二日之期召開，共產黨盡全力反對，各黨各派以保持團結爲名，主持緩開，實在這全是表面的看法。骨子裏最主要的關鍵，爲去年年底軍事上的大失敗。政府本以此問題爲政爭工具，而苦於面子難轉，外雖堅持，內實觀望。如明以上各點，則此次爭執，而終作一非硬性之決議，實極自然。至余個人依國父遺教，堅決主張繼續訓政以奠立自治之基礎，始可施行憲政者，明知不合時宜，通過無望，但占在國民立場，不得不如是主張耳。三、此次開會秩序稍差，然未必非好現象，蓋國民黨控制之力已形縱弛，如駐會委員之選舉，在黨單子中已有六人落選；梅葊、曼卿等不在單子而亦當選，皆可證明。四、孟真倒孔庸之之運動，每次努力，此次居然見效。盛世才之倒與參政會反對態度亦有關係。此外西北公路局局長及其他二三等人物之被打倒者尚不乏其人。参政會能對於政治略有影響，當以此次爲第一次矣。開會時，伯蒼來言：驌先希望余能到新疆辦理教育，驌先見時，亦約略談及。余初力辭，後亦怦然動，因此事關係極大，雖甚難，而仍應竭力以赴之。會後，二十三日，見驌先與談，則彼並無請余作該省教育廳長意，不過余曾建議，在該省設一研究及設計機關，彼亦同意，囑余作一計畫，或將來令余辦理，允於回滇後草擬寄去。渝天氣甚熱，幸時落雨，後有短時稍愈。尹默、兼士諸人皆見到暢談。**二十五日**，到沙坪壩，晤大壯、良宇、鴻庵諸人。**次日始返城内。**森玉自上海來，得悉彼間情形及友人狀況。森玉在彼間，爲保持北平圖書館事備嘗艱苦，且以六十五歲老翁，間關西來，報告以後，又將間關東去，其精神殊堪欽服。亦晤志雲及耕硯、曉生諸人。因會後欲晤驌先，故請購飛機票較晚。且余聞縻岐、杭岐將至重慶，亦擬少俟之。後終未至，余乃於**三十一日**早航空歸昆明。以二女事托吉忱夫婦。回昆時，在機場遇西北農專教授虞弘正。回昆後進城，晤弼剛、康農、海帆、喜聞、蒼亞、爾玉、錫予、芝生諸人。宿於青雲街中法宿舍。**八月一日**上午返鄉間。因公共汽車近日不開，只好坐馬車至崗頭村，步行回寓。

　　八①月六日，美空軍以新發明之原子彈，轟炸廣島。廣島爲二十五萬居民之工業城，消滅百分之六十，全世界大震。蘇聯於八日倉卒向日宣戰，九日敵對開始，戰局大變。**八日**，美空軍以第二原子彈轟炸長崎。長崎爲六十餘萬居民之海港，損失更大於廣島。戰事有急轉直下之趨勢。潤章月初到重慶，托余代閱公事。

----

①編者注："八"，原誤作"七"。

乃於九日起，往總辦事處，決定此後每星期二、四、六日往代閱公事。

八月九日，接到糜岐來信，言四日到渝，住吉忱家中。**十日**回信，並爲她們寫伯苓及經農信，請他們招拂。

十一日，仍晴雨不定。早餐後將至總辦事處代閱公事，至村外公路上，遇一院中同人（未知姓名），言據《朝報》號外，日本已無條件投降！大喜。適忘帶一物，仍返寓取物，告同人，皆大喜。同人出告駐村軍士，則彼等夜中已聞廣播，今日放假矣。再往總辦事處，途中遇盛標，亦談及此事。至，則同人皆大興奮。閱號外，則日本尚希望保留天皇制度云云。因約各所同人商議於下星期一、二、三三日放假三日。此時政府雖尚無明令，然大家精神異常，極難靜心工作，不如放假爲妥也。並知會西山各所。回閱本日報，知八日，美空軍又以原子彈炸長崎，損失更重。九日日內閣徹夜開會議，昨日即由瑞士居間，轉達盟國，願接受波茨坦招降條件云云。下午九峰來，談論而已。聞城內昨晚九十點鐘時，即已聞消息，居民狂歡，熱鬧異常，始悟昨晚所聞炮聲之意義。接糜岐、杭岐信。

十二日，仍晴雨不定。今日褚慧僧下午請客，因路上多泥，且近來無公共汽車，不欲去，然因城內或有特別消息，遂預備出發。然又接通知，因褚老病，改期，遂止。與尚文同往龍頭村購本日報，言盟方已允其條件，但其天皇在占領期間，須受盟軍軍事最高長官命令。已以此意仍由瑞士通知日本，須再接答復，始爲正式投降。晚清華文科研究所請余及尚、程二君晚餐，亦以表示慶祝，遇聞、許、浦、何等。返時微雨。

十三日，仍雨數陣。今日中午所中大家聚餐以示慶祝，錢老太太及九峰爲客。本日報言尚未接日本覆文，在期待中。

十四日，夜中大雨，上午仍淅瀝不已，下午停。閱昨日《中央報》下午版，仍未接日本復文。閱茅盾所著之《霜葉紅似二月花》，畢之。接吉忱信一封。

十五日，仍晴雨不定。閱昨日報，尚未接到覆文，但盛傳日皇批准求降書後，即行切腹，其陸相阿南維幾亦切腹云云。閱茅盾所著《第一階段的故事》，畢之。

十六日，晴陰不定。上午到總辦事處代閱公事。覆文已接到，戰事正式結束。天皇自殺之説不確。閱《洛克斐勒成功傳》譯本，畢之。接德宣信一封，興惜信一封。

十七日，晴，但下午五六點鐘時又大雨一陣。《中蘇友好條約》已簽字，但尚未發表。爲吳玉璽寫太侔信一封。接清樸信一封，馮太夫人行狀一封。寫德宣信一封。

十八日，上午未雨，下午時雨時止。上午到總辦事處代閱公事。下午補寫離昆時及此月初之記録，畢。接白鵬信一封，從吾信一封。今日此村駐軍派人來言有一炮隊指揮官無處住，希望借房住，允之。此指揮官劉姓，黃陂人。晚閱 АЛЕКСЕЙ ТОЛСТОЙ 所著之《糧食》。

十九日，時雨時止。接到正報社寄來余所著《論封建勢力》之報十份（兩張一份，共廿張）。下午續閱《糧食》。

廿日，夜雨不止，上午九十點鐘始漸停。下午晴雨不定。續閱《糧食》，畢之。

廿一日，上午有晴意，下午又雨。上午到總辦事處代閱公事。

近日想對政黨糾紛寫一篇文章，下午閲《總理遺教》以預備材料。將晚看到本日報，有朱德致委員長一通，毛澤東致委員長電一通，委員長復毛電一通。接潤章自渝來信一封。

廿二日，今日大雨。下午看溯洛兩篇工作而已。

廿三日，上午雨漸止。盤龍江水大漲。未能往總辦事處。上午頗擬寫一文，名"垂涕而道"。下午與秉琦談此問題，秉琦謂此爲彼輩無辦法之一種表示，殊不足患，其言殊有理，心始寧静。日本政府派河邊虎到馬尼剌，其駐華總司令岡村寧次派其參謀長今井武夫到芷江，皆已返命。美海軍定本星期日（廿六日）駛東京灣；下星期二（廿八日）登陸。我方接收淪陷區各將領均已派定，名單交今井帶回，各軍即向前推進。

廿四日，雖未大晴而終日未雨。上午到總辦事處代閲公事。未多工作。

廿五日，晴。對於西北文化建設問題有所考慮並搜集材料。

廿六日，晴。晚翻閲《尼赫魯自傳》數段。接河南農工行轉來省參議會代電一封，省政府代電一封。

廿七日，晴。開始寫"西北文化建設計畫旨趣書"，僅起一頭。下午九峰來，閲其所携之本日《中央日報》，則《中蘇友好同盟條約》已發表。主要點爲該約有效期間爲卅年；蘇聯出兵將日本擊敗，軍事停止後，三月内從中國撤兵退盡；將中東、南滿兩鐵路并爲長春鐵路，三十年内爲中蘇共有，三十年後，無條件歸還中國；大連闢爲自由港；於卅年内旅順爲兩國共用之海軍港；在期限内一國被擊，他國自動協助；中國允許外蒙獨立；蘇聯不干涉中國内政（新疆方面亦不干涉）等事。翻閲《印度新志》及《印度古代文化》二書。

廿八日，晴。續寫旨趣書一小段。下午九峰來。今日報言毛澤東復蔣主席電，允將來到渝，又言美大使赫爾利往延安，邀之同來。

廿九日，晴。前兩日早晨尚陰片時，且皆落雨數點，今日則全日晴。且溫度高，日中可單衣。上午到總辦事處，代閱公事。接德宣信一封，志甫信一封。金公亮訃文一封。下午復德宣信一封。今日報載毛澤東已抵渝。中午明經來。彼將到大理華中大學任教。

卅日，晴。潤章廿六日自渝返昆，昨日下午至鄉間，今日上午十點半約同事到總辦處，報告一切。

卅一日，夜間雨一陣，日間晴，定昏後又雨一小陣。接潤章交來雲五信一封。接中國文化服務社信一封。李國棟同三人來談。所介紹之姓余即忘之。僅記孟縣一人，偃師一人，浙江餘姚一人。後二人皆在南菁任教，偃師者習國文，餘姚者習美術。孟縣者，今年在聯大歷史系畢業，即將至渝獨立出版社服務。下午九峰來。復文化服務社信一封。

九　月

一日，晴。

二日，晴。然下午五六點鐘時落雨一小陣。尋找關於顯州材料。下午到總辦事處，同潤章一談，並遇佩珂、育灃。接到中大師院附中信一封。

三日，陰。下午五點後，大雨數陣。昨日日本無條件投降簽字，今日全國放假慶祝勝利。早餐後，友苞來談。

四日，夜間大雨，日中亦雨數陣。寫濟之信一封，清樸信一封。

五日，漸晴。接信一封，信皮下款書"中國文藝研究社"，內則書"三民主義青年救國團"，內容攻擊宋子文，以中蘇條約_{時尚未發表}作引，而集中於其黃金政策，大約恨其主張國家收百分四十者之所爲也！宋君爲人如何，固應別論；至其黃金過分利得抽稅四十政策，乃近數年來略強人意者，因其尚略涵社會主義之意。其因此而激起投機者之憤怒，固亦意中事也。午間，一陳君來談。陳名峰，字白澄，北平人，北大外語系畢業。現願到中法任課，故來訪潤章，並持康農信訪予，殊不知予對中法院長事，並未允擔任也。

六日，晴，有雲。接糜岐信一封，魯實先信一封。魯或在復旦大學任課，乃因孟真爲彥堂《殷曆譜》所作序，措詞頗有盛氣逼人處，魯君自覺被逼，故出應戰。孟真態度固不甚佳，而魯君持論根據，似在新曆法不能推算古曆，見亦頗腐。因古曆法固疏，但亦常依實驗改正實在錯誤。否則將錯誤至不可究詰之地位。天行有常。以最新精密之曆法推古代之天行，毫無錯誤。彥堂以最新曆法步天行，以古代四分曆考年月，分寸甚合，並非漫無別擇，以今律古。謂古代曆法即如後代之精密者固謬，然因曆法不精而遂疑古代天行亦異於近代者亦非。且魯君憤於孟真"取材或以《漢志》爲限"，而侈談"黃帝、殷、周、魯諸家"，但余未知此五種曆法，除《漢志》以外，尚有何種史料可采。要之甲骨至今日，其關於曆法部分必須整理，而整理之先，必須有較可依據之方法。彥堂所用之方法,由今日學術品量,似無大誤。魯君質疑責難,固屬學術盛事,而並未能提出更好之方法,即欲以盛氣即可推倒異說,似太早計。此爭論本應見彼等一切文字後,始可批評,但觀魯君此文,誠不免令人疑其攻擊之趣過濃,求樹立之意太欠耳。昨日及今日皆曾繼續寫旨①趣書,但數行後即止。下午九峰來。

七日,晴。接景盛信一封,彼欲到北大農學院服務,請余向孟真說項,然北大何時有農學院耶? 接潤章信一封。翻閱《西洋教育通史》。

八日,晴。接樂夫信二封,潤章信一封。翻閱《殷曆譜》。下午九峰來。接褚慧僧請柬一封,明日茶會後吃飯,然明日本院紀念日,又大家將談本院復②員計畫,不克前去矣。

九日,晴。到總辦事處開本院紀念會,潤章報告後,士林、爾玉有演辭,後余亦說一段。院中對各研究員預備有午餐。餐後開復員及將來計畫討論會。決定各所於副院長到平時,派人往平,籌畫返平事宜。各所作復員計畫,於陰曆中秋日,再開會商議,對將來計畫,擴大擬訂云云。接張屬生信一封,係答余及芸青、隱三爲舞陽前縣長所寫介紹信。

十日,晴。時落雨數點。因昨日爲星期,今日補放假一日。翻閱《殷曆譜》。接王升庭轉來劉書林代電一封,糜岐信一封。

十一日,夜中雨。日間漸晴。仍閱《殷曆譜》。接道昇信一封,清樸信一封。下午九峰來。

十二日,晴,然時落雨數點。仍閱《殷曆譜》。接中法聘書一

①編者注:原於"旨"後衍一"旨"字。
②編者注:"復",原誤作"本",據後文改。

封。下午九峰來。

　　十三日，夜中雨一陣，日中晴。早餐後同臨照一路到總辦事處，余見潤章談中法及院中各事，並談聘鴻庵及關於清樸各事。下午九峰來。接樹勳信一封。晚翻閱《我國戰後科學計劃芻議》（吳學周著，從潤章處借來）。今日報載日本東條英機自殺，但未死。

　　十四日，晴。午間振鵬及樹勳來，談中法發聘書及開課各事。接郭豫才信一封，德宣信一封，中大附中信一封。下午九峰來。今日報言日本杉山元自殺。翻閱《東方雜誌》。

　　十五日，陰。中午潤章請法人 Granger 及 Rigaloff 拼法或不合。二人及彼等之夫人吃飯，請余及康之、盛標陪客。前者擬接辦此地之法文學校；後者年不過二十四五歲，伯希和弟子，習中文及西夏文。潤章前日告余爲十二點，余如時往，彼乃告余請法人爲一點！法人來時爲一點半，開飯時將兩點矣！今日報載日本政界人物續有自殺者。

　　十六日，晴。前頗擬今日出游，但未能出，終日翻閱《文哨》。創作精彩者殊不多見。

　　十七日，有雲。早餐後，與溯洛、張德選同進城，張爲程挑書，余與程步行至崗頭村，坐馬車。進城，至中法，訪振鵬，不遇。出訪從吾，亦不遇。訪康農，遂在彼寓午餐。康農言國共談判決裂，未知確否？餐畢，晤振鵬、蒼亞、喜聞。再訪從吾，談次，知寅恪將往英過昆明，約四時往訪之。三點至中法，與振鵬商排功課表事宜。四點後，從吾來，遂同訪寅恪。寅恪方臥病。前聞彼近喪明，見後，知尚不至如此，斜視尚能見人，但正視則不能見，故未能看書。彼雖憔悴，但意興尚佳。談及賓四，近爲一妖婦（有夫）所惑,不能自拔。有學生素仰賓四,遠道從學,遇此變,痛哭流涕以諫賓四,而彼不能決! 此學生精神大受刺激,至失眠者十數日! 寅恪素敬賓四,並極愛護,甚希望其老友如錫予、從吾設法拯救。"世間無如人欲險,幾人到此誤平生!"言之殊堪於邑。在寅恪處,亦遇一多、心恒、辰伯等人。出時遇錫予,約明日到彼寓午餐。出三到從吾寓,晚餐。遇子水及陳棄疾等談。九點到中法。原約宿此,至彼,除勤務外無人,後庶務趙君歸,與談,漸知中法因余宿,新派人購被褥,尚未歸。歸將床安置好,即寢,時已十一點。今日左眼患澀癢。

十八日,晴。昨晚因未小心,一蚊入帳中,致終夜不眠,僅將明時少眠而已。八點見學生談話,告以學校現在情形,並告以將開一西夏文班,希望有人選課。出到雲大附屬醫院看眼,遇秦、趙、程、杜、李諸醫生。出訪褚慧僧,談次,知國共談判僵數日屬事實,但近又續開。出到錫予寓午餐。後遂出小東門,坐馬車,過無綫電廠,下,遂歸。早寢。

十九日,晴。接社會經濟出版社信一封,西北師範學院信一封。下午與秉琦談而已。又接中宣部信一封。晚月色佳,與愛松到後山作一小游。

二十日,晴。往總辦事處,商討復員事宜,遂在彼間午餐。接羅志甫信一封。下午九峰來。晚同臨照夫婦、本所同人到後山賞月(今日中秋)。月色時被雲蔽,然尚佳。寢時,十一點。

二十一日,晴。寫糜岐信一封。昨日從功叙處借到《鑿井工程》一書,今日略爲翻閱。在寓中借居之劉指揮官前數日已去。今日將晚,兩營部副官來,一徐姓,青島人;一莊姓,日照人。言其營長夫婦擬再借住，其措辭雖有他故，然實際情形，似因營長一小女前日在寓前溺斃，觸景傷情，故願移居，允之。晚月色甚佳，愛月眠遲。

二十二日，晴。夜眠不甚佳。上午寫參政會信一封，志甫信一封，豫才信一封。接潤章信一封，約明日下午三點往談。草擬本所將來擴充工作計畫，未完。亦與秉琦討論此問題內容。

二十三日，陰，間霏霧絲。上午及下午趕成本所擴充工作計畫。三點到總辦事處，與潤章談。彼將往重慶，仍請余代閱公事。接芝生信一封，文化服務社信一封。接到參政會匯來八九兩月薪水。因前命糜岐代取，遂又寫一信告之。

二十四日，多雲。下午九峰來。翻閱《西藏之過去與現在》而已。

二十五日，晴，多風。晚風雨交加，但未幾即止。後又晴。寫《對於北平師大復校問題之獻議》，未完。收中宣部信一封。

二十六日，晴。完寫《對於北平師大問題之獻議》。明日當寄與大公報館。收北大文科研究所信一封，中法信一封。又收軍政部藥苗種植場印刷物一捲三本。下午九峰來。

二十七日，晴。夜中甚暖，早起時室內尚有二十度（開窗）。上總辦事處代閱公事。下午寫家信一封。九峰來。接振鵬信一封。

二十八日，晴。接淑玉信兩封，係七月中發出者。接景盛信一封。又接王玉哲寄來其論文兩篇：一名《玁狁出沒之地域，洛之陽、西俞與罟盧考》；一爲《鬼方考》。下午一翻閱。彼反對王靜庵玁狁、鬼方、昆夷爲一族說，主張前二地域在晋，後一地域在隴西。又主張魚豢《魏略》漢將豫州之洛改爲雒，魏文再改洛爲復古；至雍州之洛，則古名漆沮，戰國後始有洛名。王靜庵所言玁犹、獯鬻、鬼方、昆夷爲一説，余素不贊同，因據《孟子》所言，絶無獯鬻與昆夷爲一之理。鬼方亦似非一族。玉哲所主張鬼方在晋，極有理；但主獯鬻亦在晋，則余今日尚未敢判斷。至二洛水之名，則清儒所力主之"雒"爲古字，非漢改，證據本不甚充足；玉哲引金文反證之，似可成立，但謂此問題已完全解決，恐亦尚太早計也。翻閲 *Madame Bovary* 之中文譯本，未完。接湯怡信一封。此人余不甚記憶，現任沔縣縣長。

二十九日，晴。上午楊春洲同張□□、徐□□①昆明人。同來。春洲約余下午到其所長之雲大附中講演，允之。下午與溯洛同往。講題爲《説孝》。出到一裁縫店，作單袍一件，小褂一件。返，陳白澄來談。在寓晚餐。仍翻閲《馬丹波哇利》，未完。

三十日，晴。翻閲《馬丹波哇利》，畢之。接白鵬信一封，彦堂信一封，由唐河縣黨部魏君轉省黨部魏君，由郵寄來家電一封，内言："親族安，糜岐等在何處？電覆。"寫一信告糜岐，命其速寫家信，又草一電，擬直寄家中。

十　月

一日，夜有風，頗寒。早起時室内十四度（開窗）。今日改夏時爲平時。出游時，天氣已濃陰。今日因中法有課，早餐後，即到黑龍潭，搭公共汽車；出時已微雨。至總辦事處，坐待；將八點半，雨頗大，時汽車至，出則見其側陷於泥溝中，不克出，故既上又下。

----

①編者注：原於"張""徐"後各空闕約二字。

再到辦事處,待至十一點後,車仍不能出,乃歸。借得《愛與刺》,下午翻閱而已。

二日,陰。早餐後,與尚文同步行進城,到上莊,乘公共馬車。下車時命尚文代拍電報。到中法,未見振鵬。後訪從吾及弼剛,皆未遇。又到中法,見蒼亞。又訪從吾,談。到青雲街宿舍見振鵬。午餐。後又訪芝生,談。又訪清樸,談。出到青雲街小館內晚餐。再到宿舍,訪弼剛,談。再訪從吾,見淅川宋哲生,彼在聯大習歷史,畢業已數年,現在母校作教員,余與接洽,擬請其到中法教西洋通史。宿於中法。

三日,晨起,擬出作小游後,往訪覺明。然至門前,則二武裝兵士施行警戒,不允出,初以爲某要人出,擺臭架子而已,後乃知外已架機關槍! 紛紛猜測,以爲某一小部分軍隊潰變,不久,即槍聲、炮聲、手榴彈聲,轟然並起! 聞知爲第五軍將交北城門樓上憲兵械。學校緊靠北門,故頗緊急。余惟有坐於辦公室中而已。一二十分鐘後,各聲漸息。余小休息,有一後方勤務部方副官來,言憲兵已允交械,擬借學校外院二教室令其集中,二小時後即可去。余因其難却,即允之。學生紛紛不願,慰勸之。將午,憲兵皆下。後聞憲兵死二人,傷數人。第五軍傷一人。此外,東門、西門、小東門、小西門,皆交械云。有一學生買一《掃蕩報》,借觀,始知中央調龍雲爲軍事參議院院長,以盧□①繼任主席,未到任前,以李宗黃暫代。陸崇仁免職,以李宗黃代。始知因接收引起衝突。此事本應措置,但此時發動,未免過急。下午所收容之憲兵未去,找

────────────

①編者注:原於"盧"後空闕約一字。

方副官，問之，則彼亦無法！然此逗留，亦在意中，只可靜待。學生無米，由方與後勤部交涉，借得五十公斤。學生恐北校場雲南兵今晚攻城，而本校當城牆缺口，適當其衝，甚懼，一部分願移住於青雲街宿舍，乃與院中所住之汽車聯，派一汽車送往。定昏後，槍聲炮聲又起。因五華山有省府衛隊，尚未交械，有戰事，北教場亦有戰事。後聲漸稀，遂寢。謠言頗多，亦殊難信。

四日，昨氣候甚寒。昨夜十點鐘許，各種火器聲音極爲繁密，醒。着衣，亦未然燈。着後臥於床上。一兩點鐘後，稍稀，遂再寢。在此種情況下，眠尚不惡！晨起，亦時聞槍聲！上午振鵬來，未幾即去。有人言蔣主席來昆明，龍雲隨之赴渝，然有人見今日《中央日報》，言龍尚在五華山省府，則人言不確，且主席此時亦未必有暇來昆也。晚餐後，聲音尚靜。八點餘，即寢。院中所收容之憲兵，尚未去。

五日，晴。夜中有槍聲頗密，亦間有炮聲，然不久即止。睡尚佳。日間晴。上午不少街道可通行。青雲街學生返校用餐，然午後又緊急戒嚴，遂不能返青雲街宿。四點後，擬見後勤部白司令，請其幫忙，設法令學生返宿，因此間被褥不敷用也，然未遇。擬尋他負責人交涉，但未能過，遂返。然他街亦尚鬆，惟青雲街獨緊。後聞本日李宗黃正式接主席任（龍氏表示服從中央命令），且聞五華山衛隊有改換臂章，或便衣，携帶武裝，出藏民間，或將俟夜活動，故特別警戒云。今日院中憲兵去。然又有富民鄉民四五人驅牲口十一二頭，來城賣柴，闖入警戒綫，遂又被驅留於一講室中！後遂被釋，但其牲口未必能尋得！人民無謂犧牲，令人悵然！晚恐有閑人藏於本校院中，增加危險，親出一閱，後乃寢。

六日，夜中無槍聲。早微雨一陣，氣候頗寒。本日報言李昨日已接任，宋院長及何總司令皆已來昆明，龍雲今日將隨二人赴渝就新職。似此則此不幸事件當可和平了結。上午振鵬來談。午餐後聞已可隨便出城，乃與申省吾同步行回寓。至城門口，及崗頭村北，遇武裝兵士，略問即放過。近浪口村小橋及寓前大石橋，皆有軍士警戒。小橋旁小廟後且掘有戰壕。北校場俘虜即收容於唐家祠堂。聞該地共有軍隊十三聯，而俘虜僅一二百人，餘者或逃或死。中央軍死傷一二百，聞滇軍更多，以意度之，或不下四五百！犧牲無名，可痛也！晚與愛松等談，愛松問聯大學生是否有出宣言，反對中央措施者，彼意極右龍氏，左中央，與諍議頗久。接師大校友會信一封。

七日，陰，氣候寒，室中最高亦尚不及十五度。今日雖星期，仍至總辦事處，代閱公文。接文青電一封，潤章信一封。出訪秉琦，未遇。今日報載宋、何、龍諸人皆已抵渝。臨照自城內回，言城內秩序已恢復，但警察尚未復崗，仍由軍士警戒。

八日，陰。時微雨。早餐後冒雨進城，至上莊，坐馬車。初授課。樹勳請午餐。餐後，訪錫予，談。再到中法稍休息，乃到小東門乘馬車歸。城內警察已復崗。

九日，漸晴。到總辦事處代閱公事。接希孟信一封，中宣部信一封，糜岐信一封。下午與秉琦談。

十日，晴。接雲亭信一封，秔岐信一封。因喬無遏將結婚，作一詩賀大壯，未能愜意。

十一日，晴。上午到總辦事處代閱公事。接潤章信一紙。接糜岐信一封，此信付郵在前日所接信前而收在後。

十二日，晴。將賀詩改畢寫好，又與大壯寫賀信兩張。寫鴻庵信一封。又寫彥堂信未完。下午九峰來。今日報發表國共談判結果，所未商妥者，有開國民大會及收復區地方行政兩事，餘如縮編軍隊等事，皆已獲結果。毛澤東已回延安，行前表示國共合作爲長期的，非暫時的。內戰的威脅，大約已消滅矣。接秔岐信一封。

十三日，晴。到總辦事處代閱公事。續完彥堂信，又寫建功信一封。

十四日，晴，有雲。今日爲廢曆重陽，與同人同到後山登高，但溯洛走不遠，即感不適，乃中止，余與愛松、尚文繼續前往。過內五老峰、外五老峰，至小哨，下山。兩點餘，至花峪溝一小館中名綠楊村，主人揚州人。午餐。返過總辦事處，問院長及副院長到否，則尚無消息。歸寓，則劉廷與一孫清標君自上午即來，劉新自美歸，彼因病未能繼續學航空。孫，鞏縣人，聯大哲學系學生。

十五日，晴。進城，仍自上莊坐馬車。上課畢，陳峰來，言康農已自蒙自返，約往午餐，遂同往。餐後，返中法午睡。起訪從吾，在彼寓晚餐。後同到靛花巷，訪覺明，談西北各事，並約彼到中法兼課。晚宿中法校中。

十六日，晴。早餐後，到雲大，訪樹勳一談。出再訪從吾，則已上課。出購六味地黃丸及烟捲。到小東門坐馬車，至麥溪下，歸。接國語推行會聘書一封，參政會信一封，中國鑄魂學社信一封，善後總署信一封。下午休息，翻閱《文哨》而已。晚臨照來談院中事。

十七日，將晚，落雨一陣，後又晴。上午到總辦事處，代閱公事。今日炮兵營有一教官來借住,允之。教官黃姓,交大土木系三年級學生,由知識青年從軍,現爲少校教官,武昌人。接中國文化服務社信一封。

十八日,夜間雨。日中時雨,時見日光。氣候頗寒,室內最高溫度不過十三度。上午鄭萬鈞來談。閱報。下午閱秉琦所作之鬥鷄臺墓葬報告而已。

十九日,到總辦事處代閱公事。潤章將出席世界教育會議,下月一日即當在倫敦開會,現尚未啟行,則彼即過昆明而恐不能停留,然同人尚有若干事須與商洽,當用何法臨時到機場,不致延誤不能見面之方法,大家考慮頗久。後決定拍一急電,請其知啟行準期後,即來一電,外令許景林接電後即急派人送來,以便前往。外李太太明日即進城等候,如大家趕不及,則即托彼代達。下午擬與潤章寫一信,於彼過昆時,請李太太交與,則余即可不進城。然信未寫成,總辦事處即送來潤章來電,言將於廿日或廿一日過昆云云,似此則余似應往機場以謀一見,然余今晚不願進城,乃同秉琦到總辦事處,與李太太一商,至則大家皆言機到鐘點難定,既願往,似以今晚進城爲佳。乃與李太太、臨照、俊明同乘汽車進城。先到航空公司問,答言明早九點半鐘,有機到,乘客數目多於平常,疑係赴會議代表,但未知姓名云云。乃約明早八點半到公司門前會,同往。余進城,訪從吾,未遇,宿於中法。今早大便帶血。接阮岐信一封,濟之信一封,樂夫信一封,桂珍信一封。

二十日,夜間甚寒。晴。早餐後,即到公司門口,已見李太太及俊明,臨照後至,遂同到汽車場。待六點鐘,飛機至,潤章果來。同來者又有志希、菊農等。彼等至站外用餐,余等隨往。時間迫促,余與臨照大致談畢;俊明事太多,無法詳問、詳談,最後只能將其所寫之兩大張,交潤章途中細閱。至李太太則並無時間談。餐畢,遂登機。樹勳、盛標趕來,然機已將開,無緣晤面。進城後,余與李太太、俊明到大東門內一北方館午餐,俊明強爲東。出獨到理髮館理髮,又到一茶鋪喝茶。到公共汽車站,又遇俊明、盛標,遂同歸。到總辦事處小閱公事,遂歸。今日胃不適,午餐未減,致下午更不適。疑有溫度,量得三十六度八①。晚餐僅食一大碗胡椒辣湯。早寢。今日大便仍帶血。接文淵信一封。

二十一日,早晨室內溫度九度弱。晴。今日胃已平適。愛松借彼同鄉李君吉普車與同人往游西山,外有范履本及另外忘姓名一人。彼等拉余同游,余固喜游,然因人已太多,恐車有損,不願往。但愛松預許張德選同游,余不往,則德選亦不能往,頗覺不合適;履本及李君皆力言車絕無問題,遂同往。路繞小壩一帶堤上,乃新開之可行汽車路。從城北過黃土坡及黑林鋪,至西山。到華亭寺,問士林,則不在家。瞻仰後,吃素麵一碗。至太華寺。後面縹緲閣,余上次游未至,此次登臨,閣正修復,但尚未完工。前邊閣上則有要人宴客,不能往。又前到三清閣及龍門。游人甚多。返到黑林鋪,午餐,時已將三點。愛松盛意勸大家游筇竹寺,恐大家怕晚,言離黑林鋪不過五華里,然實則尚有十餘里!寺內兵甚多,但不禁人參觀。筇竹寺塑羅漢像甚著名,然近新加彩色,頗失本真,但意態尚有可尋者,仍不失爲佳塑。華亭寺金碧輝煌之羅漢像,比此,真如小巫見大巫,神氣索然矣!返到蓮花池時,已五

---

① 編者注:"三十六度八",原誤作"二十六度八"。

點半，大家皆不能歸，然余因寓中僅錢老太太一人，不妥，乃遣張德選歸。余進城，宿於中法。晚餐於大興街一小館中。後往訪弼剛，並遇蒼亞。尚、程、袁諸人則入城宿於一小旅館中。

二十二日，夜中較暖。早到蒼亞寓，因彼爲《中法文化》索稿，將賀大壯詩寫與之以塞責。仍到昨晚之小館中早餐。上課後到青雲街宿舍午餐。後遂騎中法所購之自行車歸。晚有雨意。

二十三日，仍陰陰欲雨。到總辦事處代閱公事。下午斟酌致航檢所及公司公函及便函之底稿。今日胃仍不適。接糜岐信一封。下午九峰來。接到玄伯收款回條。

二十四日，夜及晨均霏霧絲，終日陰。室內溫度終日皆十三四度。上午俊明來，爲各種支票蓋章。下午寫杭岐信一封，糜岐信一封。九峰來。收大東書局信一封。

二十五日，時雨時止，然不甚大。上午有一張明江來。張，大河屯人，南陽中學畢業，去年上中大先修班，保送河大，彼不願往，遂來此，擬到聯大爲試讀生，允爲設法介紹。到總辦事處，代閱公事，歸時冒雨。午餐時又有一李鑫來。李，桐河之趙莊人，開封高中畢業，去年冬考入中大俄文系，因系中本年教授缺人，來此地擬入聯大先修班，因爲寫一信，使之謁芝生，請其設法。晚翻閱《貞觀政要》。

二十六日，氣候仍如昨。早餐後，到黑龍潭，待公共汽車，然因微雨路滑，汽車僅至蒜村，即返！時盛標亦將進城，往蒜村，尋馬車，未幾，車出，遂乘之入城，到中法，開會，討論學則。未完，午餐後，繼續討論。後又討論福利金處置辦法，未畢，已將五點，遂先出，雇一人力車，到太和街，時仍微雨，至則公共汽車又已開去！

乃步行進城，欲購一雨傘，時借姚光啟一傘。然城內無有，乃到青雲街一小館中晚餐。後訪從吾談至八點，仍返中法，宿焉。與傅藝書談。傅寒士苦學，大可造就。接無綫電訓練班請柬一。

二十七日，氣候仍如昨。早起往雲大，訪樹勳，亦遇健庵。與樹勳到雲大合作社早餐。再返中法。時雨止有晴意，乃到小東門，乘馬車歸。下午三四點，到總辦事處，代閱公事。收白鵬信一封。

二十八日，晴，時有雲。接糜岐信一封。寫季芳信未完，接糜信後，即中止。彼接家電一封，言桂恒已病故！余前接桂珍信，歷數家人，獨未及彼，余已疑之，而今乃證實！此子患肺病三四年，終未全愈。余因其病不甚重，頗不以爲意；此次家鄉淪陷，想因逃竄時，又復增重。余雖不致喪明，然舐犢之愛，不異人人，情意怫鬱，何能自已！恐季芳過哀，草一電慰之。

二十九日，早有雲，後漸晴。早餐後，到藍龍潭，乘公共汽車，進城。張明江到中法問信，告以不易辦到。上課後到曉東街小桃園天津館。本屬九峰爲臨照、秉琦餞行，上次談及，余提議加入，萬稼軒爲陪，然後稼軒亦加爲主，而臨照又未至，遂成三人請一人之局。出到青雲街，與院中各所商議委托錢、蘇二特派員事。後劉廷同一同縣牛競存女士牛寨人。來訪，余因錢、蘇二君立待，亦遂與劉、牛立談數句。牛亦如張、李二人同，不願入別校而願入聯大者，貿然來此，殊難有法可設。遂與錢、蘇同到航檢所及航空公司。前者立時批出，後者允竭力設法，或能於下月五六日成行。出到公共汽車站。遇鴻翔之突擊十八隊中之二軍士，皆鄉人：一名鄭天祥，開封人；一名張書臣，洛陽人。彼等皆新自印度歸，談次，彼等即以所帶之防毒衣（亦可禦雨）相贈，辭之不得。今晚乘車人太多，車中又已改爲皆有坐位，遂致愈形擁擠。紛紜多時，且車行至穿心鼓樓時，車燈又壞，又開回站收拾，遂致出站甚晚。沿途站仍有待車不能上者多人。秉琦、友苞、盛標同車返。因天黑，不敢從蒜村下，至總辦事處，命警衛二人相送，始歸寓。接聯大信一封。南陽電報又不通。

卅日，陰，然溫度早晨即達十四度。前數日皆十三度。到總辦事處代閱公事。因盛標之提議，決定於星期六約各所研究員來商議對石曾先生建議事項。到秉琦家午餐，外有寄滄及亦山。歸，午睡。下午精神不振，隨便翻閱《日知錄》而已。接大壯信一封，中法信一封，文淵信一封，玄伯信一封。下午九峰來，代余購毛襪二雙，共價九千元。

卅一日，晨有霧，後晴。室中溫度最高達十七度。上午張明江來談。續完季芳信。晚開始寫樂夫信，但開一頭即止。

十一月

一日，陰。上午到總辦事處代閱公事。下午因今日爲聯大校慶，來有請柬，猶疑應去與否，後因天色陰陰欲雨，遂止。午睡，覺後，嚴太太來，對托錢、蘇二人帶錢有所接洽。

二日，夜中雨，日中仍時落雨。晨餐時，張志三來，仍爲嚴太太托帶錢事，甚爲麻煩。下午爲錢、蘇二君寫向驌先之介紹信一封，向兼士之介紹信一封。報載法伯希和病故。上次晤從吾時，從吾希望中法大學能請伯氏來華講學，余頗贊成其說，與潤章信，曾請其進行是事。然伯氏已棄人世，非特法國學術界之損失，亦世界漢學界中之一大損失也！

　　三日,夜中雨。終日陰,溫度室內降至十三四度。到總辦事處,代閱公事。並與同人商議建議於石曾先生概略。秉琦已擬一信稿,大家建議,命余整理後加入。下午三點歸。接彥堂信一封,中法信一封。

　　四日,早餐後,到龍頭村乘馬車進城。到厚德福,昨日同人戲強士林請客,故聚於此。本院研究員外,有雨樓、寄滄、俊明、範九及潤章夫人(費五萬餘元)。後同康之參觀士林所經營之菜蔬廠。士林對潤章有極多牢騷,蓋潤章雖長者,而作事太拘謹,以至於不識大體,士林之牢騷,固自有理。時已微雨,又坐公共汽車,進城,到中法,又到青雲街飯團晚餐。晚訪從吾談,又同陳□①談。宿於中法。下午微雨不止。

　　五日,夜有二蚊入帳中,後雖捉得,而後遂不得眠,直至四點附近,始得小眠。中夜淅瀝不止。晨冒雨出,早餐後,往訪孟真,小談,歸上課。今日上午法國新領事 Boufanais 及 Granger、Orsini、Treston 來中法,最後一人爲一青年,來中國留學者。上堂後,往爲臨照餞行,到一小湖南館午餐,僅費四千餘元。乘公共汽車到近日樓,步行至太和街,再上公共汽車,車上遇善周及俊明。到總辦事處代閱公事後始歸。今日下午雨止。近日國共衝突頗尖銳。今日報載共軍破棗陽,進攻襄樊! 吾鄉震動矣。前數日報載共黨軍進攻大同,現尚未聞停止!

　　六日,終夜淅瀝不止,晨大雨。後漸晴。將秉琦信稿加一段

①編者注:原於"陳"後空闕一二字。

並抄出，且將各所計畫書小加整理抄出，惟餘原子學研究所，因有未明處。接尚文之婦信一封，河南省政府信一封，係八月十一發出者。尹贊勳信一封，貽琨信一封。

七日，晴。上午到總辦事處代閱公事。下午九峰來。接大公報館信一封，前所寫之《對於北平師大之建議》未能登出，原稿退回。

八日，晴，然亦曾落雨數點。寫伯蒼信一封，樂夫信一封。寫白鵬信，未完。

九日，夜中頗寒，晨室內十度。晴。續完白鵬信，又寫玄伯信一封。接伯恭信一封，臨照信一封，高朗節請柬一。

十日，晴。然下午仍陰，並落雨數點，後復晴。接秉琦信一封，係彼於八日到飛機場寫來。中法信一封，中國少年勞動黨宣言一封。上午到總辦事處代閱公事。下午爲伯恭寫燕生信一封，並寫伯恭一紙。

十一日，晴。早餐後，到龍頭村，坐馬車進城。到小館中午餐。到中法，未見人，出時，見符藝書，以衣物授之。到青雲街，訪弼剛談。出到中央日報館，訪範園，則彼往重慶，遂不遇。到一茶館中飲茶。到才盛巷，晤金甫、孟真，約其於星期四日來游黑龍潭。到青雲街，晚餐，與喜聞談，言及此次抗戰，書版損失，其未損失者，未知政府能注意否。余建議約對書籍有興趣之友人十數人商量一辦法，向政府建議，遂與喜聞同訪從吾，並晤子水，與談，決定十八日下午三點鐘在中法圖書館聚談，分頭約人，余所擔任約者爲孟真、笠庵、覺明、芝生、一多。出訪笠庵談，甚暢，然忘與談開會事！返中法宿焉。

十二日，晴。早餐後，訪覺明，遇馬子實。出訪芝生，與談，始知叔雅與一多不合，以不見面爲妥。昨喜聞擔任約叔雅，未知已約否，遂不敢先約一多，俟問明再定。在芝生寓午餐。出又過中法取衣物。過笠庵寓，告以開會事。訪喜聞，不遇，訪康農，請其轉告喜聞，如尚未約叔雅者，即可暫止，並請其函知。出小東門，坐馬車歸。所駕馬老矣，甚慢，至已日落。亦山及雲大附中之張君在寓晚餐。

十三日，晴。到總辦事處代閱公事，畢，到龍泉觀中一游，從後山轉歸。時天甚熱。將晚，痔瘤大破，血流甚多。

十四日，晴。今日早晨出恭，尚有血流；將晚出恭則不流而尚帶血。僅翻閱《三國志》數卷而已。

十五日，晴。到總辦事處代閱公事。午間孟真、金甫來，午餐後到潭上茶館小坐，遂去。余今日出恭仍帶血。仍翻閱《三國志》及《後漢書》而已。接秉琦信一封。洪波由鄉返。

十六日，晴。仍翻閱《三國志》及《後漢書》。將晚出恭未帶血。接中法信一封。

十七日，晴。到總辦事處代閱公事。寫糜岐信一封，寫大壯信，未完。接建功信一封，仲良信一封，興惜信一封，陳子展信一封。陳似爲復旦大學教授。內油印詩一篇，乃贊譽魯實先者。其信封面之字，甚似魯信封面字，即係魯之自唱自贊，亦非不可能者。今日出恭血流頗多。

十八日，晴。早餐後，自龍頭村坐馬車進城。往訪孟真，亦遇伯倫。出到大興街午餐。到青雲街，見喜聞，始知康農忘將所托告知。歸中法少休息。今日下午之約適與北大教授會議衝突，故僅喜聞、芝生、徐夢麟、昆華圖書館之一于君來。晚到青雲街晚餐。後與弼剛談。歸中法，宿。

十九日，晴。早餐後，壽彝來談，欲介紹一穆君，教西洋史，余不甚接頭，當與樹勳一談。談及余患大便帶血，壽彝言有人每冬患此病，本年服維他命丸，遂告痊愈云云，會當試之。上課。到青雲街午餐後，歸中法少休息。出小東門，坐馬車歸。近日胃不佳，昨日午餐稍多，晚胃甚不舒。此二日大便帶血如故。村中駐軍已開拔完畢。

二十至二十四日，天氣皆佳。往閲公事如故。餘時則皆休息而已。二十日，接到家電一封，報告平安。不知何時所發，乃於次日令尚文進城，向郵政局訊問，並問如能通電，亦即發一慰問電，且令其到高山鋪，購維他命丸。又寫王升廷信一封，請其先墊七萬元，電匯南陽家中，函來即電匯去。問訊結果言係本月十三日發，大約家中接余信，故來一電。又此間不收發南陽電，且言河南通電，惟鄭州、開封二處。自二十一日晚，即開始服維他命丸，頗有效。至二十四日晚，帶血已止，但胃未能恢復。此數日中接秉琦信一封，樂夫信一封，明經信一封，清樸信一封，令鐸信一封，白鵬信一封。石曾信一封，内附秉琦信數紙，及世界學典中文版中國各省市地人誌説明書一册。二十三日始見霜。

二十五日，晴。上午同溯洛、尚文到後山一游，至山梁止，小息，即由龍泉觀廟後下，到秉琦家，因其次子病，故往視之。然蘇太太不在家，僅其數小孩在家。蘇太太招呼小孩，頗不够經心，殊爲可慮。歸，午餐後，小休息，即到龍頭村坐馬車進城。至大興街，晚餐。餐後到青雲街，與弼剛談。八時前後，聞槍聲與手榴彈聲，頗爲驚異，至門前問，亦無人知故，但有人言今日各大學學生擬在雲大開會,被禁止,乃改於聯大開會,並擬提口號爲"停止內戰"及"美國人滾蛋",且出游行云云,疑與此槍聲有關。然則此會雖或應禁止,而放槍即不傷人,亦屬非是。歸中法,宿焉。寢時,聞學生自開會處陸續歸。

二十六日,晴。早餐後訪從吾,欲探昨晚情形,但彼已往校,未遇。歸,壽彝來,談。聞學生言昨晚開會,有四教授演講,錢端升、潘大奎、費孝同,餘一忘之。在費講演時,外邊槍聲頗緊,但尚遠。學生懼者伏地上,但未散,講演繼續,且時鼓掌云云。問諸先生所談云何,則答者當時並未與會,故不能答。學校第一堂上課;第二時,聞聯大及雲大已罷課,中法學生已有通告言響應重慶、成都之罷課、罷市、罷工,此皆造謠故技,未必真耳。即應罷課云云。第三時,當余應上課時,講堂上尚有數人,但亦非上課者,因與之分析時局。蓋近日國內局勢,實受世界影響:蘇聯二三十年以來,立於資本主義國家環圍極惡劣之境況中,堅苦建國,故其警覺性極發達。然發達過度,不惟神經過敏,且近神經衰弱。今日世界各國,對之實皆刮目相看,並無一國尚有蓄上次大戰後之陰謀者。然神經衰弱者仍不免感覺危險,乃對於東歐各國,一手把定,不惟不允他國置喙,即欲往參觀,亦所不能!英美各國不平,但亦無如之何,乃以彼不得置喙日本事報復之!無論蘇聯如何吵嚷,美亦置之不理,蓋欲據此以爲交換條件耳。二點完畢,彼等即將午餐,始下堂。到青雲街午餐。歸中法小休息,出訪範寰,仍未遇。到小茶鋪飲茶。出大東門,乘馬車歸。晚餐時與尚文、愛松等頗有爭論。

二十七日,晴。仍往代閱公事。接王升廷信一封,言已墊款匯家中,且叙河南地方情形頗詳。近數日便血雖愈,胃未全恢復,痔瘤常下,且精神亦不佳。

　　二十八日,有雲有風。接德宣自家來信一封。僅續寫前數日日記,亦未能完。接佩珂信一封。

　　二十九日,氣候如昨。上午仍往代閲公事。報載共黨有撤關内而争東九省之局勢,其留關内者不過以爲牽制之用,其説似可信。下午九峰來。閲本日報,則美大使赫爾利辭職後,以馬歇爾元帥任特使來中國,足證美國之重視東方時局也。再接升廷電一封。

　　三十日,氣候仍如前兩日。接建功信兩封。一封係印刷品,乃油印剪寄之北京《正報》一段,内爲容希白致傅斯年一公開信,嘵嘵以辯,自比蔡邕,寡恥可哂。印者未知爲誰,亦與衆共棄之意也。他一爲掛號信,至龍頭村已歷多日,前有一童告予,而予竟忘派人往取。

十二月

　　一日,氣候仍如昨而風更大。上午仍往代閲公事。接黎東方信一封,中法大學信一封。下午續完大壯信。又寫士林信一封。今日痔瘤未大下。

　　二日,北風頗大,氣候殊寒。下午步行到無綫電廠門口,待公共汽車,多時不來,遂前行,至白龍潭附近,汽車始自城内來,續走至上莊待,然終坐馬車往。至城内,到中法,聞勤務言,□日①流

---

①編者注:原於"日"前空闕約一字。

氓衝入學校，聯大死一人，傷數人，大驚。罷課風潮，希望早日完畢，似此，則事態愈擴大，更難收拾矣！到大興街小鋪晚餐。途中遇傅藝書，同往餐所，向余報告經過一切。出訪從吾，未遇。到青雲街，晤蒼亞、喜聞、弼剛、康農諸人，皆痛恨當局之處理荒謬，至釀慘案。學生死者已有四人。再訪從吾。歸中法，宿焉。

　　三日，到大興街小鋪早餐後，訪自昭，談。又訪錫予談。因錫予將外出開會，遂出。在文林街午餐。訪芝生，不遇。今晨聞希淵亦被暴徒所毆，遂往視之。至則已外出，在家中小待，乃歸。彼在暴徒毆人時，見一人血流甚多，瀕死，見一軍官在前，告以此人血流太多，恐死，宜救之，軍官允其往救，而小茶館中坐有暴徒數人，見之，遂曳木橙攢毆！雖未受重傷，而至今肢體尚酸痛也！至學生壁報言其夫婦同受毆，則傳聞失實。在彼寓遇稼軒、達三。同出，與達三再訪芝生，坐待良久，仍未歸，遂出。喜聞近二三日內將回湘，文學院學生今日開會歡送，並歡迎余及樹勳到校，乃歸中法。至則已開會，教員到者尚有蒼亞。余亦簡略致辭。會畢，學生請余等至大興街一小館中晚餐，菜頗豐富。返校，梅大昌來談。彼已轉學雲大，談上星期學生開會經過，及暴徒騷擾學校事甚詳。接于乃義即前來之昆華圖書館館員信一封。請余爲私立五華學院一發起人，允之。今日痔瘤當行路時又小破。

　　四日，陰。在大興街早餐時，落冰雹頗多，又雨一陣。天氣甚寒。雨止後歸校。學生購宣紙，請余題字贈喜聞以爲紀念，乃題"人師"二字並代彼等撰一短文，題於後。又有學生請余寫字，題"知之爲知之；不知爲不知"字。時已正午，因雨不能出，乃命購物食之。後雨止，遂歸。傅藝書伴余至小東門。因天雨，行人不多,馬車至上莊,即不願再進,乃步行歸。至寓,正值晚餐,范履本來。

五日,晴。夜中頗寒,早晨室內八度。闭窗。上午到總辦事處代閱公事。下午許峻齋、浦江清來談。

六日,早晨未起時落雨一小陣,後晴。但風殊大。接朊岐信一封。三民主義同盟聯合會信一封,內印刷物二紙。下午寫黎東方信一封,王升廷信一封。

七日,晴。仍往代閱公事。下午何善周來談。翻閱《清史綱要》,搜集清帝巡幸材料。

八日,夜中醒,不能復寐,遂成對被殺學生挽聯兩付:一爲"傷心人也是作父兄,忍見後生成冤鬼!首禍者豈獨無子女,竟賦榴彈殺青年!"二爲"吾儕灑淚橫尸前,痛無辜者竟如此死;汝等被殺校門內,問造謠人尚作何言?"構思時,愈思愈痛,淚濕枕衣。將午,到總辦事處,與雨樓同午餐,遂同乘公共汽車進城。蓋聞明日學生將爲死難同學出喪,恐再有衝突和犧牲,昨日善周言勉仲提議,如果學生不能不出,則全體教員出發領導招拂,當可減少危險,余被其言所感動,故今日趕緊進城,以圖明日可以招拂。但到中法後,始聞出喪又改期。命人購挽聯,自寫,但甚不滿意。晚餐後,訪錫予談。歸中法,宿時,已將十二點。

九日,夜眠不足。早起,聞喜聞今日動身回湘,因與傅藝書同往送。喜聞去後,弼剛來談。早餐後,往訪芝生。前余晤自昭、希淵、錫予,皆談吾人對於事局,應有所主張,並提出具體建議。賀、袁均贊成,湯雖贊成,而懷疑雙方誠意與主張之效力。芝生與錫予同感。因詳細辯論,幾細如牛毛。結果彼似亦贊同。遇一李君，武安人，現在正義報館工作。在芝寓午餐後，歸中法。今日盧主席在省府召集聯大、雲大、中法、英專四校學生自治會代表開會，並請各校當局率領前往，余遂與樹勳率學生前往，三時至。到會者朱次長經農、霍總司令揆彰、孟真、迪之、勉仲，及英專水校長、青年團部某君。學生代表十餘人。未幾即開會，散時七點半已過。今日各方發言皆甚誠懇，空氣和諧。學生報告經過後，到會人陸續發言，余亦略談，大約勸勉學生早日復課。學生接受勸告，但言須歸與同學商定。如無其他枝節發生，想不久即可復課矣。出後，孟真、勉仲、樹勳及余到曲園晚餐，孟真爲東。歸，勉仲、樹勳來談，士林亦來談。寢時仍將十二點。

十日，早餐後到從吾寓一談。九點開教授會議。將昨日經過報告。往青雲街宿舍午餐。與蒼亞談。昨日將背心忘於芝生寓，往取，出小東門，坐馬車歸。接伯蒼信一封，糜岐信一封。

十一日，陰。早醒，睡眠仍不甚足。上午到總辦事處代閱公事。餘時閱報而已。下午時微雨。

十二日，陰雨。寫介眉信一封。寫興惜信，未完。

十三日，晴。風自南來，氣候若春。上午仍往代閱公事。下午續完興惜信，又寫鳴庵信一本。

十四日，昨日晚餐小過，故胃不適，眠不佳。晴。草擬政治解決內亂建議，未完。

十五日，晴。有風有雲。上午仍往代閱公事。下午繼續草擬建議，仍未完。接西北師範學院信一封，雲瑞中學信一封。晚接中法大學信一封，約明日下午二點開校務會議。

十六日，仍有雲。上午從崗頭村進城，未遇馬車，遂步行至。

到青雲街,午餐。到校,開校務會議。同樹勳往訪月涵小談,亦遇奚若、勉仲。出,到義勝園晚餐,余爲東。訪叔雅,兼訪國瑜,皆不遇。返校宿焉。

十七日,夜雨,早猶未止。出早餐後,回校。昨日校務會議決定今日復課,即行布告,但今日學生仍不上課。到青雲街午餐後,同樹勳再訪月涵,亦遇孟真、迪之等,聞聯大、雲大皆未能復課,傅、梅、熊諸公皆決定辭職。出,獨訪叔雅,談。再訪國瑜,仍不遇。返中法,欲令布告學生明日下午召集學生談話,則已過晚,辦公人已下班矣。到青雲街晚餐。與弼剛談。聞外又有雨聲,乃急歸校。今日報載延安代表周恩來、葉劍英、吳玉章等到渝。

十八日,陰,夜眠不佳。天氣甚寒。上午開擴大校務會議。決定於二十四日,令學生各自投票,決定復課與否。如多數不願復課,即暫不開學,其投復課票者到北平可無條件入校云云。午餐後召集學生談話,余爲之分析時局,頗長。樹勳亦發言頗長,學生無參加討論者。晚到大興街小館晚餐。餐後又到振鵬及弼剛處談。

十九日,晴。早餐後到文明街欲買六味地黃丸,時已八點餘,而鋪門大半未開!徘徊至九點餘,始在正義路買到。出大東門,坐馬車歸。遇張燾,同車,談。下午往代閱公事。

二十日,晴。寫褚慧僧信一封。繼續草擬建議,仍未完。

二十一日,晴。繼續草擬建議,仍未完。接秔岐信一封。

二十二日,晴,有大霜。將晚風頗大,亦頗寒。上午仍往代閱公事。接貞一信一封。下午稼軒來談,俊明來蓋章。

二十三日,晴。下午至龍頭村坐馬車進城,車上遇善周及清華研究所王君。至青雲街晚餐時，聞振鵬言明日投票改爲不記名，_{前定記名}。罷聯已定復課，復課大致不成問題云云。宿於中法，聞傅藝書言大多數未必能投復課票。

二十四日，晴。今日上午學生投票，多數仍主張不復課，但其所謂不復課，僅待罷聯之通知而已。下午開校務會議，決定廿六日上午開全體教員會議決定。余與樹勳辭職，致代電與石曾先生及聖章，促聖章來昆主持。

二十五日，陰，晨微雪。夜眠不佳。繼續草擬建議，完之。訪自昭，不遇。訪錫予，在彼寓晚餐，將建議交與，囑其閱後，交自昭、芝生等閱。訪叔雅談。

二十六日，陰。眠甚惡。上午開教員會議，余主張復課，但余個人則堅決辭職，以表示對於學生不聽教員指導而信任罷聯之抗議。_{今日報載月涵、迪之對於學潮真實經過以駁前多日中央社不實之消息，罷聯亦有復課之聲明，學潮已完全結束。}後決定明年一月三日復課。余發言時，氣未能平。自昭來小談，決定本星期日下午三點在中法文學院約人商議建議稿件事。下午出小東門坐馬車歸。

二十七、二十八日，晴。廿七日上午往代閱公事。二日皆未工作，時翻閱《先正事略》諸書而已。

二十九日，晴。上午往代閱公事。接秉琦信一封。下午從龍頭村坐馬車進城。訪自昭，未遇。晚餐後訪從吾，從吾派人請自昭，仍未返。接士林信一封。歸寓時，遇企蕘，來談。

三十日，晴。早自昭來，言前將建議稿交從吾，托閱後交他人，但彼未交出，故別人尚未知云云。上午往訪錫予、勉仲、希淵、芝生等，皆告以下午會商。在芝生寓午餐。又告彌剛。下午三點後，自昭、從吾、弼剛、勉仲、芝生、錫予陸續來。從吾爲正牌國民黨員，故不贊成余議。芝生、錫予亦不甚贊同。勉仲謂建議頗佳，但前節分析情勢，似已過時，可刪去。賀、吳則贊成余議。後決定建議以余個人名義送《大公報》登載。外由自昭將建議寫出，另請人簽名。到從吾寓晚餐。歸中法。學生代表四五人來挽留余（昨日來絡索坡未遇），與之詳談，允以暫繼續上課。

三十一日，晴。命傅藝書、張開元將建議抄一底稿。購買糖食分贈從吾、康農、弼剛三家小孩。接士林信一封。午間弼剛請余及康農吃餃子。歸中法，寫胡政之信一封，並將建議稿寄與請登。又將原稿送與自昭，遂到小東門，乘馬車歸，至，日已落矣。接柱子信一封（是爲停戰後之第一封家信）。

一九四六年

一　月

一日,天氣極佳。午間,溯洛、尚文約九峰、善周、李君、薬城人,師大地理系畢業,在雲大附中教課。劉君吉林延吉人,聯大史學系畢業,亦在雲大附中受課。來過節,談笑甚暢。昨日左眼頗不快,出淚頗多。洗及點眼藥後寢。今早眼皮現腫,下午較愈。

二日,晴。下午亦山及文書課張君、盧郁文之子現爲中法數理系四年級學生。來談。餘時翻閱《太平天國史事論叢》及《太平天國史綱》等書。

三日,陰,風從北來,故寒。仍翻閱前二書。今日大便又出血不少。接範寰信一封並日曆一份。

四日,仍陰寒。上午往代閱公事。接藝汀信一封。復範寰信一封。復士林信一封。閱 Carl Stephenson 之英文《中古史》。大便仍出血。

五日，下午漸晴。仍閱《中古史》。下午因慕光有一電報，内後段頗難明（電向院中請致羅氏基金會一證明身份電，無疑問），再往總辦事處，找康之一商。後同育灃、康之到龍泉觀中看花。大便仍有血。

六日，晴。下午到龍頭村坐馬車進城，遇稼軒，彼强付車價。到大興街湖南小鋪晚餐後，到弼剛寓談。遇振鵬、樹勳。回中法時，十點已過。接聖章復余及樹勳信，將辭職代電退回。大便仍有血。

七日，晴。九點範寰來談，爲中央日報館欲購青雲街房子事。自昭將其所草建議送來。上課後，到青雲街午餐，請振鵬將範寰意達樹勳。欲與弼剛談建議稿事，未遇，乃將稿交康農。自昭稿極簡潔，縮爲三條，枝葉盡删。其三條：一爲請政府速遵國父遺教，用平均地權、節制資本方法完成民生主義；二爲改選國民大會，使各黨得自由競選以解決國是；三爲建議在憲法上規定監察院屬於第二大黨。後皆有簡短説明，説明仍全采余意，全文不過二百餘字。康農深贊此簡而有力之建議，但謂吾原議中所言之司法及考試二院應脱離黨派關係事仍應加入第三條内。余托其與自昭商酌辦理，並請其就近倩人簽名，余二人則已簽。希望簽名者能近百人，則或能生效力也。出小東門坐馬車歸。今日上午出恭仍出血。

八日，晴。上午往代閱公事。接澤溥信一封。大便仍有血。

九日，晴。閱報而已。接靖華信一封，伯蒼信一封。今日大便幾無血矣。

十日，晨陰，後晴。上午往代閱公事。余所建議，初六日《大公報》以星期論文一次登出，但脫去最後關於監察、考試、司法三院一段，未知何故。接聖章信一封，士林信一封，趙漢英信一封，馮龍雲信一封，中法考試通知一紙。士林對於致汪發瓚聘書事，仍有爭議，心極不快。余處理此事，可謂捉襟露肘。下午復士林信一封，深自引咎，未知此後能完畢否。又將取郵包紙蓋戳寄回漢英。

十一日，晴。接秔岐信一封。爾玉及士林信一封。

十二日，晴。上午往代閱公事。下午到龍頭村坐馬車進城。命姚光啟將五萬元寄還伯蒼。到青雲街晚餐。見弼剛、康農，知因錫予、芝生、勉仲等均不願簽，簽名事尚在擱淺。請康農在建議前增加數句。遇爾玉，囑其請士林早復信。

十三日，晴。早餐後，訪自昭，決定仍設法簽名。出訪笠庵，談。彼交來建功自上海來函。在彼寓午餐。自昭、笠庵均簽名。笠庵增加數語。訪澤承，亦簽名。彼甚熱心，將原稿文字修改多處，抄錄一份，並願代請聯大同人簽名。出，又過青雲街，遂回校。找傅藝書及張開元將建議再謄真兩份。仍到青雲街晚餐。與弼剛談。

十四日，晴。上課後，仍往青雲街午餐。歸校小休息。何以銘來，持其父之瑜先生信，托招拂復學事，因彼曾在聯大讀一年，第二年未注冊，亦未請休學，即到印度服務。彼父對其經過，亦知道不清。問明後，允爲轉托人，命其明早來聽信。出訪叔雅未遇，與國瑜談，國瑜亦簽名，並托其到雲大簽名。訪範寰，托以印刷事。訪芝生，以何以銘事托其代辦。芝生昨患發熱，今日愈矣。

訪希淵,亦簽名。訪勉仲,不遇。在雲大前小館晚餐。訪叔雅,談,並接洽中法下學期請彼教課事。又同訪國瑜,叔雅亦簽名。歸時,月光甚佳。

十五日,晴。何以銘來,命其到芝生處聽信。與漢英同出早餐,余爲東。到澤承處小談,又到弼剛處小談。回中法,將《中國古史的傳說時代》寄與玄伯一本。遂到小東門坐馬車歸。接糜岐信一封,秉琦信一封,中英科學館信一封。

十六日,北風,陰,氣候頗寒。上午往代閱公事。士林尚未復信,心甚不悅,與功叙等談之。又請功叙、盛標、育灃簽字於建議書。回時,過蒜村、絡索坡間田堤,有一四五歲童牽一馬,負糧,一婦人負物隨之,路窄,余未小心,童不知止其馬,婦在後無辦法,余遂被擠跌於田溝中,幸水不深。下午生炭火烤①濕水而已。

十七日,晴。晨起時,風尚自北來。未幾即轉西南風。下午頗大,然氣候殊暖。上午將建議簽名寄與弼剛。前中法交余中國農工行支款書一捲,請本院蓋章保證,余回時忘帶,寫一信與姚光啟,請其檢出交來。接士林復函,簽批後,付文書課及會計室辦理。下午寫家信一封。

十八日,昨晚小暖,蓋較少,覺寒,中夜肛門出血,污染蓋被。但下午大便時,並未出血。氣候如昨。上午往代閱公事。接到中法考試時間表。又接到姚光啟交來中國農工行透支契約,請寄渝蓋印後,即加封送去。下午張明江來。士林來,因汪君事,恐有誤會,來解釋,告以決定辦法,並請其函汪君,向余身上推錯。蓋汪

①編者注:"烤",原誤作"拷"。

君如知減薪爲彼所主張，將來即難處，至在余身，則無所謂也。後向光來，強余到城內吃晚飯，並借汽車來接，堅拒之，彼尚曉曉多時，殊足煩人。此類混事人，因余兩次應彼求，對空軍作講演，毫無留難，遂以余爲和光同塵，殊不知二次絶不爲彼，乃爲空軍。此次堅拒，希望彼知趣，此後不再來纏繞也。接到升廷信一封，信去年十二月十四已到龍泉鎮，在郵局中存放已月餘矣。接中法信一封。

十九日，晴。接鴻庵信一封，興惜信一封。寫秉琦信一封。

廿日，晴。下午到龍頭村坐馬車進城。理髮。在大興街小鋪晚餐。到弼剛寓談，澤承亦來。建議書共簽四十五人，已整理好，明日當送範寰代印。

二十一日，陰，寒。間霏霧絲片時。早餐後，勉仲及一張君<small>師大舊生，現在聯大教文字音韻課。前年及去年亦在中法授課。</small>來談。十點至十二點，考試。到青雲街午餐。到大興街茶館飲茶。遂出小東門坐馬車歸。

二十二日，仍陰寒。到總辦事處代閱公事。接中法信一封。下午及晚閱試卷。洪波交來楊家駱所著《爲李石曾先生而夢》一本。

二十三日，晴。接中法信一封，陳季平信一封，郭海長信一封。

二十四日，晴。往總辦事處代閱公事。然因商議同人分福利金事，公事未閱。福利金因各校皆已分訖，且同人均願於陰曆年關得之，故決定分配。標準僅以年資爲限，因眷屬多少及是否在昆明，如加分別，則不勝其煩，否則人人皆有眷屬，無須區別。至大小職員之區別，則因此間高級職員均自願放棄，故亦從略。僅規定服務二年以下者，比例爲一（不及三月者無）；二年以上、五年以下者，比例爲一·五；五年以上者比例爲二而已。下午翻閱《周易外傳》而已。接中法信一封。

二十五日，晴。有風，然頗暖。接潤章信一封，糜岐信一封。仍翻閱《周易外傳》。

二十六日，晴。暖。往代閱公事。接中法轉來趙民三信一封，李定信一封，範寰信一封，大公報館寄來稿費萬伍仟元。

二十七日，晴。接士林信一封，侯曙倉、于乃仁、于乃義請柬一。下午到龍頭村坐馬車進城。至中法，始知後兩星期放寒假。到昆華圖書館赴侯君、二于君約。在坐者有膺中、蔭棠、國瑜及其他各位。昆華館長秦先生，呈貢人，年已七十七，尚矍鑠，與談最多。

二十八日，晴。早餐後，訪弼剛，談，知建議書已印出，交樹勳發。回中法，未幾，樹勳來，問之，知已發出，郵費則暫由紹曾墊，告以可由大公報館給予之稿費中取用。再到青雲街午餐，與康農小談。返中法，同鄉趙□□①淮陽人，新自法留學回，學行政法，現在雲大任課。來訪，談甚長。又言水鑑已沒於波蘭集中營內，消息似頗確。當日同拘者有一雷君，共產黨員。停戰時，尚未死，但病甚，留法同學因其未能行動，擬遣醫醫之，未至而已亡。水鑑曾聽石曾先生勸，入國民黨。其去世在雷君前云。又言水鑑在抗戰後，作國外宣傳，最爲努力，云云。因囑其再往函調查以便請恤。□□君②去

---

①編者注：原於"趙"後空闕約二字。
②編者注：原於"君"前空闕約一二字。

後，時已晚，遂不能歸。到雲大前小館晚餐後，往訪叔雅，談。

二十九日，晴。早餐後，出小東門坐馬車歸。下午九峰來談。往代閱公事。接白鵬信一封，作韶信一封。今日大便又帶血。

三十日，晴。早晨大便出血頗多，下午大便時即全止。此病原因余頗知之，蓋畏寒，畏過勞。余頗喜寒，然與此病非宜，後當慎之。房主陳老太太借國幣五萬元，以一月爲還期。下午翻閱《膠萊運河》及《春秋時代之世族》。後書未能搔着癢處。

三十一日，晴。往總辦事處代閱公事。接淑玉信一封，復之。因後日爲廢曆元旦，同人購紙寫春聯，余亦寫一聯。本月自十日，政府下令停止戰事，然尚有衝突。近日似已全體停止，所作春聯皆作祝及慶和平語。

二　月

一日，夜中大風，然不寒。晨出時，風自北來，陰，頗寒。又作春聯數付，寫一付。下午九峰來寫。季川請到彼家過年，晚餐後，彼與一同人何君提燈送至寓，兼看春聯，小談後去。後，守歲，至十二點鐘，始寢。九峰留宿。

二日，仍陰寒。下午雲大附中張、李、路三君來賀年，皆師大舊生也。

三日，漸晴。早餐後，同溯洛、尚文往游松花埧，原"鬧神廟"之扁額已易爲"咸陽王廟"，院中又添房一間。小息，過河，閱視廢窰，窰在小坡上，上若長廊，下有長隧，未見其燃火處，以理度之，似應在隧之下方，未知是否。到村中飲茶，歸約下午兩點。申恩榮及荆吳兄弟來，未遇。荆吳自建水返，帶回一土產插瓶相贈。

　　四日,晴。到總辦事處代閱公事。到黑龍宮、龍泉觀、李家墳、玉笙山西坡看花。紅梅正開,略有殘者;桃花初放。下午韓國楨來,談,彼接家信,言共產黨軍退入桐柏山,但地方秩序尚未完全恢復。

　　五日,上午有雲,後散。與溯洛、尚文、國楨同游金殿。此次始至廟外山頂。頂防守壕縱橫,略下有一閱臺,戰時遺迹也。歸,傅翼書來賀年。下午出恭,出血殊多。九峰來,持館中一公函,請院中復員時,互相關照,允之。晚閱《文史雜誌》。

　　六日,有風,有雲。上午,往代閱公事。接秬岐信一封,西北師範學院信一封,師院復校時,前以爲已解決,現始知尚未,可慮也。下午寫石曾先生信,尚未完。今日大便未出血。

　　七日,夜中大風,聞雷後聞雨聲檐溜,雜然並作,未幾止。晨起則北山上白雪皚皚,因疑夜中初聞之如碎玉者,或亦雪珠聲耳。漸晴,然終日較寒。續寫石曾先生信,畢之。接秉琦信一封,《大公報》轉來鄧傳漢信一封。命尚文復鄧君信。報載東北接收,仍有困難。蘇俄軍隊已屆撤退期,然尚無撤退狀! 今日大便又帶血。

　　八日,晨大霜,晴。往代閱公事。後至龍泉觀,過李家墳上,返,下坡,過小橋,登玉笙山,乃歸。下午康之來談。晚復慵民一函。今日大便未帶血。接寄滄信,言有公事待商,希望明日再往。

　　九日,晴。再往代閱公事。下午爲慵民寫劉書霖及楊一峰介紹封各一封。爲澤溥寫海涵、一峰介紹信①各一封。接燕生信

---

①編者注:"信",原誤作"封"。

一封。

十日，晴。接糜岐信一封。下午四時許，到龍頭村，無馬車，僅有拉貨車進城，遂坐往，雖不甚舒服，然直到北門，且車價僅四百元（馬車至穿心鼓樓五百元）。今日金殿廟會，自小壩後，已與金殿同路，人馬絡繹。購曾昭掄所著《大涼山夷區考察記》一本。在雲大前小館晚餐後，到弼剛寓談。弼剛今日亦與全家及同人逛金殿及黑龍潭，始歸。十點半後返中法，又翻一山所寫之《曾國藩》，寢時將十二點。今日胃不甚順。

十一日，上午有雲，初上課。到青雲街午餐後，聞姚光啟言從吾來訪，未遇，遂往談，後又訪芝生，小談。出小東門，坐馬車，僅有到上莊者，遂坐。此時，天陰，北風頗寒。自上莊下步行時，且微雨，又遇逆風，極不快，但雨未幾即止。至寓晚餐時又微雨。晚翻閱《大涼山考察記》。今日大便又出血。

十二日，晴，有雲。往代閱公事。接午峰及印唐信一封，白鵬信一封，師大同學會信一封。終日閱《大涼山考察記》。今日大便仍出血。

十三日，晴，有雲。畢閱《大涼山考察記》。余對於大涼山，除知其爲儸儸老巢外，餘無所知，故對此書感甚高之興趣。曾君及其同伴步行越過大家視爲畏途之大涼山，不屈不撓，卒達目的，殊可佩服。文筆及態度均佳。接潤章信一封，中法信一封。大便未出血。

十四日，晴，有雲。往代閱公事。出時翟亦山來，言陰曆十五日燈節，總辦事處諸同人欲製燈謎爲戲，請余作若干條，並言希望得院款五千元爲彩，余答，此私戲，安能動公款？既需五千元，余可擔任捐助一半，餘一半可請大家湊齊云云。又略談師大事。下午僅製燈謎若干條。今日大便又出血不少。接清樸信一封。

十五日，有雲。作燈謎若干條而已。下午空軍一張姓軍官南京人。持一空軍司令晏玉琮請柬，請於本日下午六時在空軍新生社晚餐，並言在坐者有芝生、光旦諸人，大約係向從前講演人酬謝，且有汽車來接，力辭之。並且講演爲後方人士應作的事情，此後如有同類工作，隨時可以應命，惟吃飯則必辭謝。張君即明此意，未若上次向君之纏繞，實屬大幸。再翻《大涼山夷區考察記》。今日大便未出血。

十六日，夜風頗大，晨起，陰寒。往代閱公事。下午閑談而已。今日爲廢曆燈節，晚餐後與溯洛往總辦事處參加燈謎會，余曾出五六十條。至十點許，歸。時風已全住，天氣轉溫和。

十七日，晴，有風。下午到龍頭村坐馬車進城。尚早，訪澤承談。往大興街小館晚餐。訪從吾談。晤子水、覺明等。聞馮承鈞先生病故，家中寒苦，擬爲募款寄去。同從吾訪立庵，不遇，遂歸中法，與傅翼書談，寢時十一點鐘已過。

十八日，晨陰，後漸晴。上課後，到青雲街午餐。訪弼剛，不遇，與吳夫人小談，即出到小東門坐馬車回所。今日早晨大便又下血甚多，未知何故。歸甚早，休息而已。

十九日，晨有雲，後漸晴。上午，往代看公事。出訪季川，遇玄彭。向季川借得《雷馬峨屏調查記》一本，終日翻閱。今日大便無血。

二十日，氣候如昨。接潤章信一封，糜岐信一封。復糜岐信，未完。

二十一日，氣候如昨。往代閱公事。因報載二十五日教育部將開學校復員會議，院中尚未接通知，然不能不預備，乃約同人商議（前日通知，今日開會），決定應提議各事。後議如果開會，在潤章未歸前，應推一人前往，群議推余，但近日余身體殊不佳，恐未能往，力辭不獲，只好至時再談。潤章有電與其夫人言二十三日在西雅圖上船。但有人昨晚聞弼剛言石曾先生曾電命其乘飛機返，以便下月三日開中全會，云云。今日院中備有午餐。開會後，與士林、爾玉、康之、尊民、洪波到龍泉觀中一轉。接小斧信一封，內有丫頭及彼所描畫馬之賀年片各一，並言彼二人在校中皆考第一，聞之心中甚喜。

二十二日，陰晴不定。將晚陰頗重，有雨意，但大風一陣，仍被吹散。續寫糜岐信，畢之。健庵同亦山來談。翻閱白鳥庫吉之《康居粟特考》。厨役張德選前告假歸家過舊曆年，今日歸來。

廿三日，因未關窗，中夜有微風，頗寒，後小愈。晨室內八度，外霜頗不小。晴。然終日有風有云。往代閱公事。昨日報載傳聞哈爾賓憲兵二千人被交械。接石曾先生信一封；紐西蘭人Russel信一封，係求西北科學考查團郵票者。下午復石曾先生信；又復秉琦信一封；寫潤章信，開一頭而已。今日請會計室寄三十萬元與秉琦，連上次共匯五十萬，購買書籍。又請其將樂夫三月薪水及福利金萬餘元匯去。

二十四日，晴，有風。接褚慧僧請柬一，華尊民信一。下午到龍頭村坐馬車進城。到青雲街晚餐。訪慕光，未遇，問其夫人病。出訪叔雅亦未遇。到弼剛寓談。

二十五日，風頗大，下午微雨一陣。午間，從吾約到其家用餐。回中法小休息。訪慕光談。四點許出，有學生游行，對東北事表示抗議，但人數約千人而已。赴慧僧請。彼所請爲鷄尾酒會，至者約三四十人。因經濟建設促進會取消，褚老特開此會與同人話別。據其報告，本年財政赤字爲七千億，財政當局擬取諸將來日本賠款，參政會同人以爲觀日本財政情形，恐未必可靠，乃建議二策彌補，一爲動用海外凍結款（他一余已忘之），但尚未足，遂再建議裁撤駢枝機關，先由自身作起，參政會、經建會，及憲政□□□①會皆取消云云。出，與勉仲及潘大奎同行。至大興街，潘君去，余與勉仲到小鋪中各吃麵片一碗（因在褚會吃點心頗多）。別勉仲，訪立庵，不遇。仍到弼剛寓談。九點歸中法寢。今日決定明日下午三點約中法同人商議對付東北時局辦法，並命余先草宣言書以節省時間。

二十六日，今日仍時有大風。余草三宣言：一爲雅爾達秘約，對美蘇英抗議；二爲東北事對蘇聯抗議；三爲告國民書。晚不甚餓，往大興街湖南小館吃麵一碗、包子二。訪叔雅談。今日報載整編軍隊基本辦法已簽字，時局或能有轉機乎？

二十七日，有風，下午風甚大，雨一陣。發一電與書霖及一峰，推薦令鐸。早餐時，閱報，見蘇聯宣言彼兵已撤退過半，乃訪蒼亞，告以余將歸鄉，請其與大家商議，將向蘇聯抗議書中太刺戟之字句刪去。遂出小東門坐馬車歸。接糜岐信兩封（一爲廿日寫，一爲廿三日寫），旭桐同人信一封，九恒信一封，師大復校會信一封，參政會信一封，清樸信一封。下午，往代閱公事。

①編者注：原於"政"後空闕數字。

二十八日，終日大風。上午雨數陣，下午晴，有雲。上午續完潤章信。下午寫劭西信一封，樂夫信一封，午峰及印唐信一封。晚寫海涵電一，爲旭桐中學催發備案指令。上午大便時稍帶血，下午出血甚多。

三　月

一日，晴，仍大風終日。上午往代閱公文。接中法信一封，約今日開校務會議，並請吃飯，商議買青雲街房事，余不欲往，請尊民代表出席。下午寫白鵬信一封，黃仲良信一封。又寫海長信，未完。今日下午大便，帶血少許。

二日，氣候如昨。續完海長信，又寫建功信一封。接尊民信一封，言下星期一學生爲東北事抗議游行，可不進城。今日大便仍帶血少許。

三日，稍陰。仍多風。少翻英文中古史。晚村人唱燈，往坐觀約半點，遂歸寢。美國務卿貝爾納斯對我東北事，向蘇聯有强硬表示。接中法學生會信一封。

四日，夜中無風，晴，仍大風。往代閱公文。寫仲魯信一封，又寫碧書信，未完。檢棄無用信件。

五日，晴，風如昨。完碧書信，寫大壯信一封。下午九峰來談。彼去時，同到廟中觀村人演燈劇片時。回寫縻岐信一封。晚略翻《舊石器時代》。

六日，晴，風如昨。上午往代閱公文。下午檢閱舊信件，因何之瑜前來信，希望余將陳仲甫先生所來講學之信檢出寄去，以便將來附入仲甫先生集中，然余遍檢不見。再略翻《舊石器時代》。

七日，氣候如昨，但夜中風未起。接雷儆寰電一封。今日因烟筒充滿烟油，欲去之，不利，遂到全日未大工作，殊爲可笑。

八日，氣候如昨。因外面風定，早晨小有霜。室內（開窗）則尚幾有十度。上午往代閱公文。下午雲南各界追悼張華夫等八烈士大會送來一請函，請明日下午一時往講演，許之。寫何之瑜信一封，又寫柱子、丫頭、斧子信數紙。下午出恭又出血頗多。

九日，氣候如昨。早仍小有霜。上午步行到龍頭村，坐馬車進城。到中法，接從吾信一封。同樹勳、振鵬到雲大前小館午餐，樹勳爲東。按時往追悼會，則人尚少。會原布置於軍分校大禮堂中，後恐人多，移於大操場，然通知書，各學校多未收到，故到人並不多。省參議會議長由雲龍主席。講演者，報登五人，到者僅余及勉仲。余先講，因從中西文化講起，故頗長，一人催余速結束，至二次！嚴斥之。散會後，同二中法學生到翠湖茶坐一坐。後又同鄧君再到雲大前小館晚餐，鄧君爲東。鄧，四川忠縣人，法文系三年級生，係三青團團員。彼似頗自負，然其議論絕不深刻，將來恐成一小政客也。到弼剛寓談。回中法，九點正返。

十日，氣候仍如昨。早餐後，到從吾寓小談。欲訪芝生，聞從吾言彼往保山，遂中止。後步行到西站，坐馬車，到黃土坡中法理學院開校務會議。遂在彼處午餐。三四點鐘時，回文學院。從吾同昆華女師教務長李君來，擬請余往講演一次。允以本星期四以前決定通知。李君輝縣人。到大興街小館晚餐。即回校。有數學生請余寫字，晚爲之寫三四紙。

十一日，氣候仍如昨。然溫度頗高，殊有夏意。下課後健庵來談。同到雲大前小館午餐，余爲東。回校小眠。步行到小東門坐馬車歸。過無綫電廠，見槍斃前數日搶麥溪犯人六，其衣服已被剝去！橫尸赤體，殊感蠻野。在北門時，見告示，知此六人，二爲湖南人，二爲河南人，一爲安徽人，一爲昆明人。河南二人：一爲淮陽人，餘一則爲余縣，馮姓。散兵無法安插，此等犯科，幾近強迫！"及陷乎罪，然後從而刑之，是罔民也！"可痛！接秉琦信二封，潤章信一封，文化基金委員會信一封，糜岐、秔岐信各一封。此數日大便仍帶血，但不多。今晚止。

十二日，氣候如昨。上午往代閱公文。聞育灃與其女公子鬥氣，陷於精神病狀態，極可詫異。彼又有信與吾，言將辭職，往廣西大學任職，後聞功叙言，此亦爲與其女齟齬之結果！這詫異之事，真屬層出不窮！接毅夫信一封，又接秉琦信一封。接彥堂寄來其所著之《殷曆譜後記》。下午略爲翻閱。

十三日，氣候仍如昨。風雖大，却甚暖。開始寫《由中西文化觀點來看近日東北事變》，未完。

十四日，氣候仍如昨。上午往代閱公文，將潤章二章，遵其命交與功叙，因十八日即將赴渝也。下午繼續寫論東北事變文，仍未完。此二日上午出恭時仍出血不少，下午皆較愈。

十五日，氣候無變。仍繼續寫論東北事變文，仍未完。午間李華亭、路勃峰來談，又代人請余寫一付結婚對聯。接莊子毅轉來《密勒氏評論報》信一封。

十六日，氣候無變。近日實已甚旱，井水發混矣。仍繼續寫

論東北事變文，仍未完。將完善周來談。下午痔瘤仍破，大
出血。①

九　月

十八日，因前日晚風雨頗大（據報載似尚有雷及雹，但余未
知），昨日及夜皆有大風，故氣候驟寒。昨晚寢時，室內十六度，
今早十五度半。日中間有陣風，但已微弱；下午溫度又漸高，至二
十度，晚仍有十七度半；風已全息。下午侍峰來談；石通嶺來，約
於明日晚到中央廣播電臺廣播，題目定爲“中華民族在秦以前的
組成分子”。詢侍峰以是否亦出自金花鎮，答言是。問分出自何
時，答言不甚了了，但今日墳墓已有三世，又言其父之排行“萬”
字，彼之排行“金”字，皆仍用金花鎮舊排，似遷出尚無多代也。

十九日，風已息，故溫度雖不甚高而已可忍受。終日寫廣播
稿。將晚義詮來。晚九點往廣播，聞廣播臺具有汽車數輛，而專
供臺長及專員乘坐，對於所請廣播人以三輪車接送，因其無禮，斥
責之，彼允臺長將來自出道歉，始允爲廣播。寢時已頗晚。接李
宗仁請柬一。

二十日，晴。騎車訪援庵、侍峰，皆不遇（因輔大開會），將
《中國古史的傳說時代》一本留贈援庵。歸，閱報。下午志甫來
談，子文來談。赴行營李德鄰主任招宴。主客爲石曾先生，外有
月涵、潤章、梅蓀、端升、百閔，尚有一李君，不知名。所請者尚有

---

①編者注：原稿此後空數頁。

奚若，未到。接起克文信一封，白鵬信一封。

　　二十一日，晴。上午往訪嶧山、伯西，皆不遇。又往訪佩青，因忘詳細住址，止記宮門口，故遍尋不得。歸查電話簿，始知其住宮門口小三條，則不得也亦宜。《世界日報》記者賀名子遠。君來訪談。下午，糜、秔二兒來。子文來談。後與二兒逛中山公園。出過天安門端門，至東安市場，到一小飯館晚餐，價四千五百一十元。歸，則聞出後伯聰來，未遇，留一片。

　　二十二日，晴。本意先訪丙辰一談，再訪適之，騎車至丙辰寓，小談後，彼即大發牢騷，余却不便即走，遂聽過十一點。彼人本誠實，但心機太淺，且思想不夠清楚，而自以爲了不起，遂致處處抵牾。此次彼爲生事所迫，任教於僞北大，內心亦不至忘祖國，本無大過，聞兼士從各方撫之，或不免小過甚。但彼自以爲是，廠口罵人，則又安能怪兼士等之對彼不諒？如此而欲余助彼謀事，實足令人束手！彼現在滿腹牢騷，余又不便與爭，亦只有暫聽之。出到三嫂家，糜、秔二兒皆在，午餐後，看糜等找衣箱，視何衣可改製冬衣。歸，則聖章自亞梅家打來電話，言玄伯今日已到，即將來寓院中以便暢談，甚喜。亦與玄伯從電中談幾句。未幾，即來，十餘年睽隔，忽得談，快可知也。嶧山晨來訪，余已出，未遇。接大公報館蕭乾、張佛泉、徐盈三人請柬一。

　　二十三日，晴，晚雷雨。上午與玄伯談。石曾先生來問余等如何吃飯，即勸余等組織素食團。余自法回國後，本曾素食半年，後因信道不篤，遂致中斷，今日仍須石公推挽，殊爲可愧。到北海漪瀾堂，赴大公報館三人宴，在坐者有召亭、梅蓀、端升、連城等。下午子文來談。晚緝亭、廣安來待玄伯，未返，先去。玄伯歸，又談。寢頗晚。接一函言明日將於來今雨軒上午十點歡迎石曾先生，出名約者爲李辰冬等十餘人，並言每人須帶份金千元。

二十四日，晴。昨日雖雨，但今早室內尚有二十一度。早與玄伯略談。已過十點，即騎車出到門，遇佩青之世兄騎車來，持其父信片言午間約適之夫婦、孟真夫婦、伯駒夫婦等午餐，約余作陪，答以如十二點半能散，即去。到來今雨軒，則石曾先生已先到。到會者有六七十人。茶點，舍我主席致歡迎詞，石曾先生答詞，仍只談世界學典及素食會諸事。後發言者三四人。過十二點即散。到佩青寓，在坐者尚有月涵、志仁。歸，叔平來談。王輯五來談，蓋聞人言彼有附僞嫌疑而有意來辯護者。齊念衡樹平，任農林部華北棉産改進處副主任。來，未遇，留一片。接聖章、廣相、廣才、夢游、申伯、緝亭及常宗會請柬一，蓋請玄伯而請余作陪者。

二十五日，下午與玄伯、靜如、聖章談。李仲均來談。晚與石曾先生，聖章、玄伯同乘汽車到中山公園上林春，余與魏錫堯諸人亦均加入主人。余與魏錫堯、聶培元皆舊交，頗熟，但今日晤面後，不能憶其姓名，聞人呼名，始憶其姓，甚矣余之健忘也。上午接潤章信一封，蓋彼今日將赴昆明，托余與孟賁奔走煤炭事。然彼今日未能起飛，晚仍到中山公園，加入主人。接志仁請柬一。

二十六日，夜雷雨。下午翻閱靜儒所著《論吐火羅及吐火羅語》及《突厥文回紇英武威遠毗伽可汗碑譯釋》二文。晚佩青來談。

二十七日，半晴陰。上午整理信件，子文來談。下午寫溯洛信一封，復紀彬信一封。百閔及王文萱來談。騎車到師範學院，舊地重游，內多新建設，已多不可識。主客爲石曾先生。外有聖章、齊□□、嶧山、湘宸、泛弛、王仁黼、郭□□、方□□①諸公。接百閔及張振鷺請柬一。

二十八日，晴。上午晤爾玉。中午素食會開始，第一餐由石曾先生爲東。在坐者，除同人及鄘君、王小姐外，有陳兆龍。字澤生，玉泉山療養院院長。下午志甫來談。徐慕賢來，言欲與舊同學爲《北方日報》辦一《文史副刊》，希望余擔任名義。余因無暇，不允，推薦青峰及象乾夫婦，並舉青峰擔任主編名義，又爲彼寫青峰及象乾二信介紹，命往接洽。又同志甫出到西單市場擬購一法文字典，未成，遂歸。義詮來。騎車到豐澤園，赴百閔及振鷺招宴。

二十九日，上午步行到嘉興寺，爲海秋作吊。遇嶧山。歸，糜、秔來，糜言彼取上大學先修班，未定將來如何，命其往打聽住宿膳食等事。下午志甫同覺之來談，覺之並以 *Civilisation Egyptian* 及 *La Mesopotamie* 二書惠借。與羅曾及玄伯同出到中法，參加中法校友歡迎石曾先生會。遇義詮，言糜分到南開作先修生，殊爲不便，未知將來如何辦法。希淵來，因外出未遇。

三十日，上午希淵同一周殿扶君來，周君前服務於西北科學考察團，希淵來爲商議考察團前將古物寄存輔仁，現輔仁催運回事，後議定下午同訪適之，商酌開理事會決定辦法。後與爾玉同到行營訪一山，請其對本院接收三欠子花園内院址事幫忙，亦晤德鄰主任。下午希淵來，但因余將從第二所移居第四所，遂又決定改日訪適之。與希淵談及糜岐上學事，彼勸上一呈文求轉入北大，並爲寫華芝信一封，詳陳情形，請其批准。徐慕賢來小談。將

---

①編者注：原於"齊""郭""方"後各空闕約二字。

晚，周炳武來小坐去。近一二日大便不利。

十 月

一日，陰。將晚雨一陣。上午劉體仁來。劉，河北安次人，十九年在北大國文系畢業。來係托介紹工作，告以自尋機會，得後余當斟酌介紹。下午陳明之來。明之係譯館老同學，多年不見，快談甚暢。今日服大黃一片，大便遂暢。

二日，夜雨不小。終日陰且風，溫度頗低。上午魏資重來談，送來《北方日報》聘書一紙，聘余爲特約編輯。孫昊霑來談。下午翻閱《埃及的文明》。接總辦事處信一封。

三日，夜頗寒，晨起時室內十四度半。晴，但有風。爲《經世日報》寫星期論文，未完。上午唐嗣堯來談。下午緒昌來談。晚風止，晴，室內十二度。

四日，晴。晨室內八度餘。續爲《經世日報》寫星期論文，畢之。題爲"論爲國家民族最大危機的官僚資本"。下午美人富路特來。富西文名□□□①，燕大教授，生於北通州，屬公理會，治中國近代史。義詮來，言明日將運書來。晚室內十四度。接陳立夫信一封，言中統局查覆並無接收本院之書。

五日，晴。晨室內十二度。上午善周來談。下午義詮運書來。開始爲《大公報》寫一論文，僅開一頭。王輯五來談。將晚子均來談。接紀彬信一封。近二日大便又不利，服大黃。

①編者注：原於"名"後空闕數字。

　　六日,晴。曬書十箱。糜、秔同其同學李女士來。義詮夫婦同小孩來,一齊同忙。下午吳玉年來談。因整理非易,下午余痔瘤又下,工作不便,糜、秔等因須早回校,昏時即去。義詮夫婦忙至七八點鐘,始畢。余初意將晚可畢,欲同大家出晚餐,故未命預備晚飯,宋小姐不堪餓,自命購物食之,終未進正式餐,即去!余心中極不安,已無如何,只好下次補救而已。接周國亭信一封。今日大便愈。接符翼書信一封。

　　七日,晴。上午志甫、靜如來。下午文錚來,叔平來,徐儧武、緒昌字。賈逸君邢臺人,師院女附中教員。來,盛成中來。

　　八日,晴。上午寫《文史周刊》發刊詞,中午石曾先生同廣相兄弟、鄺允征、樂鍾瑄、亞梅請在廣才宅內午餐,在坐者有伯聰、子均、申伯等。接李德鄰夫婦請柬,請於雙十節中午舉行鷄尾酒會。

　　九日,晴。上午盼遂來談。完寫發刊詞。明日為三嫂壽辰,寫信與糜、秔,命其早往祝壽。

　　十日,晴。十一點到行營赴鷄尾酒會,出到朝陽門大街賀壽,並午餐。後與糜、秔及安世到故宮,今日游人極多,室內氣味太重,多未入,僅觀所新陳列之德人□□□①之銅器及郭世五之磁器,即歸。

　　十一日,晨起晴,義詮父子及糜、秔皆來,曬書。然後有雲,旁午雲頗濃,急收起,幸未雨。裝箱未完。晚《北方日報》請客,出名者為曹敏、胡睦臣。胡字目神,涇縣人。為副社長及總主筆,然則曹大約為社長矣。在坐者有之椿、丙辰、從文、孝通諸人。今晚有

────────────
①編者注:原於"人"後空闕約二三字。

號外，言張家口已下。閱《雙城故事》，未完。大便又不利。服大黃。接伯駒請柬一。

十二日，糜及義詮父子又來裝箱。續閱《雙城故事》，畢之。援庵來談。晚陳紀瀅、劉瑤章請晚餐。全日陰，然溫度頗不低。晚微雨。大便仍不甚利，繼續服大黃。

十三日，陰，溫度較低。翻閱《原富》。接白鵬信一封。寄滄自昆明來，談及尚文病，似其他腎臟亦被傳染，是否能痊愈頗成問題，殊令人憂惶也。今早大便已利，然大黃一片已置茶壺中，即繼續服之。

十四日，夜中起瀉一次，時微雨。上午大便尚稀，下午如常。將晚，義詮來，轉來家信一封。晚騎車訪志雲、友宜兄弟，聞搬去已年餘，其舊房或已售去矣，故未能遇。赴伯駒約，至則門者言約已改期，今早已送通知矣，遂返。問門房，始悉彼因事忙忘送上。

十五日，晴。上午青峰來談。嶧山來談。寫家信一封。下午子文來談。常宗惠及申伯來談。寫一公信給潤章，簽名後交爾玉等簽畢發出。赴伯駒約。在坐者有佩青、金甫、毅生、適之、月涵、雪屏。餘尚有數人，曾經介紹，余未能記其姓名。伯駒對書畫收藏頗豐富，餐後觀其所得趙子昂字、王麓臺畫、周幼海畫各事。後大家又打詩條，余亦隨打數條，感倦，即辭歸。接《北方日報》館聘書一函，聘余為其指導委員。彼又送來四萬元，二萬為上次稿費，二萬預定下次稿，受之。

十六日，晴。寫吉忱信一封。下午到西單市場一游。出購一袍料及信封信紙等物。晚閱報。

十七日，晴。為《北方日報》寫專論一篇，題曰“何必悲觀與苦悶"。雲甫送來稿一本和信一封。稿名《戴校官本水經注述異舉例》。

十八日，晴。接潤章信一封。由郵寄二十萬元與家。寫家信一封。復王樹勳信一封。

十九日，微陰。上午希淵來談。宋淑賢女子文理學院經濟系畢業，江蘇東海人。來談。下午看 Alfred Rambaud 之《俄國歷史》。接耿毅及饒鳳璜之請柬，即於本晚假坐廣化寺吃素餐。赴宴後，訪廣相，未遇。

二十日，晨有雲，後散。上午糜、杭來。同到北海划船。午到西安門内大街一社會部所設之平民食堂午餐。每人菜一、湯一、饅頭六，皆素，自取，價四百五十元，就食者多學生。歸，小息。安世來。董育德、李芳蘭來，談次，得知家鄉情事。韓道之來，送來中國大學名譽教授聘書一件。又與二女及安世出西四附近一小館中晚餐。

二十一日，晴。上午稍閲《俄國史》。下午仍閲。

二十二日，晴。仍閲《俄國史》。下午賈逸君來。接溯洛電一封，復之。接海秋兄弟謝柬一。

二十三日，晨大霧，後晴。爲《文史雙周刊》寫稿，未完。同孟賁、振瀛往訪一山，請其向煤炭管理委員會招呼：分配冬季煤炭時，對於本院分配，不能與學校同單按人數分配，仍須顧及單位。下午明之同其女公子名天真。來，係請余向守和介紹事情者。張□□①來。接全嘏信一封。寫李辰冬信一紙，索舊稿。接馮家昇

_____

① 編者注：原於"張"後空闕約二字。

信一封。

二十四日，晨地下濕氣甚重。晴。氣候甚暖，殆將有變化矣。上午子書來談，石曾先生來談。下午士元來談，志甫來談。繼續寫《紅樓夢非曹雪芹自叙傳說》稿，仍未完。晚義詮來。

二十五日，陰，終日多風，晚雨。繼續寫稿，仍未完，因已敷此期登載，即送與慕賢，並與一函請其勿改署名。餘者留待下期。接宋淑賢信一封。下午義詮同霽野之介弟來取霽野書箱。接胡睦臣一函，並稿費三萬元。中國大學又送來名譽教授聘書一件，上次署名爲校務委員會，此次改爲王正廷。晚爲志甫寫道之及蜇聲介紹信各一封。

二十六日，晴。據言早晨地下已見冰。接希淵信一封。接中大學生信一封，係反對道之者。下午同秉琦到歷史博物館談接收本院古物事。下午輯五來談。爲彼譯稿作叙。石曾先生將南款，請同人於明日上午十一點至中法茶叙。

二十七日，晴。寫潤章信一封。即騎車到中法，至則已開會。今日紀念三事：一爲世界社四十周年紀念；二爲稚暉先生八十歲補作生日；三爲建設學院□□□①紀念。石曾先生指定余作講演，余並未預備，然强講多半點鐘，就世界大同及如何大同，世界將由武力統一，抑由和平統一，舉魯與秦之例，結論應學魯，不應學秦。所言諸點均係從前已寫出者。茶叙後，照像。繼續開教育研究坐談會，係石曾先生請大家研究一手腦並用教育之實施辦法。但大家發言多係空洞原則問題，並未談及辦法。有一位湖南

①編者注：原於"院"後空闕數字。

先生大談中國四五千年以前即有甚高之文明,其思想似尚在戊戌以前! 後由籌備人研究決定請大家將意見於十二月一日以前寫去,此後再分組討論。散會時將三點。到北大第一院小館中吃麵一碗、燒餅一枚,遇中法雲南初到學生鄧君,强爲東。歸。周炳武來談。李辰冬將余原稿送回。小世來,送義詮一信,言閃着腰,故今日未能來助余整理書。

二十八日,晴。早七時許,院中地上零下一度。子書來談。昨日輯五派其子來取其譯稿,余止檢出三本,然據言有五本,今日遍尋不見,蓋近日搬移,換棹子時不小心,未知遺落何處。後又知道齡稿亦不見,心極不安。余近日精神散漫,無秩序,故多雜亂無章,擬竭力自振勵,以圖補救。下午同秉琦乘汽車訪兼士商歷史博物館本院古物啟封事,未遇。遇一費君,爲兼士從前秘書,因機關已結束也。商定明日下午三點往啟封。又同到東安市場田文卿處配牙。又到法商 Dreyfus 處,擬購一手錶,未成。接飛聲復信一封。志甫、元胎來,未遇,留片。

二十九日,晴。元胎來談,子書來談。林墉及一金君、賈君來談。金、賈二君皆在師院任課;金君前在城固時,由士林介紹見過;賈君山東曲阜人,學農,現在師院擔任工藝。子書在寓午餐,余未先問厨子,飯時,吃包子,無一樣菜,心殊不安。問子書:“魯迅以《四游記》中之《西游記》爲吳承恩《西游記》祖本,適之以爲吳《西游記》節本,君信祖本説乎? 信節本説乎?”答信節本説。余因言:“吳本三藏、悟空、八戒個性甚清楚,《四游記》本不够清楚;悟空、八戒只有神通大小之分,並無個人之差,節本何能如是? 且尚有數處,小節不甚同,節本説將對此困難作何解釋?”子書原來未甚注意此類差別,但言《永樂大典》中尚有一《西游記》,今存者僅有開始千餘字,然原本似相當長,《四游記》本或係《大典》本節本云云。余現未睹《大典》本,無從作比較,未敢臆斷其是否《大典》本節本,但吳《西游記》前有祖本,《四游記》本係其節本,而吳本係其改本,則似足信,因如此則適之所舉困難,及余所舉困難均易解決也。子書持來一《棗窗閑筆》鈔本,未知何人所著,署爲思元齋,圖章爲"思元主人",又一"凄香軒",均當爲其別號。又有一"納哈塔氏"滿漢文圖章,或係著作人之滿洲姓。書係集其所作《續紅樓夢》七種及《鏡花緣書後》彙爲一書。子書去後,翻閱,知其主要反對各種續書,《鏡花緣》雖非續書,而"自誇不慚,與諸續如出一轍",故亦見詆擊。著作人識雖不甚高,而尚能注意各書所用解語之差異,其對於文藝之看法亦尚不腐。至於所載"聞前輩姻戚有與之(曹雪芹)交好者,其人身胖頭廣而色黑,善談吐,風流游戲,觸境生春;聞其奇談娓娓,然令人終日不倦"及"其先人又與平郡王府姻戚往來",均頗可貴。小眠後,士元來談。上午張振綱來,送來溯洛信一封,因客多未見之。接中國學典館信一封。將晚小世來送棉袍。

三十日,晴。上午寫從吾信一封。黃仲良信一封。與秉琦商議接收古物事。藝汀來談。義詮來。晚整理書籍。將寢時,院中日光照不到處潮濕如潑水,蓋近數日小暖,天氣又將變矣。

三十一日,晨陰,後又晴。晚起風。終日整理書籍。下午麋岐、秔岐同其兩同學來。從吾來,在寓照餐。力勸從吾就河大任命,蓋河大關係於故鄉學業至重,非有一學者終難引入正軌,而爲國民黨員與否,在今日政府亦似頗爲重視,由此二方面看,今日河大校長任，殆無有能逾從吾者矣。接盼遂請柬一。

十一月

一日，晴，終日有風。上午同玄伯往訪文錚，不遇，各留一片。回，小檢書籍。午間建功來，快談。同出，到西單一小館中午餐。晚到西單食堂，赴盼遂招宴。在坐者有侍峰、宰平、子書、靜如、芸圻等。孫海波亦在。餘時皆檢書籍。

二日，有雲。上午佩青來談。仍小檢書籍。

三日，有微雲。上午士元與一故宮舊職員來訪玄伯，余亦坐談。下午文錚來談。義詮父子來助整理書籍。糜岐、秔岐亦來。接北方日報館請柬一，謝不往。

四日，晴。上午與梅蓀打電話，未通，往訪，亦未遇。往東安市場，安牙。買氈帽一頂，價萬九千五百元。下午再與梅蓀打電話，仍未通。接白鵬信一封。

五日，中夜雨，終日霏霧絲。室內保持十一度，然甚覺寒。下午佩青來談。晚整理書籍。接雲甫信一封。上午召亭同馬濬之、字哲如，曾在女師院任課，余已遺忘，談後方憶及。馬植傑來談。

六日，陰，將晚又微雨。上午往前門外購棉鞋、一萬四。氈窩、兩萬。毛襪一種一萬八，一種六千。等事下午整理書籍。接參政會信一封。

七日，陰，晚又霏霧絲。繼續寫《紅樓夢非曹雪芹自叙傳說》，己意尚未申，但暫作結束，因此題目似只含破，不含立，且余原意止寫一兩千字，現已寫過五千字，意雖未盡，余亦懶於再寫

矣。至己意俟他日再起爐竈可也。晚餐時，劭西來談。接作韶請
柬一。

八日，擬明日請參政會同人，請張貽蘭代寫請柬。後又接到
一山及舍我請柬，於今日晚宴參政會同人。晚至北安里蕭宅，則
至者僅有適之、端升、紀瀅、饒、耿諸先生，餘或已往南京，或有事
未來，知明日必無幾人，衆勸停止，然物已預備，不能停止矣。寫
徐慕賢信一紙，接仲良信一封。晚赴宴歸時，月色頗佳。

九日，晴。再補蘇珽及許德珩二請柬。午間從吾請往午餐，
在坐者有子水、柳漪、華芝、建功及其他。亦晤國珍談。晚客人來
者僅實秋、舍我及饒、耿二先生而已。

十日，晴。早餐後小憩，即往朝陽門大街，因昨日下午三嫂令
義詮來言今午請余及建功及糜、杭等吃包子也。餐後歸時已三
點。輯五來談。

十一日，晴。有雲。今日覺寒，然室內溫度仍在十二度許。
上午荆吳來談，知家鄉近況。爲彼寫與從吾介紹信一封。下午開
本院同人合作社成立大會。從吾來談。約明日下午同往訪侍峰。

十二日，夜中雨，覺寒，睡不佳。晨陰，後漸晴。室中溫度終
日保持八度光景。上午王維庭（字實甫，山東人）、裘叔琳夫婦
來，爲彼寫一介紹信與劭西。下午三點許，從吾來，同往訪侍峰，
談河南大學事。

十三日，晨室內六度，室外零下三度弱。晴。不見陽光處終
日冰未融。略整理書籍。下午同玄伯、爾玉、允征乘汽車到清華。
見寅恪。其目光大約能見人而不能見面。在强光處，在一尺以
內，向左斜視，尚可見面。醫生言如静養得宜，仍可較愈，但最佳

爲目不視物，此則頗難有充分之耐性。彼在戰争末期，因缺乏營養以致失明，實爲我國學術上之一大損失，因其博雅弘通，在今日實無倫比也。又訪希淵，不在家，其夫人命小孩往尋，而時已小晚，不及待，遂出。至校門，遇彼歸來，立談片時。接康之信一封。接佩青、丙辰、李相顯、唐嗣堯請柬一。

十四日，晴。晨室内四度，室外零下五度弱。整理書籍。上午志甫來談。下午有同鄉學生二人，一方城人，在北大經濟系肄業，一内鄉人，在鐵道管理學院肄業，其姓名余皆忘之。後者想改學農業，請余爲之寫一介紹信與從吾，勸其愼重將事，然終爲之寫一信。

十五日，晴。晨起温度似前日。上午小整理書籍。下午因佩青等請帖爲三點，疑有事相商，將四點出，到椿樹胡同後問佩青，答言原擬請吃茶點，故把帖子寫錯，並無他事。在坐者，有宰平、漱溟、步曾、耀辰、伯西及一金君。今日所備者，亦爲素餐。散後，到東安市場，購買蝶霜、餅乾、紗布、藥棉等物。

十六日，晴。整理書籍。下午義詮來幫助整理。接中法聘書一封，接北方日報送來稿費三萬元，及胡睦臣信一紙。

十七日，晴。上午希淵來談，與同草西北科學考察團請款書。後有一王君成組_{江蘇南匯人，在大夏大學教地理}。來訪希淵。後建功亦來，同在寓内午餐。上午，蓮青來談，子文來談。

十八日，晴。昨晚小暖，寢時將複被稍掀起，然中夜似有風，覺寒，即蓋上，而喉頭遂終日感覺不適。上午往訪漱溟，小談，彼急欲出，遂歸。下午，有一學生梁英華_{新蔡人}。來，請余介紹彼入北大先修班，余因糜岐已不獲允，必無所成，辭之。接溯洛信一封。

十九日，晴。上午初往中法教課。下午王實甫來談。義詮來。

二十日，晴。上午往訪宰平，談。下午守和來談。接糜岐信一封。

二十一日，上午有雲，晚起風。檢點書籍。上午到中法教課。下午有一王立達_{山西太原人}。來。彼係僞北大畢業生，對於音韻頗有興趣，爲之介紹見劭西、建功求教。

二十二日，晴。小檢點書籍。接裘緝光信一封。

二十三日，晴。上午到中法授課。下午秡岐來，言馮鍾璞從津來，帶回其姊信一封。閱之，則言已考上試讀生，但錢已無餘。因與三萬元令秡交馮小姐，托她帶去。秡言義詮病，擬明日下午往視之。仍小檢點書籍。晚夢賚來，代余買一錶，價九萬元。

二十四日，晴。上午往訪念倫談。下午往視義詮病，大致爲因傷食而傷風者，現已漸愈。在彼處晚餐，歸。餘時翻閱《紅樓夢辨》。接守和信一封，言寅恪因貧擬售其百衲本廿四史，問本所是否已購成，明日當詢秉琦。

二十五日，晴。室中始生火。上午授課。下午接曹敏、胡睦臣信一封，復之。復守和信一封，然守和旋來談，故未發出。晚寫伯蒼信一封，復參政會信一封。

二十六日，有風有雲。上午劉澤民來談。彼爲雄縣人，新自保定來，其家鄉在共黨所稱之解放區中，因問其鄉里情形如何，答言略如下陳：彼去年敵人投降前後，曾回鄉一次，所見爲共黨盛倡電化地方，電燈與電化相當普遍；雄縣地卑濕多鹼質，共產則教人熬鹼方法；有一種草燃成灰後可熬鹼，彼等皆率民間割刈燒熬；每人得一畝半地，_{鹼地瘠薄，則畝較大}。不超過此數，即不納稅，超過後，即用累進法納稅，地過多者稅額高至非賣出即無以爲生；其高級行政人員不知，其低級行政人員則尚佳；云云。又言敵人投降後，朱德即下令，動員三十萬人迅速開入東北，故政府軍隊到時，困難已大。又言：近日鄉人逃出者頗多。接鮑壽昌_{仲嚴}之公子。信一封。

二十七日，氣候仍如昨日。上午念倫來談；下午唐嗣堯來談。小檢點書籍。見有趙振武所著之《西行日記》一本，因翻閱一部分。此人同馬松亭到埃及，此書大約係松亭回後見贈，而余未及翻閱者。

二十八日，晴。昨夜覺寒，晨室內零上二度，_{窗簾未放}。外零下八度。檢點書籍。接廣相、廣才、申伯請柬一。

一九四七年

十　月

十三日,看報,知北大、清華及貝滿因近日教員學生有被捕者,決定停課三天。北大、貝滿有人被捕,清華無之。雄遠、雲甫前後來談。借給雲甫四十萬元(二十二日還)。坐車往貝滿,喚秔岐出,因恐其在校言語不慎或受簧鼓,彼不願,强而後可。同彼到三嫂家,在三嫂處午餐,後,獨歸。午睡後,接參政會信一封;接長葆信一封,又接彼轉寄來院中信一封,王桐閣信一封,又《虞弟事略》及《輯之行述》各一册。翻閲伯平所著《火器考》。

十四日,整理舊信。昨夜因痔瘤時出,睡不甚佳。早起到北海一轉。唐嗣堯來談。下午復故宮博物院人事室、中國文化服務社信各一封。秔岐來,爲彼寫貝滿齋務主任信一封。静如來談志甫事,晚餐後寫志甫信一封。將晚守和來談太廟圖書館內書各機關分書事宜。繼續閱《火器考》一章。

十五日，報上載氣象臺報告平地已見霜，大約係鄉野氣候，城內似尚不至如是。上午寫侍峰信一封，復郅士昭信一封。下午同伯平、秉琦到太廟圖書館內看已整理之書籍，以便分書時不致毫無預備。出圖書館，到柏林中小茶叙。晚閱報，並將收條簽名蓋章，寄回參政會。吳玉璽來小談。

十六日，看溯洛所著關於女真辮髮論文。下午崔君來談。字書琴，故城人。辦有一獨立時論社，來爲徵求稿件。繽昌來，爲之寫慕光介紹片一。實甫來談。希淵來談，在寓晚餐。寫三嫂信一封。

十七日，上午毅生來談。下午寫和卿信一封。牛廣新(?)來，爲魯迅遺物展覽會搜集材料，但余因年久，信札經多次變動，遺失，無以應之。接糜信一封。借給仲良五萬元。二十日還訖。

十八日，上午覺明、實甫、澤民陸續來談。下午秔來，今日北平市學校開運動會，彼校因無操場練習，故未參加，然亦放假。接包及人信一封，此人余不識，亦不知其職業何屬，信係問歷史書籍者。接唐嗣堯請柬一。

十九日，上午出訪唐嗣堯，因張德華事，催彼打聽消息。彼見余至，未俟余啟口，即往各處打電話，但未找到人，重托之而出。下午侍峰來電話，言頃接嗣堯電話，謂已知德華所在地，並可送東西；且言現時尚未可，再遲些時，當可保出云云。何犖來。前別時，彼尚爲一幼童，現已成人，故乍見不能識，彼自言乳名，始憶及也。雲甫搬進院住。晚秔來。周炳武來談。借給伯平錢二萬元。二十三日還。

二十日，晨時霏霧絲，終日陰。繼續閱《火器考》，畢之。此文伯平搜集材料至富，而條理方面，如分初期火器爲燃燒性、爆炸性、射擊性爲三項，分別研究，其方法亦極精密。此研究出，或可爲中西作此種研究者之一總結束乎？閱仲良所著《羅布淖爾考古記緒論》。與仲良談，驚悉老友陳子怡已作古人！且聞其死於飢餓！不勝汍瀾！子怡處絕不能讀書之環境，而卓絕凌厲，對學術上有篤實之建樹，實爲豪傑之士。惟其傲骨嶙峋，所如難合，終至死於飢餓，吾儕友人痛極！羞極！其遺稿尚爲豐富，不知流落何處，當函梁午峰請其設法搜尋。如能搜得一部分，整理出版，或可小慰老友於泉下乎？痛極。晚韓壽堂字蔚生，神木人。來談。

二十一日，晴，頗寒。寫午峰信一封。接海蓬赴文，於明日開吊。接榮譽軍人職業協導會信一封。上午羅福頤來談。到唐嗣堯處晚餐，在坐者侍峰、傚彬、申甫、春霖、佩青、淮西、丙辰及郭、班二君。

二十二日，晴，寒；晨起時院中温度零上一度；終日有風。上午往與海蓬作吊。下午寫季黻先生信①一封。藝汀夫婦來談。

二十三日，夜中室内頗寒，晨起時九度，昨十一度。但外間與昨日仍同。上午繼續閱《羅布淖爾考古記緒論》，然精神不佳，下午未工作，僅閱説部以磨時而已。

二十四日，繼續閱《羅布淖爾考古記緒論》，畢之。接皋九信一封。寫關於熊襄愍筆記一則。

二十五日，下午陰。翻閱《黄書》，後及《噩夢》。上午澤民來談。翻閱静如所著《新莽革政與失敗②之原理》。静如試從心理

①編者注："信"，原誤作"寫"。
②編者注："敗"，原誤作"政"。

變化方面解釋王莽成敗之內在原因，爲本作之特點，且爲近人未多嘗試的途徑。但此不過嘗試，知識及技巧方面皆尚有補充及多練習之必要。

二十六日，時微陰，時晴，時有風。早餐後即往法源寺，送玄同之喪，舊友到者不少。輀車行後，與實甫往游陶然亭。南橫街以南，窰臺以北，昔皆葦塘，今則室宇櫛比。蓋鄉間不靖，逃入城者多，故多住於此間。窰臺邊之過街樓，上本祀火神及狐仙，然香烟零落，現在香火大盛，所懸酬報之額以千計！蓋此間居人多；且聞前曾有人用數竿竹搭一席棚，亦可租得若干萬金！竹席皆易燃之物，則火神之生意興隆，固自其所。亭上殊蕭索。遠望城墻登處，有沙包之戰時工事。下午秕來。晚餐後，達三來談。

二十七日，晴，暖。上午往訪繩武夫人一談，在彼寓，晤一侯振清君。字淞山，原籍曹縣。爲備役陸軍上校榮員。亦曾在五原作軍墾，與繩武墾區相接。彼言，當余於三十二年返鄉時，彼適住冉營，曾到郭旗牌見訪，因余外出，未遇云云。接中國文化服務①社信一封。

二十八日，爲雄遠寫文文山登樓詩一首。上午有一姚仲文，來訪，彼爲天津《益世報》駐平記者。下午秉雄來談。

二十九日，晨起時外間零度。再閱《火器考》之第□②章。與仲良談其著作中之小問題。中午晤一陳觀勝君，陳原籍中山，爲哈瓦夷華僑。學梵文，現在燕京大學任課。又晤毅生。

三十日，初到中法上課。下午志三來談。張越如來談。張，平定人，師大畢業。現在藝術學院任課。接潤章信一封。

①編者注："務"，原誤作"化"。
②編者注：原於"第"後空闕一字。

三十一日，往訪雄遠，未遇；往訪適之，談西北科學考察團開會事。下午實甫來談。接中國文化服務社信一封。仲良借國幣十萬元。

十一月

一日，上午晤一張奠亞君。張字茂德，武清人。北大經濟系畢業，曾在法學歷史。回國後，在北平擔任地下工作。現在市政府充專門委員。下午稍翻閱《讀四書大全説》。接蘇聯領事館信一封，中法文史學會信一封。

二日，昨日本擬今日往香山一游，但因無公共汽車，遂止。上午警甫來談。下午希淵來談。決定於五日下午四時在本院開中國西北科學考察團理事會。伯平請余及雲甫、秉琦至其家吃餃子。

三日，上午僅閱報。下午到中法，開文史學會聯歡會。接《東北民報》信一封。晚閱《涇惠渠》及《鋼鐵》。

四日，上午沈寶基平湖人。來談。沈原在中法畢業，後往法學文學。現在藝專及中法任課，兼任《現代知識》總編輯。先由康之電話介紹，彼隨來爲該社索稿。下午閱秉琦從前所撰關於整理傳説時代史料稿。接卓天祺信一封。彼言亦研究古史，頗願來談，隨答一函。

五日，下午四點西北科學考察團開會，適之因事未來，來者爲月涵及希淵、守和昆仲，外僅仲良及余。將改組及請款事項均商量出辦法。余暫代團墊十萬元拍電費。今日氣候較寒，余因之終日大便不利，下午服大黃一片。接傅藝書電話，知中法學生因浙大學生于子三被捕自殺事，決議明日罷課一日以示抗議。外清華、北大亦分別罷課或二日;燕大亦罷課。

六日,微陰。上午李仲均來談,據言彼尚有稿留余處,但余遍索不見! 下午翻閱 Eugene Pittard 所著之 *Race & History* 數頁。晚翻閱《糖業》及《棉花產銷》。

七日,上午對於學術的獨立自主問題開始寫一點文章。文中來談;希淵來談。下午宋鏡如來談。接到中國文化服務社寄來《中國古史的傳說時代》二本,爲之作刊誤表。何犖來。近學校罷課,恐復醞釀游行,勸其勿參加。因此種游行含政治作用,普通學生自身並無政治目標,而盲目被少數人利用,受無名之犧牲者,太屬不值也。接仲均信一封。

八日,繼續寫關於我國學術獨立自主問題的文。接白鵬信一封。

九日,晨起即與伯平同到北海一游。繼續寫前文,畢之,命名爲“從治學精神方面看我國學術的獨立自主問題”。上午侍峰來談,爲張德華保釋及宋鏡如房子問題。下午杭岐來。前日報載共軍攻方城,與地方團隊激戰。

十日,早餐後與伯平同往游香山。先坐三輪車至西直門,換車至香山。去時在車上感微凉,游時及歸時正適宜。今日游人不多。園內已少紅葉。上登未出柏林,即下,到雙清別墅一轉,遂出,時將兩點。到萬松軒小飯館午餐,後遂歸。到西直門,步行至伯平家小坐,乃歸院。晚志三來談。

十一日,氣候轉寒。晨起室內六度,窗簾已閉。室外一度。十二日報載氣象臺報告最低零下四度矣。上午與所中同人聚議決定《集刊》稿於本月底必齊,下月一日必付印。並決定下月他項工作全停,全體動員將書目卡片及分類書目一鼓作氣完成以利工作。接午峰回信一封，言子怡遺著現藏陝西歷史博物館。當函溥泉，請其令該館寄來以便整理出版。接文亮信一封。

十二日，仍寒，下半天風更大。整理書架。侍峰來，彼請平民中學同人代擬一張德華保狀，但尚未合，遂爲之另起一草。玉璽來談。夢賚來言黄子堅言糜岐質甚聰明，但近因外事多，功課不佳，最近月課竟致交白卷，希早注意。此事頗令人憂慮，未知戒飭能有效否。翻閱《通鑑》之最末數卷。九點餘外間已在零度以①下。

十三日，終夜有風。晨起室內四度，外面零下七度强。後風漸住。到中法上課。步行歸。繼續整頓書架。實甫來，以其家中烟臺附近。所出蘋果一包相贈，甚肥美。前共黨力攻石門，戰甚激烈。據今日報，或已陷落。

十四日，上午繼續整理書架。接中法信一封，漪園信一封。下午陳玉書來談。陳名述，灤縣人。師大畢業。治遼金元史。前在中研院史語所工作；據言曾見過，但余已忘之。彼現任師大教授。彼近著一《糺軍考釋》，據靜如言内容極佳云云。到中法，爲支配桐崗奬金事，決定畢業學生分數在七十五分以上、操行甲等者得奬，每人二十五萬元，得奬人五：文史系一，法文系二，化學系二。今日痔瘤破。

十五日，繼續整理書架及殘書書箱子，畢之。將殘書開出單子，擬令書店設法補足。下午邵力工來談。趙任夫之侄天鵬來，因余睡中覺，遂留任夫信而去。

———————————

①編者注："以"，原誤作"小"。

十六日，晚間風復起。今日未出門，翻閱從前之《國學季刊》。杭來。晚翻閱陳述所著之《糺軍考釋》。

十七日，日間時有風。寫糜信一封。接教育部參政會及季莪先生信各一封。

十八日，晴，無風；晨起時外間零下九度。自昨日起，喉嚨不快，思嗽，故今日未工作。下午趙天鵬來。彼由西北師範院體育科轉此地師範院國語科肄業。彼頗欲轉本科各系，問余是否能設法，但彼係專修科學生，欲轉本科似不容易，乃勉其在本科努力工作；如工作好，亦不患無出路也。静如來言宗元昨日失蹤，甚爲詫異。據静如言，宗元素反對共黨，絕無嫌疑，或因到友人家而受牽連，亦未可知。希望其早日無事歸來耳。飛生來，接洽在師範院講演事。報載共軍從李青店、安皋、堀地坪一帶，與民團苦鬥，雙方損失均重云云。

十九日，有風。接守和電話，言圖書處理委員會下午四時在北大孑民堂開會，上次所建議將中文書給清華百分之四十，本所百分之二十，教部復文不允云云。下午三點剛過，聞外間人喧嘩，出視，則見隔壁延慶樓出烟甚多，勢將起火，大驚。數分鐘後火苗已出。本所與彼僅隔兩墙及一過道，而彼甚高大，極懼延及，然亦無法搬運，僅將所中稿件、拓片及一小部分貴重書籍移於院內西廊下而已。幸風向西北，威脅可小減除。後見上樓蓋已倒下，始覺安心，因先恐其倒向此方也。時已四點一刻許，急往北大開會，至在開會在校長室内①。決定照教部命令，將中文書分配於長春

---

①編者注：原稿如此，疑有誤。

大學、東北大學、長白師範學院、山東大學及清華大學；至中文書最近亦可分配一部分。今日起火原因，有謂上邊所住眷屬人等用電爐致此，未知確否。

二十日，昨日火，直至今早始將餘焰撲息。到中法上課。見學生對自治會競選條子琳瑯滿壁，頗有西方人大選前的神氣。吳相湘及來薰閣之一張君來談。吳，湖南人，河南大學秘書。據言曾在河南見過，然余不甚記憶。彼此來爲運河大書籍事。接中國哲學會、河南同鄉會及全毆信各一封。下午往嘉應寺祭兼士先生。今日氣候頗寒。報載最低至零下十一度二。

二十一日，時有雲，時有風。寫叔平信一封，伯蒼信一封。接午峰、王玉璋（不甚記憶）、莊銘（不識）、中央研究院信各一封。

二十二日，近日因對於從前所寫的《整理我國古代文獻方法之商榷》一文不滿意，擬不發表。當日秉琦曾本吾文原意另寫一篇，眉目亦尚清晰，當請彼發表。今日爲之寫一引言，未完。

二十三日，早餐後，坐車到清華園，訪寅恪談。在彼寓午餐。後往訪希淵，亦遇守和、志仁。步行到燕大之臨湖軒，因今日哲學會在彼處開哲學討論會。主講者爲陳康，講題爲哲學的將來。他第一部分由歷史上檢討，指出如柏拉圖、亞里士多德之所見，論理學、心理學、物理學等類，本不在哲學範圍以內，則近世之紛紛獨立本無足異。如亞氏之意哲學本只包括玄學及本體論等。第二部分，陳氏意玄學亦可不論，乃層層分析本體論的可能性，歸結對於哲學的將來頗抱樂觀。搭守和汽車進城。

二十四日，上午孫鬄來談。翻閱《日本外史》。近日閱書太亂，當切自警戒，始可再對於學術小有貢獻也。接糜信一封。

二十五日，繼續爲秉琦文作引言，畢之。上午振鵬來談。彼近在清華教書。接志仁請柬一。接木院總辦事處信一封。

二十六日，今日天氣頗寒。室內有火，然從未至十度。上午與伯平帶工友馮錫倫至太廟，因內所藏日文書籍已整理出一部分，今日開始由本院、清華、北大、師範各機關，各去人分作書目，並分別領取。余與伯平巡視一周，即返；命振名往，與錫倫下午開始工作。接師大校友會信一封，世紀出版社信一封。靜如來送《集刊》稿，談及王靜安《西域井渠考》説不確，坎井法始仿自波斯云云。晚余檢《觀堂集林》一閲，細繹其所引《史記》及《漢書注》各條，則觀堂之説非誤。接本院總辦事處信兩封。教育部寄來聯合國教育科學文化組織一九四八年工作計劃一份。

二十七日，上午到中法上課。下課後到物理所，與慕光一談。下午寫糜信一封。接叔平、從吾信各一封。

二十八日，昨日大便不利，夜中痔瘤屢出，致妨睡眠。後一瘤破，血污蓋被，然此後即得安寢。接同鄉會信一封。書鋪送來《趙柏巖集》及《皇宋類苑》樣本，略爲翻閲。

二十九日，下午往澡堂，但人多，不欲待，遂返。見吳相湘於仲良室內，一談。接總辦事信一封，爲劉海蓬家屬募捐啟二本。又接全嘏信一封，但係空函！寫家信一封。翻閲《朱子語類》論人物各卷。驪先與潤章一信，言考察團經費可發五億云。

三十日，上午敬夫與其子成才來談。下午杭來。飛生之世兄來送其尊翁一信。又接獨立時論社信一封。今日多雲。

十二月

一日,晴,但夜及日中多風。上午孫燾來。翻閱《劍橋古代史》之"羅馬帝國之和平"卷。洗澡。

二日,昨夜睡着後,痔瘤出,遂致睡眠不佳。整理《中西文化的試探》舊稿。將破爛部分再抄出。接全暇及堯庭信各一封。寫飛生信一封。

三日,昨夜睡着後痔瘤仍出,故睡眠仍不甚佳。接重民信一封,並介紹來《史記研究》一本,問是否可登《集刊》,閱之,無何不穩處,而內幾全無精義,似無災棗禍梨之價值也。下午及晚翻閱《滿清野史》及與静如閑談而已。

四日,晨起後降雪,不及寸,將午停。到中法上課。下午收《集刊》稿件,雖未全齊,但近一二日即可全齊,決定即將催齊者先付排印。接教育部信一封。

五日,晨仍霏雪數點,後晴。開始續寫《中西文化的試探》,但僅三二百字,即止。下午希淵、守和昆仲來談。接馬侶賢信一封。

六日,陰。上午飛生來,言下午余講演時,他在華北學院有事,恐不能到,特來道歉。彼如是客氣,令余不安,但余下午講演時彼仍到場!余今日講演題目頗長,爲"我國政治上特點之一",小題二行:一爲"重農抑商",二爲"以政治控制經濟,不以經濟控制政治"。除講演外,翻閱《羅馬帝國之和平》。接馬侶賢寄來

《武訓畫傳》□本①。接糜信一封。

七日，時飛霰，化後作滑，道路難行。昨晚睡甚早，夜中痔瘤出，然不甚妨礙睡眠。希淵來，遂及仲良同之往訪適之，談考察團事。亦遇重民夫婦。又遇薛培元，彼識余，余却不能記憶。彼現在保定，爲農學院院長。辭適之後，與仲良趁薛汽車，到西單，下車，至西湖飯店午餐，仲良作東。餐畢，步行歸。將晚秔來，言將買一對皮鞋，像樣者價約過四十萬元，與之五十萬元，令其往買。

八日，終日陰，時霏雪。續寫《中西文化的試探》。七百餘字。

九日，晴。續寫《中西文化的試探》。午餐後，張子文來談。彼近來接辦衛生事務所，願與本院化學所及藥物所合作，約星期四在中法下課後同往訪康之一談。彼又談及此次石門失守暗幕，或不盡可靠，但近來中央對時局似無辦法；國民黨以領導全局之局面，竟江河日下，或已近不可收拾！

十日，夜眠不佳。全日未工作，僅翻閱《宋論》而已。下午卓天祺來談。字申甫，涿縣人。在偽師大畢業。現在西單附近一私立中學教書。亦治古代史。西峽口情勢仍緊。萬元以上大票已發出。《經世日報》載一馮鍾芸文，內言楊致和之《西游記》有萬曆本。

十一日，晨起時外間溫度降至零下十五度強。晴。晚太陽落不久，又已降至零下十度。到中法上課。下課後，與子文同至理化大樓晤康之談。接尚文信一封。

十二、十三兩日，睡眠不佳，致精神疲乏，未工作，僅學習一點日本文。余曾學習二次，然至今日，則即字母亦忘其讀，他更無

———————————

①編者注：原於"本"前空闕一字。

論。前日静如借給余一本《シュメル・バビロン社會史》，猜讀幾不能進行，故翻出一本艾一情所著之《新日語捷徑》，以求門徑。現已對片假及平假均能知其音讀矣。余當日習日文時，對平假即未記其音讀，現居然能讀音，亦頗戔戔自喜也。十二日，下午陳玉書來談。彼所著之《糺軍考釋》，余頗願登之於本所《集刊》內，彼亦樂意，但亦寄與史語所，故又送來另外一篇，係研究契丹選舉大人事迹者。十三日接中研院信一封。十三日，購《太平寰宇記》一部，六套，三十六本，價三十六萬元。近日百物飛漲，即破紙亦隨之！此三十六萬元，在余雖不爲菲，而聞即作破紙論斤賣，亦可價至三十餘萬！今日公私交困，能購書者已甚少，將來能有錢買書，而故書已將被毀完！是亦極可慮之浩劫矣。十二日晨外間零下十六度。據報載最低爲十七度一。

十四日，夜眠不佳。上午同伯平到北海一游。下午仍稍習日文。將晚，秔來，言接柱子信，言家中甚驚慌，避往金華鎮矣。秔又言其舅母近日甚窘，乃令其往送五十萬元。晚仍看日文。

十五日，睡甚艱難。上午與同人商議：從今日起，一切工作全停，開始檢查書籍與編目，寫卡片。下午仍看日文。

十六日，睡小愈，不甚佳。上午檢已寫成之卡片，與以改正。下午有中法學生來訪静如，後傅藝書亦來，始知傅藝書今年所教國文，發生問題，但因静如持之堅，遂連帶攻擊静如，致彼亦辭職，成極難解決之局。傅雖尚用功，而天分平常，教國文本勉强，致誤解彌子瑕爲女子，則學生之反對之，亦甚有理由。然事已鬧至此，欲覓解決之道，尚頗費斟酌耳。接參政會信一封。

十七日，上午邵力工來，爲之寫叔平信一封，介紹見面。買暖紅室所刻《拜月亭》《牡丹亭》《春燈謎》《紅拂記》各一部，共價四十八萬元。此四書後二種前未看過。下午翻閱《紅拂記》，内將樂昌公主夫婦亦串入，然曲不佳，上有陳繼儒批，亦無足觀。<small>前見其所批之《琵琶記》，雖無精意，然尚有可觀，比此略愈。</small>蓋此等文人，對於兒女情懷、風月景物，尚有所知，竭力描寫，尚能有着癢處。至英雄豪傑之胸襟，與彼等誠若風馬牛之不相及，故其所想像之人物實頗可笑。此類人物，以余所見，止《桃花扇》極有合作。《長生殿》中之郭子儀已無精采，但尚不至露醜。其餘則均自檜以下。劉世珩所刻雖精，然不免錯字。

　　十八日，夜中及日間皆有風，甚寒。到中法上課。下課後勸傅藝書自退，專心譯書，彼心不甚平，謂自己照作無問題，但關靜如方面，似非將謾駡學生開除，不好解決。余告以靜如方面俟余與之一談。至關彼個人，則希望照余所勸辦理。彼亦允許。歸後與靜如小談。彼希望此事早有辦法，能結束，意甚和平。後有中法數學生來，言今日教務會議已決定將謾駡之二學生開除云云。彼等亦主張嚴厲執行，似希望余不要爲此二人説好話者。余下午與聖章打電話未通，又與弼剛打，亦不在中法，但其夫人接電話，問之，知彼在家，遂往訪之。據言，教務會議果已有決定，但如靜如願寬恕此二生，亦可照辦，並言六點將與文錚往挽留靜如云云。今日因天寒，致大便不利。子文來訪，未遇。接白鵬信一封。寢前外面零下十五度。

　　十九日，今日有中法兩班學生來訪。一方希望余見靜如爲二人緩頰，告以自往求，答言已往，但靜如言己已辭職，故不便再管，彼等仍希望余能緩頰；他一方晚來，則主張嚴辦者，余告以事既有決定,余本局外人,自不便多管,但此事情甚小,故兩方面均可①不可太認真云云。晚寢前外面零下十二度。

二十日,晨又有一學生來,仍係請緩頰一方者,蓋彼等求文錚,文錚命之求靜如,或求余代致意靜如,故又來。此事余以局外身,反而鬧得應接不暇,亦殊怪事。晚與靜如談,將兩方意見均告之,並言聞近日教部有令,在此大學被開除,別大學即不能再准轉學,未知確否。現此事似不致有擴大危險,則亦無堅持必要;如教部果有此令,則在現狀之下,似可酌予寬容云云,靜如亦以爲然。下午節常來談。宋崇閣持吉如介紹信來。宋爲仲文孫,現在輔大歷史系肄業。餘時檢改抄成書目卡片及接待書估。晚本所同人到大陸春聚餐,吃涮羊肉。秔來,亦令隨往。共費百一十萬元,每人十萬元。接德昌結婚柬一,廣州建國日報信一封。晨起時外間零下十七度弱。報載是夜最低零下十九度六。

二十一日,夜眠不佳。氣候轉温。前數日報載貝加爾湖濱寒流南侵,至外蒙古,將再南下。今日報載此寒流已漸消矣。上午秔來。以一百萬元命之購中紡配給布,藍色,兩段,每段四十二萬元。九峰來談。下午坐車到三嫂寓,秔亦往,何擧亦至。以三百萬元托三嫂購米。蓋近日家鄉不靖,擬令眷屬來,不得不作預備也。接教育部信一封。

二十二日,寄糜三十萬元。購《楝亭十二種》《中州名賢文表》《半厂叢書》《觀古堂彙刻書及所著書》《中州雜俎》,價一百零八萬元。又購《醉醒石》《誦芬室讀曲叢刊》,蘭雪堂刻《桃花

---

①編者注:“可”,疑衍。

扇》，價五十八萬元。又購《張楊園文集》，價二十萬元。閱《醉醒石》。是書亦爲董康刻。江東老蟫序據"屠赤水作傳"及"上諭所駁孕不作二命"二事，定爲"崇禎年時作"，似不誤。書分十五回，每回一事，回目各二句。體近《今古奇觀》。但除李微一事外，大約皆明朝事。多半皆記年號，其不記年號四五事亦易知爲明事。年代既近，叙次亦極平實。内中所叙情節，雖爲小説家言，不免添枝着葉，而可以考見當日之制度、風俗、物價等事均甚有用。其價值遠在《今古奇觀》之上。蓋非對於考古知識特别有修養的人不宜於寫歷史小説，而我國從前寫小説者，有天才者固不乏，而具古學修養者幾乎絕無，故寫古事可謂完全失敗。後書内叙古事過多，此部分毫無成功。至叙近事者，其描寫環境部分亦遠不如前書之着實，故價值遂致遠遜。上午傅明德來談。下午昆明箱件運到開箱，因檢點余個人什物。

二十三日，仍檢點個人什物及書籍。將晚秔來，命彼將自昆明運來之《叢書集成》四百本按號上架。

二十四日，上午與各研究員、副研究員商酌書目分類事宜，定大類七：工具書、經、史、地理、子、集、檔册。又各分子目若干。下午寫家信一封，麋信一封。晚看書樣，内有抄本二種，一係《復社紀略》，僅送來下卷，未知何人所著。一係《甲子紀年》，係長洲姜慶成著。據序言姜於同治八年，年八十一，尚存。書自帝堯元年起，僅紀干支。至周則兼紀侯國年。後尚未見。

二十五日，上午往中法上課，因早點延遲，故去亦小晚。買《小忽雷》一部，價十萬元。下午翻閱，晚繼續翻閱。下午亦曾翻閱書樣數種。昨日痔小破，今日破一痔瘤。

　　二十六日，晨八點後雪，繼續終日，至晚厚二三寸。昨晚畢閱《小忽雷》時，已過十一點，睡着時已過十二點，幸眠尚佳。梁任公言："他的好處在不事雕琢，純任自然；無一餖飣之句，無一強壓之韻；真如彈丸脫手，春鶯囀林，流麗輕圓，令人色授魂與。清朝劇本，總該推他第一了。"就詞曲言之，可稱確論，吾所讀詞曲不多，就所見蔣心餘、李笠翁諸曲言之，皆在其下。笠翁詞亦甚自然，且極聰明（用如法文 Spiritual 意），但意境不高。心餘詞不够自然，自難比肩。但吾仍不變前意，以爲《桃花扇》《長生殿》二曲爲我國詞曲之極峰，《小忽雷》尚未能比。蓋二書所寫意域及個人性格，均甚自然及超妙。雖有人議左良玉及鄭妥娘等不合實事，然並無傷，因自有此等人物，寫入毫無牽強痕迹。至《小忽雷》內則梁厚本助裴度建大功，表請升賞，由王守澄易鄭注名，由是梁完全廢棄，裴甚詫異，而竟默不一言，已不近情理。而皇帝剛赦罪賜婚，而四朝元老之相國即已登門賀喜，尤近兒戲。至凶惡之仇士良亦來湊趣，更爲情理之所必無。其他亦尚有遠情理之處。要之取歷史情節以寫小説與戲曲，殊非易易。作者取當日若干不相關聯之事強爲穿插，即不甚合，而其穿插時，却又似不能隨意，致爲原事所牽掣，故左支右吾，兩面皆難討好，遠不如《桃花扇》及《長生殿》之不遠情實，且人情發展接近自然。此則不能因爲曲詞之美妙而對於其短處完全忘却也。惟除此二曲外，他曲全難與《小忽雷》抗顏行，或不致有他問題耳。《小忽雷》結局文武雙賞功，尤落惡套，比之《桃花扇・入道》之當頭棒喝，真屬霄壤間隔。後書末之餘韻尤有"曲終人不見，江上數峰青"之致。上午挑選書樣。下午閱書樣中之《臨春閣》《通天臺》二短劇。此二劇題"灌隱主人著"，實爲吳梅村之隱名。前劇以洗夫人及張麗華作穿插，一文一武，頗爲張妃出脱。後劇托沈炯登通天臺，歌哭問天，終寫一道表文，問漢武帝，感漢武托夢講梁武之因緣。其所稱"苦行修持"之蕭公，實指莊烈帝。梅村處亡國之際，中心極苦，故其詞特爲鬱勃嶔崟。然此亦特借古人之酒杯，澆自家之塊壘，爲文人劇之極詣，大約未可上演，著者本意亦並不欲上演也。接簡齋信一封，北平圖書館信一封。

二十七日，晴。晨起出到北海瓊島上一望。積雪壓枝，皎如瓊林玉樹。西山皓潔，嶂叠清楚。萬壽、玉泉、香山之西，有一遠山伸首，疑爲妙峰，但此方峰巒甚多，亦未可的指。晚餐後月明如畫，游興未能自已，乃約伯平、仲良再登瓊島，以賞"冰上雪，雪上月"之奇景。流連久之，始下。在島前後二冰場間，尚有不少青年士女，滑冰之興正濃也。上午仍看書樣。與夢賚、尊民談，請其設法爲考察團借款三五千萬元以應作傢俱、發薪水等類之需。下午閲《買花錢》雜劇。簡齋來談，彼現在教育局作秘書，十餘年未見，豐度尚如昔日。接行營請柬一。

二十八日，喚秔來，與以六十萬元，命之再買布匹等物，以備家眷來後需用。翻閱《孟鄰堂集》，集爲清楊椿農先所著。氏曾入明史館，對明國史甚熟。其所論建文、永樂事，正統、景泰、天順事，皆考據精確，議論平實。下午節常來談。楊氏疑《周禮》"出於文種、李悝、吳起、申不害之徒，務在富國强兵，以攻伐聚斂爲賢"，已見特識。又因《儀禮》"儀文盛而實意稀，辭雖繁，制度究無所於考，且有於理可疑者"，而"意是書魯臧孫辰、季孫行父輩所爲，蓋文勝之書，所謂後進於禮樂，而非周公之制，孔子所從"，尤屬發前人所未發。大約此二書皆春秋中葉以後之書，而《周禮》尤晚出。疑《周禮》者世尚多有，而疑《儀禮》者，則由余之陋，尚未見及。楊氏識見之卓越殊堪驚人。

　　二十九日，閱書樣中之《思舊録》及《東林始末》，前書爲黄梨洲著，畢閱。後書爲吳次尾著，由夏變、朱航校並加案語。下午往浴。接糜信一封，《史語所集刊》編輯委員會信一封，《新聞報》資料室信一封，本院總辦事處信一封。昨夜痔瘤出，後破污被。出恭時，痔瘤又破。

　　三十日，昨晚登床後將《東林始末》潦草閱畢。上午往尋廣相代尚文訊問服 Streptomycin 二三十 Gm 已足之言是否足信，答言不足信。問是否需問泌尿科專門醫生，答言我國因此藥太貴，服者太少，無專門紀録，且注射此藥屬内科，與泌尿科無多關係，故無特別需要云云。下午翻閱《兩朝剥復録》之第一本及《先撥志始》。前書亦爲吳次尾著，叙天啟、崇禎二朝黨禍事。第一本僅盡天啟四年一年中事。後書爲文蓀符著。文名秉，震孟之子。此乃述其所聞於父關於黨禍之事。從三案叙至崇禎二年定逆案止。此二書皆取材於當日目睹之人，故所紀實事，均可信據。足補史缺者所在多有。下午實甫來談。談及政府在山東軍事仍無辦法。

　　三十一日，購《東林始末》，一册。《勝朝粤東遺民録》，五册。《思舊録》，《明夷待訪録》，各一册。《張文烈公集》，四册。《甲申傳信録》，四册。《袁督師文》，書名未悉。前有督師入祀鄉賢表，督師傳，督師文數篇，詩數篇，後附訟冤文數篇。共一册。《守汴日志》，二册。共價二十萬元。書賈又送來《蜀碧》《東林書院志》，連《兩朝剥復録》，皆爲吾所喜，而已無錢購買。下午翻閱《守汴日志》。書爲祥符李光壁

著，叙崇禎十四、十五兩年李自成三次圍汴，時城内守禦事。李氏
親督鄉兵力戰，始終其事，故此書洵稱第一手史料。書曾經鄞縣
周斯盛屺公小加潤色。李氏當事急時，建議以車爲營，推至黄河
岸以迎北糧北兵，叙者多惜其不用。至《四庫提要》則謂"時非三
代而車戰是資，恐終爲房琯之續"。是皆未確。蓋信其必可成功
者固過，而嗤其"爲房琯之續"者亦大誤。李氏意非如房琯以車
戰取勝，乃於萬無可設法之時，想出一法以救死。既無他法，何不
一試？且細繹其法，以一夜推出，建成距河七里之木營，如銃炮得
力，未必不能成功。即無成功，而各法皆試，其終不能救治雖同，
而人可無憾矣。静如來談，言中法風潮尚未息，勸其早日反校。
楊天堂持子書、希淵、毅生函來，介紹其到考察團工作，乃請其與
仲良一談。接唐嗣堯信一封。

一九四八年

元　月

　　一日,晴。嗣堯來賀年。閱《甲申傳信録》,書爲錢●著,印本錯字過多。本書叙次亦不甚合法。如卷八之借兵復讎節及吳三桂入關之由節,内有重複者,有不相合者,恐由著者隨時聽聞,即行加入,未及整理修正。據自序“自丁亥(順治四)至癸巳(順治十)之秋,更七載而後勒成一書”。而書中叙及吳三桂反清及建元昭武事,即可證明。至卷五何九龍條下,有“按此事《明史》亦備載之,然終屬疑案”之文,則似後人於抄本中加批,刊刻時誤入者,蓋《明史》成於乾隆初年,絶非錢氏所及見也。此書紀自成事有“號令嚴切,所遣守土之吏無敢暴民”,及“闖初不諳文義,自竄西川,頗事學問,而應對便給”之文,則爲余前此之所不及知,亦似非訛傳,然則自成在崛起群盗中,比朱温等或尚小愈,特因得志時間過短，故不得太祖高皇帝之寶號耳！將晚炳武來談。

二日，上午同仲良、伯平往新街口小七條訪壽伯。余在昆明時，彼有一信與我，我終未復，故特往致歉意。彼在城隅，有園二三十畝，內各果樹，均已開始結果，此一園已足敷贍家，老境無虞，甚爲之欣慰。聞彼於暖季，短衣赤足，與傭僕雜作，儼然一灌園叟，農力自食，在此烽火遍地之際，而竟能“菟邱”於十里人海之間，可爲妙極。下午仲均來賀年。劉筱山來談。劉名侶榮，現以字行。據言曾在譯學館乙級肄業，但在余入館前已因病離校。又言曾在女師範院充庶務課課員，在余記憶中已頗恍惚。彼現在天津財政局服務，因以字行，致銓叙生問題，須余爲之證明。允爲辦理。余時讀陳文忠、張文烈、陳忠愍三忠行狀。張曾謁李自成，願受賓禮，欲臣之，則抗罵不屈。南歸後，起兵對清苦戰，卒以身殉。其精忠大節當在瞿稼軒、張蒼水間。獨其願受自成賓禮事，舊人當多疑之者。雖然，無可疑也。自成非夷也，張明臣，非明奴也。不臣闖已足，何用悻悻爲。彼於君臣大義，夷夏大義，蓋深權其重輕緩急之差異矣。接驪先部長信一封。接劉仁成信一封。

三日，上午翻閱《晚明史籍考》。近左派史家談明末士大夫之武斷鄉曲，常引及錢謙益及瞿式耜，余頗以不知所出爲恨。閱此書，始知其出於張漢儒之訐發，《虞山妖異志》即談此事。是條下按語引《虞陽談苑》甲編內載張之疏稿，劾錢、瞿二人，有云：“不懼清議；吸人膏血，啖國正供；把持朝政，濁亂官評。生死之權不操之朝廷而操之兩奸；賦稅之柄不操之朝廷而操之兩奸。共列大害六款：一曰舉薦之害；二曰錢糧之害；三曰鹽政之害；四曰豪奴之害；五曰騙餉之害；六曰士習之害。”蓋明代科甲最重，勢力最大。觀《聊齋誌異》中《曾友于》《張鴻漸》兩條，即可推知。
瞿爲錢門生，雖平生大節凜然，而居鄉時或亦難免小染陋習。訐
舉人又誇張之。對此類文件，如注意到當日之風習及其社會環
境，即可判斷其正確價值。過爲誇張及斷章取義者皆遠於真理者
也。下午往東四十條，看子書病。彼患副傷寒，現已愈，療養中。
余前日始知，故往視之。沈寶基來，勤務意余午睡，未引見，留字
而去，實則余今日並未午睡也。接教育部信一封，匯來審查費六
萬元。接周達夫信一封，信封上寫余及静如二名，遂拆閱，然內僅
寄静如，附帶問候余而已。

四日，上午檢點書案上雜亂物品。筱山來談。帶來十八年
《第二師範學院一覽》一本。下午志三來談。答復多日未復信，
共復康之一信，中央研究院一信，參政會一信，學術采議委員會一
信，中國文化服務社一信。略翻閱《東林書院志》。接敬伯賀年
片一。

五日，寫尚文信一封，馬侶賢信一封。接嚴善明信一封，中國
古生物學會信一封，由北大轉來教育部致考察團代電一封。上午
筱山來，取證明書；下午玉書來談。夜中痔瘤屢出；下午出恭時痔
瘤破出血。

六日，晨出游時痔瘤又破一。終日翻閱《後漢書》，找幾個古
人生卒年材料而已。過午引得印刷所之欒植新君來，接洽印刷
《集刊》事宜。據欒君言，余所譯之《歐洲哲學史》即爲該印刷所
印刷；且印該書時彼曾與余晤面，云云，余已了不記憶矣。接楊家
駱賀年片一。

七日，陰。晨游時痔瘤又破一，但出恭時無血。將晚出恭時

又出血不少。終日仍尋《後漢書》中之古人生卒材料。

八日，晴。到中法上課。下午秔同一同學來，取三十五萬元去。二十萬①元交注册費，十萬交住校預定費。接崑峰信一封，似吾鄉局勢略爲緩和矣。出恭時仍出血不少。

九日，作所中書目草片。午間希淵來談。晨出恭時未出血，晚出恭時又出血不少。

十日，上午再與同人商編書目事宜。晨出恭時又出血不少。今日天氣暖。

十一日，上午同伯平到團城及北海一游。下午看同人所作草片。達三來談。晚作草片二十餘張。接白鵬信一封，接教育部寄來教育部國際文教叢刊一本。

十二日，晨起大霧，並有霜，樹枝玉裹，俗名樹掛。外間零下六度。午間小見日光。上午再調整編目辦法，議定余與黄、馮、王、鍾五人編草片，蘇、許、尚、程、王、白抄錄。希望每天抄過三十五分，每份兩張，一備書名檢查，二備分類檢查，至備人名檢查之一份，則留待第二步進行。每人每天能超過七十張以上。白寫字慢，希望到四十張。陸自編自寫。吾五人每人每星期希望每星期能編二百至三百。下午編目。接總辦事處一通知，言潤章昨日抵滬，接到參政會寄來匯票。一月份薪金。

十三日，夜睡甚惡。夜間及日中時有風。僅寫十數草片。午後尊民來談考察團借款事宜。據言普通利率月息十八分，因農工特別看面子，可用十六分借云云。但昨日仲良接杭立武信，言助

①編者注："萬"，原脱，據文意補。

款於一星期內可以寄出，故已不須借矣。

十四日，昨晚未穿背心，夜中小覺喉頭不快。中夜痔瘤曾出。後睡着。再醒時，覺寒，加氈，復睡。晨起外面零下十五度。作草片二十張。明日中法考試，余因八點過早不擬往，出題目三道，寄與傅藝書，請其代監考。下午秔來。次同同一謝君、名秉鈞,字衡甫,山東武城人。一藍君名英,字澤生,信陽人,爲第十三軍高級參謀來訪。謝君亦係一老軍人，係聞武訓之風而興起者。現解甲在門頭溝經營煤礦，擬以利潤辦理一復興中學。明日將在東四東勵志社開董事會，並挽余作董事。余又推舉侍峰，請其往謁，因侍峰對教育經驗、理論兩方面皆過余遠甚，如得彼幫忙，對於學校前途裨益當極大也。晚又起風。接夢家信一封。

十五日，昨日客在坐時，曾送來電報一封，客去後，遂忘却看。今日見到，始拆看，乃柱子自西安來急電，言已到彼處，問令彼來否。吾初亦未覺，後始想出彼未告住址，如何回電。無法，乃與仲良商議，囑其拍一電報與彼世兄,彼肄業西北大學。命其向南陽同學方面或各旅館探詢，並招拂住居。繼續寫草片數張。往勵志社午餐後開董事會。散會後到三嫂處一坐。遂歸。晚與西堂寫一信，請其爲柱子登記飛機坐次。今日有風，外面走時，天氣頗寒。喉頭仍不快，聲音小啞。接總辦事處轉行政院文一件。

十六日，喉頭仍不快，頗思嗽。終日編草片。接趙家驤未識面。自錦州寄來感懷詩數首。接本院學術會議籌備委員會自上海來信言於十二日開籌備會。復夢家信一封。

十七日，上午糜自南開回平，問她南開近事及功課情形。下午秔亦來，將晚同去。仍編草片十餘。晚接到柱子信，始知其於十二到西安,路中七日,現住天義客店內。再與仲良商議,決定明日回電並回一信。

十八日,今日爲舊曆臘八,命勤務於早晨預備臘八粥,與雲甫、仲良、伯平、愛松同吃。發一電與柱子,文爲"可來。往西大,訪史系學生黃烈及張西堂教授接洽"。今日北方各界在中山公園公祭溥泉先生,前兩日尚記得,近日忙忙亂亂,竟致忘却!看報始憶起,則快十一點,時間已過!失禮至此,終日抑鬱不歡。下午希淵來談。與柱子信一封。今日天暖有春意。

十九日,上午警甫來爲程毅志奔走選舉票,余未登記選舉票,無以應之。請余課長爲柱子買機票事由院中向航空公司去公函,並辦理護照。下午實甫來談。接參政會信一封,中央日報社信一封。終日未工作。

二十日,仍未工作。接全叚信一封,言余當本縣國大代表。近日時局,想不出如何辦法。實在除和不能有他法,而各方面全看不出有一點和平的機緣。雖欲說話,却完全無法說起,真令人悶極。

二十一日,購《霜紅龕集》一部,十二本。《勝朝殉揚録》一部,二本。《東南紀事》一部,二本。價十六萬元。上午曾替海蓬家屬募捐。終日未工作,僅翻閱《霜紅龕集》而已。下午麋同何犖來。晚有一劉堃來,據言彼爲撫寧人,十六年在師大畢業。畢業後在各處服務。戰時曾來平作地下工作,被日本人捕得,手掌尚有傷痕。現已在天津尋得教書處,不過今日即不名一錢,無法居住及到天津無路費。訪雲亭,亦見到,而雲亭不理,乃來求余周濟。又言戰前曾來院中進謁,余却不憶,不過據情揣測,不似假冒,乃與以十萬元,舊褥一條,破褲一條,米二斤。晚仲良來,言接到其世兄信,言柱子已見到,搬入西大住矣。

二十二日,微陰。今日大便又帶血。未工作,仍翻閱《霜紅龕集》。下午節常來談,爲彼寫一介紹片見姚從吾夫人。寫西堂信一封。今日接到郜子舉、唐嗣堯一請柬,但接到時已過晚,遂不能往。

二十三日,今日天氣較寒,早晨外間零下八度。購《小腆紀年》《南雷文定》《蜀碧》各一部,價二十八萬。下午子文來談。潤章昨返平,今日下午四點開茶話會,報告到墨西哥都開國際文教會經過。因潤章談墨西哥古文化並帶其古文字與曆法之圖片二張,與伯平談,彼遂借給余 *Old Civilisation of the New World* 一本,晚略爲翻閱。下午出恭,出血不少。

二十四日,晨起外間零下十二度餘,終日有雲,有風。上午與潤章小談所事及團事。給柱子寄路費五百陸拾萬元。飛機票價四百六十萬元。購影印傅青主小楷《曾子問》一本,《仙儒外紀削繁》一本,價七萬元。下午士林來談。士林對於潤章偏重物理及化學部門,具無限牢騷。

二十五日,晨外間零下十五度。終日天氣晴明,但有風,溫度低。正午外間仍在零下十一二度。近數日余精神昏昏,今日早尚以爲今日星期六,及閱報畢,將報送往正房辦公室,見辦公室門鎖,細思始憶今日已星期日! 翻閱《新世界之舊文明》,亦翻閱《尼赫魯自傳》。接募集海蓬家屬生活會信一封,復之。寫柱子信一封。

二十六日,晨外間至零下十九度。終日寒,無風,晴。下午仲均來,爲之寫介紹與志仁信一封。尊民來談團内取款事。糜與其同學韓□□①來談。

二十七日,夜中有風,然晨外間僅零下八度。晴,時有風。下午符翼書來談。希淵來談。翻閲《三國志》二三卷。

二十八日,晨外間零下十三度,晴。閲中法試卷,畢之。下午北大一史學系學生來,接洽講演事,允許下星期一爲之講演,題目尚未定,允星期五日電毅生轉知。劉仲彝來談,彼現在市政府工作。談次,知璧人現在拉薩,戰事將結束時前往,云云。玉璽來談。接總辦事處信一封,言春節放假三日。購《牧齋全集》四十本及《醫林改錯》二本,價廿萬元。

二十九日,下午三點,西北科學考察團開理事會。在平理事全到。對於取款存款、印刷及展開工作各事,均有詳細討論。黄、袁原提議用職員六人,後因款不甚多,決定用四人。開會前余與仲良、希淵皆願推叔平爲常務理事主席,但開會時,適之、叔平皆强余爲主席,余亦不便力辭,只好擔任。散會後,有三四新聞記者來采探新聞,與之略談經過。

三十日,電話與毅生,定星期一之講演題目爲"歷史的進行是否爲機械的"。下午希淵來談。

三十一日,上午與潤章略談整理飯團伙食事宜。閲報,驚悉全人類之領導者聖雄甘地竟被暴徒刺死! 此真爲全人類之大不幸! 聖雄非僅爲印度之福星,而實爲全人類之福星! 非僅爲一世之導師,而實應爲永久之導師! 今福星隕落,導師頹壞,全人類實

---

①編者注:原於"韓"後空闕二字。

應同聲一哭！聖雄之大智，或能有人對之懷疑，其大仁大勇，即其敵人或亦不能不承認之。其結局竟致如斯，人類之瘋狂，真遠超出意料外！但聖雄之精神一定會永存於人類精神中間，人類瘋狂者一時，待其狂熱小冷，一定有恢復理性之日。彼奮乎十九、二十世紀，即在百世紀之後，只要人類不亡，"聞者莫不興起"矣！下午玉書來談。栗德澤中法文史系極用功之學生。來談。接總辦事處信一封。接姜亮夫寄來其所著之《文字樸識》一本。

二　月

一日，早餐後，坐車到三嫂家，在彼處午餐。見何拳及糜、杭。歸，兩點許。晚頗暖，有風。近數日夜間痔瘤常出，昨夜更甚，睡着即出，致醒多次，頗以為苦。

二日，昨夜痔瘤仍出。下午到北大史學會講演。接柱子信二封。

三日，痔瘤為患如故。開始服蜜炙槐角。給柱子寫信一封。下午糜來，作被套。與潤章談擬將私人書讓與所中一部分以便得價為家眷來平路費。潤章對原則不反對，而對此方式頗恐惹人譏議，頗思使余將書捐於所內，院中尋另外方式給余錢一宗。余答此名為掩耳盜鈴！既盜鈴矣，又奚必掩耳乎？接貞一信一封。總辦事處信一封。

四日，上午王立達來，請余向齊壁亭寫一介紹信，允之。下午寫成。閱愛松所寫《漢魏之際學術變遷考》，未畢。接漪園信一封，王溥信一封，言伯恭逃至開封，貧病交迫。其子玉潔擬入香山聖經學院,請接濟不到時,惠予補助云云。

五日,今日天朗氣清,春意已濃。胡□□①來,係欲來考察團工作者,命之與仲良接洽。接柱子二日信,知季芳已帶小孩子於一日抵西安,頗出意料之外。信中未言家眷何日離南陽,但言離開時南陽已頗緊張;家内情形如何,城内完全不知,只好匆忙離開;途中聞南陽又到軍隊,情勢又稍緩和云云。王立達來。下午麋、杭來。王守謙來。彼頗願到考察團工作,余言仲良等希望所用人能幫助翻譯德文或英文,彼頗不悦,蓋彼僅知法文,即以爲國人因法國曾戰敗,故無理蔑視法文;余告以此不過因爲工作所需,絕無他故,否則德國國勢,今日尚不如法,彼終不釋然。彼自言"好認死理",亦誠自中其過。但彼尚不知理絕非死的,認死理却爲一大錯誤,則彼未爲能知己誤也。接獨立時論社信一封,上智編譯館信一封,法文團信一封。寫季芳信一封。志三來談,送茶葉二筒。

六日,王立達再來。從吾自南京來,談。商鴻逵來談。沈寶基來談。

七日,上午王立達再來談,爲之發齊壁亭信。下午結束多日未作之《安徽叢書》草片。淮西來談。

八日,上午同伯平到北海一游。下午郜子舉派人送禮,固謝不獲,止好收下。同伯平往大都市電影場看演《愛迪生傳》,余爲東。晚溯洛請客。

九日,寫柱子信一封。將院中所辦致航空公司等文件及護照

---

①編者注:原於"胡"後空闕約二字。

寄去。明日爲廢曆元旦,自今日起放假三日。希淵來數次。彼欲定製工作櫃以便用,而仲良反對之。彼原擬櫃價及繪圖案價九千餘萬元,團中固無此款。後減作數件,價亦減至五千四百萬,團中仲良前用一繪圖員,一助手,用款亦近此數,則仲良已無理由反對,但團中除存款三億,印書費先交一億外,又還墊款及補還欠薪數千萬,現僅餘四千萬。希淵今日交繪圖案定金一千六百萬元,月底尚須發薪水一千萬餘元,而希淵仍須付工作櫃定金兩千萬元,遂無辦法。下午守和打電話問余,余告以詳情,守和允先墊一千萬元,始告解決。

十日,往三嫂家賀年,在彼家午餐。餐後,柱子已自西安來,頗出望外。出到伯陶家一談。今日成慶華、郜子舉、王實甫夫婦皆來賀年,皆未遇。

十一日,吳玉璽來賀年。糜及柱來,同到西直門大街宿舍看將來應住房間。晤馮老太太及林君範。從吾約到彼寓午餐。在坐者尚有一鄒或周君、一宋君。同從吾到椿樹胡同訪郜子舉及唐嗣堯,皆未遇,留一片,遂歸。

十二日,再到三嫂家與小孩等商量眷屬來平一切事宜。接燕生信一封,內有伯英致彼信一紙,談季芳到陝,並言似可留陝云云。

十三日,下午爾玉來,約同夢賓、士林往逛廠店。購得《五續疑年錄》二本、《抽燈書目》一本、《膜外風光》一本、《乘查筆記》附《海外勝游草》及《天外歸帆草》各一本。價六萬五千元。靜如請余及仲良、伯平、秉琦吃晚飯。十二日下午陰,飛生來訪,未遇。十三日仍陰。

　　十四日，終日陰，微雨，後變微雪。昨晚因翻閱《乘查日記》，就眠時已十二點。睡不佳。《日記》爲前清同治五年第一次奉使到西洋之斌椿所紀。彼自馬賽登岸，到巴黎。過海，到英；再乘船，到荷蘭、丹馬、瑞典、俄羅斯。折西，到日耳曼聯邦、比利時，復過巴黎，至馬賽，登船，仍由地中海、埃及、紅海、印度洋歸國。彼所見者爲公園、劇場、博物院等類。看工場三兩處。對大學，僅到牛津。彼觀各處均感神妙，對牛津，無所言，似不感興趣！但又何能怪彼等！對於世界大勢毫無所知，更不必言西方文化！敢冒眩暈危險，毅然遠渡重洋，即可爲勇氣不差！——當日即有極多人並此種勇氣亦無之。彼等渡重洋之目的即爲歸來後可以誇耀於世人！且當日西方人之所誇耀於吾國者亦不過各種巧妙之工業品；西方文化之真義若何，彼等亦未必知曉，雖欲誇耀而亦不可得，然則又何怪我國人對西方根本文化之夢瞢！以今日之眼光苛責當日人，實屬毫無所當。兩種文化相觸接後，必須經過相當長時間，然後可以互相了解，互相滲入，互相同化，實亦演變時必不能違之法則。觀此類書，亦可證明此自然法則之勢力矣！上午翻閱《膜外風光》。此書印刷頗怪：圖書相間，圖爲我國古銅器，頗近《西清古鑑》諸書之内容；書則爲林紓所譯之一法國小説！此小説在法國似無大名，僅係一譏嘲中國人之著作。彼設想有一張怡爲一中國詩人、富人、盲人。彼寫詩甚多，幻想中國文化高於一切。因其盲，乃幻想其夫人極美，對彼極忠誠；其友人對我亦極懇摯；其子對彼亦極孝順。但西方之醫士與以藥水，告以每晨傾三點於目眶中則可療其盲，惟誤加十點，目即立涸，萬無可救。彼遵醫命，眼遂復明，始親見其友人盜彼著作，通彼愛妻！其子模其盲父醜態以取笑！乃大悔得明，遂立注入十滴而復盲，又唱其從前贊譽中國文化之美歌，恢復其固有美滿之幻想！其譏嘲吾國也如是。乃林氏誤以其中有哲理而譯之，不誤其嘲弄也。前余與季芳信時，覺來此雖經濟困難，而亦尚能勉足自給。今日問秉琦，始知相差頗多，懷疑命彼等來此之是否爲善計。心中甚亂，亦自慚胸無定操，以此瑣事而即亂我衷曲也。今晚秉琦請到彼家吃飯，余因車價貴，本不欲往，由彼强勸，已與鍾、黃、馮諸公同出矣，乃車夫索價二萬餘，更出余意料之外，遲回久之，遂獨歸。痔瘤破。

十五日，夜中雪寸許，日間晴。向陽處盡消。上午何犖及糜、秔、柱同來，談論眷屬來平或留西安事，決定將詳細情形寫去，請季芳自酌也。丙辰來談。下午李蔭棠、郭警甫父子、郜子擧、魯任庵陸續來談。郭並携有禮物。晚往訪志仁，不遇。

十六日，陰。上午到師院，訪志仁，爲柱子到附中續學事。下午李仲均、李韻幽、王守謙前後來談。寫季芳信一封，内附致伯英信一封。寫燕生信，未完。接白鵬信一封，海蓬家屬生活募集會信一封。余代彼募集，並無個別收條，前日余問丙辰，而彼僅來籠統信一封，仍無所用。由院中暫借一千三百萬元，自加二百萬元，寄與季芳做路費，如不願來，即留爲置備家事一切之用。下午出恭出血不少。

十七日，陰。下午洗澡。

十八日，微雪，但落地即融，故街上泥濘頗多。接到南陽同鄉復員籌備會信一封，言今日下午兩點在嵩陽別業開會，商議收回南陽會館産權事。往，遇同鄉多人。到會者一二十人。南陽會館文券已失，須早日登報，再向社會局登記。登小報三日，費須七八十萬①元,因大家寫捐,余捐十萬元,他人有多有少。遂歸。

十九日,仍陰。上午唐嗣堯同一趙仲容^{行轅新聞處長,太原人。}^於民十四至十六在蘇俄留學。來談。下午節常來談,緝亭來談。嗣堯晚六點請吃飯,往,同席者有佩青、丙辰、淮西、子舉諸人。

廿日,漸晴。上午完寫燕生信,並發出。將同鄉會捐款送出。整理書案。下午玉書來小談。閱報,驚悉季黻先生被人暗殺,殊令人傷痛駭詫!先生係一純正老儒,處事和平,且無黨派色彩,乃竟得此結果,真太出人意外。(余在譯學館曾從先生受業。)寫書目草片。接北大出版部請柬一,鳳山來信一封。

廿一日,上午單士元、劉儒林來談。同潤章談送陳玉書稿費事;下午糜、秔二女來。上午談後,知院中極窮,三二百萬稿費幾乎拿不出!二女來,秔言貝滿開學,須交各種費用六百九十萬!糜言到天津,需帶二百萬,還想再要幾文買雜物!余毫無辦法,只好先付秔三百萬,先交膳費,至另外費用,俟下月領薪再交;付糜二百萬,外付彼等零用錢廿萬元。彼等不甚滿意,余亦甚不滿意!但尚能有其他何法!公私交困,今日始感覺得最親切也!下午盼遂同侯□□②來談。

廿二日,下午藝汀來賀年;後士林、炳武陸續來談;徐慕賢來賀年。院中請傅宜生、楚晴波吃晚飯,各所長及伯平、育灃、孟賁爲陪。散後,士林再來,約伯平同談,至十點去。接參政會信一封,總辦事處信一封。

廿三日,上午士林再來談。雲甫引壽普暄、^{在師院教《文選》。}班

①編者注:"萬",原脱。
②編者注:原於"侯"後空闕二字。

書閣字曉山，杞縣人，在山西大學教歷史。來談。寫一字命柱來到附中問何時注册，但彼下午未待命即來。接長保信一封。

廿四日，上午糜來，言將於廿八日同鍾璞往津。邵力工來賀年。下午柱來，言到附中，無人辦公；應交費數目尚未揭示云云。張越如來談。晚周敬人來談。節常之子，新自河南逃至平。

廿五日至廿八日，未工作，略忙柱上學各事。開始附中方面因其所願插入之高二，班中人數已嫌過多，平時以每班卅三人爲標準，本年因各種關係，已達四十五人之多。頗覺爲難。請秉琦函告以別校班次恐將更大，或更難設法，乃勉强允許。柱廿六日搬來，住玄伯原住室中。初以爲各頓飯皆可歸食，後始知午飯無法趕上，遂將除外。聞校中下星期可開午飯伙，即當命之加入。廿七日，下午糜來，告將回校；廿八日下午秔來。二十五日晴，氣候暖。晚起風，次日温度小落，亦多雲，連日皆然。廿八日，雖少見日光，而陰凉處均解凍。

廿九日，昨夜風。晨起時外間約零下五度。上午仲均同王□□①來，王君爲搏沙之世兄。仲均完全失業，找工作甚急，爲之寫一介紹信與嶧山，並允明日再與志仁通一電話，加强介紹。下午子文來談；友三來談。

三　月

一日，晨起時外間零下七度。晴。上午寫季芳信一封，未發，

---

①編者注：原於“王”後空闕二字。

下午接丫頭及斧來信,言將於九日來平。上午與所中同人一檢討編書目事。下午作書目草片。

二日,夜因痔瘤曾出,睡不甚佳。作書目草片。

三日,日中風,有黃塵。上午開院務會議,討論學術會議籌備事宜及聘一美學者、一印度學者爲通信研究員事。關於後事,余臨時提聘高本漢爲本所通信研究員,亦通過。接伯英信一封。

四日,作書目草片。接適之、守和、子水請柬一。接共産黨宣傳品一件,題爲《目前形勢和我們的任務》,文爲毛澤東去年十二月廿五日在中共會議席上報告。

五日,作書目草片。下午希淵來談。

六日,夜中大風。日中亦有風;天氣暖,換皮衣。接壁亭信一封,參議會信一,言有朝鮮代表金思牧來平,於七日下午三點在參議會開中韓問題討論會,云云。接縻信一封。作書目草片數張。晚八點英①

七日午到北大,赴適之、守和、子水約,在坐者有立庵、斐雲、盼遂、毅生、政烺諸人。又晤宰平、芝生、真如、子昭、從文、孟實諸人,芝生等乃爲宰平祝七十壽者,余因未預知,故未能參加。本允九日下午爲北大哲學系講演,但因九日將開院務會議,乃請毅生轉告學生,請其改期。八日接到電話改於二十三日講。前接信言眷屬將於九日乘飛機來平,是日天陰。上午十點打電話問中央航空公司,是否西安來平飛機已出發,答言下午五六點鐘飛機始到。下午開院務會議,仍議學術會議事。實甫來托向志仁介紹教課

①編者注:原於"英"後空闕,似未寫完。

事。柱下午到北京飯店中央航空公司辦事處問，答言本日西安無飛機來平，與余所聞大異，頗爲懷疑。**九日**下午出恭，痔瘤破。**九日**，揭借農工行三百萬元，月利十八分（普通二十一分）。交中法二百四十萬，可得麵粉四袋。**九日晚**，暴春霆來。暴，滑縣人。其祖父在蘇州作巡檢，能愛民，爲上官及同僚所不喜，褫其職。貧無衣食需，鄉人感其惠，乃競往送米及他食物。乃有畫師作《送米圖》以張之。清末名人如俞曲園、鄭叔問等，皆有題咏。暴君擬將《送米圖》及名人題咏印出，繼續請人題咏。來亦希望予有所題也。

十日，夜中甚暖。終日陰，時霏霧絲。晨外間零上五度。再打電話問航空公司，據言昨晚有飛機自西安到，疑眷屬或已至，午餐後，往朝陽門大街三嫂家，則尚未至。又到北京飯店辦事處問，答言昨果到一飛機不誤，問下次班機何時，答：正班在星期一與①三，餘爲加班。遂歸。近數日接桂璋信一封，介眉信一封，程耀芳信一封。此人未識面，但彼曾讀余《中國古史的傳說時代》，慕其意，草成《古史新疏》一書，其自序題曰《論疑古》，希望能在本所《集刊》登載。但其注意點完全在致用方面，尚未能認清天下之有無上威力者，惟有真理，欲達致用之目的，必須先認清真理之真相，而後循其定則以蘄改善人生，始有達到目的之可能性。否則欲速不達，或致南轅北轍。程君之意雖善，但立足點在過度疑古者之下風，未足以間執其口也。接褚慧僧夫人之告窆一封。

十一日，仍微陰。上午爲實甫寫與志仁介紹信一封。下午復介眉信一封。作書目草片。接何思源、唐嗣堯請柬一。

十二日，夜因痔瘤出，睡不佳。早餐後，接電話，知眷屬昨日

①編者注：原於"與"後衍一"與"字。

已到，遂與柱同到三嫂家。在彼處午餐。下午返。

十三日，夜痔瘤仍出，但未妨睡眠。上午士元來談。午間到市政府應何仙槎及唐嗣堯約。在坐者有從吾、芝生、申甫、東蓀、步曾、潤章諸人。步曾素來談鋒甚健，今日仍然。但其所談國際局勢，應打大部分之折扣，則亦從來如斯也。出到芝生家談。至則季芳已在。季芳待馮夫人，未歸，遂同出到西直門大街宿舍一看將住之房。晤蘇太太、馮老太太。後將訪林太太，乃誤到後院，進後始知誤。出問守門老白，始知爲範九夫人也。同返研究院。小閱傢俱。季芳返王宅時，暮色已蒼茫矣。

十四日，上午到從吾寓談。彼明日將返河南，但聞洛陽巷戰，心中頗有躊躇也。出到三嫂家，在彼處午餐。三點到北大子民堂。今日中國哲學會開會，兼爲宰平祝壽。芝生講演中國哲學在世界哲學中之位置。其提出有兩點：一、中國哲學在正的方面不能與希臘比，但在負的方面，尚對世界有貢獻；二、中國哲學可以極高明而道中庸一語表示，其最高境界不超乎日用生活之間。此後大家討論片時，乃散。

十五日，翻閱稻葉君山之《清朝全史》而已。晚本所同人因余眷屬全聚，擬在院中公讌，固辭不得。季芳同小孩來，杭未來。

十六日，上午澤民來談。彼近日仍繼續研究道藏，頗爲精進。（下午檢點舊信。子文來談。晚院中請李德鄰、李嗣驄、陳繼承、王捷三、張□□①張，易縣人，爲行營民政處之副處長。吃飯，予及慕光、夢賓作陪。席中，李主任議論風生，頗與平日不同。此皆十七日事，十九

---

①編者注：原於"張"後空闕二字。

日誤記。）

十八日，上午開院務會議，仍議學術會議事。下午士林來談，因購書事，爲之寫一信與子水。仍檢理信件。晚室中無電。暴春霆來，爲之寫介紹片與援庵、叔平、悲鴻、一山、芝生諸人。

十九日，陰雨，時霏雪粒，但到地即融。仍檢理信件。接中法大學一通知，言上次所交麪粉款，尚須再補交七十二萬元，如再添交三百一十二萬元，即可再得四袋。乃寫一信，明日當派人往交款也。

二十日，漸晴。下午寫伯蒼信一封。晚北大謝生、於生來商酌星期二講演事。謝，鎮江人，哲學系。於，鎮海人，地質系。

二十一日，晨陰，後漸晴。今日忙於搬家。節常來談。

二十二日，陰，時微雨，且有一時密霰如撒珠也。早用晨餐後，即到西直門大街新搬家中。一切尚未完全就緒。請子延姪女在私立若石小學教書。領小斧到若石交費，明日可上學。下午余領丫頭到女附中辦入學手續，亦明日可上學。遂歸院中。接興惜信一封，石砳磊信一封。接到《史語所集刊》一本，晚翻閱一篇《讀明史朝鮮傳》。

二十三日，晨大雨雪一陣，後漸晴。全日溫度頗低，晚六點半許，外間零下一度。下午到北大講演，聽褚約四十人許。晚翻閱《史語所集刊》二篇。

二十四日，上午王立達來小談。與秉琦談購書標準。下午□□①來談。晚餐前後，節常來談。接叔平信一封。晚暴春霆來

---

①編者注：原於"午"後空闕二字。

小談。

　　二十五日，上午到中法上課。晚餐後歸家。

　　二十六日，從家到院時已將午餐。下午翻閱《史語所集刊》。